管理经济学

李广众 主编

MANAGERIAL ECONOMICS

中山大学出版社
SUN YAT-SEN UNIVERSITY PRESS

·广州·

图书在版编目（CIP）数据

管理经济学/李广众主编 . —广州：中山大学出版社，2023. 10

ISBN 978 – 7 – 306 – 07904 – 6

Ⅰ . ①管… Ⅱ . ①李… Ⅲ . ①管理经济学 Ⅳ . ①F270

中国国家版本馆 CIP 数据核字（2023）第 172152 号

出 版 人：王天琪
策划编辑：嵇春霞 李海东
责任编辑：李海东
封面设计：曾 斌
责任校对：廖翠舒
责任技编：靳晓虹
出版发行：中山大学出版社
电 话：编辑部 020 – 84110283，84113349，84111997，84110779，84110776
　　　　　发行部 020 – 84111998，84111981，84111160
地 址：广州市新港西路 135 号
邮 编：510275 传 真：020 – 84036565
网 址：http://www.zsup.com.cn E-mail：zdcbs@mail.sysu.edu.cn
印 刷 者：佛山家联印刷有限公司
规 格：787mm×1092mm 1/16 24.75 印张 650 千字
版次印次：2023 年 10 月第 1 版 2023 年 10 月第 1 次印刷
定 价：88.00 元

本书编委会

主　编：李广众

副主编：李　杰

编　委（按姓氏音序排列）：

程　丽　丁文捷　董展育

潘暐峯　吴小龙　肖融冰

许金花　郑晓莹　朱丹丹

目　　录

绪　　论

管理经济学是从有效管理企业的角度来研究企业运行中存在的问题，并为企业的经营决策提供经济分析手段的一门学科。本书分别围绕企业的生产决策、融资决策、投资决策、并购决策、国际化决策、创新决策、营销决策、社会责任和公司治理等话题展开，将传统经济学理论和经济分析方法应用于企业经营决策实践。在绪论部分，本书首先以企业制度为线索，梳理了传统企业制度到现代企业制度的演进历程，并介绍了现代企业制度的内容。随着企业制度的演进，多种具体的企业组织形式也随之诞生，因此还介绍了我国现代企业的法定分类。然后讲解了企业生产经营的基本目标，具体可分为短期决策下的经营目标和长期决策下的经营目标。最后分析了企业经营中常见的委托代理问题及其可能的解决方案。

第一节　现代企业制度与企业类型

一、企业制度的发展

企业制度是指企业为了实现既定目标，在财产关系、治理结构、组织结构和资源管理等方面所做的一系列制度安排。企业制度与生产力发展紧密相连，与商品经济发展密切相关，因此，企业制度的发展和演变是一个不断适应社会发展的过程。随着生产力不断提升、市场体系不断完善，企业制度从早期的传统企业制度，发展为以法人财产制和有限责任制为特征的公司制，最终演变为以公司制为载体的现代企业制度。

（一）传统企业制度

传统企业制度以个人业主制和合伙制为载体，伴随着企业的出现而形成。15 世纪中叶前后，地中海沿岸城市的一些商人和手工业者购买生产资料，通过雇佣没有生产资料的劳动者，建立了手工工场进行生产，这就是早期的企业。早期的企业通常由一个自然人投资设立，因此也被称为个人业主制。

在个人业主制中，投资人既是企业财产的所有者，也是企业的经营者，投资人对企业债务承担无限责任。随后，人与人之间的经济合作又推动了合伙制的诞生。合伙制企业由至少两个人共同投资设立，合伙人共同管理、共同监督并共享财产，所有合伙人对企业债务承担无限连带责任。合伙制通过引入更多投资人，扩大了筹资来源，且一定程度上分散了经营风险。无论是个人业主制还是合伙制，投资人均需对企业债务承担无限责任，这也是传统企业制度最明显的特征。

无限责任制度在市场经济发展的早期起到了推动企业发展的作用。彼时信用制度还不发达，而商业活动又需要信用作为保证，无限责任制度一定程度上能够作为信用的替代品。当企业资不抵债时，投资人需要以其个人财产来偿还剩余债务，这在一定程度上减少了交易风险并确保交易安全，有利于交易的进行。但无限责任制度同时意味着较小的企业筹资范围。由于所有投资人均需对债务承担无限连带责任，因此投资人往往只会选择与其关系亲密、值得信赖的人合伙经营，如家庭成员、亲戚或亲密的朋友，而不愿意与完全不认识的人合作并承担无限责任。此外，投资者往往亲自经营管理企业，以免为他人错误决策承担连带责任。因此，在传统企业制度下，企业主要呈现三个特征：第一，企业的规模较小，通常只具有单一的运营模式，产品种类也较少；第二，企业的所有权和经营权重合，企业的投资者即是企业财产的所有者，也是企业实际运营的经营者；第三，组织架构简单，通常只包含管理者和工人两个层级，管理者直接指挥工人。

（二）公司制：现代企业制度的基础

随着世界大航海时代的到来，海外市场迅速扩大，商品供不应求，传统企业制度限制了企业的扩张，社会迫切需要一种新的企业制度。现代企业制度是以公司制企业为载体发展起来的，公司制的出现为现代企业制度的诞生提供了土壤。相比于个人业主制和合伙制，公司制具有法人人格和有限责任两点明显特征，当这两点特征被法律正式认可时，公司制便正式诞生了。鉴于公司制兴起于近代英国，本小节以公司制在英国的实践为线索展开介绍。

1. 法人人格

法人人格这一概念最早并未运用在商事领域，而是运用于大学、教会团体等组织中。由于这些组织拥有财产和土地，同时客观存在区分组织和成员责任的需求，因此需要赋予组织法人人格，以在法律上更好地与成员区分开。例如，牛津大学拥有诸多土地、建筑以及金银珍宝，但这些并不为任何校长或教授所共有；同时，如果牛津大学面临诉讼，那么被告或原告也不应该由成员个体来承担。在现实需求下，法律上认可了大学、教会等组织的法人形态，这些组织能够以法人的名义享有财产并承担责任。

法人人格在商事领域最早运用于特许合股公司。特许公司指由国王颁发特许状或者议会授权成立的公司，这种制度最早出现在 14 世纪的欧洲，并盛行于 16 世纪至 19 世纪中叶。早期的特许公司主要以特许管理公司的方式运营，这种方式类似于同业协会，由同一个行业的商人为了共同利益而组成，以公司名义获取某一特定领域的经营权；但成员之间的经营是独立的，不共享利润和共担风险。由于财产独立归成员所有，因此在实践中并没有将公司视为法人的需求。此时的特许状中，主要内容仍然是垄断经营权的授予，较少涉及有关法人人格的表述。

随着海外贸易风险增大，成员之间商业竞争产生不利影响，特许管理公司逐渐发展成了特许合股公司。在特许合股公司情形下，成员不再独立经营，而是依托于公司联合经营，成员实际成为公司的股东。作为现代股份公司的早期形式，特许合股公司具有账号联合、风险共担、利润共享的形式。无论是对外还是对内，它已经是一个资本的集合体，有着公司特有的财产，作为一个整体对外开展业务，出现了对法人人格的需求。于是，在 16 世纪后期，特许状中开始包含法人人格的内容，如公司专享名称、统一印章、拥有财产等，并赋予特许公司以其专享名称起诉或被诉的权利，即在实际上赋予了特许合股公司法人地位。法人地位为公司带来的最明显的特征是公司人格的永续性。在个人业主制和合伙制中，随着投资人或合伙人的死亡、破产或离开，企业可能会被解散或清算；但在具有法人地位的公司中，成员的增减与公司人格并不相关，成员之间对于股份的转让也不影响公司的持续经营。

2. 有限责任制度

在公司制诞生前，一种多存在于海上贸易的康孟达（Commenda）形式首先将有限责任运用到实践中。康孟达是发源于地中海沿岸城市的一种特殊商业合伙形式，被广泛运用于海外贸易等高风险业务中。当时，在地中海沿岸进行航海贸易，既会受到海上气候的影响，也会受到海盗或者区域战争的威胁，存在巨大的风险。有一部分资本家希望获得海上贸易的利益，却又不愿意亲身冒险，不希望直接参与经营管理。因此，他们与航海者达成合作，由资本家提供航行所需全部或部分资本，由航海者出海进行贸易，若产生盈利，则按照事先约定的比例分红；若发生亏损，资本家以出资额承担有限责任，而航海者承担无限连带责任。有限责任使诸多拥有资本但无意参与经营管理的资本家放心投资，扩大了企业的资本募集面。康孟达体现了投资者通过协议来限定责任的大胆尝试，后来被特许合股公司吸收，推动了现代公司制的诞生。

在经营过程中，合股公司的股东群体日益扩大，加之广泛的股票交易，让这些公司的投资者和管理者出现了分离，多数投资者不直接参与公司的经营管理。然而，一旦公司出现亏损，投资者依旧需要对相关债务承担无限连带责任，而无论其是否实际参与了经营。在这种矛盾下，为了规避投资风险，投资者通过共同授予财产协议限制了合股公司的权利，约定成员承担的责任仅限于其所持股份及其后续产生的收益，实际上是采用了有限责任制。因此，在有限责任制度正式被纳入法律前，通过协议约定有限责任的投资方式已经在实践中存在，被投资者用于规避投资风险。

有限责任制度被普遍接受源于英国铁路行业的发展。由于铁路行业的发展需要大量资本，铁路行业发行了大量股票，这也在客观上造就了一个尤为庞大的股东群体，以至于出现了投资者和管理者的分离。大量投资者无法参与公司的经营，却仍需承担管理者经营不善而导致的巨额债务。这种矛盾促使投资者普遍接受了有限责任制度，以保障自身的投资权益。

在有限责任制度被普遍接受后，资本家为了进一步消除既有投资障碍，实现资本与新兴技术的结合，开始推动有限责任制度纳入立法。1855 年，英国议会通过《有限责任法》，宣告着有限责任制度被法律正式认可；次年又通过新的《合股公司法》，极大地降低了有限责任制度的适用条件，意味着有限责任成为普遍意义上的合法权利。有限责任减少了投资人的风险，能够促进企业融资，更加适应现代市场经济发展的要求。法人制度和有限责任制度被法律认可，标志着现代公司制的诞生，为现代企业制度的诞生奠定了基础。

（三）现代企业制度

随着现代公司制的诞生，公司规模进入了急剧扩张期。随着公司规模的扩大，公司客观上需要建立管理层机制，以便对公司的机构、资源等形成有效管理。因此，公司雇用了一批支薪员工来担任经理，但此时支薪员工更多担任的是中下层经理人员，公司中往往还是由大股东担任高层管理人员。

随着现代工商业的发展，公司规模继续扩大，同时公司业务也日益复杂，复杂的组织协调管理过程提高了对管理者的要求，由大股东担任高层管理人员的做法越来越不能满足公司的管理需求。由支薪员工担任中下层经理的实践推动中层管理走向职业化，培养了一批具有优秀管理才能的管理型人才，客观上为高层管理职位提供了后备人才。于是，公司的所有者纷纷聘请具有才能和经验的经理来负责公司的高层管理，经理阶层逐渐取得了企业经营管理的主导权，推动了公司所有权与经营权的分离，公司从企业主企业转化成了经理人企业，这也意味着现代企业制度的诞生。

现代企业制度由资本充足的资本家提供资本，并由具有优秀管理才能的职业经理人负责公司的日常经营管理，极大地提高了公司的经营效率。经理人可细分为高层经理人员和中低层经理人员，在公司内部形成了一套多层级的管理组织结构。现代企业制度的诞生实现了公司组织结构的真正规范化。随着现代企业制度的诞生，企业的治理制度、组织制度、管理制度也在不断完善和发展，持续朝着提高资源的利用效率和产出最大化的方向迈进。

二、现代企业制度的内容

企业制度由企业产权制度、企业组织制度和企业管理制度组成，其中企业产权制度是组织制度和管理制度的基础，组织制度和管理制度是产权制度在实践中的反映。产权制度指界定和保护企业的个人和经济组织的财产权利的法律和规则；组织制度指企业组织形式的制度安排，规定了企业内部的权责与分工关系；管理制度指企业管理内部资源的制度安排，包括人事管理、财务管理、流程管理、组织管理等方面。

（一）现代企业产权制度

现代企业产权制度指公司法人产权制度。公司法人产权意味着公司具有法人人格，是一个受法律保护和制约的独立经济活动主体，对公司资产具有完整的占有、支配、使用和收益等权利。在投资者将财产投资到公司后，将资本私人所有权转化为股权，投资者成为脱离生产过程的股东；公司通过让渡股权的方式筹集了资本，这些资本从股东的财产转化为公司法人财产，公司成为财产的所有者。此后，股东既不能随意抽回自己对公司的投资，也不能直接干预公司的经营活动，只能通过股东大会等形式表达诉求。在公司法人产权制度下，公司成为一个具有独立人格、独立财产的经济实体和民事主体，能够作为独立的市场主体参与市场交易，以法人的名义与其他法人或自然人产生关系。

（二）有限责任制度

有限责任制度是相对于无限责任制度而言的。无限责任意味着投资者需要对企业债务承担无限连带责任，在企业资不抵债时，投资者需要用与企业无关的个人财产来偿还债务。但随着所有权和经营权的分离，投资者出让了对资本运营的控制权，那么在企业盈亏的责任上也需要进行分割，投资者只承担出让经营权的资本所产生的风险。换言之，所有者只需以出资额为限对企业债务承担有限责任，即现代企业制度中的有限责任制度。

（三）现代企业治理制度

现代企业治理制度的出现源于企业所有权与经营权的分离。在股东将企业交由职业经理人打理的同时，也产生了在信息不对称条件下，由所有者和经营者利益不一致带来的委托代理问题。因此，企业所有者需要一套治理制度来形成对企业经营管理的监督和控制。现代企业治理制度明确了股东（大）会、董事会、监事会和经理层四部分的权利、责任和义务，将所有权、决策权、监督权和执行权四权分立，形成各自独立、权责分明并相互制约的关系。

股东（大）会是公司的最高决策机构，股东作为公司的最终所有者，通过股东（大）会依法行使权利。股东（大）会的基本权利包括决定公司的经营方针和投资计划、审议批准公司的年度财务预算方案、决算方案、利润分配方案和弥补亏损方案等。鉴于部分公司股东众多，客观上难以频繁召集所有股东定期召开会议决定公司重大事项，因此股东（大）会需要选举少数代表并组建小型机构来管理公司，这就是董事会。董事会由股东（大）会选举出的董事组成，负责贯彻股东（大）会的决议，在非股东（大）会期间负责决定公司战略并监督执行。

董事会将挑选并委任经理人员来执行公司既定战略。经理层是以总经理为代表的公司高层管理人员，受公司董事会聘用，对董事会负责，负责执行董事会的决议和公司日常经营管理。监事会是公司内部的监督机构，代表股东对董事会、经理层的工作进行监督，以保证公司和股东的利益。现代公司治理制度既给予了企业经营管理者一定的自主权，让具有经营管理才能的经理人放手经营，又能保证所有人对经理人的最终控制，保障企业投资者的合法权益。

（四）现代企业组织制度

现代企业组织制度是一套用于设计和维持组织内部结构并明确各结构之间的关系的制度。企业组织制度并不是一成不变的，而是受到企业战略、企业所处内外部环境、企业技术、企业规模以及企业所处发展阶段等因素的影响。企业组织制度的核心在于组织结构，目前主要包括机械式和有机式两类。

机械式组织结构是最早被使用的结构，它以统一指挥为原则，在决策时通常使用集权的形式。最简单的机械式结构是直线制结构，在这种结构中，上级直接对接下级，每个下属只对一个直接上级负责，从上到下实行垂直领导，不设置职能机构，比较适合企业规模小且业务简单的企业。职能制结构则更适用于规模较大的企业，经理会设置一系列职能机构并委托其部分权力，在权力范围内职能机构能向下级下达命令，减轻了经理的工作负担。

随着企业经营业务向着综合化方向发展，机械式结构开始向有机式结构转变。有机式结构以事业部结构和矩阵制结构为代表。事业部结构是一种对企业内具有相对独立市场、利益的部门实行分权管理的结构，设立不同的事业部和分经理，由分经理全权负责。在结构上表现为"母公司—分公司"的结构。我国大部分互联网公司采用事业部结构。矩阵制结构则多用于业务以项目呈现的企业，如咨询公司、审计公司等。在这种制度下，企业会根据业务组建不同的项目组和项目经理，并由不同职能部门向项目组派遣项目成员，项目成员在项目结束后再返回职能部门或被派遣到另一个项目组。这种结构有助于企业在同一时间内完成多个形式相似但内容不同的项目。

（五）现代企业管理制度

管理是对组织所拥有的资源进行有效的计划、组织、领导和控制的过程。现代企业管理制度则是通过制度这一形式，将资源组织方式和运用方式确立下来，从而协助企业达成既定目标。由于不同资源具有不同特性，管理制度通常又会为不同资源制定细分管理制度，包括现代企业人力资源管理制度、现代企业财务管理制度、现代企业信息管理制度、现代企业战略管理制度和现代企业文化管理制度等。

三、中国企业的法定分类

我国仍处于并将长期处于社会主义初级阶段。经过改革开放以来的快速发展，特别是党的十八大以来取得的历史性成就和发生的历史性变革，中国特色社会主义迈上了一个新的大台阶，实现了具有决定性意义的飞跃。现阶段我国实行社会主义市场经济，坚持公有制为主体、多种所有制经济共同发展。在这一阶段下，我国企业形式既包括西方市场经济下的常见形式，也包括社会主义公有制下特有的企业形式。按照所适用的法律不同，我国企业可以划分为个人独资企业、合伙企业、公司制企业、全民所有制企业和集体所有制企业，其中全民所有制企业和集体所有制企业是我国社会主义公有制经济的重要组成部分。

（一）个人独资企业

个人独资企业又称自然人企业，指在我国境内设立，由一个自然人投资，财产为投资人个人所有，投资人以其个人财产对企业债务承担无限责任的经营实体。个人独资企业是最古老的企业形式，至今仍广泛存在于商业经营中。个人独资企业具有如下特征。

1. 由一个自然人投资设立

个人独资企业仅能由一个自然人作为投资人，但在企业实际经营中，投资人可以自行负责企业的事务管理，也可以委托或聘用他人管理企业，这一点显著区别于个体工商户。个体工商户的投资者与经营者必须是同一人，而个人独资企业的投资者与经营者可以是不同的人，这意味着个人独资企业的所有权与经营权是可以分离的。

2. 财产为投资人个人所有

与个人投资设立相对应的是企业财产归投资人个人所有。投资人是企业财产的唯一所有者，投资人对本企业的财产依法享有所有权，其有关权利可以依法进行转让或继承。因此，投资人对企业的经营与管理事务享有绝对的控制与支配权，不受任何其他人的干预。

3. 投资人承担无限责任

在个人独资企业，投资人以其个人财产对企业债务承担无限责任，这可以从三个角度理解。首先，企业的债务全部由投资人承担，这也与投资人对企业财产享有所有权相对应；其次，投资人承担债务范围不限于出资额，还包括企业的其他财产和个人财产；最后，当企业财产无法清偿企业债务时，投资人须以个人财产清偿，即便这些财产与企业没有关系。

4. 不具有法人资格

尽管独资企业有自己的名称或商号，并以企业名义从事经营行为和参加诉讼活动，但它不具有独立的法人地位，具体体现在：①独资企业本身不是财产所有权的主体，不享有独立的财产权利；②独资企业不作为主体承担债务偿还责任，而是由投资人承担无限责任。

（二）合伙企业

合伙企业是指自然人、法人和其他组织依法在中国境内设立，由两个或两个以上的自然人通过订立合伙协议，共同出资经营、共负盈亏、共担风险的企业组织形式，其中包括普通合伙企业和有限合伙企业。普通合伙企业与有限合伙企业的区别在于合伙人构成与责任承担：普通合伙企业由普通合伙人组成，合伙人对合伙企业债务承担无限连带责任；有限合伙企业由普通合伙人和有限合伙人组成，普通合伙人对合伙企业债务承担无限连带责任，有限合伙人以其认缴的出资额为限对合伙企业债务承担有限责任。根据《中华人民共和国合伙企业法》规定，国有独资公司、国有企业、上市公司以及公益性的事业单位、社会团体不得成为普通合伙人。

此外，普通合伙企业中还包括特殊的普通合伙企业——以专业知识和专门技能为客户提供有偿服务的专业服务机构，可以设立特殊的普通合伙企业。它与一般的普通合伙企业的区别在于承担责任的规定不同。普通的普通合伙企业的全体合伙人承担无限连带责任。在特殊的普通合伙企业中，一个合伙人或者数个合伙人在执业活动中因故意或者重大过失造成合伙企业债务的，应当承担无限责任或者无限连带责任；其他合伙人以其在合伙企业中的财产份额为限承担责任。合伙企业具有如下特征。

1. 由两个或两个以上合伙人设立

合伙企业要求至少有两个合伙人投资方可设立，其中普通合伙企业对合伙人数量不设上限，有限合伙企业则要求合伙人人数不得超过 50 人，且至少应当包含一个普通合伙人。如果在经营过程中，有限合伙企业仅剩有限合伙人，则应当解散；如果仅剩普通合伙人，则可以申请转为普通合伙企业。

2. 企业财产为合伙人所有

合伙企业的合伙人对企业的财产依法享有所有权，其中企业财产包括合伙人的出资、以合伙企业名义取得的收益和依法取得的其他财产，合伙人所占财产份额通常根据出资数额或合伙协议约定的分配比例予以确认。合伙人可以用货币、实物、知识产权、土地使用权或者其他财产权利出资，也可以用劳务出资，但有限合伙人不得以劳务出资。

3. 普通合伙人承担无限责任，有限合伙人承担有限责任

普通合伙企业中，合伙人对合伙企业债务承担无限连带责任。在偿还企业债务时，首先应当以企业财产清偿，如果企业财产不够偿还所有债务，则合伙人需要按照分担比例用个人财产对企业债务进行清偿。分担比例按照合伙协议的约定办理；合伙协议未约定或者约定不明确的，由合伙人协商决定；协商不成的，由合伙人按照实缴出资比例分配、分担；无法确定出资比例的，由合伙人平均分配、分担。有限合伙企业中，普通合伙人对合伙企业债务承担无限连带责任，有限合伙人以其认缴的出资额为限对合伙企业债务承担责任。

4. 合伙企业不具有法人资格

这一特点与个人独资企业相同而区别于公司。尽管合伙企业属于独立的法律主体，但不具有法人资格，不享有独立的财产权利，性质上属于非法人组织。

5. 合伙人对执行事务享有同等权利

无论出资比例大小，合伙人均对执行合伙事务享有同等的权利。若合伙协议有约定或者经全体合伙人决定，也可以委托一个或者数个合伙人对外代表合伙企业，执行合伙事务，此时其他合伙人不再执行合伙事务。执行事务合伙人应当定期向其他合伙人报告执行情况以及合伙企业的经营和财务状况，而执行合伙事务所产生的收益、费用或亏损，均归合伙企业或由合伙企业承担。

（三）公司制企业

公司制企业包括有限责任公司和股份有限公司两种类型。前者是指股东以其出资额为限对公司承担责任，公司以其全部资产对公司债务承担责任的企业法人；后者是指将公司的全部资本分为等额股份，股东以其所持股份为限对公司承担责任，公司以其全部资产对公司的债务承担责任的企业法人。公司制企业主要包含如下特征。

1. 公司对股东人数有一定要求

有限责任公司由 50 个以下股东出资设立。股份有限公司则应当有 2 人及 2 人以上 200 人以下为发起人，其中须有半数以上的发起人在中国境内有住所。

2. 公司是企业法人

《中华人民共和国公司法》明确指出公司是企业法人，有独立的法人财产，享有法人财产权。法人指具有民事权利能力和民事行为能力，依法独立享有民事权利、承担民事义务的组织，具有法人地位是公司的根本特点。公司作为法人，具体表现在拥有独立的财产、设有独立的组织机构和独立承担法律责任。

3. 公司对债务承担有限责任

公司作为法人，以其全部财产对债务承担有限责任，在资不抵债时，也无须以公司以外的财产清偿债务。这意味着股东只需按照公司章程缴纳出资额或缴足股份，无须再对债务负责。因此，有限责任公司的股东实际以其认缴的出资额为限对公司承担责任，股份有限公司的股东以其认购的股份为限对公司承担责任。

4. 公司可以设立分公司和子公司

设立分公司，应当向公司登记机关申请登记，领取营业执照。分公司不具有法人资格，其民事责任由公司承担。公司可以设立子公司，子公司具有法人资格，依法独立承担民事责任。

5. 公司设有股东（大）会、董事会和监事会等组织机构

有限责任公司设立股东会、董事会和监事会。股东会由全体股东组成，是公司的权力机构。股东人数较多的有限责任公司可设立董事会，董事会对股东会负责，其成员为 3 人至 13 人；股东人数较少或者规模较小的可以只设一名执行董事，不设董事会。有限责任公司设监事会，其成员不得少于 3 人。股东人数较少或者规模较小的有限责任公司，可以设一两名监事，不设监事会。

股份有限公司设立股东大会、董事会和监事会。股东大会由全体股东组成，是公司的

权力机构。股份有限公司须设立董事会，董事会成员为 5 人至 19 人。股份有限公司须设监事会，其成员不得少于 3 人。

（四）全民所有制企业

全民所有制企业是依法自主经营、自负盈亏、独立核算的社会主义商品生产和经营单位，其根本任务是根据国家计划和市场需求，发展商品生产，创造财富，增加积累，满足社会日益增长的物质和文化生活需要。全民所有制企业主要具有三个特点：第一，企业的财产属于全民所有；第二，国家依照所有权和经营权分离的原则，将财产授予企业经营管理，企业对财产享有占有、使用和依法处分的权利，并以国家授予其经营管理的财产承担民事责任；第三，以厂长（经理）负责制和企业职工大会民主管理为治理结构，厂长（经理）对企业承担全面的管理职权和责任，职工通过职工代表大会行使民主管理权力，对企业的生产和工作提出意见和建议。

在改革开放初期，民营经济在国民经济体系中的占比不大，全民所有制企业和集体所有制企业处于主导地位。全民所有制企业通过分离所有权和经营权，一定程度上提高了经济效益。但随着 1993 年《中共中央关于建立社会主义市场经济体制若干问题的决定》明确提出国有企业的改革目标是建立"产权清晰、权责分明、政企分开、管理科学的现代企业制度"，国有企业纷纷转变为有限责任公司和股份有限公司，全民所有制企业不再是我国国有企业的主流形态。

进入 21 世纪后，即便是改革较为缓慢的电力行业和铁路行业，也分别在 2017 年和 2019 年完成了向公司制的转变：2017 年，国家电网公司更名为国家电网有限公司，从全民所有制企业转为有限责任公司；2019 年，中国铁道总公司更名为中国国家铁路集团有限公司，完成了从全民所有制企业到有限责任公司的转变。目前，我国在一些实行专营专卖体制的领域仍然存在全民所有制企业，其中比较典型的是中国烟草总公司。

（五）集体所有制企业

集体所有制企业可分为城镇集体所有制企业和乡村集体所有制企业，这两种经济组织都是我国社会主义公有制经济的重要组成部分。前者指城镇的各种行业、各种组织形式的集体所有制企业，适用《中华人民共和国城镇集体所有制企业条例》；后者指由乡（含镇）村（含村民小组）农民集体举办的企业，后者适用《中华人民共和国乡村集体所有制企业条例》。

1. 城镇集体所有制企业

城镇集体所有制企业是财产属于劳动群众集体所有、实行共同劳动、在分配方式上以按劳分配为主体的社会主义经济组织。应当遵循的原则是：自愿组合、自筹资金，独立核算、自负盈亏，自主经营、民主管理，集体积累、自主支配，按劳分配、入股分红。城镇集体所有制企业具有法人资格，属于非公司法人，以其全部财产独立承担民事责任。

由于城镇集体所有制是我国社会主义公有制经济的重要组成部分，所以具有一系列不同于合伙企业、公司制企业等西方传统经济组织的特征：第一，企业财产归劳动群众所有，劳动群众指本企业的劳动群众或企业的联合经济组织范围内的劳动群众；第二，企业职工是企业的主人，职工（代表）大会是集体企业的权力机构，企业实行厂长（经理）负责制，厂长（经理）对企业职工（代表）大会负责；第三，企业带有社会主义性质的任务，其任务是根据市场和社会需求，在国家计划指导下，发展商品生产，扩大商品经营，开展社会服务，创造财富，增加积累，不断提高经济效益和社会效益，繁荣社会主义经济。

2. 乡镇集体所有制企业

乡镇集体所有制企业行自主经营，独立核算，自负盈亏。企业财产属于举办该企业的乡或者村范围内的全体农民集体所有，财产所有权由乡或者村的农民大会（农民代表会议）或者代表全体农民的集体经济组织行使。企业招聘厂长（经理）作为企业经营者，实行厂长（经理）负责制。

与城镇集体所有制企业类似，乡镇集体所有制企业也带有社会主义性质的任务，其任务是：发展商品生产和服务业，满足社会日益增长的物质和文化生活的需要；调整农村产业结构，合理利用农村劳动力；支援农业生产和农村建设，增加国家财政和农民的收入；积极发展出口创汇生产，为大工业配套和服务。

第二节　企业生产经营的基本目标

一、利润最大化目标

企业在进行决策时面临着各种约束。企业面临的约束是多方面的，如消费者的约束、竞争者的约束、投入品的约束和生产技术的约束等。在本节前半部分，我们将讨论企业受到的技术约束。所谓技术（technology），泛指企业一切可能的组织生产的方法和手段。技术约束（technology constraint）是指在现有的技术条件下，企业所具备的生产能力。经济学家关心的不是企业组织生产的具体方式，而是如何描述企业所受的技术约束和生产技术的普遍特点。生产函数和等产量曲线常常被经济学家用来描述企业所受到的技术约束。

古典经济学认为理性企业应以追求利润最大化作为自己的目标。这里我们要注意，古典经济学所定义的利润不同于会计师所说的会计利润，指的是经济利润。要区分这两种利润，关键在于理解以下两点。第一，会计利润是现时的、短期的，可以通过会计手段进行调整；经济利润是长期利润的现值加总，不能通过会计手段进行调整。第二，虽然两种利润都可以定义为销售收益与产销成本之差，但两种产销成本的具体含义不同：会计利润对应的是会计成本，即会计账面反映出来的成本；经济利润对应的是经济成本，不仅包括会计成本，还包括会计账面没有反映的"内隐成本"，如企业主的劳动和资本的机会成本。因此，如果一个企业辛辛苦苦只能获得社会平均的正常利润，那么在经济学上，它的经济利润为零。

（一）生产函数

任何生产都离不开投入和产出。例如，农场投入土地、种子、化肥和劳动，收获小麦和稻谷；工厂投入原材料、能源、机械和劳动，出产汽车和牙膏。投入（inputs）是指在生产过程中使用的物品和资源，如上述所说的土地、种子、原材料、劳动和资本等；产出

（outputs）是指被生产出来的产品或服务，如上述所说的小麦、汽车和牙膏等。

投入品的种类数之不尽，千差万别，讨论起来非常不便。因此，经济学家常常按照投入品的性质对其进行分类。经济学常常把投入品分成四类生产要素（factors of production）：土地（land）、资本（capital）、劳动（labor）和原材料（raw materials）。土地、劳动和原材料容易理解，不做进一步解释。经济学所说的资本不同于我们日常所说的资本。我们日常所说的资本通常指用于启动或维持一项商业活动的金钱，即所谓的金融资本（finance capital）；经济学所说的资本则指被生产出来的用来生产其他产品的耐用品，即所谓的实物资本（physical capital），如机器、厂房、电脑等。

在经济学里，使用投入品进行生产的一切可能途径，都被称为生产技术。经济学家关心的是既定生产技术对企业的约束，即企业需要多少投入来生产给定产出。描述技术约束最简单最直接的方法，是把所有的可能投入和产出组合都列举出来。这些投入和产出组合构成的集合称为生产集合（production set）。由于使用投入品是有成本的，所以每一个给定投入对应的最大产出即生产集合的外边界，最值得我们研究。如果我们用函数的形式来给出最大产出与投入的关系，这样的函数就被称为生产函数（production function）。本节讨论的生产函数一般指一种产品的生产函数。

为了说明生产技术的特性，我们先考察最简单的一种投入品的生产。一种投入品的生产函数可以用平面上的曲线表示。如图 0.1 所示，我们画出了一种投入品的生产函数曲线。图中横轴 X 表示投入品的数量，纵轴 Q 表示产出的数量，曲线 $Q = f(X)$ 是企业的生产函数曲线。按照生产函数的定义，曲线 $Q = f(X)$ 下方的阴影部分就是企业的生产集合。

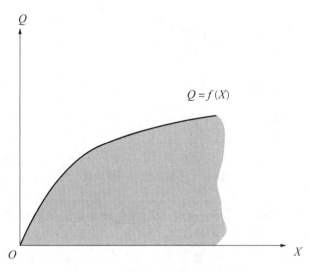

图 0.1　一种投入品的生产函数曲线

在生产函数的基础上，我们可以定义三个重要的产量概念：总产量、平均产量和边际产量。总产量（total products, TP）指给定投入品时最大的产出总量。一种投入品的平均产量（average products, AP）等于总产量除以该投入品的总量。例如，对于生产函数 $Q = f(X)$ 来说，投入品 X 的平均产量就被定义为 $AP_X = f(X)/X$；对于生产函数 $Q = f(X,Y)$ 来说，投入品 X 的平均产量就被定义为 $AP_X = f(X,Y)/X$。一种投入品的边际产量（marginal products，*MP*）是指在其他条件不变的情况下，增加一单位该投入品所带来的产出增加。边际产量的微分形式为生产函数关于相应投入品的导数或偏导数。例如，对于生产函数 $Q = f(X)$ 来说，投入品 X 的边际产量就被定义为 $MP_X = \mathrm{d}f(X)/\mathrm{d}X$；对于生产函数 $Q = f(X, Y)$ 来说，投入品 X 的边际产量就被定义为 $MP_X = \partial f(X, Y)/\partial X$。

考虑一个小麦农场的生产，假设除了劳动之外，土地、种子、化肥等其他投入品的数量都固定不变。此时，小麦的产量就只与唯一的投入品劳动有关。因此，小麦的生产函数就是小麦产量关于劳动投入的一元函数：

$$Q = f(X)。 \tag{0.1}$$

式中：Q 是小麦的产量；X 是劳动的数量。

如图 0.2 所示，我们建立直角坐标系 OXQ，以横轴 X 表示劳动的数量，以纵轴 Q 表示小麦的产量。在图中，我们画出了小麦的生产函数曲线 $Q = f(X)$，它是一条从原点出发，单调上升，并且凹向原点的曲线。生产函数曲线从原点出发，表明劳动投入为 0 时，小麦的产量也为 0。生产函数曲线上升，表明劳动投入的数量越多，小麦的产量越多。生产函数曲线凹向原点，反映了生产技术的一个普遍规律——边际产量递减规律。

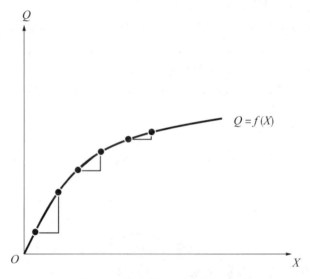

图 0.2　小麦的生产函数曲线

边际产量递减规律（law of diminishing marginal product）是指在生产技术不变和其他投入品数量不变的情况下，随着一种投入品的增加，其边际产量会越来越小。如图 0.2 所示，我们在生产函数曲线上画了一些底边相等的小直角三角形。通过对比这些小三角形，我们容易看出，随着劳动投入的增加，同样的劳动增量带来的小麦产量越来越小。

关于边际产量递减规律，我们要注意以下几点：第一，边际产量递减规律是人们从大量经验事实中归结出来的一条经验性规律。在现实生活中，我们常常发现有些情况是不符合这个规律的。如新开发的平原，最初投入的劳动会表现出边际产量递增的情况；但是，当企业的生产达到正常规模时，这个规律便普遍适用了。在以后的讨论中，我们假设企业生产都符合边际产量递减规律。第二，边际产量递减规律假定生产技术不变。第三，边际产量递减规律还假定至少存在另一种投入品，其数量保持不变。

根据图 0.2 的生产函数曲线，我们可以推导出小麦的平均产量曲线和边际产量曲线。如图 0.3 所示，当劳动投入的数量为 X 时，小麦的产出数量为 Q。小麦的平均产量 Q/X 等于射线 OC 的斜率，小麦的边际产量 $\mathrm{d}Q/\mathrm{d}X$ 等于 C 点的切线 l 的斜率。仔细观察可以发现，在原点处，射线斜率和切线斜率相等，并且都达到了自己的最大值。之后，射线斜率和切线斜率随着劳动投入的增加而减小，并且射线斜率总是大于切线斜率。据此，我们可以画出劳动的平均产量曲线 AP_X 和边际产量曲线 MP_X，它们从纵轴的同一点出发，单调下降，并且 AP_X 位于 MP_X 的上方，如图 0.4 所示。

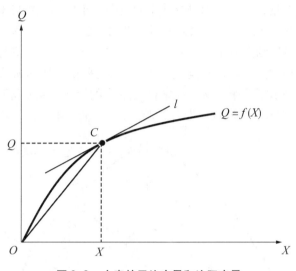

图 0.3　小麦的平均产量和边际产量

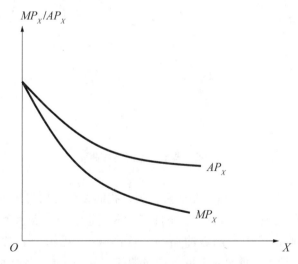

图 0.4　平均产量曲线和边际产量曲线

（二）等产量曲线

前面我们讨论了一种投入品的生产，但通常来说，投入品的种类总是很多的。因此，一种投入品生产的讨论存在局限性。为了克服这一局限性，经济学分析更多地采用两种投

入品和一种产出的讨论来阐明企业组织生产的原理。通常认为，对两种投入品和一种产出
的讨论在大多数情况下能够很好地阐明企业组织生产的原理。例如，我们要讨论劳动在生
产中的作用，就把其他生产要素抽象地归结为一种其他投入品。这样，情况就简化成两种
投入品的情形。

假设某种商品的生产只需要两种投入品：投入品 X 和投入品 Y；用 X 和 Y 分别表示它
们的投入数量，用 Q 表示相应的商品产量，则该商品的生产函数可以表示为：

$$Q = f(X, Y) \text{。} \tag{0.2}$$

上述生产函数有三个变量，它的图形是立体空间里的一个曲面。如图 0.5 所示，我们建立
三维直角坐标系 $OXYQ$，以轴 X 表示投入品 X，以轴 Y 表示投入品 Y，以轴 Q 表示商品的
产出 Q。在这个坐标系里画出一个典型的生产函数 $Q = f(X, Y)$ 的立体图形，它是立体空
间里的一个曲面。典型的生产函数 $Q = f(X, Y)$ 要求两种投入品都满足边际产量递减规律。
如图 0.5 所示，我们画出了一个示例。固定投入品 Y 的投入量 Y_0，得到的关于投入品 X 的
生产函数曲线 $Q = f(X, Y_0)$ 从原点出发，单调上升，并凹向原点。

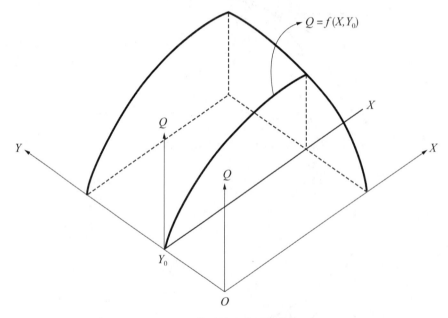

图 0.5　典型的生产函数曲面

由于三维立体空间的图形分析不是非常直观，我们希望能用二维的平面图形来描述生
产函数 $Q = f(X, Y)$ 所反映的技术特点。下面引入等产量线图来表示企业面临的技术约束。
如图 0.6 所示，我们画出了生产函数曲面的"等高线"。逻辑上非常清楚，这些"等高
线"在平面 OXY 上的投影，就是企业的等产量曲线（isoquants），表示为生产给定产量的
商品所必需的投入品组合。从函数的形式来看，等产量曲线表示如下函数的曲线：

$$f(X, Y) = \overline{Q} \quad (\overline{Q} > 0 \text{ 为常数}) \text{。} \tag{0.3}$$

根据典型的生产函数推导出的典型的等产量曲线，单调下降，并且凸向原点。等产量
曲线单调下降，表明企业要保持产量不变，减少一种投入品的数量就必须增加其他投入品
的数量。把企业所有的等产量曲线都放在一起，就得到企业的等产量曲线图（isoquants

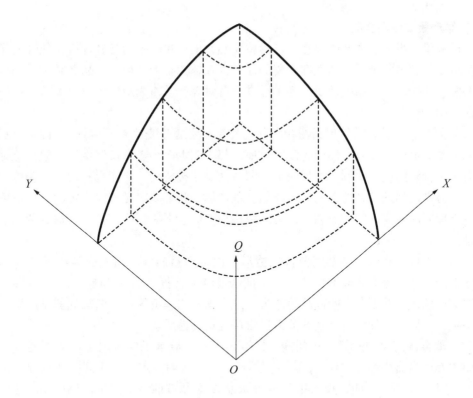

图 0.6　生产函数曲面的"等高线"

map）。等产量曲线图完全反映企业的生产技术特点，即其受到的技术约束。如图 0.7 所示，我们画出了一幅等产量曲线图。等产量曲线本身不反映产出增加的方向，但根据生产函数的性质不难知道，X 轴和 Y 轴的正方向是产出增加的方向。

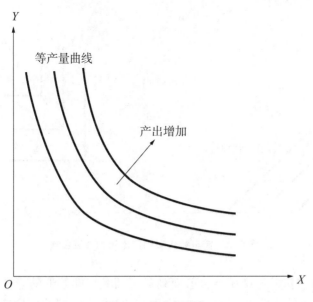

图 0.7　等产量曲线

1. 等产量曲线图类型

一般来说，投入品之间既存在一定的替代性，也存在一定的互补性。替代性是指一种投入品可以代替另一种投入品发挥作用的性质，互补性是指一种投入品必须在另一种投入品的搭配下才能发挥作用的性质。为了增进读者对等产量曲线图的学习，本节介绍三种等产量曲线图。

（1）要素完全替代的等产量曲线和固定比率。考虑小麦生产，假设只有两种投入品：土地和劳动。显然，没有劳动或者没有土地，都不能生产小麦。按照生活经验，土地和劳动会有一个合理的投入比例。这说明土地和劳动要互相搭配，才能很好地生产小麦，反映了土地和劳动之间的互补性。同时，我们发现增加一些劳动同时减少一定的土地，或者增加一些土地同时减少一定的劳动，都可以保持小麦产量不变。这反映了土地和劳动之间的替代性。

图 0.8（左）显示了要素完全替代情形下的等产量曲线。图中的等产量曲线都是线段，它们的斜率相等。线段形式的等产量曲线意味着，投入品 X 和投入品 Y 按照一个固定比率交换使用，并不会影响商品的产量。这个固定比率由等产量曲线的斜率决定。在现实生活中，不同牌子的肥料之间的关系比较接近这种性质。

（2）要素固定比例的等产量曲线。图 0.8（右）显示了要素固定比例下的等产量曲线，图中等产量曲线都是"L"形折线，并且这些折线的角点都位于同一条从原点出发的射线上。"L"形折线表明，投入品 X 和投入品 Y 必须按照一个固定比例使用，才能发挥出各自最大的作用。这个固定比例由等产量曲线的角点所在射线的斜率决定。仔细观察可以发现，当企业的投入品组合位于等产量曲线的角点时，单独增加任何一种投入品的数量，都不能增加商品的产量。在现实生活中，客车和司机之间的关系比较接近这种性质：单独增加客车的数量，或者单独增加司机的数量，都很难提高载客能力。

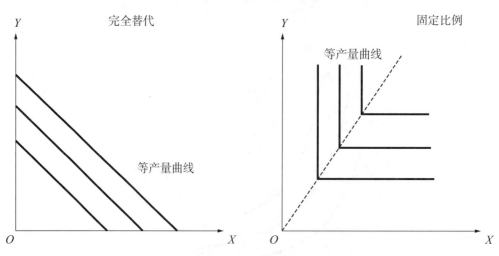

图 0.8　完全替代和固定比例等产量曲线

（3）科布-道格拉斯生产函数。前面列举了两种极端情形的等产量曲线图。一般来说，投入品之间既有替代性也有互补性。下面介绍一种投入品之间既有替代性也有互补性的等产量曲线图。

如果一个生产函数具有这样的形式：$f(X,Y) = AX^aY^b$，我们就称它是一个科布－道格拉斯生产函数。这里，A、a 和 b 都是大于零的常数。粗略地说，A 反映企业的技术水平，因为对于同样的投入品组合，A 越大，产出数量就越大。a 和 b 分别反映两种投入品对生产的贡献率：a 越大，投入品 X 起的作用越大；b 越大，投入品 Y 起的作用越大。科布－道格拉斯生产函数对应的等产量曲线图如图 0.9 所示。

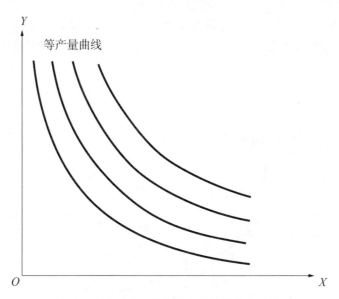

图 0.9　科布－道格拉斯生产函数的等产量曲线

2. 技术的边际替代率

前面说过，典型的等产量曲线单调下降，并且凸向原点。本节考察典型的等产量曲线所体现的技术特点。如图 0.10 所示，我们画出了一条典型的等产量曲线 $f(X,Y) = \bar{Q}$。等产量曲线下降，体现了这样的技术特点：为了保持商品的产量不变，减少一种投入品的数

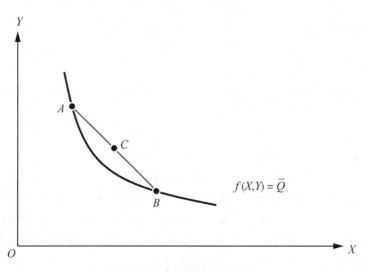

图 0.10　典型的等产量曲线

量就必须增加另一种投入品的数量。等产量曲线凸向原点，体现投入品种类多样化的技术要求，即平均的投入品组合与极端的投入品组合相比，更有利于企业的生产。如图 0.10 所示，在等产量曲线 $f(X,Y) = \overline{Q}$ 上任取两个投入品组合 A 和 B。由于曲线凸向原点，A、B 连线上的任何一个投入品组合，如 C，都位于曲线的上方。因而可知，A 和 B 的任意一个加权平均组合所能生产的最大产量，都比投入品组合 A 或投入品组合 B 的多。

为了更好地理解等产量曲线凸向原点所体现的技术特性，我们引入边际技术替代率这个概念。在两种投入品的模型里，边际技术替代率（Marginal rate of technical substitution，$MRTS$）是指为保持产量不变，减少一单位一种投入品，需要增加多少单位另一种投入品。

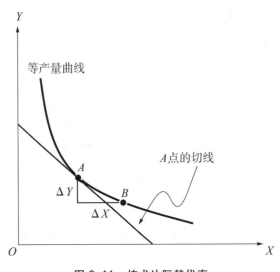

图 0.11　技术边际替代率

如图 0.11 所示，图中曲线是企业的等产量曲线。设企业选择投入品组合 A，在等产量曲线上取 A 的邻近投入品组合 B。对比 A 和 B，便可求出两种投入品的技术边际替代率：

$$MRTS = |\Delta Y / \Delta X|。 \qquad (0.4)$$

令 B 沿等产量曲线无限靠近 A，由上式自然得到 TRS 的微分形式：

$$MRTS = |dY / dX|。 \qquad (0.5)$$

这里，dY/dX 是等产量曲线在 A 点切线的斜率。

等产量曲线的方程通式为 $f(X,Y) = \overline{Q}$，$\overline{Q} > 0$ 为常数。对上述方程取全微分可得：

$$MP_X \cdot dX + MP_Y \cdot dY = 0。 \qquad (0.6)$$

因而有，

$$MRTS = -dY / dX = MP_X / MP_Y。 \qquad (0.7)$$

据此可知，边际技术替代率实际上等于两种投入品边际产量的比值。

典型的等产量曲线反映边际技术替代率递减的技术特性。如图 0.12 所示，我们画出了一条等产量曲线，并在上面画了一些底边相等的小直角三角形。通过对比这些小三角形可以发现，随着投入品 X 的增加，需要越来越少的投入品 Y 来替代相同数量的投入品 X。边际技术替代率递减实际上由边际产量递减规律决定。

到目前为止，我们已经较为详细地讲述了企业受到的技术约束。下面，我们通过建立

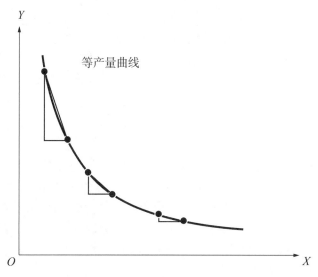

图 0.12　技术边际替代率递减

模型，考察企业在竞争性市场里如何制定合适的生产计划，以实现短期的利润最大化。在这里，再次提醒读者区分经济利润和会计利润。虽然两种利润都可以定义为销售收益与产销成本之差，但经济利润里定义的产销成本包含的范围更宽，包括那些容易被遗忘的"内隐成本"或机会成本。

（三）利润最大化

一般来说，企业的生产区分为短期生产和长期生产。所谓的短期，是指在考虑的时间区间内，有一部分投入品是企业很难进行调整的；所谓的长期，是指在给定的时间区间内，企业几乎可以对所有的投入品进行调整。考虑企业的短期生产，我们把企业容易调整其数量的投入品称为可变投入品（variable inputs），把企业难以调整其数量的投入品称为固定投入品（fixed inputs）。通常来说，原材料、能源等容易调整的投入品可归为可变投入品；厂房、大型机器等难以调整的投入品可归为固定投入品。为了讨论方便，现在假设下面讨论的可变投入品可以任意调整，而固定投入品不能调整。

对于企业的短期生产而言，我们把所有的可变投入品抽象地归结为投入品 X，把所有的固定投入品抽象地归结为投入品 Y。企业的生产函数相应地表示为 $Q = f(X, Y)$，这里 X 和 Y 分别表示投入品 X 和投入品 Y 的数量。但由于投入品 Y 是固定投入品，企业在短期内不能对其做出调整，因此企业的生产函数可以更简单地表示为 $Q = f(X, \bar{Y})$，其中 $\bar{Y}$ 是常数，表示固定投入品的数量。也就是说，我们把企业的短期生产归结为一种投入品的生产。

当生产者的目标是追求利润最大化时，我们以完全竞争市场为例来考察企业如何选择合适的可变投入品数量，以生产出合适数量的商品投放到市场上，获取最大的利润。

在完全竞争市场里，企业是价格接受者，因此投入品和商品的价格都由市场决定。现在，假设可变投入品的价格为 W_X，固定投入品的价格为 W_Y，商品的价格为 P。用 X 和 $\bar{Y}$ 分别表示可变投入品和固定投入品的数量，相应的商品产量为 Q。此时，企业的利润

π 为：

$$\pi = PQ - W_X X - W_Y \bar{Y}。 \tag{0.8}$$

为了求解利润最大化问题，将上式对投入品数量 X 求导，并让一阶导数等于零，得到利润最大化条件为：

$$MP_X = W_X/P。 \tag{0.9}$$

上式变形可得：

$$P \times MP_X = W_X。 \tag{0.10}$$

$P \times MP_X = W_X$ 表明，可变投入品的边际收益 $P \times MP_X$，等于其边际成本（可变投入品的价格 W_X）。事实上不难想象，如果可变投入品的边际收益大于边际成本，那么企业增加投入扩大生产，可以增加利润；如果可变投入品的边际收益小于边际成本，那么企业减少投入收缩生产，也可以增加利润。因此，企业的利润要想达到最大值，可变投入品的边际收益必须等于边际成本。根据式（0.10），可以求出最优投入品 X 的数量为 X^*，产出数量为 Q^*。此时企业的利润 π^* 为：

$$\pi^* = PQ^* - W_X X^* - W_Y \bar{Y}。 \tag{0.12}$$

二、股东财富最大化目标

以上我们讨论的利润最大化目标主要作用于短期决策，但企业的长期决策亦同样重要，如旧的机器设备是否要更新换代，是否要开发新的产品或淘汰现有产品，是否要收购兼并其他竞争对手，等等。诸如此类决策对于企业的长期盈利性是非常重要的，这些决策的目标是为企业所有者即股东追求剩余收益最大化，通常用股东价值最大化或财富最大化来描述。在这里，股东价值是企业未来预期利润或净现金流量的现值加总，即

$$股东价值 = \sum_{t=1}^{n} \frac{R_t - C_t}{(1 + i)^t}。 \tag{0.13}$$

式中：R_t 为企业在第 t 期的销售收入；C_t 为企业在第 t 期的总成本；$R_t - C_t$ 即企业在第 t 期的利润；i 为贴现率，即企业用于投资的资金的机会成本。

与利润最大化目标相比，将股东财富最大化作为企业目标主要有以下优点：

（1）促使企业管理层决策目标放长远。企业管理层如果仅遵循利润最大化目标行事，那可能将过多着眼于眼前短期利益，即使一些当期的开支（如员工培训等）对企业未来发展可能具有积极影响，但出于对成本的考量，可能使得管理层放弃该项投入。如果目标是股东价值最大化，那管理层需要考虑当前决策将给未来的企业利润带来什么影响，以长远的眼光看待企业发展。

（2）促使企业管理层在决策时考虑收益的时间价值。根据利润最大化目标，企业管理层在筛选最优方案时，只选择总收益最大的方案，较少考虑收益在时间维度上的差异。股东价值最大化目标则要求企业管理层在决策时考虑这种差异。

（3）促使企业管理层在决策时考虑经营风险。利润最大化目标不考虑风险因素，股东价值最大化目标要考虑经营或投资的风险。收益较高的项目往往面临的风险较大，这促使企业管理层在决策时需要在风险和收益之间进行权衡。

为了实现股东财富最大化这一目标，企业需要适时进行投资以捕捉新的盈利机会，如

传统车企进军新能源领域、化工企业整合上游供应链等。投资与经营费用虽然都是支出，但二者存在一定区别。经营费用支出预期在短期内为企业带来盈利，如原材料和工厂员工支出等，这些投入在产品出售后一般一次性收回并取得一定收益，而且这个过程一般较短（如 1 年内）。而投资支出预期在较长的一段时期内（通常 1 年以上）给企业持续带来效益。生产经营决策影响企业当期利润大小，投资决策则关系到企业未来发展速度和方向。在本书后续章节，我们将讨论与股东财富最大化相关的投资决策的基本过程、投资方案评价方法与应用以及资本成本估计等相关问题。

三、利益相关者利益最大化目标

（一）关于股东财富最大化目标的反思

长期以来，企业以股东财富最大化为目标导向的价值观念一直是经济管理学界的主流观念。但近年来，随着利益相关者理论的蓬勃发展，安然、世通等公司财务丑闻的爆发，传统的"股东至上"企业观在理论和实践中受到越来越多的质疑，主要体现在以下几个方面。

1. 股东并不是企业的唯一所有者

虽然股东提供的物质资本具有不可替代的重要作用，但这只是企业构成的必要条件而非充分条件。企业资产并不能自发地实现增值，必须借助其他利益相关者的投入。企业经营离不开经理、员工、债权人、供应商、消费者、社区、政府甚至环境的支持和参与。按照契约理论的观点，企业是各种生产要素所有者（股东、债权人、员工等）之间以及企业和消费者之间一系列契约的集合，企业在经营过程中与各个利益相关者（包括股东、员工、债权人、消费者、供应商等）缔结了契约关系。企业投入原材料、劳动和资本等要素，并将其转化为对社会有用的产品或服务。随着科学技术迅速发展和社会分工精细化，人力资本专用性相对上升，人力资本对于企业生存与发展的重要性愈发凸显。随着金融市场发展和金融创新涌现，非人力资本专用性相对下降，非人力资本不再是企业的唯一关键资源，企业剩余控制权和剩余索取权不能完全归于企业非人力资本投入者。

2. 分散股权结构不利于监督

代理问题随着现代企业所有权与控制权的分离而产生。分散的股权结构使单个股东的监督成本往往高于其收益，于是容易导致严重的"搭便车"行为。但如果股东都采取"搭便车"行为，其结果将是无"便车"可搭，企业最终将被内部董事和经理控制。受专业知识限制，大多数股东并不具备对企业进行实质性监督和参与决策的能力。股东往往将股票价格作为判断公司价值的标准，但不完善的市场交易所形成的股票价格作为判断标准很难真正反映公司价值，反而容易使经理产生短期机会主义行为。在安然事件中，实行股票期权激励的初衷是使公司管理层与股东利益保持一致，抑制管理层内部人控制，以期实现股东利益最大化。但这反而成为安然管理层欺诈行为的遮羞布。管理层通过财务造假推高股价并疯狂套现，最终损害了众多投资者的利益。

3. 不同股东的利益标准并非一致

由于股东持股数量、持股动机和效用函数的不同，不同股东之间的利益标准并不一致，股东身份的复杂性决定了股东利益最大化目标的不确定。例如，有的股东追逐短期利益，有的股东关注长期利益，并且大股东与中小股东之间的利益要求往往也各不相同。在利益多元化的情况下，股东利益最大化的标准就很难确定，特别是当满足一方利益是以牺牲他方利益为代价时，该如何选择就成为问题。如果在公司治理中仅仅体现"资本民主"，那么控股股东可能存在侵占其他中小股东利益的动机，这样股东利益最大化就异化为"控股股东利益最大化"，显然这是不公平、不合理的。

4. 资本市场不完善和投资者非理性

在市场有效和理性人假设下，股票市场传递的是真实的企业价值信息，投资者能对这些信息做出无偏的反应，以此作为可信的公司治理工具。但现实情况是，市场既不是有效的，人的行为也常常具有非理性，股票价格在很多情况下与公司的价值相背离，投资者无法基于信息做出理性预期。在股票价格与公司价值相偏离的情况下，"内部人"可能利用信息优势和股票市场的非理性操纵股票价格，破坏了股东价值最大化是评价公司治理效率最有效制度安排的基础，股东利益最大化的目标将难以实现。

5. 企业行为存在外部性

由于外部性的存在，以股东财富最大化为目标的决策可能对社会并不一定最优。如果一家企业在经营过程中，污染了环境但却未支付环境修复的成本，或者企业本身没有污染环境，但消费者对该企业产品的消费行为可能污染环境，在这种情况下，股东财富最大化的决策可能给社会整体造成福利损失。由于企业的生存发展离不开当地社区与环境的支持，如果企业仅单纯考虑股东财富最大化，以损害其他利益相关者的利益为代价获利，企业将受到当地居民、环保组织等利益相关者的抵制和排斥，不利于企业长远发展。

与股东价值最大化的传统企业观不同，企业利益相关者理论则认为，企业是所有利益相关者实现其权益主张的载体，而不仅仅是股东实现自身权益主张的载体。企业的生存与发展并不只依赖于资本投入，同样依赖于企业管理者、员工、消费者、供应商、社区等企业利益相关者的投入。如果没有管理者和员工持续提供人力资源投入，没有消费者购买产品，没有供应商提供生产所需的原材料，没有社区提供公共基础设施，企业不可能生存与发展。企业经营过程中也并非只有出资者承担风险，在企业"下注"的所有利益相关者都承担了风险：管理者与员工承担了专用性人力资本贬值的风险，消费者承担了产品质量风险，供应商承担了企业不能履约的信用风险，社区承担了环境污染的风险。既然所有利益相关者均对企业的生存与发展有所贡献，而且又都在企业经营过程中承担了一定风险，因此，企业应该考虑所有利益相关者的权益主张，而不能仅仅从股东视角出发单纯追求股东利益的最大化。

（二）利益相关者分类与利益要求

根据弗里曼（Freeman，2010）在其著作 *Strategic Management：A Stakeholder Approach*[①] 中的经典定义，利益相关者为能够影响企业目标实现，或能够被企业目标实现的过程所影响的所有个人和群体。因此，企业利益相关者不仅仅包括企业内部的股东、管理者、员

---

① R. E. Freeman，*Strategic Management：A Stakeholder Approach*，Cambridge：Cambridge University Press，2010，pp. 52 – 83.

工，还包括企业外部的债权人、消费者、供应商、政府、社区等。由于各利益相关者在企业内外所处的地位不同，所关注的权利和承担的风险各不相同，他们的利益要求也各不相同。一般来说，股东的利益要求为追求更多利润并实现其他战略目标；管理者追求更高薪酬、职业声誉等；员工追求工资收入、各种福利和晋升机会；债权人关心自己投入企业的本金和利息能否顺利收回；供应商可能关心在与企业的交易中，是否能够按时收到货款以及维持良好的关系；消费者追求购买安全优质的产品，并获取更多的消费者剩余；政府往往希望企业提供更多的税收和就业机会；社区一般希望企业能够为改善周边环境尽更多的努力。本节，我们将重点介绍企业利益相关者及其利益诉求。

1. 股东

作为投资者的股东是企业物质资本的拥有者，为企业的生产经营创造了基本的物质条件，并且也是企业进行后续筹资活动的重要来源。股东下在企业上的"赌注"是他们为企业生产所提供的专用性非人力资本。他们承担了因企业可能出现经营失败而输掉"赌注"的风险，因为专用性资产往往与特定的生产目的相联系，如果转向其他生产目的可能发生贬值。股东最关注的利益莫过于获取更高的投资回报，即股本的保值增值。然而，由于股东与企业是非完全契约关系，为了最大化自身的利益，股东需要有效地监督管理人员的经营行为以及参与重大决策，从而获取必要的信息并拥有剩余控制权。

2. 债权人

债权人最关心投入企业的本金和利息能否顺利收回，因而债权人的利益主要体现在显性契约中，如借出资本的数额、资本利率、还款时间和使用用途等。其中，前两项体现了债权人所追求的收益即利息，后两项体现了债权人对资金安全性的考量。表面上看，债权人与企业之间是完全的契约关系，享有定期收回本金和利息的权利；但实际上，债权人要承担本息到期无法收回或不能全部收回的风险。现代借贷合约通常规定作为借款人的企业仅承担有限责任，由于存在因双方信息不对称所造成的逆向选择和道德风险问题，企业不履行债务的风险无法得到合理补偿（提高利率会导致更高的风险）。因此，债权人的利益要求除了顺利收回本金外，还包括参与公司治理、行使监督权等。

3. 管理者

管理者包括CEO、经理人员等。与股东不同，管理者下在企业上的"赌注"是他们为企业维持和扩张生产所提供的人力资本。管理者同样承担了因企业可能出现经营失败而输掉"赌注"的风险，而且较之于非人力资本，部分管理者提供的人力资本专用性更强，承担的风险更大，因为其所具有的能力在企业外部得不到充分评价，难以进入市场交易。经理人市场比股票市场小得多，与股东随时"用脚投票"出售股权相比，管理者离开所在企业再找到一个同等的职位并不容易。管理者的利益要求既包括显性经济利益，也包括隐性经济利益。显性经济利益如劳动合同中关于职位、收入的规定，隐性经济利益如对权力、声誉、地位的追求等。

4. 员工

现代企业之间的竞争很大一部分归结为人力资源的竞争，拥有知识和技能的员工是企业竞争制胜的重要因素。随着社会分工继续细化，与出资人的投入相比，员工的投入越来越具有专用性；如果企业失败，员工所承担的损失也变得更大。因此，员工同样应该享有对企业的利益主张。员工的显性经济利益包括职位、工资福利、工作条件等，隐性经济利益包括工作的稳定性和成就感等。也就是说，员工的利益要求不仅包括物质需求，还包括员工自我价值实现的需求，员工期望企业对其努力和贡献进行正确公平的评价，有深造发展的学习机会和条件，以及享有监督权和参与治理等。

5. 供应商

供应商是企业生产经营所需原材料、能源、设备等资源的供给者。供应商愿意提供的原材料与设备的数量和质量直接影响着企业的生产，原材料与设备的价格直接影响企业的利润；企业支付货款的能力和意愿则决定了其供应商的利润与经营风险。如果企业经营失败，那么供应商就面临着无法收回货款的风险，而且还需要花费成本寻找新的买家。概括地讲，供应商的显性经济利益主要表现为提高销售收入、按时收回货款、企业对供应商产品的稳定需求等；隐性经济利益包括希望企业能够长期生存发展，与企业之间共同分享信息，通过协商合作协调相互的行为，从而增加对销售业务的控制能力，等等。

6. 消费者

消费者是企业赖以生存的基础，企业通过提供消费者需要的商品，从而实现销售收入。消费者的购买意愿与购买能力决定了企业产品的销售量，消费者购买意愿越高，购买能力越强，企业产品的销售量越高。消费者的利益则与企业提供产品或服务的质量密切相关，高质量、低价格往往对应着消费者的高福利。消费者的利益要求包括企业提供合格的产品质量、合理的产品价格、良好的售后服务和良好的企业信誉等。尽管企业产品的所有权通过购买行为转移到了消费者手中，但这个所有权并不单一，它还包含着消费者要求售后服务和进行投诉等其他权利，因而消费者希望企业能够长期生存发展，保证自身获得长期的、稳定的权益。

7. 政府

政府是企业不折不扣的利益相关者，政府存在参与企业利益分配的要求，例如，政府对商品在流转过程中新增价值征收的增值税、对企业利润征收的所得税等。维持政府这架机器运转的主要"燃料和动力"是税收，而企业缴纳的各项税是政府收入的主要来源之一。另外，政府的目标之一是促进就业，而企业是吸纳就业人员的重要力量。政府庞大的购买清单和公共工程开支计划也需要企业来满足或实现。同时，企业的行为受到政府法律法规的约束，例如劳动法禁止企业雇佣童工，各地方政府规定了企业的最低工资标准，消费者权益保护法、环境保护法等保障企业行为符合消费者和所在社区的利益。

8. 社区

社区为企业提供了生产和经营的场所和环境，社区的自然条件、人文因素等对企业的发展具有重要意义，而现代企业对社区的影响也是诸多方面的。以煤矿企业为例，煤矿附近的居民本身与煤矿企业并没有确定的契约关系，但是煤矿企业开采煤炭可能造成的地下水污染、空气污染等会影响附近居民的身体健康，潜在的地表塌陷风险还会威胁居民的生命安全，因此，煤矿企业决策时必须充分考虑到附近居民的生活和生命安全。所以，社区的利益要求除了包括企业提供就业岗位外，还包括对于洁净空气、水源、安全等的需要。

综上，本部分分析了股东、债权人、管理者、员工、供应商、消费者、政府及社区等的利益要求。可以看出，每一种利益相关者的利益要求并不是单一的，而是具有丰富的内容，而且对于各种利益要求的重视程度也存在差异。各利益相关者的利益之间可能存在冲突，企业应该充分考虑各方的利益诉求，任何利益相关者在考虑自身利益的同时应关注其他利益相关者合法合理的利益（使得其他利益相关者获得一个公平的回报）。

例如，股东和债权人之间利益冲突的根源在于二者对现金流量要求权的差异。债权人通常对公司现金流量具有第一位的求偿权，但在企业能获得足够的收入以履行偿还债务的义务时，他们只能收到固定的金额。而股权投资者只对剩余现金流量有求偿权，但如果公司没有充足的现金流量以履行其偿还债务的义务，股权投资者有权选择宣告破产。因此，债权人要以比股东更消极的眼光来看待项目选择和其他决策中存在的风险。因为如果项目成功了，债权人除了收回本金和利息外，不能参与分享项目所带来的收益；一旦项目失败了，他们将承受巨大的损失。因此，股东和债权人可能在许多问题上产生分歧。当我们往企业中再引入员工、消费者等利益相关者群体的时候，这些利益冲突将变得更为复杂。企业的员工可能较少关心股东财富的最大化，他们更加关注提高工资、福利待遇等。在某些情况下，他们的利益可能会与股东利益发生直接的冲突。消费者可能希望他们想要购买的产品或服务能够以较低的价格出售，以最大限度地满足他们的需求，但这样可能又会与股东的期望发生冲突。

为此，在面对众多利益相关者各不相同的利益要求时，企业必须合理配置资源，以求在利益相关者之间取得平衡。利益相关者利益最大化目标综合考虑了股权投资者、债权投资者的投资期望，以及其他相关者的利益。该目标致力于通过企业的合理经营，采用最优的经营策略，在考虑资本的时间价值和风险报酬的情况下，同时考虑对各方利益相关者的影响，从而使得利益相关者的总福利不断趋向最大化。将利益相关者利益最大化作为现代企业的经营目标，兼顾了各方利益相关者的利益，有利于克服管理上的片面性和"短视病"，对企业的生产和资产经营而言，可以从更广阔的视野和更长远的考虑上发挥指导作用。

第三节　公司经营中的委托代理问题

委托代理理论（principal-agent theory）源于现代企业的所有权和控制权的两权分离，是公司治理领域的重要理论基石，也是契约理论最重要的发展之一。在公司经营中，主要有两类委托代理问题：第一类表现为股东和经理人之间的冲突，第二类表现为大股东和中小股东之间的冲突。要解决公司经营中的委托代理问题，需要委托人通过内部治理和外部治理，设计出一套行之有效的监督、激励和约束机制。

一、委托代理理论基本内容

（一）委托代理基本概念

1. 委托代理关系

委托人（principal）和代理人（agent）的概念源于法律。法律学上，当甲乙之间达成一个协议，甲将做某事的权利授权给乙时，委托代理关系（principal-agent relationship）就形成了。此时，甲是委托人，乙是代理人。代理人不能将自己放在与委托人利益冲突的地位，没有委托人的许可不能再进行代理，对委托人有保密责任与诚信责任；委托人对代理人有补偿责任、免除法律责任和留置权。

经济学上，罗斯（Ross，1973）[1] 最早定义了委托代理关系，他认为，"如果当事人双方，其中代理人一方代表委托人一方的利益行使某些决策权，则代理关系就随之产生"。目前学术界普遍认为，委托代理关系是指两方在非对称信息条件下结成的契约关系，其中，拥有不完全信息且承担风险的一方是委托人，拥有更多信息且无须承担风险的是代理人。委托代理关系在社会中普遍存在，典型的委托代理关系如：诉讼人将诉讼事务委托给律师，股东将企业经营管理委托给经理人。

2. 委托代理问题

委托代理问题（principal-agent problem）是指，由于代理人和委托人存在利益冲突，加上信息不对称和不确定性的存在，代理人很可能做出偏离委托人目标函数的机会主义行为，而委托人往往难以对代理人实行完全有效的监督，最终导致委托人利益受损。解决委托代理问题的办法是通过订立有效的契约（即一系列约束和激励条件），使代理人受到有效激励而勤勉尽职，最终实现双方利益的最大化。

公司经营中的委托代理问题是随着现代公司制的演进而产生的，其根源是所有权和控制权的分离。古典企业中所有者和经营者角色是统一的，不存在委托人和代理人之间的利益冲突。现代企业大工厂生产规模化，生产力大幅进步，分工化和专业化大行其道，企业所有者受限于自身知识、能力与精力，难以参与生产经营的方方面面，具有专业知识的职业代理人则可以代替所有者经营企业，所有权和控制权的两权分离由此开始。美国学者贝利和米恩斯（Berle and Means，1932）的著作《现代企业与私有产权》[2] 指出，当时的美国大公司已经出现了所有权和控制权分离的状况，并且股权结构呈广泛分散的发展趋势。

3. 代理成本

詹森和梅克林（Jensen and Meckling，1976）[3] 提出，代理成本（agency cost）主要包括委托人的监督成本、代理人的担保成本与剩余损失三项内容。①委托人的监督成本，即委托人激励、监督和控制代理人，以期代理人为委托人利益尽职努力的成本。例如，企业设立董事会和监事会的费用。②代理人的担保成本，即代理人实施自我约束，以保证为委托人尽职努力的成本，以及如果损害了委托人利益，代理人将给予赔偿的成本。例如，经理人聘请知名会计师事务所审计师的费用。③剩余损失，指委托人因代理人代行决策而产生的价值损失，等于企业由委托人经营时的收益与企业交予代理人经营时的收益的差值。该损失包含显性损失与隐性损失。显性损失是经理人的在职消费、决策失误造成的营业外支出；隐性损失是由于经理人偷懒或短视，导致企业市场份额萎缩造成的价值损失。

---

①　S. A. Ross, "The economic theory of agency: The principal's problem," *American Economic Review*, vol. 63, no. 2（1973），pp. 134 – 139.

②　A. Berle, G. Means, *The Modern Corporation and Private Property*, New York: Macmillan, 1932.

③　M. C. Jensen, W. H. Meckling, "Theory of the firm: Managerial behavior, agency costs and ownership structure," *Journal of Financial Economics*, vol. 3, no. 4（1976），pp. 305 – 360.

（二）委托代理理论基本假设

1. 委托人和代理人的目标函数不同

委托人和代理人都是追求自身利益最大化的理性经济人，二者目标函数不同，代理人有着不完全遵循委托人的期望进行经济活动的倾向。例如，在企业中，委托人的目标是追求企业利润最大化以及企业的长远发展，并期望以尽可能低的薪资激励代理人，使其为企业付出最大努力，创造最优收益；代理人的目标是最大限度满足自己的利益，期望以尽可能少的努力获得尽可能多的报酬或企业资源。

2. 委托人和代理人之间存在信息不对称

信息不对称是产生委托代理问题的本质原因。从信息经济学角度看，委托人和代理人的划分主要基于是否拥有私人信息，拥有私人信息的一方为代理人，不拥有私人信息的一方为委托人。现实经济活动中，委托人在与代理人的博弈过程中常处于信息弱势地位，委托人只能观察到公司经营的结果，无法直接获知代理人本身的努力程度，难以对代理人进行完全有效的监督；拥有信息优势的代理人会被利益诱惑，倾向于做出机会主义行为，进而产生代理问题。

信息不对称可分为事前信息不对称和事后信息不对称，事前（契约签订前）信息不对称产生逆向选择问题，事后（契约签订后）信息不对称产生道德风险问题。逆向选择指在契约签订前，代理人通过私自隐藏信息、刻意报告错误信息等方式混淆委托人判断，使委托人在只了解市场平均水平但不了解代理人个人能力的条件下，按照平均水平给出报酬，能力较高的代理人不愿接受工作，最终导致"劣币驱逐良币"[①]。道德风险指在契约签订后，委托人无法得知代理人在工作中的真实行为，代理人往往会利用这种信息优势在追求个人效用最大化的同时损害委托人利益，如努力规避、在职消费、资产转移、过度投资等，使公司经营逐渐恶化到难以控制，这也是公司经营中主要关注的委托代理问题。逆向选择和道德风险的例子如表0.1所示。

表 0.1　逆向选择和道德风险举例

归类	委托人	代理人	代理人行为
逆向选择	买家	卖家	产品性能
	雇主	员工	专业能力
	保险公司	投保人	健康状况
道德风险	房东	住户	房屋维护
	雇主	员工	努力工作
	债权人	债务人	项目风险

---

① "劣币驱逐良币"又称格雷欣法则（Gresham's Law），由英国的托马斯·格雷欣（Thomas Gresham）于16世纪提出。该法则是指当两种实质价值不同但面值相同的货币同时在市场上流通时，价值较高的货币会被收藏并逐渐退出流通，价值较低的货币最终充斥市场；现在多用于指代信息不对称情况下，劣质品逐渐淘汰优质品的现象。

3. 委托代理关系是不完备契约

委托代理关系是一种经济契约关系。契约可分为显性契约和隐性契约：显性契约是有书面协议或法律协议的合约，合约严格规定了委托人和代理人之间的利益关系；隐性契约指未签订书面协议的、约定俗成的惯例。现实经济活动中，由于不存在完全竞争市场和完全充分信息，合同双方具有有限理性和机会主义倾向，加上未来不确定性和高额签约成本的约束，委托人难以制定面面俱到的完备契约。因此，委托代理关系实际上是一种不完备契约。

（三）委托代理理论基本模型

1. 标准委托代理模型

标准的委托代理模型中，委托人不能直接观察到代理人的行为，只能观察到代理人行为的结果，但观测结果同时还会受到外生变量的影响，代理人得到的报酬由观测结果决定。同时，模型需要满足两个约束条件：①参与约束，即代理人接受契约要比不接受契约好；②激励相容约束，即代理人努力时要比不努力获得更多收入。模型发现，要设计出委托人预期效用最大化的契约，代理人必须承担部分风险；如果代理人是风险中性的，让代理人承受完全风险可以达到最优激励效果。

2. 重复博弈的委托代理模型

重复博弈下的委托代理模型发现，长期合同可以缓解委托代理问题。一方面，如果委托人和代理人保持长期的雇佣关系，委托人可以通过可观测变量相对准确地推断代理人的努力水平，代理人无法通过偷懒来谋取私利；另一方面，长期合同中提供的"个人保险"可以免除代理人的风险。

3. 代理人市场声誉模型

声誉模型认为，隐性契约可以达到与显性契约相同的激励效果。法玛（Fama，1980）[1] 最早提出代理人市场声誉的思想，他认为，竞争的市场上代理人的市场价值取决于过去的经营业绩，因此，即使没有显性的激励合同，经理人也会为了自身声誉和未来收入而勤勉工作。霍姆斯特姆（Holmstrom，1982）[2] 将这一机制模型化，发现年轻的经理人更为努力，声誉效应会随年龄的增长而减小。

4. 棘轮效应模型

棘轮效应模型认为，委托人会将同一代理人过去的业绩作为未来的考核标准，代理人勤勉努力做出的好业绩会提高委托人对于下期资本回报的预期，从而提高对代理人的要求。这种标准业绩逐期上升的倾向被称为"棘轮效应"。个人努力带来高收益的结果是考核标准的不断提高，代理人努力的积极性就会降低。因此，在长期过程中，棘轮效应的存在将弱化激励机制。

5. 强制退休模型

工龄工资是企业按照员工的工作年数给予的经济补偿，员工在企业工作年限越长，总

---

① E. F. Fama, "Agency problems and the theory of the firm," *Journal of Political Economy*, vol. 88, no. 2 (1980), pp. 288 – 307.

② B. Holmstrom, "Moral hazard in teams," *The Bell Journal of Economics*, vol. 13, no. 2 (1982), pp. 324 – 340.

工资越高。强制退休模型发现，在早期阶段，代理人的工资低于其边际产出，其中差额相当于代理人对委托人承诺自己将长期勤勉工作的"保证金"。在未来，保证金会以工龄工资的形式发还给代理人；若代理人偷懒被开除，就会损失保证金。因此，在长期雇佣关系中，工龄工资可以抑制代理人偷懒的行为。到后期，代理人的工资大于其边际产出，代理人倾向于继续工作、持续获利。因此，企业会采取强制退休。

6. 多任务模型

多任务模型认为，当代理人从事多项任务或一项工作涉及多个维度时，单项工作下的委托代理模型不再适用。因为同一代理人在不同工作之间分配精力不同，委托人对不同工作的监督能力也不同。因此，对代理人某项工作的激励不仅取决于该工作本身的可观测性，还取决于其他工作的可观测性。

7. "打破预算平衡"模型

"打破预算平衡"模型认为，可以通过打破预算平衡解决代理人的"搭便车"问题，即代理人不付出努力而坐享他人之利的投机行为，从而使公司激励机制发挥作用。模型发现，如果坚持预算平衡约束，由于"搭便车"行为的存在，代理人努力程度会严格小于帕累托最优水平。此时，如果引入索取剩余的委托人来打破预算平衡，设置团体惩罚和团体激励机制，代理人就会倾向于规避惩罚和获取奖励，每个人都不得不选择帕累托最优努力水平，从而消除代理人的偷懒行为。

8. "相对业绩评估"模型

当几个代理人从事相关的工作时，委托人可以通过一个代理人了解其他代理人的工作信息，代理人的绩效之间有了可比性。此时，代理人的工资除了考虑其自身业绩，还要考虑其他代理人的表现。这种绩效评估方法会促进代理人之间的竞争。莱瑟尔和罗森（Lazear and Rosen，1981）[1] 提出了相对绩效评估的重要方法"锦标赛制度"（rank-order tournaments）。该制度中代理人的报酬取决于他在所有代理人中的业绩排名，与他的绝对表现没有关系。这种制度简单高效，但代理人之间容易相互串通、形成合谋，使得委托人难以根据相对业绩做出奖罚。

二、公司内部的两类基本委托代理问题

在公司治理领域存在两类基本的委托代理问题：第一类委托代理问题关注股权分散情况下经理人和外部股东利益冲突产生的"内部人控制"（insider control）问题[2]，是传统意义上的委托代理问题；第二类委托代理问题注重股权集中模式下大股东与中小股东[3]利益冲突产生的"隧道挖掘"（tunneling）问题，是目前学界普遍认可的现代企业的主要代理

---

[1]　E. P. Lazear, S. Rosen, "Rank-order tournaments as optimum labor contracts," *Journal of Political Economy*, vol. 89, no. 5（1981），pp. 841 – 864.

[2]　为叙述方便，这里的"内部人控制"是狭义上的，专指第一类代理问题中经理人控制企业经营的现象，也是公司治理领域对"内部人控制"最早的定义。后来随着理论发展，广义的"内部人控制"还包含了第二类代理问题里大股东对企业资源的控制。

[3]　中小股东指在公司中持股较少、不享有控制权、处于弱势地位的股东，在上市公司中主要指社会公众股东。

问题。

（一） 第一类委托代理问题

第一类委托代理问题的根源是现代企业所有权与控制权的分离，两权分离催生了所有者和经营者的利益冲突和信息不对称。第一类委托代理问题的研究起源于贝利和米恩斯（Berle and Means，1932）[①]，他们发现美国大公司普遍存在着经理人操控企业的现象，并提出两权分离以及股权分散是现代企业的发展趋势，倡导企业所有者将控制权让渡。随着产权理论、金融理论的发展，詹森和梅克林（Jensen and Meckling，1976）[②] 认为，由于公司所有权和控制权的分离，经理人可能会通过过度投资和在职消费等行为损害外部股东的利益，并提出公司治理的目标应该是降低代理成本。

此外，现代企业也呈现出了股权结构高度分散化的重要特征，大量的公司股票分散到了社会公众的手中。这种股权分散的趋势是为了适应现代企业和资本市场发展的需求。首先，明确、清晰的财产权利关系为资本市场的有效运作提供了制度基础，股东均有明确的产权份额，对应明确的权益和风险；其次，高度分散的股权使得上市公司的股票交易十分活跃，股市规模迅速发展，公司可以通过股票市场迅速融资，进而扩大生产和经营。但是，股权高度分散也给企业管理带来了问题。首先，股东数量过多，在决策和行动上难以达成一致，使得治理成本升高；其次，小股东话语权和信息获取能力较弱，缺乏监督经理人行为的积极性和能力，在公司治理上普遍存在"搭便车"行为。

第一类委托代理问题的具体内容为：两权分离情况下，经理人拥有比股东更多的关于公司经营和自身行动的信息，成为信息优势者；股东不仅处于信息弱势，还缺少监督经理人的能力、时间与精力，加之股权高度分散，各股东普遍存在"搭便车"的行为。这使得经理人可能做出损害公司利益的机会主义行为，极易形成"内部人控制"的局面。经理人的机会主义行为主要包括努力逃避、在职消费、内部堑壕、投资不当等。

1. 努力逃避

人们在进行劳动供给决策时，总会权衡工作和闲暇带来的收益。同理，经理人在工作中，也会有多休息少工作的倾向，并会通过隐瞒自己真实的努力程度获得更高的报酬。詹森和梅克林（1976）[③] 认为，经理人持股越少，其偷懒的动机越强；只要经理人不拥有100%的公司股权，他就可以享有偷懒带来的全部好处，却只承担部分风险。由此可见，在给定报酬的情况下，经理人总是努力逃避的，固定报酬合约往往难以起到激励的作用。

2. 在职消费

在职消费是指经理人在除工资报酬外获得的额外收益，包括差旅费、业务招待费、通信费、办公费以及出国培训费等。经理人很容易从这些项目中报销私人费用，从而谋取私利。詹森和梅克林（1976）[④] 认为，在职消费让经理人和股东站在了对立面，其消耗的资

[①]　A. Berle, M. Gardiner, *The Modern Corporation and Private Property*, New York：MacMillan, 1932.

[②]　M. C. Jensen, W. H. Mecking, "Theory of the firm：Managerial behavior, agency costs and ownership structure," *Journal of Financial Economics*, vol. 3, no. 4 (1976), pp. 305 – 360.

[③]　Ibid.

[④]　Ibid.

源远远大于企业绩效的增长，结果是消极的。而经理人权力越大、公司内部控制质量越差，经理人在职消费水平越高。

3. 内部堑壕

内部堑壕是指经理人在面对被解雇、企业破产、企业被接管等压力时，采取的维护自身职位并追求利益最大化的行为，即便已经不能胜任管理岗位，却仍然霸占职位。研究显示，年龄更大、学历较低、任期越长、持股比例越大的经理人堑壕倾向越强，传统行业以及低竞争产业的经理人堑壕倾向更强。具体的，经理人会通过操纵融资、投资等公司经营决策达成目的。例如，经理人更愿意通过发行股票融资，以此降低经营难度、逃避责任；经理人会为了声明自己过去决策的正确性而持续投资现金流为负的项目，造成过度投资。

4. 投资不当

经理人基于自身利益的考虑，常常会操纵企业投资决策，导致过度投资或投资不足的结果。对于过度投资，一方面，经理人决策视野较短，他们倾向于最大化当期业绩，以避免被解雇以及加强自身声誉影响，因此会选择牺牲长期股东价值来选择高风险、高收益的投资活动；另一方面，部分经理人拥有建造"商业帝国"的野心，他们往往选择将所有资金用于投资项目，甚至是净现值为负的项目。对于投资不足，由于经理人一般是风险规避型的，他们更倾向于在确定环境下进行决策，从而在投资上显得过于保守，如拒绝进入新市场，只在熟悉的产品市场上进行低风险的规模扩张，导致公司丧失好的投资机会，背离公司长期发展目标。

（二）第二类委托代理问题

与前述贝利和米恩斯预测不同的是，大部分现代企业的股权结构呈现出了集中趋势。例如，普罗塔（Prota，1999）[①] 等人选取了49个国家最大的10家上市公司进行研究，发现样本公司中由一个或多个控股股东集中持股的现象十分普遍，在最发达的27个国家中约有64%的公司存在控股股东；克莱森斯（Claessens，et al.，2002）[②] 等人选取了东亚9个国家（地区）的上市公司作为样本，发现38%的上市公司存在一个控制性家族股东。

股权的适当集中可以抑制全体股东"搭便车"行为下"内部人控制"问题的愈演愈烈。在股权高度分散的情况下，个别股东持股比例低、话语权弱，信息不对称程度高，监督经理人行为需要个别股东支付可观的监督成本，但监督带来的收益却由全体股东共享，所以全体股东都有逃避监督义务、不劳而获的倾向，股东普遍存在"搭便车"行为，进一步加重了"内部人控制"的程度。此时，股权适当集中的大股东存在较强激励去加强对经理人的有效监督，并且使用投票权、代理权争夺等方式对经理人施加压力，积极参与公司治理，从而改善公司经营。

然而，大股东参与治理带来了第二类委托代理问题：当股权集中在少数股东手中，就会产生控制权收益，大股东会以种种方式转移公司的资产和利润，侵蚀中小股东利益，这

① R. La Porta, F. Lopez-de-Silanes, A. Shleifer, "Corporate ownership around the world," *The Journal of Finance*, vol. 54, no. 2 (1999), pp. 471-517.

② S. Claessens, et al., "Disentangling the incentive and entrenchment effects of large shareholdings," *The Journal of Finance*, vol. 57, no. 6 (2002), pp. 2741-2771.

类行为称为"隧道挖掘"。施莱弗和维什尼（Shleifer and Vishny，1997）[①] 提出，当大股东控股比例超过一定界限时，他们会利用公司的资源谋取私利，损害中小股东的利益。在新兴市场，由于资本市场不完善，缺乏对投资者的法律保护，大股东"隧道挖掘"行为尤为严重。

第二类委托代理问题的具体内容为：在股权相对集中的公司中，一方面，大股东通常通过金字塔持股、交叉持股等方式实现两权分离，而中小股东往往出于"搭便车"的心理逃避参与公司治理，甚至"用脚投票"，大股东掌握的控制权大于所有权，如果公司发生损失，大股东也只承担较小成本，其余损失由中小股东买单，因此大股东存在侵害公司利益的机会主义倾向；另一方面，大股东倾向于在公司治理中扮演积极角色，通过提名董事、行使投票权、参与决策、诱导管理层等行为，掌握公司的实际控制权，大股东意志上升为公司意志。现实中，大股东"隧道挖掘"行为主要包括资金占用、非公平关联交易、人事控制等。

1. 金字塔持股、交叉持股

第二类委托代理问题的根源是现代企业所有权与控制权的分离。在通常"一股一票"的原则下，股东直接持有上市公司的股份，所有权和控制权是合一的；但大股东可以通过金字塔持股、交叉持股等实现对所有权和控制权的分离。在金字塔持股结构中，大股东通过间接持股形成一个金字塔式的控制链，大股东位于金字塔顶端，目标公司位于金字塔底层，大股东控制第一层公司，第一层公司控制第二层公司，以此类推，最终以较少的持股实现对底层公司的控制。在交叉持股结构中，大股东可通过与其他公司水平的交叉持股强化对上市公司的控制，这种形式在日本、韩国和东南亚国家中较为常见。

2. 资金占用

资金占用是指大股东直接侵占公司资金的行为，包括货币资金占用和非货币资产占用。大股东通常会利用代为管理募集资金的便利实现占款，如直接截留、挪用公司资金，有偿或无偿地拆解上市公司资金、上市公司为大股东垫支工资和福利等期间费用、上市公司为大股东开具没有真实交易背景的商业承兑汇票等方式。

3. 非公平关联交易

关联交易是指企业关联方之间发生的交易，例如，销售产品、采购货物、资金占用、股权转让、资产转让、资产重组、提供劳务、担保抵押等，当交易中出现了非公平定价和资源转移行为，则形成非公平关联交易。首先，大股东会通过非公平关联交易转移上市公司的资源，如产品和原材料的销购、资产和股权的买卖等，通过低价购入、高价卖出实现牟利；其次，大股东会通过关联交易对公司进行"利润包装"，用财务造假的手段使公司达到配股要求，以便继续通过现金股利套取现金。此外，大股东可能会通过冒用子公司名义、伪造董事会决议等违规手段，以公司资产为自身或其他利益团体提供债务担保，让上市公司代大股东偿还债务，变相侵吞公司财产。

4. 人事控制

一般认为，大股东会通过控制管理层侵占中小股东的利益。大股东可以推举与自身利

① A. Shleifer, R. W. Vishny, "A survey of corporate governance," *The Journal of Finance*, vol. 52, no. 2 (1997), pp. 737 – 783.

益相一致的董事或经理人上位，一方面，可以通过推举的管理层参与公司决策，让管理层做出有利于大股东私人收益的决策，如在董事会上提出有利于大股东的议案、提名代表大股东利益的管理者进入管理层、帮助大股东发生关联交易等；另一方面，大股东可以用利益诱惑管理层实现"共谋"，使大股东、董事、经理人高度关联，董事会被少数管理层人员"绑架"，无法对内部人侵占行为进行有效监督。此外，大股东提名产生的独立董事会成为"人情董事"，无法站在公正立场判断公司事务，成为大股东侵占中小股东权益的"保护伞"。

三、公司经营中的委托代理问题的解决途径

委托代理理论的核心是在利益相冲突和信息不对称的情况下，委托人应该采取什么样的措施使代理人在追求自身效用最大化的同时，也能实现委托人的效用最大化。解决公司经营中的两类委托代理问题，就是对公司"内部人"设计一套完整可行的约束和激励机制，合理界定和配置所有者和经营者之间的权责关系，保护外部股东的利益。具体地，可从公司治理理论的两个方面，即内部治理和外部治理分别提出解决方案。

（一）内部治理

1. 设置董事会与监事会

（1）董事会。董事会是股份公司中负责执行股东会决议、代表股东对公司重要经营做出决策的权力机构，向股东大会负责。董事会具有监督职能，会对经理人设立一套严格的监督问责机制，确保经理人的一切经营和决策都与董事会的目的一致，一旦经理人行为损害了公司利益或偏离了股东会的决策方向，董事会可以及时发现和纠正，以确保内部控制的有效性。《中华人民共和国公司法》（以下简称《公司法》）规定，董事会可以"决定聘任或者解聘公司经理及其报酬事项，并根据经理的提名决定聘任或者解聘公司副经理、财务负责人及其报酬事项"。董事会会对经理人设计一套行之有效的业绩考核机制和罢免机制，提高经理人的机会主义行为的成本，使经理人与公司的利益目标趋同，激励经理人努力工作。此外，可由董事会负责公司的财务制度并委派财务总监，保证公司财务报表的真实性，同时对经理人的在职消费进行有效约束。

（2）监事会。监事会是股份公司的内部监督机构，代表股东大会执行监督职能，工作原则包括维护股东权益、保证资产的安全完整、不干预企业的日常经营、对监督中发现的问题及时向股东会或出资方进行报告。监事会负责监督董事、经理人的行为。《公司法》规定，监事会可以"对董事、高级管理人员执行公司职务的行为进行监督，对违反法律、行政法规、公司章程或股东决议的董事、高级管理人员提出罢免的建议"，"当董事、高级管理人员的行为损害公司的利益时，要求董事、高级管理人员予以纠正"。由此，公司内部可以形成董事会、监事会与经理人相互制衡的治理结构，使得内部控制更为有效。

2. 引入独立董事制度

独立董事是指独立于公司股东且不在公司中任职，并且和公司及其管理层没有业务和专业上的联系，可以独立对公司事务做出判断的董事。独立董事制度是对监事会监督作用的补

充。独立董事可以站在公正、专业的立场上保护外部股东利益，在解决"内部人控制""大股东隧道挖掘"等委托代理问题方面可以起到重要作用。《公司法》规定，独立董事在重大事项上享有特别职权，如关联交易、聘用和解聘会计师事务所等，需经过半数以上独立董事认可后才能提交董事会讨论。此外，独立董事可对"提名、任免董事""聘任或解聘高级管理人员""公司董事、高级管理人员的薪酬""可能损害中小股东权益的事项"等事项进行审核并出具独立意见。因此，独立董事的存在可以约束经理人和大股东的机会主义行为，缓解公司内部各主体的利益冲突，促进科学决策，最大限度增加公司价值。

3. 建立经理人激励机制

建立长期有效的激励机制可以使经理人和公司的利益函数趋同，因为经理人可以通过自身的勤勉努力获得较高的收益，使经理人更有动力关注公司的长期发展、改善公司经营管理水平，避免经理人过度追求短期利益。对经理人的激励机制主要是将经理人作为独立的利益主体，使其收入和一般员工收入拉开差距，要让经理人的收入和经营业绩挂钩，以保证经理人行为的长期化和规范化，具体方式包括薪酬激励、控制权激励、剩余索取权激励、声誉激励、聘用和解雇激励等。

4. 维护中小投资者权益

（1）累计投票权制度。累积投票权，是指股东大会选举董事或监事时的一种表决制度。该制度规定股东持有的每一股份都拥有与应选董事或监事人数相同的投票权，股东既可以集中投票给某一人，也可以分散投票给多人，最终按得票多少的排序确定入选人员。累积投票权制度限制了大股东对管理层选举过程的操纵，有利于保护中小股东的利益。我国 2018 年颁布了《上市公司治理准则》，规定"单一股东及其一致行动人拥有权益的股份在 30% 及以上的上市公司，应采取累积投票制"。

（2）类别股东表决制度。类别股是指在公司的股权设置中，存在两个以上的不同种类、不同权利的股份。类别股东表决权是指对于一项设计了不同类别股东权益的议案，需要各类股东及其他类别股东分别审议，并获得各自的绝对多数同意才能通过的制度。股东大会要生效，需要利益相关的各类股东分别表决并通过，防止了优势股东操纵公司决策，保护了中小股东的权益。我国 2004 年颁布了《关于加强社会公众股股东权益保护的若干规定》，要求我国上市公司建立社会公众股股东对重大事项的表决制度。

（3）表决权回避制度。表决权回避制度是指当一股东与股东大会讨论的决议事项有特别的利害关系时，该股东或其代理人均不得就其持有的股份行使表决权的制度。该制度可以在一定程度上消除大股东滥用表决权的可能，相对扩大了中小股东的表决权，保护了中小股东的利益。我国《上市公司章程指引》规定，"股东大会审议有关关联交易事项时，关联股东不应当参与投票表决"。

（4）股东网络投票。《关于加强社会公众股股东权益保护的若干规定》提到，对增发新股、发行可转换公司债券、向原有股东配售股份、重大资产重组、境外上市等重大事项进行表决时，应当为所有股东提供网络投票的途径，并经参加表决的社会公众股股东所持表决权的半数以上通过。《上市公司治理准则》规定，股东大会会议应以现场会议和网络投票相结合的方式召开。股东网络投票可以增加中小股东参与公司决策的积极性，减少他们"用脚投票"的行为，从而限制大股东侵占。

（二）外部治理

1. 运用市场约束

经理人的行为要受到产品市场、资本市场和经理人市场三个市场的约束。

（1）产品市场。一方面，公司产品的竞争力反映了经理人的经营管理能力，能力差的经理人容易被股东识别，股东进而通过股东大会及时更换表现不佳的经理人；另一方面，产品市场的竞争失败会使公司业绩下滑甚至破产，经理人将面临失业危险。因此，经理人会选择勤勉努力，提升公司产品质量，用产品的竞争力向股东展示自身的工作能力。

（2）资本市场。首先，在发达的资本市场上，投资者的逐利动机会驱使他们追求业绩更好、未来价值更高的股票，对于业绩差的股票则"用脚投票"，如果经理人经营不善导致公司业绩下降、股票被抛售，公司股东会为了保护自身利益解雇经理人；其次，股价涨跌反映公司的价值，如果经理人的经营不善导致公司价值被低估，公司很可能会被收购并更换经理人。基于以上两点，经理人会选择积极勤勉工作，尽力提升公司业绩。此外，股票市场的定价功能还降低了股东和经理人之间的信息不对称，降低了股东对经理人的监督成本。

（3）经理人市场。充分竞争的经理人市场能够以较低的成本显示经理人的相关信息，专业能力和职业态度差的经理人将被市场淘汰。一方面，股东能以较低成本得知经理人之前任职期间的经营表现，从而减小股东和经理人之间的信息不对称程度；另一方面，充分竞争的经理人市场能让能力较强者谋求到更好的岗位，解决"劣币驱逐良币"的恶性循环。因此，经理人出于对自身声誉、报酬和职业生涯的考虑会选择努力工作，向市场展现自身的优秀能力。

2. 机构投资者参与治理

机构投资者指用自有资金或从散户手中筹集的资金专门从事证券投资活动的法人机构，包括银行、保险公司、养老基金、共同基金、证券公司等。首先，机构投资者规模较大，一般持股比例较高，自身利益和上市公司的利益绑定在一起，所以"用脚投票"的成本较高。为了自身的长期利益，机构投资者会更积极参与公司治理，对企业的经营和管理进行监督，以避免经理人和大股东的侵占行为。其次，相比于其他股东，机构投资者更具专业性，同时具有中长期的决策视野，可以给公司提出专业建议，避免经理人过度关注短期利益造成的决策失误。

3. 加强外部监督

（1）完善法律法规。完备的法律体系可以全方位保障资本市场的健康运行，法律法规是对公司内部人机会主义行为的最有力约束。通过法律法规详细、准确地规定管理层相关人员的职责权利以及违法处罚，可对大股东和经理人产生警示作用，隐形提升他们机会主义行为的行为成本，降低代理问题发生的概率；一旦公司内部人发生违法行为，则可以用法律法规对他们进行惩戒。

（2）加强政府监管。加强政府对上市公司的监管，可以减少市场经济的自发性和盲目性，增加"内部人控制"和"隧道挖掘"行为的预期风险，引导公司建设最优公司治理结构。具体方式包括：加强对信息披露的监管力度，如：特别关注上市公司会计政策变更、会计师事务所变更等信息；对内部交易和关联交易进行管制；加强对公司并购的监管；等等。

（3）强化媒体监督。媒体监督是现代社会监督体系的重要组成部分，通常通过报刊、电视、网络等方式对社会中的违法违纪行为进行报道评论。加强媒体对公司管理层的监督，不仅可以及时、快捷地发现公司丑闻，还可以在短时间内产生强大的社会压力和舆论效应，公众的民意可以得到充分表达，对公司管理层产生了无形的约束。

小　结

本章首先以企业制度为线索，梳理了从传统企业制度到现代企业制度的演进历程，并介绍了现代企业制度的内容，其中包括现代企业产权制度、有限责任制度、现代企业治理制度、现代企业组织制度和现代企业管理制度。伴随着企业制度的演进，多种具体的企业组织形式也随之诞生，因此本章第一节还介绍了我国现代企业的法定分类。在社会主义初级阶段下，我国企业形式既包括西方市场经济下常见的个人独资企业、合伙企业、公司制企业等形式，也包括社会主义公有制下特有的企业形式，如全民所有制企业和集体所有制企业。

本章随后讲解了企业生产经营的基本目标，具体可分为短期决策下的企业经营目标和长期决策下的企业经营目标。短期决策下的目标重点讨论利润最大化目标，长期决策下的目标则主要包括股东财富最大化目标和利益相关者利益最大化目标。

本章最后分析了公司经营中的委托代理问题。随着现代企业中所有权和控制权的分离，企业管理中产生了一系列委托代理问题，并随之产生了委托代理理论。在公司经营中，主要有两类委托代理问题：第一类委托代理问题关注股权分散情况下经理人和外部股东利益冲突产生的"内部人控制"问题，是传统意义上的委托代理问题；第二类委托代理问题注重股权集中模式下大股东与中小股东利益冲突产生的"隧道挖掘"问题。解决公司经营中的这两类委托代理问题，就是对公司"内部人"设计一套完整可行的约束和激励机制，合理界定和配置所有者和经营者之间的权责关系，保护外部股东的利益，具体包括内部治理和外部治理两类解决方案。

思考题

1. 合伙制企业与公司制企业有哪些区别？

2. 非营利机构是否不能有盈利？假设你是一家非营利企业的财务经理，你认为什么样的财务管理目标是恰当的？

3. 判断下述观点是否正确：管理者不应该只关注现在的股票价值，因为这样会导致过分强调短期利润而牺牲长期利润。

4. 公司制企业有哪些利益相关者？股东和债权人之间存在怎么样的委托代理问题？

5. 假设你拥有一家公司的股票，每股股票现在的价格是20元，另一家公司刚刚宣布要以每股25元的价格购买你的公司。你公司的管理层反对这次收购。请问管理层是为股东的最大利益行事吗？为什么？

第一章　企业的生产决策

企业的生产决策离不开市场。所谓市场，从空间角度看，是由买者和卖者之间进行交易的有形场所，我们通常所见的农贸市场就是这样的概念；从资源配置的角度看，市场也是一种资源配置的方式，主要是指利用价格机制引导资源流向效率高的领域，与之对立的，是政府的计划手段，即通过行政命令直接干预稀缺资源的使用；从产品的角度看，市场指的是以同一类产品或服务为对象，供需双方所组成的集合，如原油市场，包括所有原油供给方和原油购买方，他们之间相互作用，从而形成均衡价格——我们本章所用的"市场"就是从这一角度来理解的。

企业在做出生产决策时，通常受到投入要素、生产技术和市场结构等条件的约束。本章先从分析完全竞争市场中企业所做的生产决策开始，后续分析其他市场结构中企业的生产决策问题。

第一节　完全竞争企业的生产决策

一、完全竞争市场的特征与收益曲线

（一）完全竞争市场的特征

（1）市场上买家和卖家都有无数个，每个企业的产量或者每个消费者的需求量对于整个市场而言都是极其微小的，他们都是价格的接受者。关于价格接受者的假设是完全竞争市场不同于其他市场的最重要的特点。生产者作为价格接受者，可以在给定的价格水平上出售任意数量的商品；消费者作为价格接受者，可以在给定的价格水平上购买到任何数量的商品。任何一个企业增加或减少产量，任何一个消费者增加或减少购买量，都不会影响到市场价格水平。

（2）企业生产的产品都是同质的。任何一个企业单独将价格提高到市场价格水平以上时，消费者会购买其他企业生产的同种商品进行替代。

（3）市场中资源流动不存在障碍，当进入市场有利可图时，潜在企业可以选择随时进入市场；反之，当发生亏损且这种亏损在长期不可逆转时，在位企业会随时选择退出市场。无论是进入还是退出，都不用付出任何额外的成本。

（4）市场中的信息是完备的，买家和卖家都对产品的必要信息有所掌握，尤其是价格信息。如果消费者或者企业无法及时掌握充分的信息，市场失灵就会发生，从而使得资源无法达到最优配置状态。

尽管以上条件让完全竞争市场看起来非常理想化，但是作为一种最基本的市场结构，

对我们理解企业决策过程以及后续其他市场结构下企业的决策问题是很必要的。

（二） 完全市场竞争条件下企业的收益曲线

1. 企业的需求曲线

企业面临的需求曲线反映了商品的价格和对该企业的产品的需求量之间的关系。当市场中有许多企业时，对其中一家企业的需求仅是总需求的一部分。如图 1.1 （a） 所示，在完全竞争市场中，市场在交点 E 处达到均衡。由于产品同质化，如果企业的定价高于 P^*，就没有消费者愿意购买它的商品，它可以出售的商品的数量将变为 0；如果企业的定价等于 P^*，它可以出售的商品的数量为 0 到 Q^* 间的任意数量。由上述分析可知，图 1.1 （b） 中的黑色实线 D 为单个企业所面临的需求曲线。根据完全竞争市场的假设，每个企业只占市场的很小一部分。因此，我们在分析企业的供给决策时，只需考虑需求曲线的水平部分就已经足够。

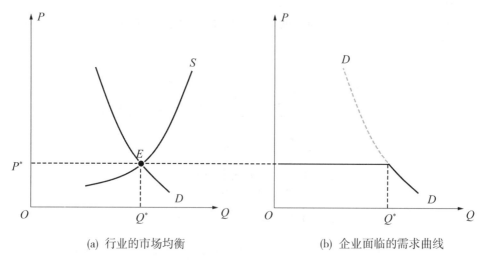

(a) 行业的市场均衡   (b) 企业面临的需求曲线

图 1.1 完全竞争企业的需求曲线

在完全竞争市场，单个企业所面临的需求曲线位置取决于市场的供需关系，其需求曲线只能随着均衡价格的变动而变动，并始终与既定的市场均衡价格水平保持一致。如图 1.2 （a） 所示，一旦市场供求发生变化，市场价格由 P_1 变为 P_2 时，企业的需求曲线相应地由 d_1 变为 d_2。

2. 收益与收益曲线

企业的收益可以定义为一定时间内按照一定的市场价格出售商品所获得的全部收入。在企业理论中，收益可以分为总收益（TR）、平均收益（AR）和边际收益（MR）。三者的计算方法可以表示为：

$$TR(Q) = PQ,$$

$$AR(Q) = \frac{TR(Q)}{Q},$$

$$MR(Q) = \frac{\mathrm{d}TR(Q)}{\mathrm{d}Q}。$$

将上述三种收益描绘到坐标系中，如图 1.3 所示。

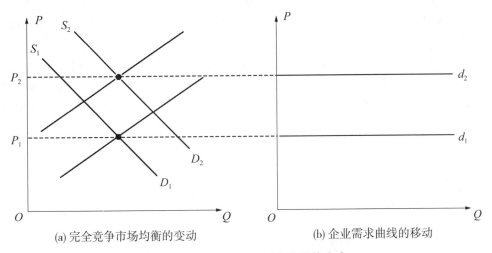

图1.2　完全竞争企业需求曲线的移动

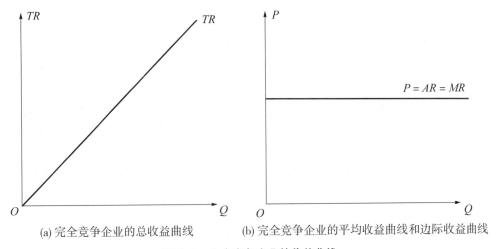

图1.3　完全竞争企业的收益曲线

二、完全竞争市场的最优生产决策

前文我们得到了企业的需求曲线及其收益曲线。企业作为一个理性主体，其生产的目的是最大化其经济利润。单个企业的利润函数可以写成：

$$\pi(Q) = R(Q) - C(Q)。$$

式中：$\pi(Q)$ 为企业的销售利润；$R(Q) = PQ$ 为企业的销售收入；$C(Q)$ 为企业的成本函数。按照边际分析方法，我们在探讨企业的利润最大化产量时，一阶条件为：

$$\pi'(Q) = MR(Q) - MC(Q) = 0。$$

当 $MR(Q) > MC(Q)$ 时，企业会增加生产，以获取更多的利润；当 $MR(Q) < MC(Q)$ 时，

企业会减少生产，以获取更多的利润。企业的最优供给决策必须满足 $MR(Q) = MC(Q)$。

这一利润最大化条件不仅仅对于完全竞争企业，对于其他任何市场结构中的企业都适用。在完全竞争市场上所不同的是，对企业来说恒有 $P = MR$，因此，完全竞争企业的利润最大化条件也可以表示为 $P = MC(Q)$。

在既定的市场条件下，我们需要讨论企业如何确定最佳的产量以使利润达到最大值。假设市场供求关系如图 1.4 所示，同时假设企业的边际成本曲线向右上方倾斜，则根据图中分析可得出，企业会在满足 $MR = MC$ 的交点 E 处达到利润最大化，此时最优产量为 Q^*。

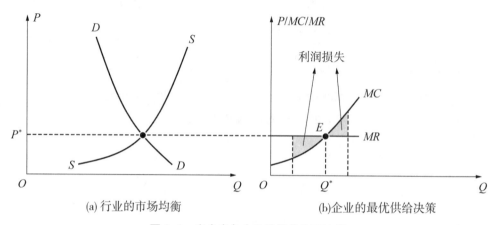

(a) 行业的市场均衡   (b) 企业的最优供给决策

图 1.4 完全竞争企业的最优生产决策

根据以上分析，我们可以得出，当企业的边际成本曲线向右上方倾斜时，企业的利润最大化在 MC 曲线和 MR 曲线交点处达到。即达到利润最大化时，企业的边际成本等于市场价格。

需要注意的是：①边际成本曲线通常情况下呈 "J" 形（图 1.5），此时满足市场价格等于边际成本的点有两个，市场均衡价格为 P^*，对应的产量为 Q' 和 Q^*。显然 F 点并不

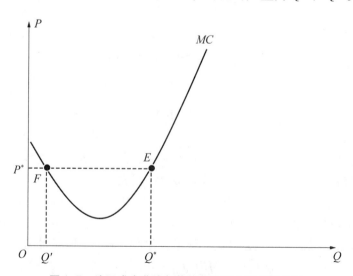

图 1.5 边际成本曲线与价格线有两个交点的情形

是企业的生产利润最大化点，因为如果企业继续增加产量，会使得 $MR > MC$，因此理性企业不会停留在 Q' 的产量水平。在 E 点，由前述分析得知其为利润最大化时的均衡点。由此可见，满足 $P = MC$ 的点不一定都是企业利润达到最大化的点，还需满足 MR 曲线与 MC 曲线上升的部分相交。因此 $MR(Q) = MC(Q)$ 只是企业达到利润最大化的必要条件而非充分条件。②$MC = MR$ 的均衡条件并不能保证企业一定能获得正的利润，而是相对于其他情况，企业处于所能做出的最优决策所带来的情形中。即若企业能获得利润，则 $MC = MR$ 处一定能获得最大利润；若企业遭受亏损，则 $MC = MR$ 时能使其将亏损降到最低。

三、完全竞争市场的短期均衡和短期供给曲线

下面我们将进一步考察企业供给量与价格水平的关系。首先需要说明的是，在企业理论中，我们往往会把生产时期分为短期和长期。这里的短期长期的划分并不是以生产的时间跨度长短为依据，而是取决于生产过程中企业能否调整其全部投入要素的数量。企业理论中往往把企业改变所有投入要素数量的时期作为长期来考察；相反，企业来不及调整所有投入要素数量的时期被看作短期。在短期，企业不能更改投入数量的要素为不变投入，如厂房规模、设备数量；企业能够更改投入数量的要素为可变投入，如资金、劳动力数量。

（一）完全竞争市场的短期均衡

在短期内，企业在要素调整受约束的情况下，能够做的就是在给定的价格水平下选择其可变要素投入来使得利润最大化。图 1.6 反映了企业的短期生产决策。图 1.6（a）中，企业在 A 点处达到利润最大化，此时利润大小为矩形 $ABCD$ 的面积。但短期内，企业并不是总能获得正的利润，如图 1.6（b）所示，这时企业的平均成本较高，因此即便满足 $SMC = MR$，企业仍面临亏损，亏损的大小为矩形 $ABCD$ 的面积。

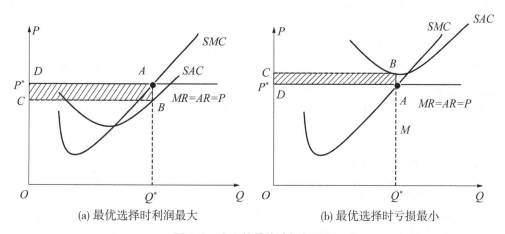

(a) 最优选择时利润最大   (b) 最优选择时亏损最小

图 1.6　企业的最优选择与利润

当企业面临亏损时，它会停止生产并退出行业吗？答案是不一定，这取决于企业对未来生产状况的预计。通常，企业的生产决策受下面几种情况影响（图 1.7）：

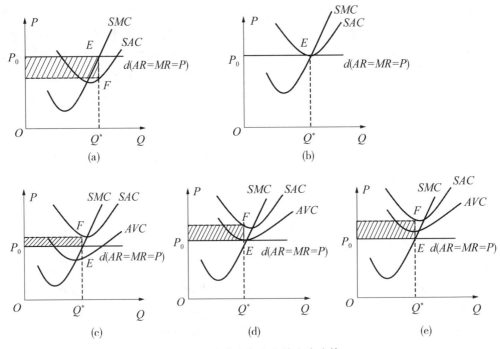

图 1.7　完全竞争企业的生产决策

（1）均衡时短期利润大于零。在均衡产量 Q^* 处，$P_0 > SAC$［图 1.7（a）］。此时经济利润为正，企业选择继续生产。

（2）均衡时短期利润等于零。在均衡产量 Q^* 处，$P_0 = SAC$［图 1.7（b）］。此时企业仅获得正常利润，企业选择继续生产，其中点 E 为收支相抵点。

（3）均衡时短期利润小于零但继续生产。在均衡产量 Q^* 处，$P_0 < SAC$，此时企业亏损，但 $P_0 > AVC$［图 1.7（c）］。如果企业预计未来产品价格上升或生产成本下降，那么企业就有动机在短期亏损的情况下继续生产，因为在 Q^* 下生产使得企业至少可以回收部分固定成本。

（4）均衡时短期利润小于零且停止生产。在均衡产量 Q^* 处，$P_0 < SAC$，此时企业亏损，同时有 $P_0 = AVC$［图 1.7（d）］。此时企业若继续生产，无法弥补已经投入的固定成本，企业选择停止营业，点 E 也称为停止营业点。

（5）停止生产。在均衡产量 Q^* 下，$P_0 < SAC$，此时企业亏损，且有 $P_0 < AVC$［图 1.7（e）］，此时企业不仅无法弥补固定成本，还会持续亏损。

（二）短期供给曲线的推导

1. 企业的短期供给曲线

企业的供给曲线描绘了市场价格与企业利润最大化产量之间的对应关系。因此，在每一个大于平均可变成本最小值的价格水平上，我们都能够依据 $P = MC$ 的原则通过边际成本曲线找到对应的利润最大化产量。因此，企业的短期供给曲线可以用平均可变成本最低点以上的边际成本曲线来表示［图 1.8（a）］。虽然在图形上看两者重合，但是对两者的解读却是有差别的。在以产量为横轴，价格或边际成本为纵轴的坐标系中，边际成本曲线衡量了每一个产量下的边际成本，是横轴到纵轴的映射；短期供给曲线代表了市场上企业根据每一种价格选择的利润最大化产量，是纵轴到横轴的映射。完全竞争市场中的企业具有一条向右上方倾斜的短期供给曲线［图 1.8（b）］，这说明企业生产的产量与市场价格呈正相关，因此当市场价格上升时，将促使企业增加产量，从而使得企业有利可图。

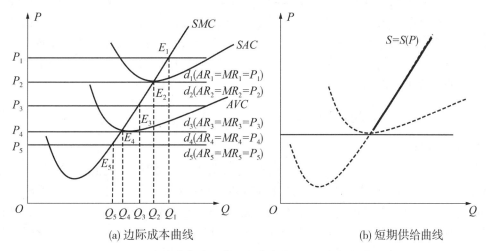

(a) 边际成本曲线　　　　　　　　　　(b) 短期供给曲线

图 1.8　完全竞争企业的边际成本曲线和短期供给曲线

2. 市场的短期供给曲线

完全竞争市场中每个企业都是价格接受者。因此，我们只需要考察每一个价格水平上各个企业的产量，然后把所有企业的产量加总，就能得出这一价格水平下市场的总供给量。

如图 1.9 所示，我们以两个企业为例考察了市场供给曲线的推导过程。假设 S_1、S_2 分别为企业 1 和企业 2 的短期供给曲线。假设在任意给定的价格 P_1 下，企业 1 与企业 2 的产量分别为 Q_1、Q_2。此时，市场的供给量就等于 $Q_1 + Q_2$。由此可见，市场供给曲线 S 是由 S_1 与 S_2 横向相加得到。

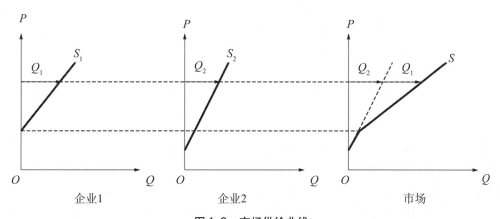

企业1　　　　　　　　企业2　　　　　　　　市场

图 1.9　市场供给曲线

四、完全竞争市场的长期均衡和长期供给曲线

在短期内，企业无法调整所有要素的投入量。在长期内，如果市场上存在超额利润，现有的企业可以调整所有要素投入量来增加产量，包括新建厂房、增加设备以及增加劳动力、资金等；同时，由于完全竞争市场上进入是不存在障碍的，一些潜在进入者就会选择进入市场。反之，当企业出现亏损且这种亏损状态无法改变时，现有的企业会减少生产甚至退出行业。当所有的企业超额利润为零，都不存在调整规模以及进入或退出市场的动机时，市场便达到了长期均衡状态。

（一）完全竞争市场的长期均衡

1. 调整规模

图 1.10 描述了一个完全竞争市场中的企业所做出的长期产量决策。在短期内，企业选择使得 $SMC = MR = P$ 处的产量 Q_1 来实现短期利润最大化，此时利润可由矩形 E_1GFD 的面积来表示，企业能获得正的利润。在长期内，企业可以通过调整所有要素投入，来追求比短期内更大的利润。企业在长期内会选 $LMC = MR = P$ 的产量处进行生产，此时利润从 E_1GFD 增加到 E_2BCD。

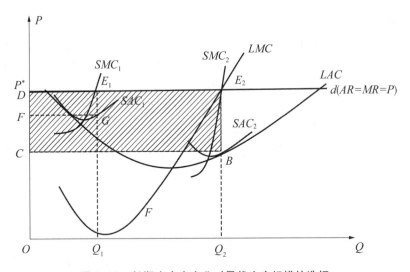

图 1.10　长期生产中企业对最优生产规模的选择

2. 进入或退出

同时，在长期内，企业可以通过调整其投入要素的数量来确定最优产量，使其长期利润最大化，还可以根据利润大小做出进入或退出行业的决策。这种决策实际上是由于完全竞争市场中要素可以自由流动，生产要素总会流向能获利更多的企业，流出亏损的企业。由于这种生产要素自由流动的机制，完全竞争市场中的企业在达到长期均衡时的利润为零。

根据利润最大化的原则，企业会选择 $LMC = P$ 的产量进行生产。由图 1.11 可知，当

企业在 E_1 处达到均衡时，有 $P_1 < LAC$，此时企业所获得的收益小于其成本，将面临亏损从而退出行业；当在 E_3 处达到均衡时，有 $P_3 > LAC$，此时企业可以获得超额利润，这会吸引潜在进入者进入；当在 E_2 处达到均衡时，有 $P_2 = LAC$，达到长期均衡，此时企业所获得的经济利润为 0。

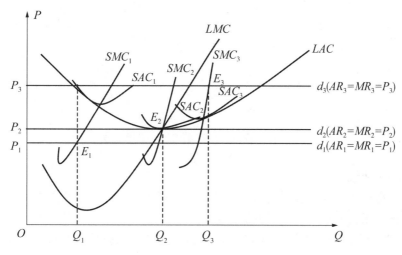

图 1.11　长期生产中企业进入或退出行业

随着企业的进入和退出，市场价格会不断调整，当满足 $P = LAC_{\min}$ 时，所有企业都不会改变生产规模，同时潜在进入者不会进入，在位企业也没有退出市场的动机，完全竞争市场达到长期均衡状态。这时候，每个企业的超额利润都为零。

（二）完全竞争市场的长期供给曲线

与短期供给曲线的推导不同，长期供给曲线取决于该行业产量的变化对投入生产要素变化的影响作用：当存在规模经济时，增加产量会使得购买要素所付出的成本降低；当存在规模不经济时，增加产量则会使得购买要素所付出的成本增加；第三种情况是购买要素所付出的成本不随产量变化。下面我们将针对以上三种行业来确定其长期供给曲线。

1. 成本不变行业

在成本不变行业中，随着产量的上升，投入要素的价格并不会发生变化。如图 1.12（b）所示，当市场需求 D_1 和市场供给达到均衡时。此时均衡价格和均衡产量为分别为 P_1 和 Q_1。假设市场需求发生变化，需求曲线由 D_1 移向 D_2，D_2 与 S_1 相交于 C，此时价格由 P_1 上涨到 P_2。

回到图 1.12（a），当价格上涨到 P_2 后，企业会选择产量使得 $P_2 = LMC$，此时其产量为 Q_2，而 $P_2 > LAC$，因此单个企业能获得正利润。假如每个企业都做出使其短期利润达到最大化的产量决策，则他们都能获得超额利润，这会促使行业中的企业增加产量，并且吸引潜在进入者进入该行业。

随后在图 1.12（b）中，短期供给曲线将从 S_1 平移到 S_2，使得市场达到 D_2 与 S_2 相交的长期均衡点。由于长期利润为零，则新的供给曲线必须平移至使得新均衡价格等于原始价格处，此时价格没有发生变动，长期供给曲线为一条水平线。

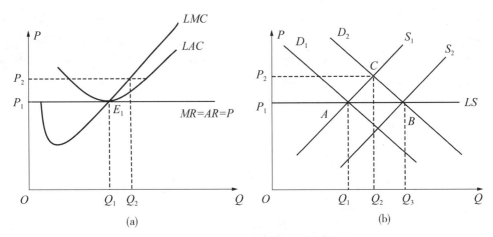

图 1.12 成本不变行业的长期供给曲线

2. 成本递增行业

在成本递增行业中，随着产量的上升，投入要素的价格将会上升，这可能是由于随着要素的不断被使用，要素逐渐变得更加稀缺。

如图 1.13 （b），初始市场在 A 点达到均衡，此时均衡价格和均衡产量分别为 P_1 和 Q_1。假设市场条件发生变化，价格由 P_1 上涨到 P_2。

在图 1.13 （a） 中，当价格上涨到 P_2 后，企业会提高产量到 Q_2，行业中企业的正利润将激励其扩大生产，并吸引其他企业进入。

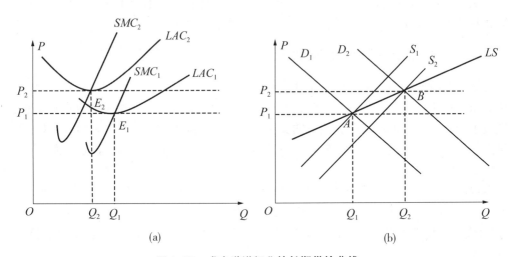

图 1.13 成本递增行业的长期供给曲线

当新企业进入该行业，原有企业增加产量时，要素需求的增加会使得购买要素所需成本上升，短期供给曲线将从 S_1 平移到 S_2，使得市场达到 D_2 与 S_2 相交的长期均衡点 B。由于长期利润为零，且更高的投入要素价格提高了企业的生产成本，则新的供给曲线必须平移至使得均衡价格高于初始价格处，因此长期供给曲线向右上方倾斜。

3. 成本递减行业的长期供给曲线

在成本递减行业中，随着要素需求量的增加，要素价格将下降。出现这种情况，可能是由于随着对某种要素需求量的增加，生产这种要素的供给方实现了规模经济而成本下降，从而使得要素的价格下降。与前文类似，最后达到长期均衡时的价格将小于初始价格，从而得到一条向右下方倾斜的供给曲线（图 1.14）。

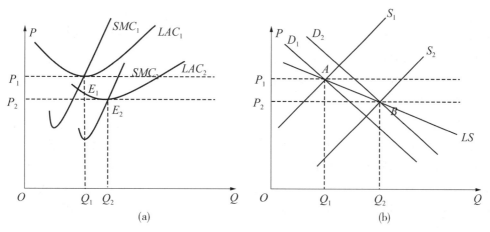

图 1.14 成本递增行业的长期供给曲线

第二节 垄断市场的生产决策

第一节中我们讨论了竞争性市场的企业生产决策。竞争性市场是一种理想化的市场，其中有大量的买方和卖方，他们对商品的价格都没有影响能力，是市场均衡价格的接受者；同时，许多企业生产一种同质产品，且产品之间可以完全替代。本节，我们讨论与完全竞争市场相反的一个概念——垄断市场。垄断市场指的是市场中仅由一家企业负责某种商品的经营和生产，且这种商品没有其他良好的替代品。生产该商品的唯一企业被称为垄断企业。下面我们将讨论垄断市场中企业的生产决策。

一、垄断市场的特征

（一）垄断市场的结构特征

垄断市场也可称为完全垄断市场，是一种行业中只有一家企业的生产组织，这也意味着垄断企业可以操纵市场价格，控制市场中的商品数量。

通常情况下，垄断市场具有以下特征：①某种商品仅由市场中唯一一家企业生产并销售；②没有任何其他商品能够替代该企业生产的商品；③市场中没有任何竞争的因素，行业外的企业进入存在壁垒。

垄断企业是该行业价格的制定者，可以控制市场产量使其利润达到最大化。但类似于完全竞争，现实生活中很难出现纯粹的完全垄断市场。例如，石油供应是一种垄断事业，但也存在其他能源作为其替代，如天然气、风力发电等。下文我们以理论化的视角来讨论完全垄断市场的结构特征，但它对于我们理解垄断企业的行为和收益规律是极为有效的。

（二）形成垄断的原因

垄断形成的基本原理主要是市场中的企业为了巩固自身的垄断地位，以自身的某些资源优势或位置优势来构筑进入壁垒，从而使得市场中没有其他与之竞争的企业。垄断企业作为市场中商品的唯一生产者，可以制定高于竞争性水平的价格来获取高额利润。通常情况下，我们可以总结得出以下形成垄断的原因。

1. 规模经济

某些行业的生产需要前期大量固定成本的投入，若企业充分发挥生产效率，则其生产的产品数量就足以满足市场需求。这样的企业具有成本优势，它可以在长时间内分摊其固定成本，从而表现出显著的规模经济性。若行业中存在规模经济，则大企业充分利用其成本优势，当其产量上升至一定程度时，平均成本会随之下降，从而获得利润；小企业则会因规模不经济而退出该行业。例如，钢铁、汽车等重工业生产行业因为其高额的机器设备、厂房规模等固定成本的投入，呈现出明显的垄断特征。

2. 自然垄断

自然垄断通常在高度规模经济下出现，其典型的特征是行业在一定范围内的产量下呈现出规模收益递增。一般由政府管理的公共行业具有自然垄断的性质，如交通运输业、能源业、自来水、邮政通信业。

3. 专利

专利是由政府颁布的一种许可文件，一般将其授予拥有某项独立发明或创造的相关人员，是一种法律许可的垄断行为。专利为其他想要使用这项技术或发明的人设置了一个进入壁垒，使得专利拥有者具备该发明的使用权。

4. 对资源的控制

若市场中的一家企业拥有大量其生产所需的资源，那么它在一定程度上就能成为该市场中的垄断企业；其他企业因缺乏对于这种资源的控制，将难以提供足够的产品来与垄断企业竞争，从而可能面临亏损并退出行业。

5. 特许权

政府部门为了限制某些行业中的企业数量，给予行业内的企业颁布营业执照，使其拥有生产该产品的特许权。例如交通运输业、邮政通信业中的企业通常拥有政府的特许权来经营生产。

二、垄断企业的需求曲线和收益曲线

（一）垄断企业的需求曲线

前文我们已经了解到，完全竞争市场中的企业具有水平的需求曲线。垄断市场中，由于只存在一家生产经营某种产品的企业，该企业所生产的产量就能满足市场的总需求，其需求曲线即为市场需求曲线（图1.15）。

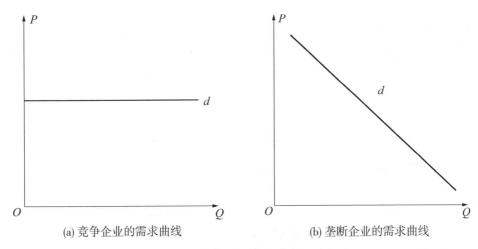

(a) 竞争企业的需求曲线　　　　　(b) 垄断企业的需求曲线

图 1.15　竞争企业和垄断企业的需求曲线

由于竞争性市场中存在许多生产同质商品的企业，单个企业都是价格接受者，不论其产量如何增减，市场价格始终可以保持和边际成本相同的水平。相反地，垄断市场中只有一家企业提供产品的全部需求量，该企业可以自由地制定产品价格，并根据消费者对于不同价格下商品的购买力来调整产量。因此，垄断企业具有控制产量和制定价格的能力。

不同于竞争性水平下的市场价格与产量，垄断企业在达到均衡时，所生产的产量更少，所制定的价格更高。我们定义市场势力为能够制定比竞争性价格水平更高的价格的能力，垄断企业对于市场价格的控制作用就是市场势力的一种体现。根据企业市场势力的大小，我们又可以将其分为完全垄断企业和寡头垄断企业。这些企业在一定程度上都能影响市场价格，但完全垄断企业的影响能力更大。关于寡头垄断企业的行为我们将在下一节进一步探讨。

（二）垄断企业的收益曲线

与竞争企业类似，垄断企业也具有平均收益曲线和边际收益曲线，其平均收益为平均售出一单位商品所获收入，即为该商品的市场价格。因此，垄断企业的平均收益曲线与其需求曲线相同。

为了讨论垄断企业利润最大化时的生产决策，还需知道其边际收益曲线，以及收益曲线和成本曲线之间的关系。为此我们考虑一个面对需求曲线为 $P = 11 - Q$ 的企业，其相关数据如表 1.1 所示。

表 1.1　案例企业的价格、数量、总收益、平均收益和边际收益

价格（P）/元	数量（Q）/个	总收益（R）/元	平均收益（AR）/元	边际收益（MR）/元
11	0	0	0	0
10	1	10	10	10
9	2	18	9	8
8	3	24	8	6
7	4	28	7	4

续表

价格（P）/元	数量（Q）/个	总收益（R）/元	平均收益（AR）/元	边际收益（MR）/元
6	5	30	6	2
5	6	30	5	0
4	7	28	4	-2
3	8	24	3	-4

由表 1.1 可知，随着产量的增加，企业的平均收益和边际收益都减少。但每单位产量下的平均收益都大于边际收益，因为随着产量的增加，企业为了增加售出商品的数量，不得不使得每增加一单位产量所得收益更低，从而降低平均收益，即边际收益会低于平均收益。同样地，我们可以得到两条收益曲线与需求曲线之间的位置关系：三条曲线均向右下方倾斜，且边际收益曲线位于平均收益曲线即需求曲线的下方。

根据该企业的需求函数和表 1.1，我们能通过数据表示出如图 1.16 所示三条曲线的关系。

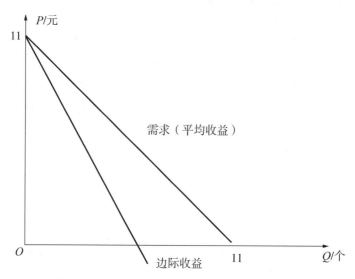

图 1.16　垄断企业的需求曲线和边际收益曲线

三、垄断企业的生产决策

（一）垄断企业的利润最大化问题

1. 垄断企业的利润最大化决策

为了探究垄断企业如何做出生产决策来实现其利润最大化，我们还需考虑企业的成本曲线。由前一节完全竞争企业的利润最大化原则我们已经得知，企业会选择生产边际成本等于边际收益处的产量。同样地，垄断企业也是如此，图 1.17 给出了垄断企业的收益曲线和成本曲线，我们可以通过分析得出企业达到利润最大化时的均衡价格和产量。

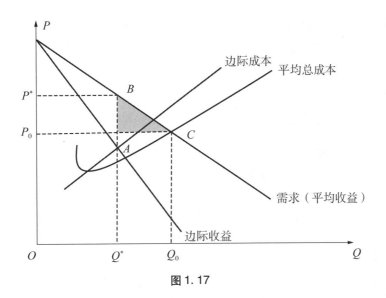

图 1.17

当 $MC = MR$ 时，企业在 A 处达到均衡点，此时均衡价格为 Q^*，根据需求曲线可得出均衡价格为 P^*。若垄断企业生产某一较小产量 Q_1，会将价格定在一个比较高的水平 P_1，此时边际收益大于边际成本，企业会增加商品的生产以追求更大的利润；若垄断企业生产某一较大产量 Q_2，会将价格定在一个比较低的水平 P_2，此时边际收益小于边际成本，企业会为了防止亏损而缩减产量。因此，企业会不断调整其产量，直至达到 Q^*，这时 $MC = MR$，实现了利润最大化。

在前一节中我们了解到，完全竞争市场中企业可以在短期内获得利润；但在长期内，正利润使得行业内已有的企业扩大生产，也能吸引其他企业进入该行业，从而使得长期利润为零。在完全垄断市场中，由于进入壁垒的限制，行业外的企业难以进入，从而垄断企业掌握了产品价格和产量的控制权，因此，垄断者无论在长期还是短期都能获得利润。

2. 垄断与完全竞争

假设在完全垄断市场中，不再是单个的垄断企业提供商品，而是存在大量的竞争性企业同时作为该种商品的供应商，此时每个企业都是价格的接受者。如图 1.17 所示，为了达到利润最大化，它们都会在边际成本等于市场价格的产量处，即 C 点进行生产，此时垄断市场达到均衡，相较于竞争性市场中的均衡水平，价格更高、产量更低。

而当市场整合成为只有一个垄断企业时，考虑垄断企业的利润最大化原则 $P > MR = MC$，市场将在 A 点处达到均衡，此时价格为 P^*，产量为 Q^*。

显然，当两个市场各自达到均衡时，垄断市场中的产量 Q^* 小于竞争市场中的产量 Q_0，价格 P^* 大于竞争市场中的价格 P_0，且考虑到两个市场中的企业所获利润，考察其各自的阴影部分面积，显然垄断市场中的利润更大。

3. 垄断企业存在供给曲线吗

确定了垄断企业在均衡价格下的产出，我们不禁会考虑到这样的问题：竞争性企业可以根据市场价格确定自身产量，因此能推导出自身的供给曲线，那么能否类似地推导出垄断企业的供给曲线呢？

答案是垄断企业没有供给曲线。供给曲线刻画了生产者在市场价格下所提供的产量，而垄断市场中没有既定的市场价格，垄断企业具有影响市场价格的能力，它可以通过改变自身产量来调整价格。因此，垄断企业所制定的价格和其生产的产量并不一定满足某种数量关系而相互对应起来。

（二）垄断与公共福利

1. 垄断市场中的福利度量

垄断企业可以制定高于竞争性水平的价格，从而获得垄断利润，提高其作为生产者的福利水平。但从整个社会的角度而言，我们不禁会思考这样一个问题：垄断企业所获得的更大的利润，能否与消费者因支付更高价格而损失的福利水平相抵？

回顾福利水平的度量，在上一节中，我们分别用消费者剩余、生产者剩余来刻画消费者和生产者的福利水平。对消费者而言，消费者剩余表示其对某种商品愿意支付的价格减去该商品实际的市场价格；对生产者而言，生产者剩余是指其售出某种商品所获得的收益减去其生产该商品的成本。我们定义整个社会的福利水平在数值上为生产者剩余加消费者剩余，其含义为消费者能为商品支付的最高价格减去生产者的生产成本。

2. 垄断市场中的生产效率

从社会规划者的角度出发，为了达到社会福利的最大化，社会规划者倾向于将产量定在垄断企业的需求曲线和边际收益曲线的交点，即图 1.18 中的 E 点，此时产量为 Q^*，Q^* 被称为效率产量。当产量小于 Q^* 时，对企业而言，每多生产一单位商品所获得的收益大于提供一单位商品的成本，此时企业提高产量会增加总剩余；当产量大于 Q^* 时，每多生产一单位商品所付出的成本大于这一单位商品对于消费者的价值，故增加产量将降低总剩余。

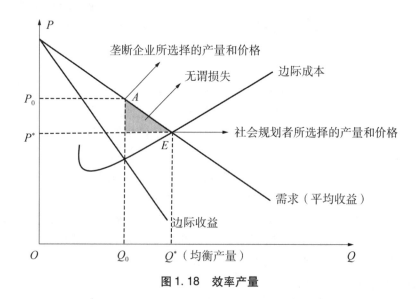

图 1.18　效率产量

而对垄断企业而言，根据其利润最大化原则，它会选择将产量定在边际成本曲线和边际收益曲线的交点处。因此，垄断者和社会规划者在产量上产生了分歧，我们可以通过比较二者的总剩余来比较垄断企业的生产决策是否产生了无谓损失。

显然，当垄断企业根据其利润最大化原则来确定产量时，其制定的价格会高于社会规划者选择的均衡价格。一些消费者对该种商品愿意支付的价格虽然大于其边际成本，但小于垄断价格，则这部分消费者会放弃对商品的购买，从而导致消费者剩余和生产者剩余都有所下降，从而社会总剩余下降，造成了一定的无谓损失（其中无谓损失的大小如图1.18 中的阴影面积所示），因此，这个结果是无效率的。

垄断企业通过收取高价获得垄断利润，从而造成消费者剩余下降，带来无谓损失，但这一生产决策并不一定会产生社会问题。因为社会福利是由消费者和生产者双方的剩余来衡量的。对于垄断企业而言，若其将产品价格提高 1 元，使得消费者需要多支付 1 元来购买商品，这并不一定会导致社会福利的降低；消费者每多付出 1 元的同时，生产者也多收益了 1 元，市场总剩余从消费者转移到了生产者。

问题的关键在于垄断市场中产生了无谓损失，无谓损失反映了社会福利水平的下降。无谓损失由垄断企业制定的高价产生，若高价不会使得部分消费者放弃购买，则生产者所获得的新增的剩余正好来自消费者所损失的剩余，垄断市场中的总剩余仍等于社会规划者的总剩余。

3. 垄断与政府干预

垄断的产生虽然可能使得垄断企业获得高额利润，但也会对消费者的潜在利益造成损害，久而久之可能会产生有损市场公平的社会问题。政府为了维持竞争市场的秩序，通常会采取一系列干预政策来限制垄断和反对不正当的价格竞争。例如，可以通过法律手段来遏制垄断势力。国外推出了《谢尔曼法案》和《克莱顿法案》两部典型的反垄断法，我国也早在 2007 年通过了《中华人民共和国反垄断法》，旨在反对市场中的不正当竞争，维护社会的公共利益。常见的政府干预措施还有：

（1）增强垄断市场中的竞争性。在国外，政府通常通过实施反托拉斯法来限制垄断势力。反托拉斯法会阻止那些具有一定市场势力的企业进行并购行为，从而防止它们破坏市场的竞争秩序。

（2）价格管制。为了保护消费者的权益，政府通常会限制垄断企业所制定的高价来遏制市场势力，如规定某市场中产品的最高限价和最低限价来限制企业的价格，或给予一定的政府补贴来改进生产者的福利水平从而降低价格。但政府所制定的限制价格一般需要满足以下条件：限制的价格处于竞争性价格水平之上，否则垄断企业会因无法获得利润而拒绝生产；实施价格管制所付出的政府成本必须低于未管制之前社会福利的净损失，否则有悖于政府改善社会整体福利的初衷。

（3）公有制。面对一些可能产生自然垄断的行业，政府选择自己经营而非市场中的企业来经营，如自来水、邮政、电力、公共交通等公共基础行业。

第三节　垄断竞争市场的生产决策

一、垄断竞争市场概述

(一) 垄断竞争市场基本特征

在本章前两节中介绍了完全竞争市场和垄断市场中的企业生产决策问题,本节将介绍第三种市场结构——垄断竞争市场中企业的决策问题。垄断竞争市场既具备完全竞争的特征——同一类产品或服务市场上有很多生产者,且都在争夺同样的消费者,又具有垄断的特征——企业之间生产差异化产品,对自己生产产品的价格和产量有一定的控制能力。

具体而言,在垄断竞争市场上,有众多生产者通过生产差异化产品相互竞争,在长期可以依据是否存在超额利润自由选择进入或者退出市场。其主要特征可以概括为以下三个方面。

1. 企业数量众多

垄断竞争市场上同样存在着大量的企业,每个企业的市场份额很低,从而控制价格的能力也有限。此外,企业数量多这一特征还意味着企业之间的串谋行为是几乎不可能发生的,这与我们在下一节将要看到的寡头垄断市场不同。在寡头垄断市场中,由于企业数量较少,容易出现正式或非正式的串谋行为。

2. 差异化产品

企业之间生产同类相互替代但非完全替代的差异化产品。这里的差异化包括风格或类型的差异化、产品质量的差异化以及服务的差异化等多个方面。对于垄断企业而言,垄断势力主要来自企业数量少——只有唯一的供应者;对于垄断竞争企业而言,垄断势力主要来自产品差异化。

3. 不存在进入和退出阻碍

新的生产者有独特的产品时,能够随时进入该行业;在位的企业亏损时,可以随时退出市场,而不会负担任何额外的成本。

与完全竞争和完全垄断的极端状况不同,垄断竞争市场在生活中随处可见——超市里不同品牌的食品、家用电器、日用品、化妆品,街边的快餐店等,都是垄断竞争市场差异化产品的体现。有人认为丰田汽车优于大众,有人比起麦当劳更喜欢肯德基,另有一些人则反之。这种不同的偏好既取决于消费者自身,又取决于产品本身的包装、质量以及广告宣传等因素。

从前文中提到的垄断竞争的市场特征可以看出,垄断竞争与完全竞争可以做以下方面的比较:第一,两种市场结构中同样存在大量的企业,且每个企业的生产份额对整个市场而言微不足道。所不同的是,完全竞争企业生产的是同质产品,因此以价格接受者的身份存在;在垄断竞争市场中,产品差异化使得企业所面临的需求曲线不再是水平状态。第二,两种市场结构都满足"自由进入和退出"的特征,也正是因为这一共同特征,在达到长期均衡时两种市场上企业的超额利润都为零。

（二）产品差异化

竞争是经济运行的灵魂，可以确保稀缺资源的高效利用，从而优化资源配置。在不同的市场上，企业之间竞争的手段多种多样，既可以是传统的掠夺性定价等价格竞争，也可以是横向或纵向并购、广告宣传、设置过剩生产能力等非价格竞争。产品差异化作为非价格竞争方式的一种，不仅仅是影响市场结构的非价格壁垒，也是激励企业不断研发创新的重要动力。产品差异化是指由于同一行业中不同企业生产在特征上存在差异的产品，从而导致同类产品之间不完全替代的情况。这些特征包括外观、质量、性能、售后服务等方面。完全竞争市场中企业之间生产同质产品，产品之间是完全替代的；而在垄断竞争市场上，产品差异化是企业垄断势力的主要来源。

产品差异化既可以是产品自然特性等客观方面的差异，又可以由消费者的习惯甚至是消费时的心情而造成的对不同产品主观上的差异。产品差异化可以分为以下几种。

1. 水平差异化

水平差异化又称横向差异化，是指在价格相同的条件下，消费者对产品的某些特性的评价会因其偏好的不同而有所差异。以购买家用汽车为例，在所有影响是否购买某一款车型的因素中，有人认为油耗低更重要，有人更关注车内空间是否足够大，还有人喜欢硬件配置更高的车型。

我们可以在日常生活中发现很多水平差异化的例子：对洗衣粉、牙膏、沐浴露这类的日化用品而言，同一厂家生产的产品往往不止一种，特别是那些在包装上看起来特别相似的产品都具有不同的功效。产品的水平差异化激励企业不断关注消费者偏好的动向，挖掘新的需求点。这对于企业来说，是促进其不断创新从而争夺市场份额的重要手段；对消费者而言，也是其需求不断被满足、福利增加、生活改善的重要渠道。

2. 垂直差异化

垂直差异化又称纵向差异化，是指在商品的某一特征偏好次序中，消费者都偏好某一特定的产品。例如产品质量差异化——所有消费者都更偏好质量高的商品。以通信行业为例，随着信息技术的不断发展，各大运营商也在不断扩展业务范围，推出新功能。但是，对于绝大多数消费者而言，通信质量是最重要的。因此，在选择通信运营商时，消费者往往会首先比较不同运营商提供的通信质量孰好孰劣。只要是通信质量好，且价格不超过消费者的预期，消费者也会愿意接受较高的价格。

3. 信息差异化

一般情况下，生产者充分了解其生产的产品，而消费者在使用之前是无法准确掌握产品信息的，由此就产生了商品生产者和消费者之间关于产品信息不对称的问题。对于高质量产品的生产者，由于消费者缺乏足够的关于其商品质量的信息，因此只愿意按照市场平均价格支付，这样一来高质量产品的生产者就会遭受损失从而被迫退出市场；同样，由于消费者对低质量商品也不会充分了解，按照市场平均价格支付也有可能买到低质量商品。由此可见，信息在生产者和消费者之间的充分流动是应对市场机制失灵、提高资源配置效率和改进社会福利的重要手段。企业通过广告宣传可以在一定程度上解决这一问题。企业利用其广告向消费者传递关于产品的信息，从而影响消费者的偏好和需求。

一般来说广告分两类：一类是向消费者传递关于商品价格、特性、用途、效果等方面信息的信息性广告，另一类是通过对比等手段给消费者主观上加剧产品的差异化从而影响偏好的劝说性广告。不同的广告用于不同类型的商品。对于搜寻品而言，广告可以向消费者传递有关商品质量的信息，而且这种信息应该是真实可靠的。如果企业弄虚作假，消费者亲自调查之后会很容易地发现企业虚假宣传的行为，从而对企业信誉造成损害。因此，对于搜寻品来说，企业实事求是地宣传才是理性的行为。对于经验品而言，信息性广告的作用较差一些，因为消费者可能不相信这种信息性广告，因为即便是低质量产品，也能将自己伪装成高质量产品来欺骗消费者。随着现代商业的发展，特别是服务业的发展，还有一些属性不易描述的经验品 因此不能容易地做出信息性广告。

4. 服务差异化

除了对产品本身实行差异化策略以外，企业也会通过在服务内容和方式等方面进行改进，从而在产品附加层上进行差异化安排，从而更好地满足消费者需要，促进产品销售。

随着技术水平的进步和竞争的日益激烈，不同企业生产的产品在性能等特征方面越来越表现出同质化倾向。同时，企业在短时间内很难通过有效的技术创新推出新产品，因此通过提供更优质的服务来产生消费者忠诚。

随着企业根据自身产品特性的不断创新，差异化的范围越来越广，还包括销售渠道差异化、促销差异化、包装差异化等。企业总是根据自己产品的特点在不同的时机选择不同的差异化策略，甚至是几种策略的组合。这样，一方面满足了消费者多样化的需求，另一方面又不断扩大相对于其他企业的市场份额，同时对自己产品的价格有了一定的控制能力。

二、垄断竞争市场的均衡

垄断竞争理论的开创者之一张伯伦在其 1933 年出版的著作《垄断竞争理论》[1] 中，从产品差异化角度对垄断竞争市场中企业的利润最大化问题做了详细分析。在垄断竞争市场上，由于差异化的产品使得每一个企业对自身产品的价格存在一定的控制能力，这一控制能力的大小取决于企业数目、产品间的替代程度以及企业间的竞争程度等多个因素。

在图 1.19 中，AB 表示垄断竞争企业面临的线性需求曲线，AC 为相应的边际收益曲线。在短期，企业根据 $MR = MC$ 的利润最大化原则在 E 点确定短期均衡产量 Q^S 以及相应的均衡价格 P^S。在本例中，短期均衡价格 P^S 大于产量 Q^S 时的平均成本，因此垄断竞争企业可以获得正的经济利润，利润大小为矩形 $DP^S GF$ 的面积。

然而，由于市场上不存在进入障碍，当存在正的利润空间时新企业就会不断进入该市场。随着新企业的进入，在位企业的市场份额不断缩小，在位企业的需求曲线向左下方移动，直到与平均成本曲线相切。这时，产量不仅满足 $MR = MC$，还满足 $P = AC$，企业超额利润为零，所有企业不存在进入或退出市场的动机，垄断竞争市场达到长期均衡。

---

[1]　E. Chamberlin, *The Theory of Monopolistic Competition*, Cambridge：Harvard University Press，1933.

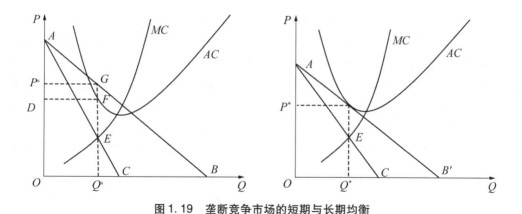

图 1.19 垄断竞争市场的短期与长期均衡

当然，本例只展示了垄断竞争市场的一种情形——短期经济利润为正的情形。对于短期企业亏损的情形，读者可参照本例自行画出。

三、垄断竞争与经济效率

垄断竞争的市场结构对经济效率的影响是两面的。

首先，从垄断竞争造成经济效率损失的一面来看，当达到长期均衡时，价格大于边际成本，这意味着如果继续扩大产量，消费者剩余和生产者剩余仍然有扩大的空间。[①] 此外，垄断竞争企业的长期均衡点在平均成本曲线最低点的左侧，这意味着其产量选择并没有使平均成本最小。这一点也不难理解。设想一个垄断竞争市场上有数目过多的小规模差异化企业，由于整个市场空间有限，每个企业都无法充分扩大规模以实现规模经济。如果企业数目减少，单个企业的生产规模扩大，生产的平均成本就会由于规模经济效应而下降。

其次，从垄断竞争对消费者福利的有利方面来看，产品的差异化给消费者带来了更多的选择，同时企业之间激烈的竞争使得每个企业都在改进产品质量、增加产品种类上不断努力——这些都会带来消费者福利的增加，而这些增加的"隐形福利"并没有体现在上面的图形分析中。

四、垄断竞争与自由贸易

到目前为止，我们介绍了不存在贸易的条件下的垄断竞争市场均衡。但现实情况下，不同地区之间存在着频繁的贸易往来。在这一部分我们将纳入自由贸易这一概念，从而进一步扩展垄断竞争市场模型。为了论述更加简便，我们假设参与贸易的两个国家情况完全相同，即两国的生产企业数量、消费者数量、技术水平等因素全部相同。

在正式分析之前，我们需要对原模型加以改动。首先，引入垄断竞争的另一个重要原因——规模经济。当产品差异化不是特别明显时，规模经济也会成为垄断竞争的重要原

---

① 回忆一下在完全竞争市场上达到长期均衡时满足 $P = MC$，经济福利——消费者剩余和生产者剩余——达到最大化。如果读者具备一定的经济学基础，就不难理解 $P = MC$ 是衡量经济效率的重要条件。

因。在此我们引入一条新的需求曲线 d，我们称之为平均需求曲线，即在所有企业生产同样的产品并且制定相同的价格时单个企业面临的需求曲线，并且假定每个企业获得的市场份额是相同的。D 代表整个市场的总需求，N 表示企业数量，则有 $d = D/N$。在此处的分析中，需求曲线 D 与平均需求曲线 d 所表示的含义不同：企业的需求曲线描绘了在其他企业保持价格不变的情况下，对单个企业产品的需求量与其价格之间的关系；平均需求曲线表示所有企业同时制定相同的价格时，对单个企业产品的需求量与统一价格的关系。由于规模经济效应，平均成本随产量的增加而递减，同时由于大于零的固定成本，AC 总是处于 MC 的上方。

（一）自由贸易下的短期垄断竞争市场均衡

我们从没有贸易的长期垄断竞争市场均衡开始。如图 1.20，此时均衡位于 MR' 与 MC 的交点 E 处，均衡产量为 Q^*，价格为 P^*。

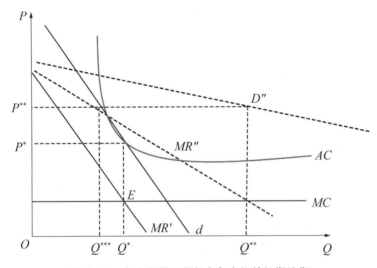

图 1.20　自由贸易下垄断竞争市场的短期均衡

现在考虑两国之间贸易的情形。当引入两国间的自由贸易之后，我们便能简单地将两国的市场看作合二为一了。因此，在该行业内，需求的数量与企业数量同时翻倍，我们刚刚引入的平均需求曲线 d 事实上并未发生变化。但是，由于行业内消费者数量和企业数量均翻倍，因此原企业需求曲线 D' 向右移动（为了简化图形，并没有将 D' 画出），并且由于消费者购买产品的选择增多，企业需求曲线会变得更加平坦，即更具有弹性。根据以上两点变化，我们可以得出引入自由贸易后的企业需求曲线 D''，对应的新边际收益曲线为 MR''。经过变化后，新的需求曲线不再与平均成本曲线 AC 相切。

同样地，为了使自己的利润最大化，垄断企业们会重新选择产量进行生产，即图中 MR'' 与 MC 交点对应的产量 Q^{**}，对应的产品价格为 P^{**}，此时产品价格高于企业的平均成本，企业们成功地获得了垄断利润。

到目前为止，我们可以看到引入自由贸易后，垄断企业会提高产量，最终得到一定的垄断利润。但是，我们一直在使用企业需求曲线 D''，这其实是有失偏颇的。在引入自由贸易后，上述暂时的结果是每个企业都会改变产量和价格，这表示每个企业都在使用相同的策略制定相同的价格，事实上行业内的需求量应该沿着平均需求曲线而非企业需求曲线进行变动。因此，最终我们达到的产量应该是 Q^{***} 点而非原来的 Q^{**} 点。Q^{***} 点是最终真实的自由贸易下短期垄断竞争市场的均衡产量，此时产品价格低于企业平均成本。这表明在贸易的短期均衡中，企业希望降低价格获取垄断利润，最终却纷纷亏损。但这只是自由贸易后的短期均衡，此时某些企业的亏损会使其破产从而迫使其退出行业，因此剩余企业面临的需求曲线会进一步发生变化，最终转入长期的均衡状态。

（二）自由贸易下的长期垄断竞争市场均衡

从长期来看，某些企业因为亏损逐渐退出该行业，于是行业内的企业数量由原来的 N 减少为 N^*，形成了新的平均需求曲线 $d_1 = D/N^*$，由于 N^* 小于 N。因此新的平均需求曲线位于原先的右侧，即每个企业面对的需求增多了。此时每个企业面临的需求曲线也相比于没有贸易时更富有弹性（图 1.21）。

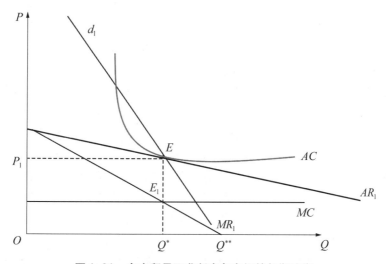

图 1.21　自由贸易下垄断竞争市场的长期均衡

在自由贸易下对于长期均衡的达成我们依旧采用逆向推导的方法。长期来看市场内一定需要达成稳态，没有企业会想加入也没有企业会离开，因为最终的垄断利润需要为零。同时，垄断企业依旧会生产使自己利润最大化的产量。于是，如同前文推导无贸易情况下的长期均衡一样，企业边际成本与边际收益曲线交点对应了其生产的产量 Q_1。从 Q_1 指向需求曲线与企业平均成本曲线，最终应该得到一个相同的价格 P_1，因为只有产品价格与平均成本相同，企业的垄断利润才会为零。于是在长期，企业面临的需求曲线与其平均成本曲线相切于产量 Q_1、价格 P_1 处，即点 E_1。E_1 点就是长期垄断竞争市场的均衡点。

自由贸易下的长期均衡似乎与没有贸易的长期均衡并无差别。的确，从两者最终均衡的形式来看，两者本质上是一致的。但是，我们一定要注意到两者绝对数量上的差异。在图 1.21 中，自由贸易下的长期均衡点 E_1 位于没有贸易时长期均衡点 E 的右下方，这意味着自由贸易会给市场带来更多的产量以及更低的产品价格。

更多的产量来自自由贸易带来的市场扩大。原先两个国家的消费者与生产者只能面对本国市场，而自由贸易之后消费者能够购买他国产品，生产者也能出售给他国买家。即使某些企业在自由贸易后因为亏损退出了市场，但总的来看贸易后一体化市场的产量远大于贸易前单个国家市场内的产量。

更低的产品价格则来自生产企业的规模经济。自由贸易会带来市场内产量的提高，随着企业产量的增加，企业的平均成本逐渐下降。因此，企业对于产品价格的要求也相应降低。最终两国消费者从产品价格下降中获益。

第四节　寡头市场的生产决策

一、寡头垄断市场基本特征

本章将要介绍的是第四种市场结构——寡头垄断市场中企业的生产决策问题。寡头垄断市场是指有少数几个大企业相互竞争的市场结构类型。现实生活中的寡头垄断市场也很常见——商用飞机市场波音（Boeing）和空客（Airbus）难分伯仲，电脑处理器市场的英特尔（Intel）和 AMD 两家独大，电脑操作系统领域 Windows、MacOS、Linux 三足鼎立……这些都是寡头垄断市场的体现，它们都体现着共同的特征——市场高度集中，由少数几个企业主导。

在完全竞争市场和垄断竞争市场中，由于每个企业只占整个市场很小的份额，因此在制定生产决策时，任何企业都不必考虑其他企业对自己决策的反应。但在寡头垄断市场中，由于市场高度集中，每个企业在决策时不得不考虑其竞争对手的决策以及自己的决策对对手的影响。因此，不同于对前面三种市场结构中企业决策的分析，在利润最大化理论的基础上，我们会引入博弈论的相关知识对寡头市场的生产决策进行分析。

寡头企业的竞争依据一般有两种——产量竞争和价格竞争，根据决策的顺序不同又可以分为不同的博弈模型（表 1.2）。此外，寡头企业之间的关系不只体现为竞争，也有可能通过共谋来实现共同利益的最大化。通过博弈论的分析，可得出关于不完全竞争市场的重要结论：一方面，随着寡头企业数量的增加，如果企业之间表现为不合作或者竞争，则均衡结果会趋向于完全竞争市场的情况；另一方面，如果企业之间通过串谋来决定产量，那么均衡结构趋向于垄断市场的情况。已有的经验表明，稳定且持续的共谋往往难以实现，特别是随着共谋组织中企业数量的增加，发生欺骗及其他不合作行为的概率会上升。

表 1.2　寡头企业不同决策顺序下的博弈模型

竞争依据	博弈顺序	
	同时博弈	序贯博弈
产量竞争	古诺模型	斯塔克伯格模型
价格竞争	伯特兰模型	价格领导模型

本节首先从两家寡头企业同时决策的产量竞争开始，逐步扩展到序贯博弈情形以及价格竞争情形，中间也会涉及寡头企业共谋情形的分析。

最后需要说明的是，寡头垄断市场上重要的不是企业的大小，而是竞争对手的数量。当一个区域（一条街道、一个小镇、一个高速公路服务区）内只有少数几家餐馆，只要能排除外界的竞争，同样会形成寡头垄断。出现寡头垄断的原因也包括规模经济效应，这时大企业往往比小企业更具有成本上的优势，甚至会形成垄断。当这种效应没有那么大时，就会形成几个企业同时存在的寡头垄断局面。

二、寡头垄断企业的产量决定

（一）古诺模型

首先考虑两家企业产量竞争的情形。在此我们引入第一个博弈模型——古诺模型。这一模型最早由法国数理经济学家古诺（A. Cournot）提出，也被称为"双寡头模型"。古诺模型在一些经典西方经济学教材或者产业组织学教材中通常被作为寡头理论的分析起点。模型的基本假设如下：①企业生产完全同质的产品且追求利润最大化；②市场需求曲线为线性形式，且企业对市场需求有充分的信息；③每个企业都是在假定其竞争对手产量不变的情况下同时做出其利润最大化的产量决策。这一假定告诉我们，当市场实现古诺均衡时，也必然会达到纳什均衡。

为了便于理解，我们用下例从数学计算的角度来说明古诺竞争的决策及均衡过程。假设市场需求曲线为 $P = 100 - Q$，企业 1、2 的平均成本均为 10，现在考察双寡头的古诺竞争及均衡情形。

首先要考虑两家企业的利润函数：

$$\pi_1 = (100 - Q_1 - Q_2)Q_1 - 10Q_1 = -Q_1^2 - Q_1Q_2 + 90Q_1,$$

$$\pi_2 = (100 - Q_1 - Q_2)Q_2 - 10Q_2 = -Q_2^2 - Q_1Q_2 + 90Q_2。$$

式中：π_1 和 π_2 分别为两家企业的利润；Q_1 和 Q_2 分别为两家企业的产量。

接下来，根据利润最大化的条件可以得出企业各自的反应函数。

$$\frac{\partial \pi_1}{\partial Q_1} = -2Q_1 - Q_2 + 90 = 0, \quad Q_1 = -\frac{1}{2}Q_2 + 45;$$

$$\frac{\partial \pi_2}{\partial Q_2} = -2Q_2 - Q_1 + 90 = 0, \quad Q_2 = -\frac{1}{2}Q_1 + 45。$$

所谓反应函数，描述的就是在给定对方产量的情况下，每个企业的利润最大化产量水平。图 1.22 中刻画了两个企业的反应曲线，在曲线交点所决定的产量下，两个企业恰好同时满足"给定对方产量时的最优产量水平"这一模型假设，且当两个企业将产量定在交点所决定的水平时，都没有改变产量的动机，因此便实现了古诺均衡。联立两个反应函数便可以得出古诺均衡产量 $Q_1^c = Q_2^c = 30$，利润分别为 $\pi_1 = \pi_2 = 900$。

由此可印证前面的假设 3，即古诺模型的核心就是考察给定竞争对手的产量时，每个企业各自的最优产量应该是多少。当所有企业的产量都是给定对手产量下的最优产量时，企业都没有调整产量的动机，古诺均衡便得以实现。

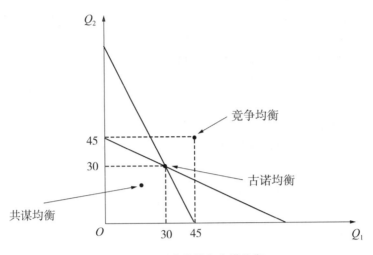

图 1.22　反应曲线与古诺均衡

　　需要说明的是，古诺均衡的核心假设表明了每个企业都假定对手的产量不变，这显然与实际情形不符。同时，古诺模型只给出了均衡的产量水平，并没有说明实现均衡所需要的调整时间。正是因为以上原因，古诺模型也受到了许多批评。

　　接下来考虑两家企业共谋的情形。共谋需要实现共同利润的最大化，因此首先要建立总利润的函数：

$$\pi^{\mathrm{T}} = (100 - Q^{\mathrm{T}})Q^{\mathrm{T}} - 10Q^{\mathrm{T}}。$$

　　根据一阶条件可得共谋情形下的总产量 $Q^{\mathrm{T}} = 45$，总利润 $\pi^{\mathrm{T}} = 2025$。显然，共谋可以看作一种垄断行为，相比于双寡头情形下的古诺竞争垄断势力增加，总产量也随之下降，但是企业的总利润明显增加。由于两个企业在分析中是"对称"的，因此可以认为每个企业生产总产量的一半，即 22.5，各分得的利润为 1012.5。然而，这样的均衡是稳定的吗？也就是说，在没有任何监督和惩罚机制的情况下，是否有出现道德风险的可能？这需要回到企业的反应函数中去考察。

　　为了便于理解，我们将时间分割，$T = 1, 2, 3, \cdots, \infty$，在每一期的期初企业制定当期的产量决策。两企业在第 1 期达成共谋协议，并且在"背叛"之前一直维持共谋产量。假设企业 2 选择在第 t 期"背叛"协议，当它观察到企业 1 产量为 22.5 后，会将自己的产量定为 33.75，这时候得到的利润为 1139.06，高于共谋时的利润。显然，仅仅从利润角度看，没有其他约束的情况下，企业 2 是有"背叛"共谋协议的倾向的。但是它一定会选择"背叛"吗？即便企业 2 通过改变产量破坏共谋协议的行为使其在短时间内获益，但是企业 1 观察到企业 2 的行为之后，自然会采取惩罚措施，最终的结果就是双方又回到古诺竞争的情形，而古诺均衡下的利润比起共谋时的利润更低。当 T 无限大时，对于理性企业而言这种目光短浅的背叛行为是不会发生的。但是，如果 T 是有限的，并且没有其他惩罚机制或者商誉等的约束时，企业 2 在最后一期选择背离合作的做法是有可能发生的。此外，这一分析还说明了另一个道理——企业的数目越多，达成稳定的共谋协议的可能性就会越小，特别是在缺乏监督措施的情况下，每个企业在其他企业产量固定时改变自己的产量总是有利可图的。关于这种情况，会在后面的讲述中继续探讨。

　　为了进行不同市场结构中总产量的变化，再回忆一下完全竞争市场的情形。长期均衡

时竞争性产量满足 $P = MC$，因此在本例中可以得到长期均衡时的竞争性产量 $Q^* = 90$。图 1.22 中展示了竞争性产量、古诺均衡产量与共谋产量三者的对比。可以看出，随着垄断势力的增强，市场上均衡产量逐渐减少，对社会福利造成的损失也不断增加——这也是各国制定反垄断法的最直接的原因。

接下来进一步拓展到包含 N 家企业的古诺模型。为了便于分析，假设 N 家企业同质，另外出于一般化分析的目的，假定线性市场需求曲线为 $P = a - bQ$，每个企业的平均成本都为 c。同理，首先写出企业 i 的利润函数：

$$\pi_i = \left(a - b \sum_{i=1}^{N} Q_i \right) Q_i - cQ_i \quad (i = 1, 2, \cdots, N)。$$

由于 N 个企业是同质的，因此在实现古诺均衡时每个企业必然选择相同的产量，即 $Q_1^c = Q_2^c = \cdots = Q_N^c = Q^c$，从而获得相同的利润。根据利润最大化条件可得：

$$\frac{\partial \pi_i}{\partial Q_i} = -b(N + 1)Q_i + (a - c) = 0,$$

$$Q_i = \frac{a - c}{b(N + 1)} \quad (i = 1, 2, \cdots, N)。$$

由此可以看出，随着企业数目的增加，每个企业所占的份额会随之下降。特别的，当 $a = 100$，$b = 1$，$c = 10$，$N = 2$ 时，恰好可以得出前述双寡头模型中的结论。

（二）斯塔克伯格模型

在古诺模型中我们介绍了两个企业同时决策的情形，这一情形主要用于两家企业势均力敌的情况。但在现实中，企业之间往往有规模和实力大小之分或者其他优势之别，因此在产量竞争中，有些大企业作为领导者，根据自身利润最大化原则率先制定产量；其余的小企业作为跟随者，在大企业做出决策之后，在剩余的市场空间中制定产量决策。接下来我们将会分析企业地位不同时序贯博弈下的产量竞争问题。为了便于分析，仍然考察只有两个企业的寡头垄断情形——企业 1 为领导者，企业 2 为跟随者。

依然假设市场需求函数为 $P = 100 - Q$，两企业的平均成本为 10（这里认为领导企业的优势不是由低成本导致，而是由于其他原因；关于成本不同的情形读者可参照本例自行分析）。

与古诺模型分析一样，首先要分别写出两个企业的利润函数。所不同的是，此处我们不需要考虑领导企业的反应函数，因为领导企业作为先行者，不需要将其他企业的产量当作给定；相反，企业 2 需要在给定企业 1 的产量下选择最优产量，因此需要得到企业 2 的反应函数。

$$\pi_1 = (100 - Q_1 - Q_2)Q_1 - 10Q_1 = -Q_1^2 - Q_1Q_2 + 90Q_1,$$

$$\pi_2 = (100 - Q_1 - Q_2)Q_2 - 10Q_2 = -Q_2^2 - Q_1Q_2 + 90Q_2,$$

$$Q_2 = -\frac{1}{2}Q_1 + 45。$$

本节最初我们提到，寡头市场上每个企业的决策都会考虑其对手的反应，因此对于领导者而言，企业 1 必然会考虑到自己的产量对企业 2 的影响。因为市场空间有限，总产量会影响到价格水平从而影响企业 1 的利润。因此，企业 1 在产量决策时会将跟随者的反应考虑在内，因此可以得到：

$$\pi_1 = -Q_1^2 - Q_1 Q_2 + 90 Q_1 = -\frac{1}{2} Q_1^2 + 45 Q_1。$$

根据利润最大化条件可以得出企业 1 的产量 $Q_1 = 45$，利润 $\pi_1 = 1012.5$；企业 2 的产量 $Q_2 = 22.5$，利润 $\pi_2 = 506.25$。与两企业同时决策的古诺模型相比，领导者的产量和利润明显提高，而跟随者的产量和利润下降。

三、寡头垄断企业的价格决定

（一）伯特兰模型

伯特兰模型（Bertrand Model）的基本假设分为以下三点：首先，企业之间通过价格手段进行竞争；其次，企业生产的产品是同质的；最后，企业不受生产能力的限制。为了便于理解，我们还是从两家企业的双寡头模型开始分析。

由于产品之间是完全替代的，则价格较高的产品将失去整个市场。由于我们已经假定企业之间的关系体现为竞争而非合作，因此为争夺更大的市场份额必然会竞相削价，如果两家企业的成本函数相同，则长期均衡时会有 $P_1 = P_2 = MC$，显然，此均衡结果和完全竞争市场相同。如果两家企业的成本函数不同，则成本低的企业必然会挤走成本高的企业。将以上分析拓展到多个寡头企业同质产品价格竞争的情形会得到同样的结论——尽管企业拥有寡头垄断地位，但都不会在长期获得正的经济利润——这显然与实际情况不符。因此，这一被称作"伯特兰悖论"（Bertrand Paradox）的结论曾遭到多数学者的批评。

"伯特兰悖论"的出现与我们的假设之一——产品同质化——密不可分，如果企业之间的产品并非完全替代，这样就可以避免直接的价格竞争。同时这也与实际情况相符，即对产品的需求偏好不仅仅与价格相关，还受产品自身特征的影响。在后续分析中将会看到差异化产品的价格竞争问题。

假设市场上有两家寡头企业，固定成本都为 20，忽略可变成本。其需求函数分别为：

$$Q_1 = 12 - 2 P_1 + P_2, \quad Q_2 = 12 - 2 P_2 + P_1。$$

首先，考虑两个企业同时决策的情况。与产量分析一样，先描绘两个企业的利润函数，只不过此时的决策变量为价格而非产量：

$$\pi_1 = 12 P_1 - 2 P_1^2 + P_1 P_2 - 20, \quad \pi_2 = 12 P_2 - 2 P_2^2 + P_1 P_2 - 20。$$

与产量分析类似，对决策变量价格求导并联立两个反应函数，可得到双寡头企业的均衡价格 $P_1^c = P_2^c = 4$，利润均为 12（图 1.23）。

然后，和产量竞争一样，考虑两个企业序贯博弈的情形。将企业 1 视为领导者，企业 2 为追随者，可以发现与产量决策的斯塔克伯格模型不同，在价格决策中领导者往往处于劣势地位，这是因为追随者在观察到领导者的已成为事实的价格之后，会通过降价来获得更大的市场空间。

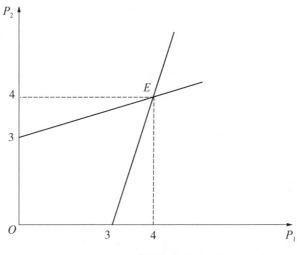

图 1.23 价格博弈的古诺均衡

（二）价格领导模型

在前面的讲述中，无论是古诺模型还是斯塔克伯格模型，无论是产量竞争还是价格竞争，都隐含着一个重要的前提：竞争双方都将对方的产量或者价格当作给定，且相信对手不会改变其行为。这一简单的假设难免牵强，因为我们也看到了在共谋中选择"背叛"在短期也会有利可图。在现实生活中，对于多数寡头企业来说，稳定的合作关系比信息不对称下的竞争更有好处。然而在大多数国家，寡头企业之间的公开串谋是不被允许的，因此他们往往采用一些隐秘的串谋行为。价格领导制就是一种常见的模式，即在一个行业中，由规模较大、处于支配地位的企业根据自身利润最大化原则率先制定价格，然后众多规模小的企业将这一价格当作给定，类似于完全竞争企业那样决定自身的产量。所有小企业按自己的产量生产后剩余的市场空间，则全部归大企业所有。

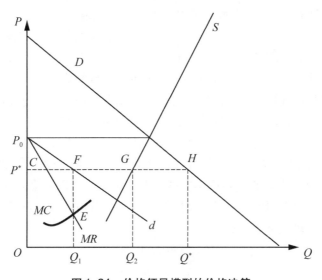

图 1.24 价格领导模型的价格决策

价格领导模型可以通过图 1.24 简要描绘。D 表示整个市场的需求曲线，S 代表众多小企业的总供给曲线，两者之差即为留给价格领导者的市场份额，由 d 来表示。显然，当 $P > P_0$ 时，所有的市场需求都能由小企业的供给满足，这时领导者的产量为 0；当 $P < P_0$ 时，只依靠小企业的生产无法满足全部市场需求，差额部分由大企业进行供给。MR 为与价格领导者的需求曲线 d 对应的边际收益曲线，MC 是其边际成本曲线。首先，价格领导者根据 $MC = MR$ 将产量定为 Q_1，价格定为 P^*；然后，众多小企业将这一价格当成给定并决定自己的产量，小企业的总产量为 Q_2。在图上有 $CF = GH$，所以总产量 $Q^* = Q_1 + Q_2$。

四、卡特尔模型

接下来，我们考察寡头企业合作的另一种情形——卡特尔（Cartel）。与价格领导模型非正式的"默契"不同，卡特尔是寡头垄断企业之间为了避免冲突而形成的一种正式的垄断组织。之所以"正式"，是因为企业之间就产量、定价、各企业的销售量等方面都必须遵守明确的协议。根据合作手段的不同，卡特尔体现为不同的形式。其中价格卡特尔是基本形式，也是最常见的形式。

卡特尔通常是国际间的大型垄断组织。例如产油国之间形成的欧佩克（OPEC），在 10 多年间成功地使世界石油价格大幅超过应有的水平；此外，还存在着国际铀卡特尔、水银卡特尔、碘卡特尔，在相应的能源国际价格垄断上扮演重要地位。但是，能成功地对国际市场价格产生影响的卡特尔还是少数，大部分卡特尔都没能提高价格，甚至是"短命"的。一个成功的卡特尔往往需要以下条件：①卡特尔必须具有影响行业价格水平的能力。也就是说，并不是任何一个市场都能存在成功的卡特尔组织，只有那些需求弹性越小且需求量越大的商品，企业才具有越大的提高产品价格的空间。②卡特尔成员被政府惩罚的预期较低。目前大多数国家都制定了严格的法律，禁止公开形成垄断组织或者限制垄断组织的行为。美国 1890 年制定的第一部反垄断法——《谢尔曼反托拉斯法》对垄断行为制定了严厉的惩罚措施；日本于 2005 年对《禁止垄断法》进行修改，以强化制裁卡特尔违法行为；我国于 2008 年正式实施的《中华人民共和国反垄断法》将"经营者达成垄断协议"作为垄断行为之一，并对垄断协议的界定、涉嫌垄断行为的调查、法律责任等方面做了明确的规定。因此，在各国严厉的反垄断法律的制约下，只有当成员预期不会承担法律风险时，卡特尔才有可能形成。③维持卡特尔协定运行的成本必须较低，尤其是在成员之间游说、监督成员遵守协议以及惩罚违约行为的成本必须较低。这意味着该行业必须具备少数企业高度集中的市场结构特征，并且生产完全同质的产品。

为考察卡特尔的产量和价格决策问题，我们依然以只有两个企业组成的卡特尔的情形为例。与前面所述相同，卡特尔追求的也是共同利润的最大化。在图 1.25 中，MC_1 和 MC_2 分别为企业 1 和企业 2 的边际成本曲线，AC_1 和 AC_2 为两企业的平均成本曲线，MC 为总边际成本曲线，AR、MR 分别表示市场需求曲线、总边际收益曲线。可以证明，当总利润最大时，一定满足以下条件：

$$MC_1 = MC_2 = MR。$$

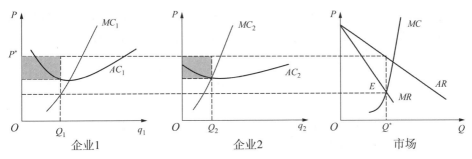

图 1.25　卡特尔的产量决策

对于价格和产量的决策分两步进行：第一步，根据 $MC = MR$ 边际相等的原则确定市场价格和总产量；第二步，按照边际收益与每个企业边际成本相等的原则在企业之间分配产量。在图中体现为总产量为 Q^*，两企业产量分别为 Q_1 和 Q_2，阴影部分描绘了企业各自获得的利润大小。事实上，每个企业最终所得的利润并不一定如图 1.25 体现的那样，卡特尔企业之间会通过协议安排调整利润的分配。

第五节　混合寡头情形下的国有企业改革

在本节，我们将对前面所学理论的进行拓展。首先引入一个新的市场结构类型——混合寡头市场，然后将混合寡头市场理论与当前经济体制改革中的国有企业改革相结合，来分析国有企业改革中遇到的一些问题。

混合寡头市场指的是该市场上有少数几家企业，这些企业生产同质或差异化的产品，其中至少有一家企业的目标函数与其他企业不同。典型的混合寡头市场出现在私有企业的国有化进程中：在某些私有企业垄断领域，或者其他由私有企业组成的不完全竞争市场上，由于私有企业以利润最大化为目标的生产行为无法实现社会福利的最大化而需要政府介入，而政府介入的方式要么是将原有的私有企业部分或全部国有化，要么是直接建立新的国有企业。

一、混合寡头基本模型

假设市场上有两家企业，分别用企业 1 和企业 2 来表示。其中，企业 1 由国有股份和私人股份共同控制，可以称之为"部分国有化企业"；企业 2 是完全受私人控制的私有企业。显然这两个企业的目标函数不同：对于企业 1 而言，国有股份代表了对公共利益的追求，私人股份代表了对利润的追求，因此在企业 1 的目标函数中，两种目标的权重取决于国有股份和私人股份的比例；对于企业 2 而言，其唯一的目标就是实现利润最大化。

设 Q_1 和 Q_2 别表示企业 1 和企业 2 的产量，市场需求曲线为线性形式 $P = a - bQ$，其中 $Q = Q_1 + Q_2$，两企业的成本均为各自产量的函数，分别为 $C_1(Q_1)$ 和 $C_2(Q_2)$，均衡时两企业的产量及均衡价格分别为 Q_1^*、Q_2^* 和 P^*，均衡总产量 $Q^* = Q_1^* + Q_2^*$。

对于部分国有化的企业1，其目标函数由两部分构成：一部分是政府所持股份的目标为最大化其支付函数 U_G，这里我们定义政府支付函数为社会总福利加上对消费者福利的侧重项，即：

$$U_G = W(Q_1, Q_2) + \beta\Big[\int_0^Q P(q)\,\mathrm{d}q - PQ\Big]$$

$$= \Big[\int_0^Q P(q)\,\mathrm{d}q - PQ\Big] + \pi_1(Q_1) + \pi_2(Q_2) + \beta\Big[\int_0^Q P(q)\,\mathrm{d}q - PQ\Big]$$

$$= \int_0^Q P(q)\,\mathrm{d}q - C_1(Q_1) - C_2(Q_2) + \beta\Big[\int_0^Q P(q)\,\mathrm{d}q - PQ\Big]_{\circ} \tag{1.1}$$

式（1.1）中的第一部分社会福利 $W(Q_1, Q_2)$ 由消费者剩余和生产者剩余之和组成；第二部分中 β 代表政府支付中对消费者福利的侧重程度，并认为 $\beta \geqslant 0$，也就是相对于生产者，政府有可能更考虑消费者的利益。除国有股份的目标以外，企业1目标函数的另一部分是对利润的追求：

$$\pi_1(Q_1, Q_2) = PQ_1 - C_1(Q_1)_{\circ} \tag{1.2}$$

在企业1的目标函数中，两种目标的权重由国有股份比例 $\alpha(\alpha \in [0,1])$ 和私人股份比例 $1-\alpha$ 决定。$\alpha = 1$ 时，企业1为完全国有化企业；$\alpha = 0$ 时，企业1为完全私有企业。这样，企业1的目标函数可写为：

$$U_1 = \alpha U_G + (1-\alpha)\pi_1(Q_1, Q_2)_{\circ} \tag{1.3}$$

对于企业2，其唯一的目标是实现利润最大化，即最大化利润函数为：

$$U_2 = \pi_2(Q_2, Q_1) = PQ_2 - C_2(Q_2)_{\circ} \tag{1.4}$$

此外，为了符合经典经济学定义以及计算上的合理，我们还需要对上述一系列函数做出一些假设，其中包括：①成本函数 $C_1(Q_1)$、$C_2(Q_2)$ 和反需求函数 $P(Q)$ 都是二阶可微的；②对于 $\forall Q_1 \geqslant 0, Q_2 \geqslant 0$，成本函数 $C_1(Q_1)$ 和 $C_2(Q_2)$ 都是严格递增的；③对于 $\forall Q > 0, P > 0$，反需求函数是严格递减的，即 $b > 0$。

两个企业生产的产品是同质且完全替代的，在混合寡头市场中进行以产量为竞争手段的完全信息的古诺竞争，可以得出使目标函数最大化的一阶条件：

$$\frac{\partial U_1}{\partial Q_1} = (1 - \alpha - \alpha\beta)\frac{\partial P}{\partial Q_1}Q_1 - \alpha\beta\frac{\partial P}{\partial Q_1}Q_2 + P - \frac{\mathrm{d}C_1}{\mathrm{d}Q_1} = 0, \tag{1.5}$$

$$\frac{\partial U_2}{\partial Q_2} = \frac{\partial P}{\partial Q_2}Q_2 + P - \frac{\mathrm{d}C_2}{\mathrm{d}Q_2} = 0_{\circ} \tag{1.6}$$

为了保证最优解的存在，我们认为与以上最优化问题有关的二阶条件都成立。因此，每个企业的产量均取决于对方企业的产量以及外生参数 α 和 β。与前面寡头市场分析中类似，定义企业1和企业2的反应函数分别为：

$$R_1(Q_2 : \alpha, \beta) \equiv \mathrm{argmax}\, U_1(Q_1, Q_2 : \alpha, \beta),$$

$$R_2(Q_1 : \alpha, \beta) \equiv \mathrm{argmax}\, U_2(Q_2, Q_1 : \alpha, \beta)_{\circ}$$

为保证由古诺竞争所决定的经济系统的稳定性以及体现不同企业间产品的战略性替代关系，我们需要假设 $-1 < \dfrac{\partial R_i}{\partial Q_j} < 0$ $(i,j = 1,2, i \neq j)$。最后，联立以上反应函数，得到古诺均衡产量 $Q_1^*(\alpha, \beta)$ 和 $Q_2^*(\alpha, \beta)$。

二、中国国有企业改革的背景

随着世界工业革命的推动，中国近代经济发展实质上是市场经济形成的过程。其中，国有企业作为市场经济的主体，其发展对于推动市场经济的发展有着举足轻重的作用。改革开放以来，国有企业改革和经济体制转型一直是社会主义市场经济体制中政府和社会重点关注的问题。自1978年以来，针对国有企业在经济发展中的地位和作用，众多的经济学家提出了一系列的改革方案，中央政府在综合考虑各方意见的基础上，首先选择阻力较小的方面作为突破口，按照先易后难的程序，实施渐进改革。具体来讲，40多年来国企改革的推进可划分为五个阶段。

（一）放权让利阶段

1978—1994年，国有企业改革的关键词是放权让利。在此期间，改革的重点是在保证国有企业产权国有化的同时，赋予国有企业一定的自主权，即使其所有权与经营权分离，成为独立的利益主体。1979年，国务院制定并颁布了《关于扩大国营工业企业经营管理自主权的若干规定》，其中明确规定了国有企业的资金使用权，逐步实现了对国拨资金的自主使用权。

经过这一阶段的改革，国有企业的自主性和积极性得到激发。鉴于当时国情，还未建立起完备的市场经济体制，同时缺乏对于国有企业长期稳定的激励条件，因此，第一阶段的国有企业改革只是一次不成熟的初步尝试，中央政府制定的各项措施还没有得到有效落实，国有企业改革仍需不断深化。

（二）两权分离阶段

1985—1994年，是国有企业改革的两权分离阶段。党的十二届三中全会中出台了《中共中央关于经济体制改革的决定》，第一次正式提出要将国有企业的所有权和经营权进行适当的分离。从此，国有企业改革的治理模式走上了"两权分离"的道路。

20世纪80年代末至90年代初，从经济学家的研究到政策的制定，都围绕着两权分离的主题展开。所谓两权分离，就是根据所有权与经营权分离的原则，将国家所有的财产授权给企业经营管理，使企业成为相对独立的经济实体。两权分离下的国有企业实现了一定程度上的经营动力和权力运用，调动了企业完成利润目标的生产积极性，使国有资产的增值与企业经营者的利益紧密地结合起来。

但在以承包制为基础的两权分离中，两种权力的分离始终是相对的，所有权覆盖着经营权，经营权依附于所有权，一定程度上，企业主体只能成为政府主体所赋予经营权的被动接受者。另外，在实践中，在承包制的设计环节中，由于承包基数确定的不规范和随意性，政府难以全面考虑与经营活动相关的监督机制设计，企业的经营过程难以观察，很可能出现资产的过度利用和挪用侵占等问题。企业的行为还会趋于短期化，即使其自身利益达到最大化，而忽视了企业长远的发展。

（三）建立现代企业制度阶段

1994—2002 年，国有企业改革正式进入建立现代企业制度的阶段。1995 年起，国务院建立现代企业制度试点，在全国工业企业中率先选择 100 户企业进行现代化改革的试点工作。1996 年，国家结合 100 家试点企业的改革经验，又在全国范围内选择了 1000 多家企业，致力于率先建设现代化国有企业内部架构，从而推动外部化市场经济体制的发展。

在政府出台的各项文件中，不再强调国有企业的数量在国民经济中的占比，而是突出国有企业对于国民经济的影响与引导的重要性；强调在 20 世纪末要使大多数国有大中型骨干企业初步建立起现代企业制度，成为"自主经营、自负盈亏、自我发展、自我约束"的法人实体和市场竞争主体。

在这一阶段的改革中，既涉及外部化市场的改革，也强调国有企业内部现代化体系的构建。但在此过程中也存在一些问题，由于国有资产的所有者缺位、政府部门管理中政资不分，国有资产流失严重，国有企业内部经营效率不高，管理者仍缺乏目标激励。

（四）国有资产监管阶段

2003—2015 年，针对大型国有企业中所有者缺位的问题，国有企业改革进入了国有资产监管的阶段。2003 年，在中央和地方政府分别成立国有资产监督管理委员会（以下简称"国资委"），明确了国有资产所有者对于国有企业的监管问题，中央国有企业和地方国有企业分离的管理框架形成。国资委的成立明确了由政府机构来履行出资人职能，以保证国有资产的保值增值，这一举措在一定程度上解决了所有者缺位的问题，建立健全了国有资产的监督管理制度。

但同样地，国资委和国有企业之间仍存在着委托代理问题，国有资产监管体制中存在着信息不完全和不对称的问题，国资委无法完全履行出资人的职能，也不能对所有企业进行事无巨细的个性化监管。因此，国有资产监管阶段的监督力度有限，并没有真正解决所有者缺位的问题。

（五）全面深化阶段

2015 年至今，国有企业改革步入了全面深化的重要阶段。2015 年，中共中央、国务院出台《关于深化国有企业改革的指导意见》，指出：健全现代企业制度；完善国有资产监管体制，防止国有资产的流失，组建国有资本投资、运营公司，推动国有资本合理流动、优化配置；稳妥推进混合所有制改革；允许符合条件的混合所有制企业实行员工持股；配合供给侧结构性改革，通过兼并重组等方式进一步调整优化国有经济战略布局；等等。

随着相应文件的出台，国有资产监管模式也发生了相应的改变，从过去的"管企业"变成了"管资本"。政府也逐渐摒弃了计划经济时期全面管控经济的职能，构建起以市场为核心的经济运行模式，为国有企业的持续健康发展提供了道路，对推动我国的经济体制改革具有重大意义。

纵观我国国有企业改革的五个阶段，结合当今世界贸易自由化的竞争格局，国有企业在经济中所具有的影响力不容小觑。党的十八届三中全会指出要发展混合所有制经济，在这一政策驱动下，我国正积极推动着国有企业的混合所有制改革。在改革过程中，国有化的比重和政府的干预都是影响企业效率和社会福利的重要因素。因此，在这一背景下，我们在下文中将运用混合寡头模型来分析国有企业的最优占股比例，从而为国有企业的混合所有制改革提供理论依据。

三、混合寡头模型的应用——国有企业改革

（一）国有股份变动与均衡产量

在前文的基本模型中我们知道，混合寡头市场中古诺均衡的产量与外生参数 α 和 β 有关。现在，我们需要进一步从国有企业混合所有制改革的角度，探究国有股份占比的变动对古诺均衡结果的影响。即将代表国有股份比重的参数 α 作为内生变量，考察其变动所带来的影响。

线性需求函数下古诺均衡产量 $Q_1^*(\alpha, \beta)$ 和 $Q_2^*(\alpha, \beta)$ 同时满足以下条件：

$$a - b(2 - \alpha - \alpha\beta)Q_1^* + b(\alpha\beta - 1)Q_2^* - MC_1^* = 0, \tag{1.7}$$

$$a - bQ_1^* - 2bQ_2^* - MC_2^* = 0。\tag{1.8}$$

式中：MC_1^* 和 MC_2^* 分别为企业 1 和企业 2 在均衡产量时的边际成本。根据式（1.1）前的假设，有 $MC_1^* > 0, MC_2^* > 0$，则有：

$$MC_i^* = \frac{\mathrm{d}C_i}{\mathrm{d}Q_i}\Big|_{Q_i = Q_i^*} \quad (i = 1, 2)。$$

由式（1.7）和式（1.8）分别对 α 求偏导，得到：

$$\left[b(\alpha\beta + \alpha - 2) - \theta_1\right]\frac{\partial Q_1^*}{\partial \alpha} + b(\alpha\beta - 1)\frac{\partial Q_2^*}{\partial \alpha} = -b\left[(1 + \beta)Q_1^* + \beta Q_2^*\right], \tag{1.9}$$

$$b\frac{\partial Q_1^*}{\partial \alpha} + (2b + \theta_2)\frac{\partial Q_2^*}{\partial \alpha} = 0。\tag{1.10}$$

式中：$\theta_i = \frac{\partial MC_i^*}{\partial Q_i^*} > 0 \ (i = 1, 2)$。求解方程组（1.9）、（1.10）可得：

$$\frac{\partial Q_1^*}{\partial \alpha} = \frac{-b(2b + \theta_2)\left[(1 + \beta)Q_1^* + \beta Q_2^*\right]}{\Delta}, \tag{1.11}$$

$$\frac{\partial Q_2^*}{\partial \alpha} = \frac{b^2\left[(1 + \beta)Q_1^* + \beta Q_2^*\right]}{\Delta}。\tag{1.12}$$

式中：$\Delta = \begin{vmatrix} b(\alpha\beta + \alpha - 2) - \theta_1 & b(\alpha\beta - 1) \\ b & 2b + \theta_2 \end{vmatrix}$。

根据式（1.7）、式（1.8）的二阶条件有：

$$b(\alpha\beta + \alpha - 2) - \theta_1 < 0, \quad 2b + \theta_2 > 0。$$

同时，由式（1.7）对 Q_2 求导可以得到：

$$\frac{\partial Q_1}{\partial Q_2} = \frac{b(1 - \alpha\beta)}{b(\alpha\beta + \alpha - 2) - \theta_1}。$$

在假设 $-1 < \frac{\partial R_i}{\partial Q_j} < 0, i, j = 1, 2, i \neq j$ 的前提下，有 $b(1 - \alpha\beta) > 0$，这样进一步就可以得

出 $\Delta < 0$。

因此，在其他假设成立的前提下不难证明： $\dfrac{\partial Q_1^*}{\partial \alpha} > 0, \dfrac{\partial Q_2^*}{\partial \alpha} < 0$。

以上结论说明，国有化企业的均衡产量 Q_1^* 是国有股份比例 α 的增函数，私有企业的均衡产量是 α 的减函数，并且均衡时的总产量 $Q^* = Q_1^* + Q_2^*$ 也是 α 的增函数。其经济含义是显然的： α 越大，企业生产决策受政府政策目标影响的程度也就越高。正如我们在模型的设计中所述，一方面，政府的社会目标在很大程度上影响国有企业的产出水平，两者成同向变动的关系。因而国有股份比重的增大必然带来国有企业均衡产出的增加，即 α 的增加导致国有化企业均衡产出 Q_1^* 的增加；另一方面，由于在本节的讨论中，我们已经假设两企业的产品具有完全的替代性且消费者的偏好稳定不变， Q_1^* 增加的结果必然会导致 Q_2^* 的减少，也就是说， α 的增加导致私有企业均衡产出的减少。同时，比较式（1.11）和式（1.12）的绝对值可以看出，国有股份比重的增加所带来的企业 1 的均衡产出的增加要大于企业 2 均衡产出的减少，因而总产出水平增加。

同理，可以考察政府部门对消费者福利关注程度 β 的变动对均衡产量的影响，可以得出类似的结论，在此就不再赘述。

（二）国有股份变动与经济效率

在经济学中，经济效率通常被用来衡量资源配置程度的优劣。前面我们曾提到，在西方经济学理论中，完全竞争市场往往被看作可以实现资源最优配置的最理想的市场结构。根据福利经济学第一定理，在完全竞争条件下，市场竞争能够通过价格有效协调经济活动，从而使得资源配置达到帕累托最优。在垄断竞争市场中，我们也曾看到过不完全竞争的市场企业追求利润最大化的生产行为是如何导致社会福利损失的。然而，在政府进入生产过程作为产品的生产者之后，整个供给方的目标就不仅仅是实现利润最大化，政府往往会结合多元的政策目标来调控产量，从而在不完全竞争的市场上改善社会福利。接下来，我们将考察国有股份的变动对经济效率即社会福利 W 的影响。

根据式（1.1），社会福利包含消费者剩余和生产者剩余两部分，即

$$W = \left[\int_0^Q P(q)\,\mathrm{d}q - PQ \right] + \pi_1(Q_1, Q_2) + \pi_2(Q_2, Q_1)$$

$$= \int_0^Q P(q)\,\mathrm{d}q - C_1(Q_1) - C_2(Q_2)。$$

结合线性需求函数，在古诺均衡产量和价格下，有：

$$W^* = a(Q_1^* + Q_2^*) - \frac{1}{2}b\,(Q_1^* + Q_2^*)^2 - C_1(Q_1^*) - C_2(Q_2^*)。 \qquad (1.13)$$

将以上均衡社会福利对企业 1 均衡产出 Q_1^* 求偏导得：

$$\frac{\partial W^*}{\partial Q_1^*} = a\left(1 + \frac{\partial Q_2^*}{\partial Q_1^*}\right) - b(Q_1^* + Q_2^*)\left(1 + \frac{\partial Q_2^*}{\partial Q_1^*}\right) - MC_1^* - MC_2^* \frac{\partial Q_2^*}{\partial Q_1^*}$$

$$= (P^* - MC_1^*) + (P^* - MC_2^*)\frac{\partial Q_2^*}{\partial Q_1^*}。 \qquad (1.14)$$

此处我们定义 $\left| (P^* - MC_2^*)\dfrac{\partial Q_2^*}{\partial Q_1^*} \right|$ 为国有企业的边际产出变化对私有企业的利润空间所

产生的替代效应，它由两部分构成：$P^* - MC_2^*$ 代表企业 2 的盈利能力，$\dfrac{\partial Q_2^*}{\partial Q_1^*}$ 表示国有化企业产出的替代效应。根据求导法则有：

$$\frac{\partial W^*}{\partial \alpha} = \frac{\partial W^*}{\partial Q_1^*} \times \frac{\partial Q_1^*}{\partial \alpha}。$$

且前面我们曾得到 $\dfrac{\partial Q_1^*}{\partial \alpha} > 0$ 和 $\dfrac{\partial Q_2^*}{\partial \alpha} < 0$，因此 $\dfrac{\partial W^*}{\partial \alpha}$ 与 $\dfrac{\partial W^*}{\partial Q_1^*}$ 同号。这样可以进一步得出以下两个推论：①当 $\alpha = 1$ 时，如果 $Q_1^* > 0, Q_2^* > 0$，且 $P^* - MC_1^* < -(P^* - MC_2^*)\dfrac{\partial Q_2^*}{\partial Q_1^*}$，则有 $\dfrac{\partial W^*}{\partial \alpha}\Big|_{\alpha=1} < 0$，即 $1 \notin \arg\max_{\alpha} W^*$；②当 $\alpha = 0$ 时，如果 $Q_1^* > 0, Q_2^* > 0$，且 $P^* - MC_1^* > -(P^* - MC_2^*)\dfrac{\partial Q_2^*}{\partial Q_1^*}$，则有 $\dfrac{\partial W^*}{\partial \alpha}\Big|_{\alpha=0} > 0$，即 $0 \notin \arg\max_{\alpha} W^*$。

以上推论具有深刻的政策含义，它从社会效率的角度，分别给出了完全由国家控股的国有企业是否需要进行私有化改革以及国有企业是否需要进行彻底的私有化改革的相关条件：当国有企业的利润空间小于其对私有企业所产生的边际替代效应时，采取完全的国有控股形式就不能最大化社会效率；当国有企业的利润空间大于其对私有企业所产生的边际替代效应时，对国有企业进行完全的私有化改革同样不能最大化社会效率。事实上，国有企业的利润空间大于其对私企所产生的边际替代效应，意味着国有企业的生产效率已经达到一定的水平，在这种条件下，就没有必要对国有企业进行完全的私有化，保留一定程度的国有控股还可以增加消费者剩余。相反，如果原来完全由国家控股的国有企业的利润空间小于其对私有企业所产生的边际替代效应，即国有企业的利润空间较小，因而它的生产相对于社会平均水平而言处于低效率的生产状态。如果此时它完全以国家的政策目标作为企业自身的目标，必然会带来过量的生产，加重低效率生产的程度。所以说，从整个社会效率的角度看，如果完全由国家控股的国有企业的盈利能力较弱，就必须进行私有化改革。

我们可以通过以下特殊的例子来说明以上结论的合理性。

例 1.1 设 $P = a - Q_1 - Q_2$，$C_1 = \dfrac{3}{8}Q_1^2$，$C_2 = \dfrac{1}{2}Q_2^2$，$\beta = \dfrac{1}{4}$，则当 $\alpha = 1$ 时，必然满足 $(P - C_1') < -R_2'(P - C_2')$，因而有结论 $\dfrac{\partial W^*}{\partial \alpha}\Big|_{\alpha=1} < 0$，即完全的国有化并不能最大化社会效率。首先我们注意到，在上述例子中，如果国有企业与私有企业生产相同的产出，则国有企业的生产效率更高。但是，当 $\alpha = 1$ 时，国有企业与私有企业在均衡点处的产出分别为 $\dfrac{5a}{9}$ 和 $\dfrac{2a}{9}$，边际生产成本分别为 $\dfrac{5a}{12}$ 和 $\dfrac{2a}{9}$。显然，国有企业的均衡产出大于私有企业的均衡产出，其边际生产成本也高于私有企业的边际生产成本。国有企业这种低利润空间是由于它完全以政府的政策目标作为自身目标这一行为所造成的，其最终结果是过量的生产。这与我们的结论是吻合的。

（三）国有股份变动与政府支付

接下来考虑混合寡头情形下国有企业改革的第三个方面：国有股份的变动对政府政策

目标即政府支付的影响。

前面我们定义，政府支付由社会福利和对消费者福利的侧重两部分构成，即式（1.1）：

$$U_G = \int_0^Q P(q)\,\mathrm{d}q - C_1(Q_1) - C_2(Q_2) + \beta\left[\int_0^Q P(q)\,\mathrm{d}q - PQ\right]。$$

结合线性需求函数，在古诺均衡时，均衡支付可以写成：

$$U_G^* = a(Q_1^* + Q_2^*) + \frac{1}{2}b(\beta - 1)(Q_1^* + Q_2^*)^2 - C_1(Q_1^*) - C_2(Q_2^*)。 \qquad (1.15)$$

同理，将式（1.15）对 Q_1^* 求偏导，可得：

$$\frac{\partial U_G^*}{\partial Q_1^*} = (P^* - MC_1^* + b\beta Q^*) + (P^* - MC_2^* + b\beta Q^*)\frac{\partial Q_2^*}{\partial Q_1^*}。 \qquad (1.16)$$

与前文相同，可知 $\dfrac{\partial U_G^*}{\partial Q_1^*}$ 与 $\dfrac{\partial U_G^*}{\partial \alpha}$ 同号。由式（1.16）我们可以做出以下推导：

首先，当 $\alpha = 1$ 时，将其代入一阶条件（1.7）可得：

$$b\beta Q^* = MC_1^* - P^*。 \qquad (1.17)$$

将式（1.17）代入式（1.16），有：

$$\frac{\partial U_G^*}{\partial Q_1^*} = (MC_1^* - MC_2^*)\frac{\partial Q_2^*}{\partial Q_1^*}。$$

因此，当 $MC_1^* > MC_2^*$ 时，有 $\left.\dfrac{\partial U_G^*}{\partial \alpha}\right|_{\alpha=1} < 0$，即 $1 \notin \arg\max_{\alpha} U_G^*$。

其次，当 $\alpha = 0$ 时，同理可以得出，在 $P - MC_1^* > -(P - MC_2^*)\dfrac{\partial Q_2^*}{\partial Q_1^*}$ 时，有 $\left.\dfrac{\partial U_G^*}{\partial \alpha}\right|_{\alpha=0} > 0$，因此 $0 \notin \arg\max_{\alpha} U_G^*$。

以上两点说明，当国有企业的边际生产成本超出私有企业的边际生产成本时，从最大化政府支付的角度出发，就必须对完全由国家控股的企业进行私有化改革。换句话说，当国有企业的生产效率太低时，即使政府希望国有企业更多地承担社会性负担，也不能通过对企业采取完全国有控股的方式来达到这一目的。此外，当国有企业的利润空间高于其对私有企业的边际替代效应时，完全的私有化也不是政府的最优选择。在这一条件下，虽然仍存在国有企业的生产效率低于私有企业的生产效率的可能，但它们之间的差距已经不大。此时，政府出于维持社会稳定的考虑，对国有企业不进行完全的私有化改革而保留部分的国有控股，让国有企业承担部分的社会性负担，可起到增加政府支付的作用。因而，这一命题就给出了国有企业不进行完全私有化改革的一个具有可操作性的条件。

从前文的讨论中我们可以看出，无论是出于社会效率的角度，还是出于政府政策目标的角度考虑，最优的国有股份比重的选择都必须考虑各类企业的生产成本、它们产出之间的边际替代效应等因素的影响。在满足某些标准条件的情形下，完全的国有化或完全的私有化都不能最大化社会效率或政府支付。当然，以上讨论仅仅是从国有企业承担社会性负担的角度进行分析，而没有考虑国有企业在引入民营资本进程中所产生的效率提高效应，有兴趣的读者可将这一效应纳入模型中做进一步的深入探讨。

小　结

在本章前三节中，我们分别讨论了竞争性市场、垄断市场、垄断竞争市场、寡头垄断市场中的企业生产决策。竞争性市场是一种理想化的市场，其中有大量的买方和卖方，他们对商品的价格都没有影响能力，是市场均衡价格的接受者；同时，许多企业生产一种同质产品，且产品之间可以完全替代。垄断市场指的是市场中仅由一家企业负责某种商品的经营和生产，且这种商品没有其他良好的替代品，生产该商品的唯一企业被称为垄断企业。垄断竞争市场既具备完全竞争的特征——同一类产品或服务市场上有很多生产者，且都在争夺同样的消费者，又具有垄断的特征——企业之间生产差异化产品，对自己生产产品的价格和产量有一定的控制能力。寡头垄断市场则是指有少数几个大企业相互竞争的市场结构类型。在第五节中，我们进一步拓展市场类型，通过引入一个新的市场结构类型——混合寡头市场，再将混合寡头市场理论与当前经济体制改革中的国有企业改革相结合，来分析国有企业改革中遇到的一些问题。

思考题

1. 为什么完全竞争企业的需求曲线、平均收益曲线和边际收益曲线是重叠的？

2. 划分市场结构的依据有哪些？

3. 如果一个垄断企业放弃垄断的地位，自愿按照竞争性市场的供给原则行事，企业的供给决策会发生什么变化呢？

4. "伯特兰悖论"的含义是什么？为什么会出现这种情况？在什么条件下可以避免出现这种情况？

5. 请比较不同市场结构的经济效率。

第二章　企业融资决策

2015 年底，中央经济工作会议提出"去杠杆"要求。2016 年，国务院发布《关于积极稳妥降低企业杠杆率的意见》。杠杆率是指企业债务资本与总资产的比率，总资产包括债务资本和权益资本。去杠杆就代表要企业减少债务资本占比。那么为什么企业要降低债务资本？如果不降低会导致什么后果？企业又是如何在债务资本和权益资本中抉择的？在本章中，我们将介绍企业融资决策并力求解决这些问题。

第一节　企业融资方式

一、债务融资

（一）公司债券

1. 债券的概念

债券是指由政府、企业或金融机构发行的一种债务性证券。债务是一种必须偿还的义务，表明债务人向债权人进行借款，承诺定期偿还本金并支付利息。债务人指债券的发行者，债权人则指债券的投资者。由于本章节聚焦企业融资方式，所以重点介绍企业发行的债券，即公司债券（corporate bonds）。

企业最重要的两种外源融资手段是发行债券和股票。与股票相比，债券有以下特点：①当企业无法按时还本付息时，债券投资者有权要求企业偿还债务，这可能导致企业的清算或重组。而股票投资者没有任何债权。②在利润分配和破产重组时，债券投资者的清偿优先级在所有股票投资者之前。只有当债权人的债务得到完全偿还后，股票投资者才可以对剩余部分进行索取。③企业支付给债券投资者的利息可以作为成本抵扣企业所得税，而企业支付给股东的股利无法抵扣。

债券作为一种有价证券，由以下几部分组成：①票面价值。票面价值表示债务人在债券到期时向债权人偿还的本金金额，由数额和币种组成。票面价值越低，债券越易于交易和流通。②到期日。到期日由发行日加上期限得到，到期日需要清偿全部本金。常见的期限有 1 年期、5 年期、10 年期、30 年期等。一般将 1 年期及以内的债券称为短期债券。③票面利率。票面利率是发行者定期向投资者支付的利息除以票面价值。票面利率由债券发行者决定，但需要考虑市场利率、债券期限、偿债风险、供求关系等因素。④发行价格。债券的发行价格是投资者实际从发行者手中购买债券时的价格，可以等于票面价值，也可以低于或高于票面价值。影响发行价格的因素包括票面价值、票面利率、期限、市场利率、偿债风险、供求关系等。

2. 债券价值和收益率

债券的价值是其未来所有现金流量的现值，由该债券的票面价值、利率和期限决定。假设一企业计划发行票面价值为 2000 元、票面利率为 8% 的 10 年期债券。这意味着投资者在购买了该债券后，将在未来 10 年内每年获得 160 元利息（ = 2000 × 8%），并在第 10 年一次性获得本金 2000 元。现金流如图 2.1 所示。

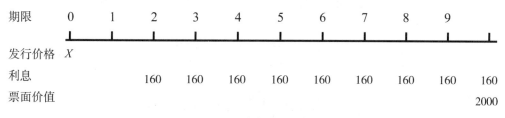

图 2.1 债券的现金流

图 2.1 中所有现金流总和的现值即为该债券的价值：

$$债券价值 = \sum_{t=1}^{n} \frac{I}{(1+r)^t} + \frac{B}{(1+r)^n} = \sum_{t=1}^{10} \frac{160}{(1+r)^t} + \frac{2000}{(1+r)^{10}}。 \qquad (2.1)$$

式中：n 为债券期限；I 为每期利息；B 为债券票面价值；r 为投资者预期的回报率。将图 2.1 中的具体指标代入式（2.1），$\sum_{t=1}^{10} \frac{160}{(1+r)^t}$ 为每年支付 160 元利息的现值，$\frac{2000}{(1+r)^{10}}$ 为 10 年后支付 2000 元本金的现值。

例 2.1 如果投资者的预期投资回报率为 8%，那这只债券对于投资者的价值是多少呢？

$$现值 = \sum_{t=1}^{10} \frac{160}{(1+0.08)^t} + \frac{2000}{(1+0.08)^{10}}$$

$$= 160 \times \frac{1 - \dfrac{1}{1.08^{10}}}{0.08} + 2000 \times 0.4632$$

$$= 160 \times 6.7101 + 2000 \times 0.4632$$

$$= 1073.6 + 926.4$$

$$= 2000（元）。$$

所以，当投资者要求的投资回报率与债券利率一致时，债券的价值等于债券票面价值，此时债券应以 2000 元的价格发行，即平价发行。其中，1073.6 为每年利息的现值，而 926.4 为本金的现值。

如果投资者的预期投资回报率为 6%，那这只债券的价值是否会改变？会如何改变呢？

$$现值 = \sum_{t=1}^{10} \frac{160}{(1+0.06)^t} + \frac{2000}{(1+0.06)^{10}}$$

$$= 160 \times \frac{1 - \dfrac{1}{1.06^{10}}}{0.06} + 2000 \times 0.5584$$

$$= 160 \times 7.36 + 2000 \times 0.5584$$

$$= 1177.6 + 1116.8$$
$$= 2294.4(元)。$$

此时，债券的价值为 2294.4 元，高于 2000 元的票面价值。企业以 2294.4 元发行该债券时，投资者仍然会购买，因为虽然该债券溢价发行，但其收益率满足投资者要求的 6% 投资回报率。

如果投资者的预期投资回报率提高到 10%，投资者还会购买该债券吗？

$$现值 = \sum_{t=1}^{10} \frac{160}{(1+0.1)^t} + \frac{2000}{(1+0.1)^{10}}$$
$$= 160 \times \frac{1 - \dfrac{1}{1.1^{10}}}{0.1} + 2000 \times 0.3855$$
$$= 160 \times 6.145 + 2000 \times 0.3855$$
$$= 983.2 + 771$$
$$= 1754.3(元)。$$

当投资回报率为 10% 时，票面价值为 2000 元的债券对于投资者的价值仅为 1754.3 元。只有企业以 1754.3 元的价格折价发行该债券，此时债券收益率为 10%，等于投资者要求的投资回报率，投资者才会进行购买。

那么在实际生活中，如何知道投资者的预期投资回报率，从而使企业确定发行价格和利率呢？在债券市场上，有很多相似的债券。由这些债券的收益率可以得到市场收益率。通过市场收益率，企业可以确定投资者预期的投资回报率，也被称为债券的到期收益率（yield to maturity，*YTM*）。综上所述，只有当债券的到期收益率等于其利率时，债券的发行价格才等于其票面价值，平价发行；债券的到期收益率低于其利率时，债券发行价格高于其票面价值，即溢价发行；债券的到期收益率高于其利率时，债券发行价格低于其票面价值，即折价发行。也就是说，当债券票面价值和利率一定时，债券到期收益率和发行价格负相关。债券到期收益利率上升，则其发行价格降低；到期收益率下降，则发行价格提高。

3. 利率风险

在决定债券价值的因素中，票面价值和票面利率是在发行时确定的，到期期限在确定后会随着时间不断减少，而市场收益率会不断发生变化。债券价值随市场收益率波动产生的变动称为利率风险，其波动越大代表投资者面临的利率风险越大。但市场收益率与利率风险之间关系的强弱并不恒定，其受到两个因素影响。下面我们用两个例题来说明这个问题。

例 2.2 假设有两个票面价值都为 2000 元、利率都为 8% 的债券。一个期限为 5 年，另一个期限为 10 年。当市场收益率为 8% 时，两个债券的发行价格都为 2000 元。当市场收益率上升到 10% 时，5 年期债券的价值为 1848.4 元，下降了 7.6%；10 年期债券的价值为 1754.2 元，下降了 12.3%。当市场收益率降为 6% 时，5 年期债券的价值为 2168.5 元，上涨了 8.4%；10 年期债券的价值为 2294.4 元，上涨了 14.7%。

由上例可知，在票面价值和利率相同的情况下，期限长的债券价格对市场收益率更为敏感,一单位的市场收益率变动对期限长的债券价格引起的边际变动更大。这是因为债券期限越长,投资者收到利息和本金的时间越长,需要考虑的现金时间价值更大,复利的期数更多。债券价格受市场收益率影响的波动越大,说明利率风险越大。所以,票面价值和利率一致的情况下,债券到期期限与利率风险为正相关关系。债券到期期限越长,其利率风险越大。

例 2.3 假设两个债券的票面价值和期限相同,票面价值都为 2000 元的 10 年期债券。一个的票面利率为 6%,另一个的票面利率为 10%。当市场利率为 8% 时,两个债券的发行价格分别为 1731.6 元和 2268.4 元;当市场收益率下降到 7% 时,两个债券的价值分别为 1859.5 元和 2421.4 元,分别上涨了 7.4% 和 6.7%;当市场收益率上升到 9% 时,两个债券的价值分别为 1614.9 元和 2128.4 元,分别下降了 6.7% 和 6.2%。

由此可知,当债券票面价值和期限相同时,票面利率越低,债券价值受市场收益率波动的影响越大。这是因为票面利率越低,投资者收到的利息越少,本金在现金流中占比越大。本金是在期末才支付给投资者,相对于利息,是最晚支付的,所以受到现金时间价值的影响更大。因此,债券票面利率越低,其价值波动越大,利率风险就越大。在票面价值和期限相同的情况下,债券票面利率和利率风险为反向相关。

4. 债务成本

资本成本是融资方为了筹集资本而付出的成本。债券的到期收益率是由发行企业向投资者支付的债券收益,对于投资者而言这是投资收益,对于企业而言则为债务成本。但到期收益率不能简单地以债券的票面利率反映,因为在发行债券时,企业并非一直以平价发行债券,有时会以溢价或折价发行。只有当债券是以平价发行时,债务成本才等于债券票面利率。当溢价或折价发行债券时,债务成本即到期收益率需要用以下公式进行计算:

$$P_D = \sum_{t=1}^{n} \frac{I}{(1 + R_D)^t} + \frac{B}{(1 + R_D)^n} \circ \qquad (2.2)$$

式中:P_D 为债券的市场价格;B 为债券的票面价值;I 为债券每年支付的利息;R_D 为债券的到期收益率,也就是债务成本。

例 2.4 企业以发行价格 2250 元溢价发行票面价值 2000 元、票面利率 8% 的 10 年期债券,计算该债券的债务成本。

将债券信息代入公式(2.2),得:

$$2250 = \sum_{t=1}^{10} \frac{160}{(1 + R_D)^t} + \frac{2000}{(1 + R_D)^{10}} \circ$$

通过内部收益率(IRR)计算可得该债券的到期收益率 $R_D = 6.28\%$,即发行企业的债务成本为 6.28%。

这里讨论的债务成本是企业税前成本。在真实情况下,还要将企业所得税考虑进来。如果例 2.1 中的企业通过股权融资取得同等资本,则该企业每年将节省 160 元的利息支出。然而,这 160 元不会全部转化为企业净利润,需要在缴纳完企业所得税后才能留归股东所有。用 T_c 代表企业所得税税率,则实际归属于股东的净利润为 $160 \times (1 - T_c)$。假设企业所得税税率为 25%,则属于股东的净利润为 120 [$= 160 \times (1 - 25\%)$] 元。所以,从企业的角度看,债务融资的成本实际并没有 160 元,因为不支付这些利息,企业就需要支付相应的企业所得税。这是因为债券利息可以对企业所得税进行抵扣,支付的利息可以减少企业应纳税所得额，这就是债务的利息税盾效应。企业的税后债务成本为 120 元，而债务人确实收到 160 元利息，那剩下的 40 元来自谁呢？这 40 元是政府少收到的企业所得税，由于企业支付利息后抵扣应纳税所得额，所以企业少缴纳 40 元税款。因此，企业的税后债务成本为 $R_D(1 - T_c)$。

5. 债券的种类

（1）浮动利率债券。普通的债券利率在债券期限内是固定的，以发行时的票面利率为准，被称为固定利率债券（fixed-rate bonds）。浮动利率债券（floating-rate bonds）的利率则是变动的，根据市场利率变化而调整。在债券发行时会标定基准利率，常用的如 30 年国债利率、伦敦银行间同业拆借利率（LIBOR）等。浮动利率债券的利率调整一般滞后于基准利率的变化，如在规定的时间根据前 3 个月的基准利率的平均值进行调整。

在利率波动频繁的时期，浮动利率债券是解决债务人与债权人之间分歧的方法之一。当未来利率变化难以预测时，若按照发行时利率，债务人担心未来利率降低自己多支付了利息，而债权人担心未来利率升高自己少获得了利息。所以，当债务人与债权人无法就利率达成一致时，浮动利率债券可以有效解决这一问题。

（2）零息债券。普通债券由债务人向债权人支付利息。有一种债券则不支付利息，票面利率为 0，这就是零息债券（zero-coupon bonds）。零息债券的发行价格远低于票面价值（折价发行），在债券期限内不支付利息，在债券到期时债务人以票面价值支付本金给债权人。票面价值与发行价格的价差就是零息债券债权人的借款收益。例如，企业以 500 元的发行价格发行 10 年期零息债券。该零息债券票面价值为 1000 元，即 10 年后企业一次性支付给投资者 1000 元，债券期限内不支付其他任何形式的利息或本金。按照内部收益率计算，该零息债券到期收益率为 7%。这相对于企业平价发行票面价值为 500 元、利率为 7% 的 10 年期的固定利率债券。

（3）可转换债券。可转换债券（convertible bonds）赋予投资者在债券期限内有选择将债券按照约定的转换比例转换成该企业普通股股票的权利。由于可转换债券使投资者可以根据市场情况做出有利于自己的选择，所以相对于不可转换债券，可转换债券的利率相对较低。

（4）可赎回债券和可回售债券。可赎回债券赋予发行者在特定时间以一定的价格提前赎回投资者所持有债券的权利。可回售债券赋予投资者以一定价格将持有的债券回售给发行者的权利。可赎回债券使企业在市场收益率波动时多了一种选择，但可能会损害投资者利益；可回售债券使投资者多了一种选择，却可能损害发行者利益。例如，当市场收益率上升时，投资者如果重新购买债券会获得更高的到期收益率，此时投资者会将持有债券回售给发行者，但发行者不会行使提前赎回的权利。所以，为弥补投资者和发行者遭受的额外风险，可赎回债券的到期收益率会高于可回售债券的到期收益率。

（二）银行贷款

企业除了向投资者发行债券，还可以直接向银行贷款。相较于大众投资者，银行作为债权人会对企业产生以下影响：

（1）筛查与监督。相较于大众投资者分散持有企业债券，银行集中持有债权以及这些集中的大量债权很难被交易的特质，使银行具有筛查和监督贷款企业的动机。并且相较于大众投资者，银行具有充足的渠道、资源和专业能力对企业进行筛查和监督。筛查（screening）是指在贷款前和审批贷款时，银行对贷款企业的偿债能力、运营情况等方面进行筛选、审查，确保贷款企业有足够能力按时还本付息。监督（monitoring）是指在债务期限内，银行对企业偿债、运营等方面的指标进行监控，并监督企业是否有损害偿债能力、损害债权人利益的行为。

（2）契约再协商。在贷款合同中，一般会包含契约条款。契约是指对贷款企业的行为做出限制的条款，用以保护债权人的利益。具体的契约内容我们在下一部分详细说明。当企业违反契约条款时，债权人可能对此做出反应，如干预企业管理经营、提高贷款利率、缩短贷款期限等。此时，企业需要与债权人进行协商以减少受到的影响。相较于数量众多的大众投资者，企业更可能也更便于与银行进行契约条款再协商（renegotiation）。

（三）信用评级

企业的偿债能力，即企业能否按时足量偿付债券的本金和利息是债券到期收益率的决定性因素。根据高风险高回报的原则，如果投资者预期债券发行者难以在债券期限内足额按时支付本金，则只有当该债券的到期收益率足够高的时候，投资者才愿意承担高风险购买该债券；如果债券发行者基本不可能发生债券违约时，投资者愿意以较低的收益率换取稳定的收益。但实际上，投资者，特别是大众投资者没有资源和专业能力了解和分析企业的偿债能力和债券的风险，从而影响对债券的估值和购买。

信用评级（credit rating）的出现缓解了投资者与发行者之间的这种摩擦。信用评级由第三方信用评级机构根据债券发行企业的有关资料对企业按时还本付息的可靠程度进行评估。信用等级代表了该企业债券的信用风险大小，投资者可以根据信用等级对债券的风险有所了解。一般来说，信用评级越好，该企业发行的债券风险越小，收益率也越低。

1. 等级标准

我国具有代表性的信用评级企业有中诚信国际信用评级有限责任公司（以下简称"中诚信国际"）、联合资信评估服务有限公司、大公国际资信评估有限公司、东方金诚国际信用评估有限公司、上海新世纪资信评估投资股份有限公司、远东资信评估有限公司、中证鹏元资信评估股份有限公司等。国外最有名的评级机构是标准普尔（Standard & Poor's）公司和穆迪（Moody's）公司。下面以中诚信国际和标准普尔为例介绍具体信用等级标准（表2.1）。

表2.1 中诚信国际和标准普尔的信用等级标准

中诚信国际		标准普尔	
AAA	偿债能力极强，基本不受不利经济环境影响，违约风险极低	AAA	极强的偿债能力
AA	偿债能力很强，受不利经济环境影响较小，违约风险很低	AA + /AA/AA −	非常强的偿债能力
A	偿债能力较强，较易受不利经济环境影响，违约风险较低	A + /A/A −	较强的偿债能力，但可能受经济条件和环境变化的影响

续表

	中诚信国际		标准普尔
BBB	偿债能力一般，受不利经济环境影响较大，违约风险一般	BBB+/BBB/BBB-	足够的偿债能力，但更容易受到不利经济条件影响
BB	偿债能力较弱，受不利经济环境影响很大，违约风险较高	BB+/BB/BB-	短期内有偿债能力，但不利的商业、金融和经济条件带来的重大持续不确定性会影响长期偿债能力
B	偿债能力较依赖于良好的经济环境影响很大，违约风险很高	B+/B/B-	更容易受到不利商业、金融和经济条件的影响，但目前有偿债能力
CCC	偿债能力极度依赖于良好的经济环境影响很大，违约风险极高	CCC+/CC/CC-	需要依赖有利的商业、金融和经济条件来偿债债务
CC	在破产或重组时可获得保护较小，基本不能偿债	CC	违约尚未发生，但预期将发生违约
C	不能偿债	C	偿债能力低于所有较高评级
		D	发生违约或正在申请破产

资料来源：中诚信国际信用评级有限责任公司网站、标准普尔公司网站。

中诚信国际在从 AA 到 B 的等级中还加入"＋"和"－"对相应等级进行细分，表示稍高或稍低于该等级。相似的，标准普尔也在从 AA 到 CCC 的等级中加入"＋"和"－"。标准普尔将企业按照不同信用等级分为两个级别，AAA 到 BBB 为投资级别，BB 以下为投机级别。

不同的信用等级对应不同的风险。风险越高，说明该企业无法按时还本付息的可能性越大，即可能发生违约行为。中诚信国际公布了评级的 3 年预期累计违约率：AAA 评级为 0.0239%，即 0.0239% 的 AAA 企业在 3 年内会发生违约；BBB 评级为 3.89%；BB 评级为 10.28%；B 评级为 29.8988%；CCC 评级为 68.3602%；CC 评级为 100%，即被评级为 CC 的企业在 3 年内肯定会发生违约。标准普尔也公布了部分评级的 3 年累计违约概率：BBB 评级为 0.91%，BB 评级为 4.17%，B 评级为 12.41%，CCC/CC 评级为 45.67%。企业发行债券的收益率会依据信用评级而改变。例如，AAA 评级企业发行的债券由于基本不可能违约，投资者面临的风险最小，收益率也最低；CCC 评级企业发行的债券有显著的概率发生违约，投资者也会得到较高的收益率，以弥补高企的违约风险。

2. 决定因素

信用评级由信用评级机构通过对企业的深入分析确定。信用评级的参考指标包含企业各方面的因素。例如，中诚信国际信用评级主要考虑债券发行企业的债务结构、公司结构、营运和财务状况、管治水平、行业和监管趋向分析以及宏观经济分析。

二、股权融资

(一) 股票的概念

1. 普通股

股票是企业为融资而向股东发行的代表企业所有权的一种有价证券。企业可能会向股东支付股利，股东可交易持有的股票。普通股在破产清算和利润分配时没有优先权，索偿权在优先股之后。普通股股东对利润的分配权和财产的清偿权在债权人和优先股股东之后，只能对剩余部分进行索取；如果没有剩余部分，则无法实现索取。普通股股东由于拥有企业所有权，所以具有投票权，可以参加股东大会、参与企业重大决策等。股东拥有的票数由持股数量决定，一股一票。

普通股的价值有不同的衡量维度：

(1) 票面价值。普通股的票面价值（face value）是企业发行的普通股上标明的价值。有些股票上面有标明账面价值，而有的股票上面没有标明账面价值。票面价值的作用是确定每一股对企业总股本占有的比例。

(2) 账面价值。普通股的账面价值（book value）是指每股股票对应的企业净资产的账面价值，等于普通股所有者权益的账面价值除以普通股数量。

(3) 市场价值。普通股的市场价值（market value）是普通股在股市流通中的价格。

(4) 清算价值。普通股的清算价值（liquidation value）是企业在清算时每股代表的实际价值。理论上来说，清算价值与账面价值一致。但事实上，一般清算价值会低于账面价值，因为清算时企业资产会被折价卖出，且需要扣除清算成本。

2. 优先股

顾名思义，优先股也是一种股票，与普通股的差别在于优先。其优先体现在利润分配和破产清算的时候。优先股持有者的索取权高于普通股持有者，但低于债权人。与普通股一样，企业会向优先股持有者派发股利。不同的是，优先股股利一般是固定的，且在派发优先股股利后如果还有盈余，才会派发普通股股利。

(二) 普通股估值

在债券部分，我们用债券未来现金流的现值估计债券的价值。同样，股票的价值也是由未来现金流的现值估计的。股票的投资者会收到两种现金流：一种是有些企业可能定时支付股利，另一种是投资者卖出股票时的收入。

假设某投资者仅持有一只股票 1 年，收到企业每股派发一期股利 DIV_1，以 P_1 的价格卖出，投资者的预期收益率为 r，也称为股票贴现率，则该股票价值 P_0 为：

$$P_0 = \frac{DIV_1}{1+r} + \frac{P_1}{1+r}。 \tag{2.3}$$

例 2.5 投资者持有股票 1 年，收到每股股利 1 元，1 年后以 15 元出售股票，投资者预期收益率为 8%，计算该股票当前价值。

$$股票价值 = \frac{1}{1.08} + \frac{15}{1.08} = 14.8（元）。$$

这 15 元是首位投资者卖出的价格，也是第 2 位投资者买入的价格。如果第 2 位投资者同样持有 1 年就卖出，则第 2 位投资者买入时的股票价格为：

$$P_1 = \frac{DIV_2}{1+r} + \frac{P_2}{1+r}。 \tag{2.4}$$

将式（2.4）代入式（2.3）中得到：

$$P_0 = \frac{DIV_1}{1+r} + \frac{1}{1+r}\left(\frac{DIV_2}{1+r} + \frac{P_2}{1+r}\right)$$

$$= \frac{DIV_1}{1+r} + \frac{DIV_2}{(1+r)^2} + \frac{P_2}{(1+r)^2}。$$

如果第 2 个投资者在第 2 年底以 P_2 的价格出售给第 3 个投资者，第 3 个投资者在第 3 年底以 P_3 的价格出售给第 4 个投资者，如此一直持续下去，当时间无穷大时，股票价值为：

$$P_0 = \frac{DIV_1}{1+r} + \frac{DIV_2}{(1+r)^2} + \frac{DIV_3}{(1+r)^3} + \frac{DIV_4}{(1+r)^4} + \cdots$$

$$= \sum_{t=1}^{\infty} \frac{DIV_t}{(1+r)^t}。 \tag{2.5}$$

该模型被称为股利贴现模型（dividend discount model, DDM）。现实中，企业派发股利主要有三种情况：股利恒定、股利以固定比率增长和股利以非固定比率变化。

第一种情况：股利恒定。

在股利不变的情况下，股票估值模型公式（2.5）转变为：

$$P_0 = \sum_{t=1}^{\infty} \frac{DIV}{(1+r)^t} = \frac{DIV}{r}。 \tag{2.6}$$

例2.6　某企业的股票每年每股派发股利 5 元，若贴现率为 10%，计算该股票当前价值。

该股票当前价值为：

$$P_0 = \frac{5}{0.1} = 50(元)。$$

第二种情况：股利以固定比率增长。

当股利以固定比率增长时，若固定的增长率为 g，则第 1 期的股利为 DIV_1，第 2 期股利为 $DIV_2 = DIV_1(1+g)$，第 3 期股利为 $DIV_3 = DIV_2(1+g) = DIV_1(1+g)^2$，依此类推。最终，公式（2.5）的股票估值模型转变为：

$$P_0 = \frac{DIV_1}{1+r} + \frac{DIV_1(1+g)}{(1+r)^2} + \frac{DIV_1(1+g)^2}{(1+r)^3} + \frac{DIV_1(1+g)^3}{(1+r)^4} + \cdots$$

$$= \frac{DIV_1}{r-g}。 \tag{2.7}$$

假设例 2.6 中的企业改变了股利政策，第 2 年开始股利以每年 5% 的比率增长，其他条件不变时，该股票的价值为：

$$P_0 = \frac{5}{0.1 - 0.05} = 100(元)。$$

第三种情况：股利以非固定比率变动。

最后一种情况是股利以不固定的比率变动。这种情况运用具体案例可以更直观地说明。

假设例 2.6 中的企业决定从第 5 年开始，每年股利以 5% 的比率增长，其他条件不变，计算该股票价值。

将该企业的股利分为两段，第 1 年到第 4 年可以视为股利不变；第 5 年开始为股利以固定比率增长，即第二种情况。先将第 5 年开始的股利用公式（2.6）计算到第 4 年底的股票价格：

$$P_4 = \frac{DIV_5}{0.1 - 0.05} = 5 \times \frac{1.05}{0.1 - 0.05} = 105 (元)。$$

再计算当前的股票价格：

$$P_0 = \frac{DIV_1}{1 + r} + \frac{DIV_2}{(1 + r)^2} + \frac{DIV_3}{(1 + r)^3} + \frac{DIV_4}{(1 + r)^4} + \frac{P_4}{(1 + r)^4}$$
$$= \frac{5}{1 + 0.1} + \frac{5}{(1 + 0.1)^2} + \frac{5}{(1 + 0.1)^3} + \frac{5}{(1 + 0.1)^4} + \frac{105}{(1 + 0.1)^4}$$
$$= 87.6 (元)。$$

如果例 2.6 的企业决定从第 2 年到第 6 年，股利以每年 4% 的比率增长，而从第 7 年开始，股利以每年 8% 的比率增长，计算该股票当前价格。

该股票股利的第一段为第 1 年到第 6 年，5 元股利每年增长 4%；第二段为每年增长 8% 的永续年金，即第二种情况。第一段中每期股利分别为 5 元、5.2 元、5.408 元、5.62432 元、5.849293 元、6.083265 元。这 6 期股利的现值为：

$$P_0 = \frac{DIV_1}{1 + r} + \frac{DIV_2}{(1 + r)^2} + \frac{DIV_3}{(1 + r)^3} + \frac{DIV_4}{(1 + r)^4} + \frac{DIV_5}{(1 + r)^5} + \frac{DIV_6}{(1 + r)^6}$$
$$= \frac{5}{1 + 0.1} + \frac{5.2}{(1 + 0.1)^2} + \frac{5.408}{(1 + 0.1)^3} + \frac{5.62432}{(1 + 0.1)^4} + \frac{5.849293}{(1 + 0.1)^5} + \frac{6.083265}{(1 + 0.1)^6}$$
$$= 23.8 (元)。$$

现在将第二段股利折现到第 6 年底的股票价格：

$$P_6 = \frac{DIV_7}{0.1 - 0.08}$$
$$= 6.083265 \times \frac{1.08}{0.1 - 0.08}$$
$$= 328.50 (元)。$$

第 6 年底的股票价格当前价值为：

$$P_0 = \frac{328.50}{1.1^6} = 185.4 (元)。$$

再加上第一段股利的现值 23.8 元，则该股票当前价值为 209.2 元。

（三）股票成本

资本成本是融资方为了筹集资金付出的成本。对股权融资而言，股票成本是股票发行企业向投资者派发的股利。也就是说，股利对于投资者而言是投资股票的收益，对于发行企业而言是股权融资的成本。所以，用上节中的股利贴现模型（DDM）可以估计企业的股票成本。

1. 普通股成本

（1）股利贴现模型。用 R_s 表示企业股票成本，式（2.7）可写为：

$$P = \frac{DIV}{R_s - g}, \quad R_s = \frac{DIV}{P} + g。 \tag{2.8}$$

例 2.7 企业发行普通股进行融资，发行价格为 30 元，每股每年支付恒定股利 5 元，计算该普通股的成本。

该股票股利恒定，则认为股利增长率 g 为 0。该普通股成本为：

$$R_s = \frac{5}{30} + 0 = 16.7\%。$$

假设该股票股利以每年 5% 增长，则该普通股成本为：

$$R_s = \frac{5}{30} + 5\% = 21.7\%。$$

用股利贴现模型估计企业的普通股成本非常简单、直观。但该方法存在一些缺点：第一，股利贴现模型对不派发股利、很少派发股利或股利增长率难以衡量的企业不适用；第二，股利贴现模型并没有将风险纳入考量。所以，我们接下来介绍另一种估计普通股成本的方法。

2. 资本资产定价模型

资本资产定价模型（capital asset pricing model，CAPM）也可以用来估算普通股的成本。

$$R_s = R_f + \beta_i(R_M - R_f)。 \tag{2.9}$$

式中：R_s 为目标个股的收益率，即普通股成本；β_i 为该企业股票的风险系数；R_f 为无风险利率，一般可用国债利率表示；R_M 为市场回报率；$R_M - R_f$ 被称为市场风险溢价。要使用资本资产定价模型估算企业普通股成本，需要知道 β_i、R_f、R_M 或 $R_M - R_f$ 的值。

例 2.8 已知市场回报率为 12%，无风险利率为 3%，有两家上市公司，其股票风险系数分别为 0.8 和 1.2，分别计算这两个企业的普通股成本。

运用公式（2.9），第一家企业普通股成本为 3% + 0.8（12% − 3%）= 10.2%，第二家企业普通股成本为 3% + 1.2（12% − 3%）= 13.8%。

假设市场回报率未知，而市场风险溢价为 9%，计算两个企业的普通股成本。同样运用公式（2.9），第一家企业普通股成本为 3% + 0.8 × 9% = 10.2%，第二家企业普通股成本为 3% + 1.2 × 9% = 13.8%。由于第二家企业的股票风险系数更高，其普通股成本更高，投资者得到的收益也更多。

2. 优先股成本

优先股的形式更类似于债券而非普通股。与普通股不确定的股利不同，优先股的股利是恒定的；与债券具有明确期限不同，优先股没有明确的到期日。优先股成本用股利恒定情况下的股利贴现模型估计：

$$R_P = \frac{DIV_P}{P_P}。 \tag{2.10}$$

式中：R_P 为优先股成本；DIV_P 为优先股股利；P_P 为优先股价格。

例2.9 企业发行优先股融资，发行价格为15元，每年支付股利2元，计算该优先股成本。

该企业优先股股利为：

$$R_P = \frac{2}{15} = 13.3\%。$$

与债券利息可以抵扣企业所得税不同，不管是普通股股利还是优先股股利，都不能抵扣税费，所以股票成本不需要进行税后调整。

三、内源融资

（一）留存收益及折旧

前面提到的债务融资和股权融资都是企业向外部投资者筹集资本，属于外源融资。除了外源融资，企业还可以进行内源融资。内源融资是指企业持有收益、折旧等现金流并直接用于投资。留存收益投资是企业最主要的内源融资方式。

（二）现金管理

企业持有现金源自以下动机：

（1）交易动机。交易动机（transaction motive）是指企业需要现金来完成日常生产经营活动中的交易需求，如支付薪酬、偿还利息、派发股利等。企业不可能始终保持在需要支出的时候有足够的现金流收入，所以需要持有现金。

（2）预防动机。预防动机（precautionary motive）是指企业需要持有现金以应对一些突发的意外情况，如政府政策变动、自然灾害、经济危机等。对这些情况一般只有很短的应对时间，企业很难有充足时间进行外源融资或企业外源融资能力有限，这就需要企业平时持有一定数量的现金以预防突发情况。

（3）投机动机。投机动机（speculation motive）是指企业需要现金及时捕捉可能的投机机会获利，如廉价收购，或在汇率市场、证券市场进行交易获取价差等。

既然如此，为什么企业还要实施其他融资方式而不是持有尽可能多的现金呢？现有研究表明，可能主要的原因如下：①相较于其他资产，现金能为企业带来的回报率非常低，这主要是因为现金的高流动性以及无法抵税。②代理成本（agency cost）理论认为，企业管理者会为了满足自身的目标利益而损害股东利益。对管理者而言，现金是最容易也最便于使用的资产。所以，长期过多的现金资产将损害股东价值，可能加剧管理者与股东之间的摩擦。

第二节　企业融资决策的基础理论

一、资本结构

企业的资产是由归属于债权人的债务资本和归属于股东的权益资本组成的。企业资本结构一般是指债务资本与企业总资产的比率，也称为杠杆。资本结构反映了企业资本的组成，是企业融资决策最重要的指标。

（一）加权平均资本成本

首先，我们介绍企业的加权平均资本成本（weighted average cost of capital，WACC）。之前的章节中我们分别学习了债务资本成本和权益资本成本，加权平均资本成本则是企业各种资本成本的加权平均，计算公式如下：

$$R_{\text{WACC}} = \frac{D}{D+S}R_{\text{D}} + \frac{S}{D+S}R_{\text{S}} \circ \tag{2.11}$$

式中：R_{WACC} 为加权资本成本；D 和 S 分别为企业的债务资本和权益资本，则 $\frac{D}{D+S}$ 为债务资本占总资产的比重，$\frac{S}{D+S}$ 为权益资本占总资产的比重；R_{D} 和 R_{S} 分别为债务资本成本和权益资本成本。对于没有负债的无杠杆企业，其加权平均资本成本等于权益资本成本 R_{S}；对于负债非常多，权益资本占比趋近于无穷小的企业，其加权平均资本成本约等于债务资本成本 R_{D}。

前面介绍债务资本成本时，我们还提到计算债务成本的时候要区分税前成本和税后成本。这是因为负债的利息是可以抵扣企业所得税的。因此，税后的债务资本成本变成 $R_{\text{D}}(1 - T_{\text{c}})$，$T_{\text{c}}$ 为企业所得税税率。加权平均资本成本的计算也应该相应调整，得到以下计算公式：

$$R_{\text{WACC}} = \frac{D}{D+S}R_{\text{D}}(1 - T_{\text{c}}) + \frac{S}{D+S}R_{\text{S}} \circ \tag{2.12}$$

例 2.9　某企业股票市场价值 5000 万元，股票数量为 100 万股，每股股价 50 元，权益资本成本为 12%。该企业目前没有负债，计算该企业的加权平均资本成本。

由于该企业没有债务资本，则加权平均资本成本等于权益资本成本，即 12%。

现在该企业需要扩大生产，发行 3000 万元债券融资，债务资本成本为 6%，企业所得税税率为 30%，计算该企业新的加权平均资本成本。

由于企业发行债券后同时具有债务资本和权益资本，所以需要先计算各资本的占比：债务资本占比为 37.5%［= 3000/(3000 + 5000)］，权益资本占比为 62.5%［= 5000/(3000 + 5000)］。权益资本成本为已知的 12%，债务资本成本税后为 4.2%［= 6% × (1 − 30%)］。因此，该企业加权资本成本为：

$$R_{\mathrm{WACC}} = \frac{D}{D+S} R_{\mathrm{D}}(1-T_{\mathrm{c}}) + \frac{S}{D+S} R_{\mathrm{S}}$$

$$= \frac{3000}{3000+5000} \times 6\%(1-30\%) + \frac{5000}{3000+5000} \times 12\%$$

$$= 9.08\% \, 。$$

(二) 资本结构与企业价值

1. 资本结构和股东投资回报

企业管理层的目标是使企业价值最大化,这是因为管理层为股东服务,理论上讲应该与股东利益一致。企业价值包括债务价值和股票价值,而不管企业如何发展,债权人得到的利益都是固定的,所以最大化企业价值就是最大化股东价值。管理层最大化企业价值的目标决定了其对企业资本结构的选择。

假设某企业股票市场价值为10000元,没有负债,我们称之为无杠杆企业。该企业股票数量为1000,则每股价格10元。若该企业计划发行5000元债券,以支付给股东每股5元股利。债券发行后,该企业转变为有杠杆的企业,其他条件不变的情况下,该企业的价值会如何变化?假设企业价值在调整后有三种结果(表2.2)。

表2.2 企业价值可能的结果

企业价值	无杠杆	有杠杆		
		衰退	正常	扩张
债务/元	0	5000	5000	5000
权益/元	10000	3000	5000	7000
企业价值/元	10000	8000	10000	12000

我们可以看到,三种情况中,企业加杠杆后的价值相对于无杠杆时有可能降低,有可能不变,也有可能增加;但是,股东权益却都低于无杠杆时的10000元。这是因为,企业已经将债务融资所得的5000元派发给股东,此时归属于股东的权益只有5000(=10000-5000)元。在三种情况中,如果发生扩张的概率较大,企业管理层会倾向于加杠杆。因为这会使企业价值增加2000(=12000-10000)元,也使股东获得2000(=7000-5000)元利益;如果衰退的发生概率较大,企业管理层很可能不发行债券融资,因为加杠杆会使企业价值减少2000(=10000-8000)元,这失去的2000(=5000-3000)元都由股东来承担;如果正常情况的发生概率较大,企业是否加杠杆都不会影响企业价值和股东利益。

下面,我们来研究资本结构对企业股东投资回报率的影响。假设上面企业计划发行的5000元债券的利率为10%,并用筹集的5000元回购同等价格股票。则该股票加杠杆前后的财务结构如表2.3所示。

表2.3 企业财务结构

财务结构	无杠杆	有杠杆
资产/元	10000	10000
权益/元	10000	5000
股票数量/股	1000	500
每股股价/元	10	10
债务/元	0	5000
利率/%	10	10
利息/元	0	−500

假设该企业在衰退、正常、扩张三种情况下的总资产收益分别为500、1500和2500元。首先考虑无杠杆企业，衰退情况下，股东收益与总资产收益相同，则总资产收益率与权益收益率皆为5%（=500/10000），每股收益为0.5（=500/1000）元；正常情况下，总资产收益率与权益收益率皆为15%（=1500/10000），每股收益为1.5（1500/1000）元；扩张情况下，总资产收益率与权益收益率皆为25%（=2500/10000），每股收益为2.5（=2500/1000）元。

对于有杠杆企业，利息为500元，由于总资产收益率在利息前计算，资产不变，所以有杠杆企业与无杠杆企业的总资产收益率相同。衰退情况下，息前收益为500元，息后收益为0（=500−500）元，股东权益收益率为0%（=0/5000），每股收益为0（=0/500）元；正常情况下，息前收益为1500元，息后收益为1000（=1500−500）元，股东权益收益率为20%（=1000/5000），每股收益为2（=1000/500）元；扩张情况下，息前收益为2500元，息后收益为2000（=2500−500）元，股东权益收益率为40%（=2000/5000），每股收益为4（=2000/500）元（表2.4）。

表2.4 企业在不同杠杆下的投资回报

投资回报	衰退	正常	扩张
无杠杆			
收益/元	500	1500	2500
总资产收益率/%	5	15	25
股东权益收益率/%	5	15	25
每股收益/元	0.5	1.5	2.5
有杠杆			
息前收益/元	500	1500	2500
总资产收益率/%	5	15	25
利息/元	−500	−500	−500
息后收益/元	0	1000	2000
股东权益收益率/%	0	20	40
每股收益/元	0	2	4

由表2.4可以看出，在衰退和正常情况下，加杠杆减少了股东收益（增加了损失）；扩张情况下，加杠杆增加了股东收益。在加杠杆前后，股东权益收益率的期望由15%$[=(5\%+15\%+25\%)/3]$变为了20%$[=(0+20\%+40\%)/3]$，股东权益收益率期望增大了；股东权益收益率的范围由5%到25%变为了0%到40%，收益的波动范围增大，意味着投资风险也增加了。所以，我们很难说企业增加杠杆对股东的利益是有益的还是有害的。对于厌恶风险的投资者来说，虽然收益率期望较小，但较低的风险使他们选择投资于无杠杆企业；风险中立的投资者会选择投资有杠杆企业，因为他们的选择标准是收益率期望；毫无疑问，偏好风险的投资者肯定会选择有杠杆企业。

现在假设上面的企业没有进行加杠杆，继续保持无杠杆状态，此时风险中立和偏好风险的投资者想通过加杠杆的作用扩大投资，该如何实现呢？他们个人会通过银行等金融机构进行借款实现加杠杆投资。假设某投资者以10%的利率从银行借入500元，加上自有资金500元共1000元投资于无杠杆企业。因每股价格为10元，该投资者买入了100股。同样，投资者也面临衰退、正常和扩张三种情况，分别对应0.5元、1.5元和2.5元的每股收益。投资者持有10股的投资收益分别为50（$=0.5\times100$）元、150（$=1.5\times100$）元、250（$=2.5\times100$）元，在减去50（$=500\times10\%$）元利息支出后，净收益分别为0（$=5-5$）元、100（$=150-50$）元、200（$=250-50$）元。由于1000元投资中有500元为从银行借入资金，则投资者初始成本为500元，三种不同情况下的投资收益率分别为0%（$=0/500$）、20%（$=100/500$）、40%（$=200/500$）（表2.5）。

表2.5　自制杠杆投资者的投资回报

投资回报	衰退	正常	扩张
无杠杆企业每股收益/元	0.5	1.5	2.5
100股投资收益/元	50	150	250
利息/元	−50	−50	−50
净收益/元	0	100	200
初始成本/元	500	500	500
投资收益率/%	0	20	40

我们将个人借贷进行投资称为自制杠杆（homemade leverage）投资。对照表2.4和表2.5可以发现，自制杠杆投资者的投资回报与有杠杆企业的投资回报不管在哪种情况下都完全相同。也就是说，在无杠杆企业不更改自身资本结构的情况下，投资者可以通过个人借贷复制出和有杠杆企业完全相同的投资回报。但是要达到完全复制的程度，需要保证个人负债比例和有杠杆企业的资本结构完全一致。在我们的例子中，个人负债比例为50%$[=500/(500+500)]$，有杠杆企业杠杆率同样为50%$[=5000/(5000+5000)]$。

那么，如果该企业实施了加杠杆，杠杆率变为50%，厌恶风险的投资者依然想投资于无杠杆企业，该如何操作呢？假设该投资者持有该企业200股股票，价值2000元。投资者可以赎回100股，将这1000元以10%的利率贷出。有杠杆企业三种情况下的每股收益分别为0元、2元和4元。投资者在赎回100股后，还持有的100股投资收益分别为0（$=0\times100$）元、200（$=2\times100$）元、400（$=4\times100$）元。再加上贷出款项的利息100

（ $=1000 \times 10\%$ ）元，投资净收益分别为100（ $=0+100$ ）元、300（ $=200+100$ ）元、500（ $400+100$ ）元。投资者初始资本为2000元，则在衰退、正常和扩张情况下的投资收益率分别为5%（ $=100/2000$ ）、15%（ $=300/2000$ ）和25%（ $=500/2000$ ）（表2.6）。

表2.6　投资者自身去杠杆策略的投资回报

投资回报	衰退	正常	扩张
有杠杆企业每股收益/元	0	2	4
100股投资收益/元	0	200	400
利息收入/元	100	100	100
净收益/元	100	300	500
初始成本/元	2000	2000	2000
投资收益率/%	5%	15%	25%

2. 无企业所得税的 MM 理论

如表2.6所示，投资者同样可以通过自身投资策略完全复制无杠杆企业的投资回报。如果有杠杆企业的价值高于无杠杆企业，投资者会自制杠杆投资无杠杆企业，以低于投资有杠杆企业的成本取得和其同样的投资回报；如果无杠杆企业的价值高于有杠杆企业，投资者会用去杠杆的策略投资有杠杆企业，用低于投资无杠杆企业的成本取得和其同样的投资回报。价值较高的资本结构的企业价值会下降，价值较低的资本结构的企业价值会上升，最终趋于价值相等。所以，无论企业如何改变资本结构，只要投资可以以和企业相同的条件借贷，他们都可以通过个人借贷来完全复制企业的投资回报，从而促进不同资本结构的企业价值趋于均衡。由此，我们得出一个著名的定理。

无企业所得税的 MM 定理1：企业的资本结构不会影响企业价值。

MM 定理是由莫迪利亚尼（Modigliani）和米勒（Miller）在1958年提出的。无企业所得税的 MM 定理1是在不考虑个人所得税和企业所得税的情况下企业资本结构选择与企业价值之间的关系。该定理的一个关键假设是投资者个人可以以和企业相同的条件进行借贷资金。这一假设在现实中是可能的，个人投资者可以通过和股票经纪人建立保证金账户来实现低利率借款。所以，这一假设是具有现实意义的。

我们用加权平均资本成本验证一下无企业所得税的 MM 定理1。表2.4中的无杠杆企业的股东期望权益收益率，即权益资本成本为15%；由于无杠杆企业没有负债，则加权平均资本成本等于权益资本成本为15%。有杠杆企业的债券利率，即债务资本成本为10%；股东期望收益率，即权益资本成本为20%。由于我们验证的是无企业所得税的定理，所以不考虑企业所得税的公式（2.11）计算有杠杆的企业加权平均资本成本：

$$R_{\text{WACC}} = \frac{5000}{5000 + 5000} \times 10\% + \frac{5000}{5000 + 5000} \times 20\% = 15\%。$$

可以看到，无杠杆与有杠杆企业的加权平均资本成本都是15%，与无企业所得税的 MM 定理1一致。

从表2.4中我们发现，相对于无杠杆企业，有杠杆企业的股东权益收益率期望增加了。同时，股东投资风险也随着企业杠杆的增加而增加。投资者在面临更高的投资风险时需要更高的期望收益，所以高收益率期望是对增加的投资风险的补偿。例如，对于投资风险低的无杠杆企业，投资者期望的投资收益率为15%；对于投资风险高的有杠杆企业，投资者期望的投资收益率提高到了20%。这也得出了一个新的定理。

无企业所得税的MM定理2：股东收益率期望随企业杠杆率的升高而增加。

该定理同样是由莫迪利亚尼和米勒在1958年提出的。由无企业所得税的MM定理1可知，资本结构不影响企业价值，所以不管有没有杠杆，企业的加权平均资本成本都相同，我们用（R_U）代表无杠杆企业的资本成本（R_{WACC}）。将R_U代入不考虑企业所得税的公式（2.11）：

$$R_U = \frac{D}{D+S}R_D + \frac{S}{D+S}R_S,$$

$$\frac{S}{D+S}R_S = R_U - \frac{D}{D+S}R_D,$$

$$R_S = R_U \frac{D+S}{S} - \frac{D}{D+S}R_D \frac{D+S}{S},$$

$$R_S = R_U \frac{D+S}{S} - \frac{D}{S}R_D,$$

$$R_S = R_U + \frac{D}{S}(R_U - R_D)。 \tag{2.13}$$

一般来说，即使是无杠杆企业的权益资本，风险也超过债务资本，所以无杠杆企业的权益资本期望收益率（R_U）大于债务资本期望收益率（R_D）。由此可以得到无企业所得税的MM定理2：股东期望收益率随企业杠杆率的升高而增加。

我们同样用表2.4的数据来验证该定理。无杠杆企业的股东期望收益率（R_U）为15%，债券的利率（R_D）为10%，债务成本与权益成本的比例（$\frac{D}{S}$）为1。则有杠杆企业的股东收益率为：

$$R_S = R_U + \frac{D}{S}(R_U - R_D)$$

$$= 15\% + 1 \times (15\% - 10\%) = 20\%。$$

该结果与表2.4中的数据一致，证明了无企业所得税的MM定理2。

3. 有企业所得税的MM理论

前面提到的MM理论都是在假设没有税负的环境下。然而税负的影响在真实生活中是无法回避的。本部分探讨在考虑税负的情况下MM理论如何解释企业资本结构问题。企业所得税的存在使企业需要将一部分现金流支付给政府，之所以这会影响资本结构与企业价值的关系，是由于所得税对债务资本和权益资本的不同影响。我们已经知道，债务资本的利息支出是可以抵扣税费的，而权益成本的任何支出都无法抵扣税费。也就是说，对于无杠杆企业，企业所得税是由息税前收益（earnings before interest and taxes, *EBIT*）计算；对于有杠杆企业，企业所得税是由息税前收益减去负债的利息后计算。这就导致了两个资本结构不同的企业的价值差异，可以用图2.2清晰地表示。

图2.2中，左图无杠杆企业的现金流支付给股东和政府，右图有杠杆企业的现金流需要支付给股东、政府和债权人。由于利息的抵扣税费作用，可以看到右图有杠杆企业支付

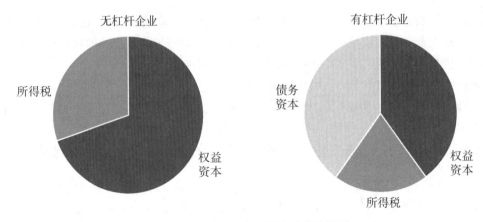

图 2.2　考虑所得税的企业价值饼图

给政府的所得税部分比左图无杠杆企业的小。由于企业价值是扣除支付给政府的所得税部分，所以在考虑企业所得税情况下，企业价值随企业杠杆的升高而增加。

　　例 2.10　某企业每年税前利润 2000 万元，当前没有债务资本。企业所得税为 30%。管理层计划发行 8000 万元利率为 10% 的债券以赎回等额股票。在发行前管理层想知道这样做会不会影响企业收益。

　　在加杠杆前后，息税前收益都是每年 2000 万元不变。加杠杆后需要支付 800（=8000 ×10%）万元利息，则税前收益（earnings before taxes，EBT）会从 2000 万元变成 1200（=2000−800）万元。在此基础上计算的 30% 企业所得税会从 600（=2000×30%）万元减少到 360（=1200×30%）万元。则税后收益（Net income，NI）从 1400 万元下降到 840 万元（表 2.7）。

表 2.7　加杠杆前后企业的投资回报

投资回报	无杠杆	有杠杆
息税前收益（$EBIT$）/万元	2000	2000
利息支出/万元	0	800
税前收益（EBT）/万元	2000	1200
企业所得税（30%）/万元	600	360
税后收益（NI）/万元	1400	840
债权人与股东收益合计/万元	1400	1640

　　看起来，该企业加杠杆后的税后收益好像更少了。但其实投资者不仅有股票投资者，还有债券投资者。所以要考虑加杠杆后的企业收益，需要用债权人的利息收益 800 万元加上股东收益 840 万元，即 1640 万元，高于无杠杆时的 1400 万元。

　　例 2.10 中，加杠杆后的企业增加 240（=1640−1400）万元收益。这是由于借出的 8000 万元债券的 800（=8000×10%）万元利息是可以抵扣企业所得税的。减免税额的计算公式为：

$$减免税额 = T_c \times D \times R_D。 \tag{2.14}$$

式中：T_c 为企业所得税税率；D 为债务资本；R_D 为利率。用该公式计算得企业减免税额是 240（$= 800 \times 30\%$）万元，与加杠杆前后投资者收益合计相同。由于企业所得税是每年都要缴纳的，所以企业有杠杆时的利息减免税额每年都会发生，可以看作一种年金增量，我们称之为税盾（tax shield）。

由于税盾是由负债利息产生的，其风险与负债相同，则其贴现率为负债的利率，由此可以计算税盾的现值：

$$\text{税盾现值} = \frac{T_c D R_D}{R_D} = T_c D。$$

则计算可得该企业税盾现值为 2400（$= 8000 \times 30\%$）万元。我们现在已经知道了如何计算企业税盾的现值，下一步，我们从无杠杆企业入手计算企业价值。无杠杆企业因为不存在利息抵扣税负的情况，所以应税额为每年全部息税前收益，企业所得税为 T_c，则无杠杆企业每年税后现金流量为 $EBIT(1 - T_c)$。无杠杆企业的价值等于无杠杆企业每年税后现金流量的现值：

$$V_U = \frac{EBIT(1 - T_c)}{R_U}。$$

式中：V_U 是无杠杆企业价值；R_U 是无杠杆企业资本成本，也就是无杠杆企业现金流贴现率。假设例 2.10 中的无杠杆企业的权益资本成本为 15%，则该企业价值为 9333［$= 2000 \times (1 - 30\%)/15\%$］万元。杠杆通过税盾增加企业价值，则有杠杆企业的价值等于无杠杆企业价值加上税盾的现值，可通过以下公式计算：

$$V_L = V_U + T_c D = \frac{EBIT \times (1 - T_c)}{R_U} + T_c D。 \tag{2.15}$$

现在已知该企业的税盾现值（2400 万元）和无杠杆企业价值（9333 万元），则该企业的有杠杆企业价值为 11733（$= 9333 + 2400$）万元。式（2.15）被称为**有企业所得税的 MM 定理 1**，即有杠杆企业的价值是无杠杆企业的价值与债务利息的税盾现值之和。

接下来，我们探讨无企业所得税的 MM 定理 2 在考虑企业所得税的情况下的变化。无企业所得税的 MM 定理 2 认为股东期望收益率与企业杠杆率呈正向关系，用式（2.13）表示为：

$$R_S = R_U + \frac{D}{S}(R_U - R_D)。$$

在考虑企业所得税的情况下，该式转变为：

$$R_S = R_U + \frac{D}{S}(R_U - R_D)(1 - T_c)。 \tag{2.16}$$

这就是**有企业所得税的 MM 定理 2**，与无企业所得税的 MM 定理 2 一样，股东期望收益率会随企业杠杆率的升高而增加；但不同的是，在有企业所得税的情况下，股东期望收益率随杠杆率增加的幅度有所减小。这是因为，债务利息的税盾效应减少了有杠杆企业的债务资本成本和权益资本成本，后者即为股东期望收益率。接下来，我们用例子来验证该定理。

例 2.11 某企业当前有债务资本 5000 万元，利率 10%，权益资本 5000 万元，同一行业中无杠杆企业的权益资本成本为 15%，企业所得税率为 30%，计算该企业股东期望收益率。

$$R_{\mathrm{S}} = R_{\mathrm{U}} + \frac{D}{S}(R_{\mathrm{U}} - R_{\mathrm{D}})(1 - T_{\mathrm{c}})$$

$$= 15\% + \frac{5000}{5000} \times (15\% - 10\%)(1 - 30\%)$$

$$= 18.5\%。$$

与无杠杆企业相比，有杠杆企业的股东期望收益率更高（18.5% > 15%）。如果该企业计划新发行1000万元利率依然为10%的债券，并用募集的资金回购等额股票，计算回购后该企业的股东期望收益率。

$$R_{\mathrm{S}} = R_{\mathrm{U}} + \frac{D}{S}(R_{\mathrm{U}} - R_{\mathrm{D}})(1 - T_{\mathrm{c}})$$

$$= 15\% + \frac{5000 + 1000}{5000 - 1000} \times (15\% - 10\%)(1 - 30\%)$$

$$= 20.25\%。$$

可以看到，当企业发行债券回购股票升高杠杆率后，股东期望收益率也随之提高了（20.25% > 18.5%）。

现在我们已经知道了在有企业所得税的情况下，股东期望收益率，也就是权益资本成本随企业杠杆率升高而增加。接下来，我们看看加权平均资本成本（WACC）是否受企业资本结构影响。

式（2.12）是加权平均资本成本在有企业所得税情况下的计算方法：

$$R_{\mathrm{WACC}} = \frac{D}{D + S} \times R_{\mathrm{D}}(1 - T_{\mathrm{c}}) + \frac{S}{D + S} \times R_{\mathrm{S}}。$$

由此计算例2.11中企业的加权平均资本成本：

$$R_{\mathrm{WACC}} = \frac{5000}{5000 + 5000} \times 10\%(1 - 30\%) + \frac{5000}{5000 + 5000} \times 18.5\%$$

$$= 12.75\%。$$

与同行业中无杠杆企业的资本成本对比，有杠杆企业的加权平均资本成本下降了（12.75% < 15%）。当该企业发行债券回购股票后，加权平均资本成本为：

$$R_{\mathrm{WACC}} = \frac{6000}{6000 + 4000} \times 10\%(1 - 30\%) + \frac{4000}{6000 + 4000} \times 18.5\%$$

$$= 11.6\%。$$

可以看到，企业升高杠杆率后加权平均资本成本更低了（11.6% < 12.75%）。结合权益资本成本，企业杠杆率的升高会提高权益资本成本，但是降低加权平均资本成本。这是因为债务资本的风险一般来说是小于权益资本的，且存在利息的税盾效应，所以尽管增加债务资本后权益资本成本会升高，但企业总的加权平均资本成本会降低。

（三）财务困境成本

在上一部分，我们分别介绍了在无企业所得税和有企业所得税的条件下，资本结构与企业价值的关系。在更加接近现实的有企业所得税的条件下，企业杠杆率和企业价值呈正向关系。这就带来了以下问题：是不是企业杠杆率越高越好？是不是只要能借到资金，企业就可以一直发行债务资本呢？

之所以会有上面的疑问，是因为目前我们只考虑了债务资本带给企业的利益，也就是利息的税盾效应，而没有考虑债务资本带给企业的成本。负债的利息和本金的支付是企业的法律义务，如果没有按时支付，企业可能面临危机和困难，最终导致破产。权益资本的股利分配则不是企业的法律义务，事实上，有一部分企业甚至完全不分配股利。所以，只有债务资本的增加会给企业带来支付危机以及破产的风险。

我们将企业在偿还债务的本金和利息时遇到困难危机，甚至无法按时偿还的情况称为财务困境（financial distress）。杠杆率的升高会增加企业发生财务困境甚至破产的概率。如果企业无法妥善处理财务困境，企业最终将面临破产清算，到时候企业的资产所有权将转移给债权人。然而，不只是破产清算会给企业造成损失，财务困境也会给企业带来严重影响，我们称之为财务困境成本（costs of financial distress）。财务困境成本分为直接成本和间接成本：

（1）财务困境直接成本。直接成本是指企业在处理财务困境时发生的费用。企业在与债权人重新谈判债务契约和面临破产清算时会有律师和顾问参与，此时会发生律师费和咨询费。企业在破产谈判时生产可能处于停滞状态，有些生产所用原材料可能有时效性而难以长期储存，以及生产机器、厂房长时间空置，这些都会给企业造成严重损失。

（2）财务困境间接成本。间接成本是指企业因为发生财务困境而使正常的财务、运营活动受到影响产生的损失。企业发生财务困境后，顾客因为担心产品的质量和售后服务等因素而不再购买该企业产品而造成的损失；企业在与同行业竞争者竞标时，招标方因为担心企业的生存能力和履行合同能力而选择竞争者造成的损失；企业在追求高精尖人才时，高水平人员因担心企业的生存能力和支付薪酬能力而放弃加入导致的错失高端技术等损失；企业为了避免破产而低价售卖资产以筹集现金偿还债务本金和利息；银行因为担心企业破产而提高借款利息、不再向企业贷款等造成企业无法正常运营；等等。以上这些都是财务困境带给企业的间接成本。一般来说，虽然间接成本较难估计，但财务困境造成的间接成本远大于其造成的直接成本。

二、权衡理论

前面我们介绍了债务资本的利弊。利益是债务资本产生的利息可以抵扣企业所得税，而弊端是债务资本会增大企业遭受财务困境的概率，增加财务困境成本。既然债务资本利弊皆有，那么企业应该不应该进行债务资本融资，又应该如何在发行债务和发行股票之间抉择呢？

假设企业的债务资本只有成本，即财务困境成本，不考虑企业所得税的影响，则企业不仅不会发行新的债券，还会努力提前偿还现有债务，力求将杠杆率降为0。这是因为企业每多负债1元，都会多承担成本且得不到收益。与之相反，当假设企业的债务资本只有收益，即利息抵扣企业所得税，而不考虑财务困境成本的影响时，企业会尽可能多地发行债务资本。此时杠杆率可能达到1甚至超过1。这是因为企业每多负债1元，都会得到收益且不会增加成本。

现在，我们将以上两种假设的情形结合，即与现实生活中一样，债务资本既为企业带来收益又带来成本，收益会促使杠杆率升高，而成本会促使杠杆率下降。那么应该存在一个点，当达到这个点的时候，收益和成本的边际效应趋于平衡，即增加 1 元债务得到的税盾收益增加等于财务困境成本增加。我们将这个点称为最优资本结构（optimal capital structure），在这个点企业价值得到最大化。如果杠杆率高于最优资本结构，则企业面临更多的财务困境成本；如果杠杆率低于最优资本结构，则企业没有得到足够的税盾收益。这种企业权衡杠杆的收益与成本的行为被称为资本结构的权衡理论（trade-off theory），可以用图 2.3 表示。

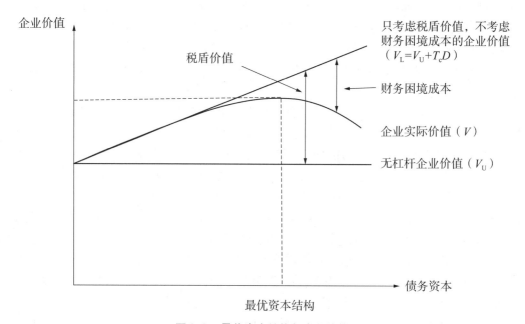

图2.3　最优资本结构与企业价值

如图 2.3 所示，企业实际价值在企业处于最优资本结构时最大。当企业杠杆率较低时，税盾价值的边际效应大于财务困境成本的边际效应，企业价值随杠杆率升高而增加，驱动杠杆率向最优资本结构靠近；当企业杠杆率较高时，财务困境成本的边际效应大于税盾价值的边际效应，企业价值会随着杠杆率下降而增加，同样促使杠杆率向最优资本结构靠近。权衡理论认为，企业管理层会以最优资本结构为目标调整自身杠杆率，以追求企业价值最大化。所以最优资本结构又被称为目标杠杆率（target leverage）。最优资本结构不是恒定不变的，它会随企业基本面状况变化而变化。虽然最优资本结构难以准确计算，但在学术研究中，学者们通过一系列方法对其进行预测。

从莫迪利亚尼和米勒（1958）[1] 的开创性研究构建了资本结构的理论基础开始，资本结构理论已历经 60 多年的发展。权衡理论作为最主流的资本结构理论，一直以来受到极高的关注，也得到了实际的检验。Graham 和 Harvey（2001）[2] 的一项针对 392 位上市公司

① F. Modigliani, M. H. Miller, "The cost of capital, corporation finance and the theory of investment," *American Economic Review*, vol. 48, no. 3（1958）, pp. 261 - 297.

② J. R. Graham, C. R. Harvey, "The theory and practice of corporate finance: Evidence from the field," *Journal of Financial Economics*, vol. 60, no. 2 - 3（2001）, pp. 187 - 243.

首席财务官（CFO）的问卷调查显示，只有19%的企业没有目标杠杆率或区间，37%的首席财务官承认企业有灵活的目标杠杆率，34%的企业有较为严格的目标杠杆率或区间，剩下10%的企业则有严格的目标杠杆率。

三、优序融资理论

尽管众多学者为资本结构理论贡献了无数篇经典研究论文，但学界仍然没有就企业如何做出融资决策达成共识。除了上面提到的权衡理论，优序融资理论（pecking order theory）也受到了广泛的关注和认同。Myers和Majluf在1984年提出了优序融资理论[1]，该理论认为企业的融资决策会遵循一定的顺序。优序融资理论假设企业和外部投资者之间存在信息不对称。如果企业需要资金满足投资或者经营需求，那管理层会首先选择内部资产，也就是持有的现金。因为管理层认为只有现金是没有成本的资金，存在信息不对称的情况下，任何外部融资都是成本比较高昂的。但是企业持有的现金总是有限的，在现金无法满足企业投资和经营需求时，企业接下来应该选择哪种外部融资方式呢？

优序融资理论认为，在没有现金时，企业筹集资金的第二选择应该是债务资本。信息不对称的存在使外部投资者在面临企业发行债券和股票时，非常担心因为这些证券定价错误导致自身遭受损失，如掌握更多信息的管理层以高于真实价值的价格卖出证券。而在这其中，债务资本的风险相对较小，因为如果企业能避免遭受财务困境，债权人可以定期获得稳定的收益。因此，相对于股票，尽管存在信息不对称，债务的成本还是相对较小的。所以，根据优序融资理论，企业会在现金耗尽后优先选择发行债务资本进行外部融资。

权益资本融资是优序融资理论中企业的最后选择。因为股票的较高风险和信息不对称使投资者要求丰厚的回报，这些高昂的融资成本使企业尽量避免使用权益资本融资。企业一般只在债务能力（debt capacity）被耗尽或者股票被高估时才愿意发行股票融资。在债券和股票之间，企业还会发行一些风险低于股票但高于债券的证券进行融资，如可转换债券。

与权衡理论不同，优序融资理论认为企业不存在作为目标的最优资本结构。杠杆率只是企业根据顺序选择融资方式的表现，企业没有固定的杠杆率偏好。优序融资理论和权衡理论之间的一个重要争议是关于企业盈利能力和杠杆率的相关性。优序融资理论认为盈利能力强的企业有更多的留存收益用于投资，所以债务资本融资较少，从而保持较低的杠杆率；均衡理论认为盈利多的企业拥有较低的财务困境成本且需要更多税盾，所以需要发行更多债务资本导致较高的杠杆率。Fama和French（2002）[2]发现盈利能力与杠杆率呈负相关，这为优序融资理论提供了支持。

四、市场时机理论

距离权衡理论和优序融资理论的提出都已经过去了至少40年。在这期间，陆续有一

---

① S. C. Myers, N. S. Majluf, "Corporate financing and investment decisions when firms have information that investors do not have," *Journal of Financial Economics*, vol. 13, no. 2 (1984), pp. 187 – 221.

② E. F. Fama, K. R. French, "Testing trade-off and pecking order predictions about dividends and debt," *Review of Financial Studies*, vol. 15, no. 1 (2002), pp. 1 – 33.

些基于这两种理论的改进理论和新的资本结构理论出现。其中，Baker 和 Wurgler 在 2002年提出的市场时机理论（market timing theory）① 较为新颖，也受到了学者的重点关注。在优序融资理论中，我们介绍了权益资本是企业最后选择的融资方式，只有在股票被高估的情况下企业才愿意发行权益资本。与此相似，市场时机理论认为企业会通过股票的错误定价进行投机获利。类似于个人投资者炒股时的高抛低吸，当企业认为自己的股价被高估时，它们更倾向于发行股票，以高于实际价值的价格卖出股票获利；而当企业认为自己的股价被低估时，它们更有可能回购股票，以低于实际价值的价格买入股票获利。如果企业股票被低估而企业又需要筹集外部资金，此时企业会选择发行债务资本融资。因为如果企业在这个时候发行股票，较低的价格不仅会使企业遭受损失，还会稀释现有股东持有股票的价值而损害现有股东利益。

市场时机理论也不同意企业存在最优资本结构，认为资本结构只是企业利用股权融资捕捉股票市场时机行为的累积结果。

第三节　企业融资决策的战略价值

如前文所述，企业融资决策决定了企业筹集资金的行为，同时影响企业价值；但融资决策在企业中的作用不止于此，本节将讨论融资决策在企业其他方面的战略价值。

一、融资决策的信号作用

（一）增加债务/回购股票

债务利息的抵扣税负作用使债务水平与企业盈利产生关联。若企业预期盈利能力较低，则企业只需要维持较低的债务水平，所产生的利息便足以抵扣税负；过多的负债会增加该企业的财务困境成本。对于预期盈利能力较好的企业，需要较高的负债水平才能满足利润的利息抵扣，并且较好的盈利能力也可以负担较高的负债水平，不至于发生违约。当企业预期盈利能力提升，企业可能会提高负债水平来充分利用债务利息抵扣税负。而企业也可能在认为企业股票被低估时回购被低估的股票。有时，这两者可能同时发生，如企业需要发行债券以募集资金来回购股票。所以，企业增加负债和回购股票对于难以了解内幕消息的投资者来说，是一种观测企业盈利能力以及确定企业价值被低估的信号。当投资者看到企业增加负债和回购股票时，会认为企业预期盈利能力增加或当前股价低于实际价值。这时，投资者就会买入该企业股票。

投资者的这种行为反过来会被企业管理者利用。如果企业管理者想要套现持有的股票，可能会增加负债，利用债务的信号作用，使投资者大量买入企业股票，从而推高股票

---

① M. Baker, J. Wurgler, "Maeket timing and capital structure," *Journal of Finance*, vol. 57, no. 1 (2002), pp. 1 - 32.

价格。但这种愚弄行为并不是零成本的，当市场得知企业真实价值低于股价时，股价会剧烈下跌到低于增加负债前的价格。这是因为该企业的估值和盈利水平并不需要增加负债，额外的负债增加了企业的财务困境成本，所以使企业的价值低于当时的股价。

（二）发行股票/提前偿还债务

根据增加债务的逻辑，可以很自然地想到，企业降低负债水平会被投资者视为不好的信号。企业可能因为盈利能力下降导致抵扣税负的利息需求减少，以及需要降低财务困境成本而提前偿还债务。有可能管理层认为当前企业股价被高估，所以通过发行股票获取利润；也有可能企业发行股票赚取股价高估的利润后，再用募集的资金提前偿还债务。因此，投资者将发行股票和提前偿还债务视为企业盈利能力和价值的消极信号，在看到这种信号后会出售持有的该企业股票。

二、融资决策的员工工资效应

（一）企业杠杆对员工工资的补偿效应

企业员工的工作保障是员工幸福感最重要的影响因素之一。这种保障也会受到企业融资决策的影响。当企业难以按时偿还本金和利息时，可能通过裁减人员的方式缩减现金流支出以优先偿还债权人的债务；或者在最终破产时解员工工。被企业解雇会使员工遭受严重的损失，包括员工重新找到下一份工作的时间成本和花销、员工下一份工作薪酬难以达到当前工作薪酬的标准，甚至员工失业后难以找到下一份工作、员工失业遭遇的心理问题等。因此，员工会尽力弥补可能面临的失业风险和可能发生的失业损失。员工在预计可能发生失业但还未发生时，会向企业索取更多的薪酬来弥补解雇发生后自己将会遭受的一系列损失。这种补偿薪酬会随着员工面临失业风险的升高而增加。如果员工所在企业当前杠杆率很低，则员工很可能不会索取补偿薪酬，因为该企业由于无法偿还债务而破产导致员工被解雇的风险非常小；如果员工所在企业当前杠杆率很高，则员工倾向于索取补偿薪酬且索取额度相对较大，因为员工预期企业破产概率和自己因此被解雇的概率很大，需要补偿薪酬弥补被解雇发生后的损失。也就是说，员工会使用杠杆率作为自己的议价手段以增加与企业谈判的能力。这种员工利用企业杠杆率要求更高薪酬的行为导致企业杠杆率和员工工资之间存在正向关系，即杠杆率升高导致员工工资升高，我们称之为企业杠杆对员工工资的补偿（compensating）效应（Berk, et al., 2010[1]；Chemmanur, et al., 2013[2]）。

（二）企业杠杆对员工工资的限制效应

补偿效应提到员工会运用企业杠杆率来增加自身与企业谈判的能力，那企业会不会同

---

[1] J. B. Berk, R. Stanton, J. Zechner, "Human capital, bankruptcy, and capital structure," *Journal of Finance*, vol. 65, no. 3 (2010), pp. 891 –926.

[2] T. J. Chemmanur, Y. Cheng, T. Zhang, "Human capital, capital structure, and employee pay: An empirical analysis," *Journal of Financial Economics*, vol. 110, no. 2 (2013), pp. 478 –502.

样将杠杆率作为与员工谈判的手段呢？答案是肯定的。当企业在支付完投资和经营需求后仍然持有盈余现金时，员工会要求企业提高工资，将现金分配给自己。当然这是一个议价过程，谈判的结果取决于谈判双方的议价能力强弱。此时，企业就会通过杠杆率增强议价能力。当企业杠杆率较高，背负的债务较多时，持有的现金还需要定期偿还数量可观的负债产生的利息和本金，企业会以此为理由拒绝员工对企业持有的现金的索取。对于杠杆率较低的企业，企业在面对员工对企业现金的索取时缺乏有力的议价手段；当其他条件相同时，杠杆率较高的企业则可以以杠杆率为议价手段来应对员工对现金的索取。这种企业以杠杆率作为议价手段应对员工的行为导致企业杠杆率与员工工资呈负向关系，即杠杆率的升高导致员工工资下降。这被称为企业杠杆对员工工资的限制（disciplining）效应（Matsa，2010）[1]。由于企业杠杆率是由管理层决定的，这种效应的存在也使得管理层可能会策略性地提升杠杆率以在与员工的谈判中获得优势地位。

（三）企业现金管理对员工工资的影响

前面介绍了企业负债会通过消耗企业现金流对员工工资产生限制效应。我们会很自然地想到，企业的现金管理是不是也会对员工工资产生影响？持有大量现金的企业，会受到员工索取更高工资的压力，且大量现金的存在使谈判中企业的议价能力受到影响；持有较少现金甚至几乎不持有现金的企业，则因此获得了谈判中的优势地位，或者由于几乎没有现金而没有员工提出索取。这种企业现金管理对员工工资的影响也导致了管理层会策略性地降低现金持有以应对员工对更高工资的索取（Klasa，et al.，2009）[2]。当然，这里仅讨论了企业现金管理对员工工资的作用，并不代表不持有或少持有现金就是企业的最优选择。因为除了现金带给企业的员工工资压力，本章之前讨论了现金的其他成本以及其交易动机、预防动机、投机动机为企业带来的利益，真实的现金管理需要管理层权衡各方面利弊做出决策。

三、融资决策的市场竞争效应

企业融资决策还会对行业的市场竞争产生影响。行业既有企业在面对新的市场竞争时，会在新企业进入行业前的计划阶段就采取战略阻止新企业的实际进入，如进行策略性投资扩大实际产能。但是这种应对市场竞争威胁的行为，会受到行业既有企业融资决策的影响。Cookson（2017）[3] 的研究表明，如果行业既有企业负债水平较高，会阻碍该企业实施应对行业新加入企业威胁的行为。相对应的，行业内负债水平较低的既有企业会扩大30%的实际产能来应对市场竞争。而如果行业既有企业的负债水平过高，该企业甚至都无

---

① D. A. Matsa, "Capital structure as a strategic variable: Evidence from collective bargaining," *Journal of Finance*, vol. 65, no. 3 (2010), pp. 1197 - 1232.

② S. Klasa, W. F. Maxwell, H. Ortiz-Molina, "The strategic use of corporate cash holdings in collective bargaining with labor unions." *Journal of Financial Economics*, vol. 92, no. 3 (2009), pp. 421 - 442.

③ J. A. Cookson, "Leverage and strategic preemption: Lessons from entry plans and incumbent investments," *Journal of Financial Economics*, vol. 123, no. 2 (2017), pp. 292 - 312.

法对直接竞争对手的进入做出有效应对。负债水平对市场竞争投资的限制主要是通过对融资方式和现金持有的影响，高负债水平企业很难再发行新的债务资本进行融资，同时其持有的现金需要用于定期偿付相当规模的利息和本金，也很难有盈余。这些都会限制企业的策略性投资。

这种企业融资决策对市场竞争的影响并不一定是不利的。因为当新企业计划进入还未实际进入时，既有企业的应对策略可能成功阻止新企业的进入，也可能没有阻止。当没有阻止新企业实际进入行业时，低负债水平企业所做出的应对市场竞争的投资就相当于没有产生效果，反而增加了企业的成本，使企业正常的经营活动受到影响；高负债水平的企业由于受到融资和现金限制，无法及时开展策略性投资以应对市场竞争，反而使企业避免了无效投资，减弱了其对正常经营和投资的影响。

四、融资决策的企业生产效应

企业融资决策也会影响企业的生产决策。生产产品是企业经营的重要部分，那么企业如何选择是生产高质量产品还是低质量产品呢？按照生活经验，知名品牌的产品一般质量比较好，因为这些企业有实力有技术生产高质量产品；资不抵债或是濒临破产的企业则很难生产高质量产品。那真实情况是否符合我们的生活经验呢？Kini 等（2017）[1] 发现，高杠杆企业生产的产品更有可能被召回。这说明企业的杠杆率会影响企业生产产品的质量。对于杠杆率高的企业来说，负债能力的限制使企业难以再通过债务资本进行融资，使企业受到融资约束。这些企业进而要寻求更保守的投资策略，如减少资本支出、关停工厂设备等。这些都会导致企业生产的产品质量受到影响。与之相反，低杠杆企业可以通过发行债务资本融资，进而扩大投资，如更新生产线和技术、雇佣高水平的工人等，这些都会提高生产产品的质量。因此，我们得出企业杠杆率与生产的产品质量负相关，杠杆率越高，生产的产品越有可能出现问题。

第四节　我国企业融资决策的实践

一、中国证券市场的发展历程

我国的债券发行历史可以追溯到新中国成立时期，1949 年末我国就发行了国债。我国股票发行开始于 20 世纪 80 年代。上海证券交易所和深圳证券交易所分别正式成立于 1990 年 11 月 26 日和 12 月 1 日，为我国股票和债券集中交易提供了场所。2021 年 9 月 2 日，服务于创新型中小企业的我国第一家公司制证券交易所北京证券交易所注册成立。

---

① O. Kini, J. Shenoy, V. Subramaniam, "Impact of financial leverage on the incidence and severity of product failures: evidence from product recalls," *Review of Financial Studies*, vol. 30, no. 5 (2017), pp. 1790 – 1829.

截至 2022 年末，上海证券交易所共有托管债券 2.68 万只，托管量 15.9 万亿元，共有上市公司 2174 家，总市值 46.4 万亿元；深圳证券交易所共有上市公司 2778 家，总市值 32.4 万亿元；北京证券交易所共有上市公司 162 家，总市值 2110 亿元。

1992 年 10 月，国务院宣布正式成立国务院证券委员会和中国证券监督管理委员会，当年 12 月，国务院发布了《关于进一步加强证券市场宏观管理的通知》，标志着中国资本市场开始逐步纳入中央政府的统一监管体制，全国性资本市场由此形成并初步发展。中国资本市场在监管部门的推动下，建立了一系列规章制度。直到 1998 年，国务院证券委员会和中国证券监督管理委员会合并为一个机构——中国证券监督管理委员会（以下简称"中国证监会"），对中国证券市场进行统一的监督与管理。

随着监管机构的设立，一系列关于资本市场的规范性法律法规不断推出。1993 年 4 月 22 日和 9 月 2 日，国务院相继颁布了《股票发行与交易管理暂行条例》和《禁止证券欺诈行为暂行办法》；同年 6 月 10 日，中国证监会发布了关于上市公司信息披露的《公开发行股票公司信息披露实施细则》。这些法规对股票的发行、上市公司信息披露、上市交易、严禁违法交易活动等方面都进行了详细的规定。于 1993 年 12 月 29 日在第八届全国人民代表大会常务委员会第五次会议通过，并于 1994 年 7 月实施的《中华人民共和国公司法》，对公司设立的条件、组织架构、股份发行和转让、公司债券、破产清算及其法律责任等做了具体的规定。1996 年 12 月 16 日，对在上海证券交易所和深圳证券交易所上市的股票、基金类证券的交易实行价格涨跌幅 10% 限制并实行公开信息制度。1998 年 4 月 22 日，深沪两市交易所实行特别处理制度；4 月 28 日，辽物资 A 成为我国证券市场第一家 ST 公司。国内资本市场法律法规体系不断完善，这也是中国资本市场在建设与探索过程中的必经之路。

1998 年 12 月 29 日，第九届全国人民代表大会常务委员会第六次会议审议通过了《中华人民共和国证券法》（以下简称《证券法》），并于 1999 年 7 月 1 日起正式实施。《证券法》的实施以法律形式确认了资本市场的地位，规范了证券发行和交易行为，保护了投资者的合法权益，维护了社会经济秩序和社会公共利益。现行的《证券法》于 2019 年 12 月 28 日经第十三届全国人民代表大会常务委员会第十五次会议第二次修订，并于 2020 年 3 月 1 日正式实施。

为了鼓励企业自主创新，2004 年 5 月，深圳证券交易所推出了中小企业板，专为收入增长快、盈利能力强的中小企业上市创造条件。中小企业板块内的股票流动性好，交易活跃。2021 年 4 月，经中国证监会同意，深圳证券交易所主板与中小企业板合并。

为向从事新技术产业、成立时间短、规模较小，但成长性好的企业提供较为宽松的上市融资机会，2009 年 10 月 23 日，创业板举行开板仪式；同月 30 日，创业板正式上市。创业板最大的特点是低门槛准入，严要求运营，有助于中小企业获得外部融资机会。2013 年 1 月，全国中小企业股份转让系统（简称"全国股转系统"，俗称"新三板"）正式揭牌运营。新三板是全国性的非上市股份有限公司股权交易平台，进一步为中小微型企业提供了外部融资机会。

2020 年，A 股发行制度开始向注册制全面推进。2020 年 4 月 27 日，深圳证券交易所创业板正式开启注册制试点；8 月 24 日，首批 18 家注册制新股上市。2020 年 10 月 31 日，国务院金融稳定发展委员会会议提出，增强资本市场枢纽功能，全面实行股票发行注册制，建立常态化退市机制。

2021 年 9 月 2 日，习近平主席在 2021 年中国国际服务贸易交易会全球服务贸易峰会致辞中宣布，继续支持中小企业创新发展，深化"新三板"改革，设立北京证券交易所，打造服务创新型中小企业主阵地。

二、中国证券市场的风险问题

发达的金融环境在为企业提供便捷、高效的融资渠道时，也给企业带来了不可估量的风险。本章开始的引导案例提到，2015 年底中央经济工作会议提出"去杠杆"要求，2016 年国务院发布《关于积极稳妥降低企业杠杆率的意见》。国家如此密集的政策说明解决企业融资决策的风险问题已经到了刻不容缓的时候。在第二节中，我们知道了杠杆率的升高会增加企业发生财务困境甚至破产的概率。

2021 年 12 月 3 日，中国恒大集团发布公告称可能无法履行担保责任。2021 年半年报显示，恒大集团总负债接近 2 万亿元人民币，无法履行担保责任意味着恒大集团可能面临违约风险，无法按时支付债权人本金和利息。前面我们提到，当企业负债过多、杠杆率过高时，发生财务困境甚至破产的概率就会增加。所以，虽然一般来说债务资本相对于权益资本风险较小，成本也较低，但绝不能因此过度地使用债务资本，忽视负债带来的风险。

在恒大集团发布无法履行担保责任公告后，广东省人民政府立即约谈了恒大集团，并应其请求，向恒大集团派出工作组，推进企业风险处置工作、督促切实加强内控管理、维护正常经营。对于恒大问题，中国人民银行和证监会指出是由于恒大集团自身经营管理不善、盲目多元化扩张，最终导致风险暴发。同时，中国人民银行、中国证监会、中国银保监会、住房和城乡建设部表示会妥善处理恒大问题，维护资本市场和房地产市场平稳健康发展。这一系列举措体现了国家守住不发生系统性风险的底线。

小 结

本章介绍了企业财务决策相关问题，主要内容有：

（1）债券及其他债务资本的概念。

（2）债券的价值由票面价值、票面利率、到期收益率、到期期限等决定。当债券票面价值和利率一定时，债券到期收益率和发行价格负相关。债券到期收益利率上升，则其发行价格降低；到期收益率下降，则发行价格提高。

（3）当债券票面价值和期限相同时，票面利率越低，债券价值受市场收益率波动的影响越大。在票面价值和期限相同的情况下，债券票面利率和利率风险为反向相关。

（4）股票是企业进行权益资本融资的方式。

（5）股票的价值由其未来现金流决定，估值方法分为股利恒定、股利以固定比率增长、股利以非固定比率变动 3 种情况。

（6）债务资本成本是按照到期收益率计算；股票成本除了可以用股利贴现模型计算，还可以用资本资产定价模型（CAPM）计算。

（7）加权平均资本成本（WACC）则是企业各种资本成本的加权平均。

（8）无企业所得税的MM定理1：企业的资本结构不会影响企业价值。

（9）无企业所得税的MM定理2：股东收益率期望随企业杠杆率的升高而增加。

（10）有企业所得税的MM定理1：有杠杆企业的价值是无杠杆企业的价值与债务利息的税盾现值之和。

（11）有企业所得税的MM定理2：与无企业所得税的MM定理2一样，股东期望收益率会随企业杠杆率的升高而增加；但不同的是，在有企业所得税的情况下，股东期望收益率随杠杆率增加的幅度有所减小。

（12）杠杆率的升高会增加企业发生财务困境甚至破产的概率。

（13）权衡理论认为每个企业都有各自随时间变动的最优资本结构。企业会朝最优资本结构调整以追求企业价值最大化。

（14）优序融资理论提出企业在融资中会优先使用内部资本，如持有的现金，当内部资本不足时，发行债券是次优融资方式，最后才会选择权益资本融资。

（15）市场时机理论认为企业会根据企业估值选择融资方式。当企业价值被高估时，管理层倾向于发行股票；当企业价值被低估时，管理层则倾向于回购股票，如果此时企业需要外部融资，更可能发行债券。

（16）存在信息不对称时，外部投资者会通过企业发行债券或股票的行为对企业盈利能力和现状进行评判。

（17）企业杠杆和现金管理会对员工工资产生影响。

（18）企业杠杆会阻碍企业在面临行业新进者时的策略性投资应对。

（19）产品质量可能随企业杠杆率的升高而降低。

思考题

1. 假设有一个债券的售价为953.10元，3年到期，每年付息，此后3年内的利率依次为 $r_1 = 8\%$，$r_2 = 10\%$，$r_3 = 12\%$，计算到期收益率与债券已实现的复利收益率。

2. 你认为优先股更像权益还是负债？为什么？

3. 有哪些因素影响企业的贝塔系数？定义并描述每个不同的因素。

4. 列举无税条件下MM定理成立所需的前提假设。在现实世界中，这些假设是否合理？请解释。

5. A公司融资情况如下所示，请计算A公司的加权平均资本（WACC）。

（1）负债：40000份债券，票面利率为7%，当前报价为119.80元，债券期限为25年。此外还有150000份零息债券，报价为18.20元，距到期日还有30年。

（2）优先股：100000股优先股，股息率为4%，当前价格为78元，面值为100元。

（3）普通股：1800000股普通股，当前价格为65元，股票贝塔值为1.1。

已知公司税率为40%，市场风险溢价为7%，无风险利率为4%。

第三章 企业投资决策

企业投资决策，也被称为资本预算决策或资本支出决策。是指企业对现在所持有资金的一种运用，如投资经营性资产，投资的目的是在未来一定时期内获得与风险匹配的报酬。一旦一个公司确定了一个可以转化为潜在的有价值的投资机会，就必须对投资项目进行财务评估。对一个项目的财务评估需要：①对项目使用寿命的估计；②对项目在其使用寿命内预期产生的现金流的估计；③计算项目现金流的现值的适当的折现率。估计一个投资项目的财务分析所需的参数并不容易。这些估计步骤将在本章节中详细讨论。

一旦估算出一个投资项目的财务参数，就需要运用投资标准来决定是否接受或拒绝该提案。本章主要介绍几种常见的投资评估方法，包括净现值（*NPV*）法、内部收益率（*IRR*）法、投资回收期法、盈利能力法和会计报酬率法等方法。

第一节 企业投资项目决策分析

在面对新的项目时，企业必须决定投资还是不投资。投资决策的法则是使决策过程正规化，必须明确界定出接受某个项目需要满足什么条件。在介绍投资决策法则前，首先必须了解好的投资法则所具备的性质：

第一，好的投资决策法则必须在以下两个方面保持平衡：一方面，经理人在分析项目时引入自己的主观评价；另一方面，要保证不同项目都能得到一致的评价。因此，如果投资决策法则太生硬（不允许有主观的成分）或者太灵活（经理人让法则来配合自己的偏见），都不是好的法则。

第二，好的投资决策法则有利于促进公司财务的目标，也就是最大化企业的价值。如果依据投资法则接受了该项目，那么该项目应当能够增加企业的价值；如果项目不满足要求的条件，则会损毁企业的价值。

第三，好的投资决策法则能够用于判断各种投资。投资可能是增加收入的投资（如某公司开张一家新店），也可能是节约成本的投资（如某公司采用了一个管理存货的新系统）。有一些项目有巨大的前期投入成本（如巨型喷气式飞机），而其他一些项目的成本可能分散于整个期间。好的投资决策法则可以判断出各种各样的项目是否是接受的。必须采用一种投资决策法则吗？虽然很多企业利用好几种不同的投资决策法则来分析项目，但是必须有一种主要的法则。换句话说，不同的投资决策法则在判断是否应当接受某个项目上可能有不同的结论，此时就需要有一个法则起到决定性的作用，该法则就是主要的法则。

一、基于折现现金流的决策规则

现金流量是指与投资决策有关的在未来不同时点所发生的现金流入与现金流出的数量。净现金流量就是现金流入量与现金流出量之间的差额。估算投资项目的现金流量是资本预算决策的重要步骤。两个广泛使用的折现现金流方法是净现值（net present value, *NPV*）法和内部收益率（internal rate of return, *IRR*）法。[①]

（一）净现值法

1. 净现值的定义

一个项目的净现值是指在项目生命周期内将出现的正负现金流的现值之和。其一般计算方式如下：

$$NPV = \sum_{t=1}^{t=N} \frac{CF_t}{(1+r)^t} - 初始投资。$$

式中：CF_t 为 t 期的现金流；r 为折现率；N 为项目的生命期。下面，我们用一个简单的例子说明，假设某一项目初始投资为 1000 万元，预期现金流在第一年为 300 万元，第二年为 400 万元，第三年为 500 万元，第四年为 600 万元。假设贴现率为 12%，该项目的净现值如图 3.1 所示。

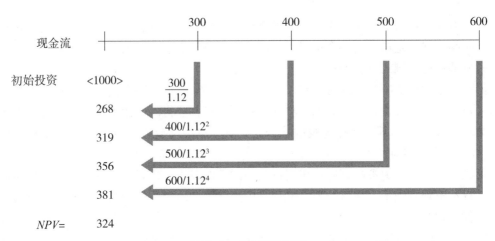

图 3.1 项目的净现值

一旦计算出净现值，投资与否就变得极为简单，因为我们在净现值计算过程中已经考虑了必要收益率（hurdle rate）。净现值大于零意味着该项目将获得大于必要收益率的

---

① 根据 Graham 和 Harvey（2001）、李悦等（2007）诸多调查研究表明，NPV 法是上市公司使用频率最高的资本预算方法。［J. R. Graham, C. R. Harvey, "The theory and practice of corporate finance: Evidence from the field," *Journal of Financial Economics*, vol. 60, no. 2 – 3（2001）, pp. 187 – 243；李悦、熊德华、张峥等：《公司财务理论与公司财务行为——来自 167 家中国上市公司的证据》，《管理世界》2007年第 11 期，第 108 ～ 118 页。］

回报。

2. 净现值法的应用

弗雷德里克畜牧农场（FFF）的研究人员取得了一项突破，他们相信可以生产出一种可显著节约公司现行肥料生产成本的新型环保肥料。生产这种肥料要求建造一座新厂，工厂可以立即建成，将耗资 25000 万元。该公司财务经理估计，从第 1 年末开始，生产新肥料每年将带来 3500 万元的收益，收益会一直持续下去，如下面的时间线（图 3.2）所示。

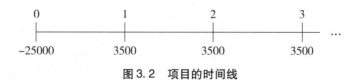

图 3.2　项目的时间线

根据净现值法，我们可以知道该项目的 *NPV* 为：

$$NPV = -25000 + \frac{3500}{r}。$$

式中：*r* 为折现率。在使用净现值法决定是否投资该项目时，需要知道资本成本。假设负责这个项目的财务经理估计项目每年的资本成本为 10%。当折现率为 10% 时，*NPV* 为正的 10000 万元。这表明，通过投资，FFF 的价值将增加 10000 万元，所以 FFF 应该采纳这个项目。

3. 净现值法的局限性

尽管净现值法有其优点，并且与价值最大化的目标相关，但也有一些反对者指出了它的一些局限性。首先，净现值是以绝对值而不是相对值表示的，因此没有考虑到项目的规模。净现值法的支持者认为，任何投资都是超过必要收益率的剩余价值。其次，根据净现值法，一个项目的生命期限是无法控制的。因此，在比较具有不同生命期限的相互排斥的项目时，净现值法偏向于接受较长的项目。

（二）内部收益率法

1. 内部收益率的定义

内部收益率是在现金流折现的基础上计算的。然而，与净现值法不同，它考虑到了项目的规模。它是贴现现金流与会计收益率的类似物。同样，在一般情况下，内部收益率是一个项目的净现值为零时的折现率。

按照内部收益率法，项目的净现值将为零。当净现值被绘制成净现值与净现值曲线中的折现率的函数时，净现值与内部收益率之间的关系最为清晰。在图 3.3 中可以看到：第一，内部收益率为净现值曲线与 *x* 轴的交点。第二，该图衡量了净现值对于折现率变动的敏感性，或者说项目决策对于折现率变动的敏感性。净现值直线的斜率就是对于该敏感性的衡量。第三，在分析互斥项目时，同时画出两个项目的净现值图可以得到无差异的折现率，此时，决策者无论选择这两个项目中的哪一个都是可行的。

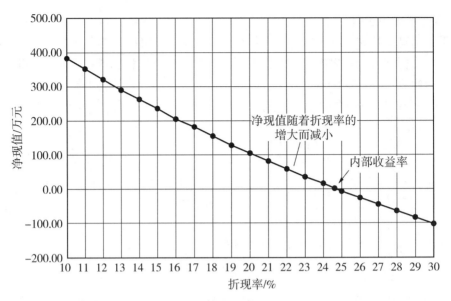

图 3.3 净现值与折现率的关系

2. 内部收益率法的应用

一些财务分析师或公司经理人更喜欢内部收益率法而不是净现值法，认为使用内部收益率法不需要必要收益率。虽然这在计算内部收益率时是正确的，但当决策者用内部收益率来决定是否接受一个项目时，这是不正确的。如果内部收益率高于贴现率，该项目就是一个好项目；否则，该项目必须被拒绝。与净现值一样，内部收益率可以用两种方式计算：可以根据企业的自由现金流和项目的总投资来计算，然后必须将内部收益率与资本成本进行比较（图 3.4）；也可以根据自由现金流到股权和项目的股权投资来计算。在对这些现金流进行估算时，必须与资本成本进行比较，资本成本应反映项目的风险性。在选择风险相似的项目时，内部收益率较高的项目被认为是更好的项目。

> A. 内部收益率是根据公司的现金流计算的
> 　　如果内部收益率＞资本成本→接受该项目
> 　　如果内部收益率＜资本成本→项目被拒绝
> B. 内部收益率是根据现金流向资本计算的
> 　　如果内部收益率＞资本成本→接受项目
> 　　内部收益率＜股权成本→拒绝项目

图 3.4 针对独立项目 IRR 的规则

我们通过以下例子来介绍内部收益率法的具体步骤，假设一个项目的现金流如图 3.5 所示。

内部收益率可以利用下列公式计算：

$$0 = -200 + \frac{100}{1+IRR} + \frac{100}{(1+IRR)^2} + \frac{100}{(1+IRR)^3}。$$

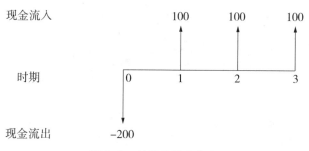

图3.5　某项目的现金流

首先，采用试错法，将贴现率分别以20%和30%代入，从而得到净现值分别为10.65和-18.39。通过上述试错可以知道，能使项目净现值为0时的IRR介于20%～30%之间。现在利用差值法（或者继续使用试错法），发现折现率为23.37%时，项目的净现值等于0。这样，此项目的内部收益率就是23.37%。通过上述分析得到，当折现率小于23.37%时，净现值为正，可以接受该项目；如果折现率升至30%，折现率大于内部收益率，净现值为负，该项目就不能采纳。

3. 内部收益率法的局限性

尽管内部收益率法是投资分析中使用最广泛的折现现金流方法，但对公司财务人员的调查发现，它有一些明显的局限性。首先，由于内部收益率是一种衡量标准，决策者往往偏向于预期收益率高的小型项目，因为较小的项目更可能产生高的百分比收益。其次，有几种情况不能计算内部收益率或作为决策工具没有意义。第一种情况是没有或只有很少的初始投资，而投资是长期的。在这种情况下，内部收益率无法计算，或者即使可以计算，也可能毫无意义。第二种情况是，一个项目有几个内部收益率，而决策者不清楚应该使用哪个内部收益率。

假设有一个生产和销售消费品的项目，必要收益率为12%，使用寿命为4年，这4年的现金流如图3.6所示。该项目需要一个商标许可，并在第4年年底支付大笔款项。

图3.6　项目4年的现金流

图3.7展示了这个项目的净现值概况，反映了内部收益率衡量中出现的问题。可以看出，该项目有两个内部收益率：6.60%和36.55%。由于必要收益率位于这两个内部收益率之间，因此，是否接受这个项目取决于使用哪个内部收益率。在这种情况下，决策者会根据净现值的情况做出正确的决定。如果像本案例中一样，净现值在必要收益率下是正数，那么这个项目就应该被接受；如果净现值在必要收益率下为负值，那么该项目应该被拒绝。

4. 为什么会存在多个内部收益率？

对于传统的项目来说，都有一笔初始投资并且以后的现金流都是正的；当现金流的符号只变换一次时，也就只有一个唯一的内部收益率；当现金流的符号出现多次变换时，就

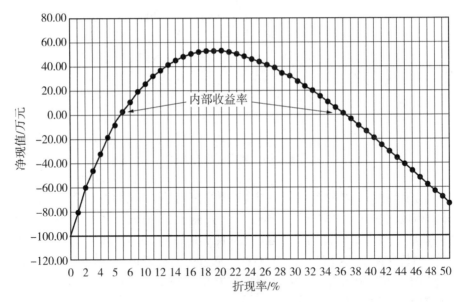

图 3.7　多个内部收益率的项目净现值

会产生多个内部收益率。例如，在图 3.7 中，现金流是负的，在第 1 年变成正的，到第 4 年又变成负的，从而产生了两个内部收益率。

尽管这被认为不可能在现实世界发生，但事实上有很多长期项目都需要在项目中期进行大量的投资，这些再投资就会使再投资当年的现金流变成负的。如果发生了这种情况，使用内部收益率的方法就会陷入麻烦。对于使用内部收益率引发的问题有多种解决方法。一种方法是使用必要收益率将中期的负现金流移到现在，另一种方法是画出净现值图。无论是采用哪种方法，都可能比估计和使用净现值的方法更加简单。

（三）盈利指数法

1. 盈利指数的定义

还有一个方法常用于项目评估，那就是盈利指数（Profitability index，*PI*）法。它是初始投资所带来的后续现金流量的现值和初始投资的比值：

$$盈利指数 = \frac{初始投资所带来的后续现金流量的现值}{初始投资}。$$

盈利指数衡量的是性价比，即每单位资源消耗的净值所产生的价值。一旦计算出盈利指数，就可以对项目进行相应的排名。首先是盈利指数最高的项目，然后继续排下去，直到消耗掉所有可用的资本。当资本有限且企业不可能接受所有净现值为正的项目时，通过盈利指数可以计算出产生最高累计净现值的项目。

2. 盈利指数法的局限性

盈利指数法假定资本约束只适用于当期而不考虑未来期间的投资需求。当企业在选择项目时，选择出来的这些项目的初始投资的总和可能没有超过总的资本约束，但这些项目在未来期间有支出以后可能还是会面临资本约束问题，所以必须对初始投资的现金流与未来发生的经营现金流进行划分。如果项目在整个项目期间内有投资及相关的现金支出，那么用盈利指数来衡量项目的价值贡献就可能是错误的。首先，利用盈利指数并不能保证项目投资的总和等于有限的资本。其次，这种方法对于项目较少的企业是可行的，随着项目个数的增加，这种方法就变得越来越难以起作用。

二、非折现现金流的决策规则

（一）会计报酬率法

会计报酬率衡量了企业在项目总投资上获得的收益。该方法主要考虑了整个项目周期的全部利润。会计报酬率常见的计算方式如下：

$$会计报酬率 = \frac{平均每年获得的税后净利润}{项目的平均账面价值}。$$

我们通过以下的案例（表3.1）来说明。

表3.1 会计报酬率法例子

投资回报	项目 A	项目 B
初始投资额/万元	100	80
预计期末残值/万元	20	10
息税后利润/万元	15	10
预期寿命/年	10	10

根据上述数据，我们分别计算项目 A 和 B 的会计报酬率：

$$A: \frac{15}{(100+20)/2} \times 100\% = 25\%;$$

$$B: \frac{10}{(80+10)/2} \times 100\% = 22.2\%。$$

按会计报酬率评价和分析投资方案的原则是：一项投资方案的会计报酬率越高，其效益越好；反之，则差。只要投资的会计报酬率大于或等于公司事先确定的必要收益率或者资本成本，该方案便是可取方案。这种方法计算简单，容易理解，数据也易从会计账目上获得。但这种方法也存在不少缺点：一是没有考虑投资方案现金流量的时间性和货币时间价值这一重要因素；二是在计算时使用会计报表上的数据以及普通会计和成本观点，与现金流量相比会计数据受许多人为因素的影响；三是只考虑投资所得，而忽略了考核投资回收；四是未能提出如何确定一个合理的目标收益率。

（二）回收期法

1. 回收期的定义

一个项目的回收期是一个指标，表明项目产生的现金流有多快可以覆盖初始投资。例如，一个项目的现金流和初始投资如图3.8所示。这个项目的投资回收期在 2 年到 3 年之间，从现金流大致估算得出的投资回收期为2.6 年。

以下我们通过某书局的例子来演示如何计算投资回收期。我们估计了某书局的现金流，并从公司的角度估计投资回收期，估算的结果总结在表3.2。

图3.8　项目的现金流和初始投资

表3.2　某书局的现金流

时间	当年现金流/元	累积现金流/元
0	− 1150000	—
1	340000	− 810000
2	415000	− 395000
3	446500	51500
4	720730	772230

从表3.2中可以看到，115万元的初始投资在第三年就能完全被回收并产生利润，因此在第二年到第三年间就能收回成本。假设现金流在全年均匀地发生，则项目的投资回报期为：

$$项目的投资回报期 = 2 + (395000/446500) = 2.88（年）。$$

2. 回收期法的应用

虽然企业仅根据投资回收期做出投资决策的情况很少，但研究表明，一些企业事实上将回收期作为关键决策机制。如果企业利用回收期来判断是接受还是拒绝某项目，通常会设定一个最大允许的投资回收期。能够比这个最大回收期更快地收回初始投资的项目就会被接受；如果项目的回收期大于设定的最大回收期，则拒绝该项目。

企业倾向于采用投资回收期作为次要的投资决策规则，并将其作为决策中的约束条件（如接受获得至少15%资本回报率的项目，且要投资回收期在10年之内），或者在主要指标结果一样的情况下利用回收期作为筛选的标准（如两个相互排斥的项目具有相同的资本回报率，则选择回收期较短的项目投资）。

3. 回收期法的局限性

回收期法只解决了"初始投资何时能收回"，而忽略了初始投资收回后的情况。在决定相互排斥的项目时，这是一个很大的缺点。例如，假设在两个相互排斥的项目中选择一个，其现金流如图3.9所示。只看回收期，会觉得项目B比项目A好，因为它的投资回报期更短。然而，大多数决策者会选择项目A作为更好的项目，因为它在最初的投资回收后有更高的现金流。

首先，回收期法适用于传统项目，即进行大量的前期投资，然后是正的运营现金流。然而，如果投资在整个期间内很分散或者项目不存在初始投资，该方法就失效了。

其次，回收期法使用名义现金流，对早期和后期现金流的计算是一样的，忽略了钱是有时间价值的[1]，所以收回名义上的初始投资并不能使企业再次成为一个整体，因为企业可以将这笔钱投资到其他地方，以获得更大的回报。

———————————————

①　此缺点可以通过将现金流折现来克服。

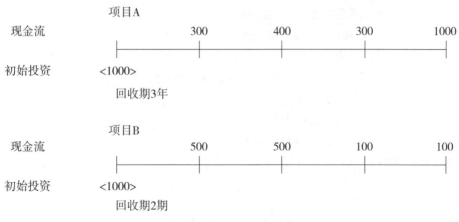

图3.9　两个项目的现金流

第二节　互斥的投资项目

到目前为止，我们考虑的仅仅是要么接受要么拒绝的单一、独立的项目决策。然而，有时企业必须从几个可能的方案中选出一个方案。例如，某企业正在考虑提高企业生产能力的项目方案有三个，这三个项目方案即为互斥。这种接受一个"最佳"项目就自然否决其他项目的决策称为择优决策。互斥项目不仅需要通过采纳与否的决策，还必须进行择优决策。在资金有限的情况下，即使独立项目在通过采纳与否决策之后还需进行项目排序。考虑到众多项目争夺这一有限的资金，企业必须把资金分配给使企业股东财富最大化的最佳项目组合。

一、净现值法和互斥投资

净现值是一个绝对指标，反映了项目对于企业的绝对贡献。如果项目是相互排斥的，就有必要确定哪些项目的净现值是正的，并对它们进行排序，以确定最佳项目。在这种情况下，净现值法可提供一个直接的答案。应该选择具有最高净现值的项目。由于净现值代表了项目在今天的现金方面的价值，选择净现值最高的项目将导致财富的最大增加。

二、内部收益率和互斥投资

由于内部收益率是对项目投资的预期回报的衡量，内部收益率法可以扩展到互斥项目的情况，即选择具有最高内部收益率的项目。然而，仅仅因为一个项目有较高的内部收益率而选择它，可能会导致失败。特别是当投资规模、现金流的时间和风险的大小不同时，内部收益率的比较就没有意义。

下面举例说明互斥项目的投资决策问题：假设某企业计划建造一个专业化的手机工厂，现在有四个国际化的城市作为备选地点，但是最终只能把工厂建在其中一个城市，在这四个地点建厂的项目就成为一组互斥的投资项目。假设企业的资本成本为10%，经过估算，这四个地点建厂的净现值和内部收益率如表3.3所示。在北京、上海和深圳三地建厂的净现值都大于0，内部收益率也均超过了10%，最终将选择内部收益率最高（15%）、净现值最大（500万元）的北京作为建厂的地点。如果由于商品需求激增，上述例子中企业的投资计划改为：在多个地方开设零售商店，那这四个城市的开店项目就不是互斥的。此时，除了广州的项目由于内部收益率小于资本成本、净现值为负而不能投资外，其他三地的项目均是可行的。

表3.3　互斥项目

互斥的可选项目	内部收益率/%	净现值/万元	投资项目互斥时	投资项目非互斥时
北京	15	500	√	√
上海	13	300		√
深圳	12	200		√
广州	9	−100		

上述的例子中，内部收益率以及净现值两种方法给出的结论均是相等的，但是，在一些特定的情况下，两种指标的判断结果可能会截然不同。此时，就需要考虑内部收益率和净现值究竟哪一个是更有效的投资决策指标。下面我们将讨论几种常见的两种方法结论不一致的情况。

三、投资规模的影响

你愿意用1元获得500%的回报，还是用100万元获得10%的回报？前者的回报听起来当然令人印象深刻，但在一天结束时你只赚了5元；后者的回报听起来比较平凡，但你可以赚到10万元。这个比较说明了内部收益率法的一个重要缺点。因为内部收益率是一种回报率，如果不知道投资的规模，就不可能知道究竟会创造多少价值。

如果一个项目的净现值是正的，那么将其规模扩大1倍，其净现值就会翻倍。根据一价定律，如果一个投资项目的现金流增加1倍，其价值也应增加1倍。然而，内部收益率不受投资机会规模的影响，因为它衡量的是投资的平均收益。因此，内部收益率法不允许对不同规模的项目进行比较。

例如，假设你想要在中山大学旁开设一间店，根据地点，你认为开设与学生相关的业务会比较容易成功，因此你考虑以下两种选择，并且估计了现金流、资金成本等指标（表3.4）。在项目间互斥的情况下，你该选择哪项投资呢？

表3.4　规模差异例子

项目	初始投资/元	第一年现金流/元	增长率/%	资金成本/%
咖啡厅	400000	80000	3.0	8
书店	300000	63000	3.0	8

假设所有业务都可以永久持续，我们分别计算各项目的 NPV：

$$NPV_{咖啡厅} = -400000 + \frac{80000}{8\% - 3\%} = 1200000（元），$$

$$NPV_{书店} = -300000 + \frac{63000}{8\% - 3\%} = 960000（元）。$$

根据净现值法，我们应该选择开设咖啡厅，因为咖啡厅能产生较多的净现金流。然而，若我们采用内部收益率法计算各项目的 IRR：

$$IRR_{咖啡厅}：-400000 + \frac{80000}{IRR - 3\%} = 0 \rightarrow IRR = 23\%，$$

$$IRR_{书店}：-300000 + \frac{63000}{IRR - 3\%} = 0 \rightarrow IRR = 24\%。$$

这两个项目的 IRR 都高于 8% 的资本成本，且 $IRR_{书店}$ 更高。但根据实际情况来看，尽管咖啡店的内部收益率较低，但由于投资规模较大（40 万元），产生的净现值较高（120 万元），因此它的投资价值更大。

四、现金流实现时间的影响

即使项目的规模相同，内部收益率也会因为现金流时间的不同而导致排名错误。

我们通过以下短期项目和长期项目为例子来说明（图 3.10）。两个项目的内部收益率都是 50%，但一个项目的期限是 1 年，另一个是 5 年。如果两个项目的资本成本都是 10%，短期项目的净现值是 $-100 + 150/1.10 = 36.36$（元），长期项目的净现值是 $-100 + 759.375/1.10^5 = 371.51$（元）。值得注意的是，长期项目的价值是短期项目的 10 倍，尽管其内部收益率是一样的。

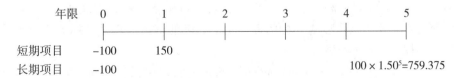

图 3.10　短期项目和长期项目的现金流

五、投资项目风险的影响

要知道一个特定项目的内部收益率是否有吸引力，需要与资本成本进行比较，而资本成本是由项目的风险决定的。因此，对安全项目有吸引力的内部收益率，对风险项目不一定有吸引力。例如，无风险投资的 10% 的回报可能令人满意，但投资于高风险的初创企业的 10% 的预期回报就会大大地不令人满意。按内部收益率对项目进行排名，往往忽略了风险的差异。

六、协调净现值法与内部收益率的冲突

上述我们提到了许多情况会导致净现值法与内部收益率法结果产生冲突，一般而言，在选择采用何种方法时，应当考虑风险厌恶程度以及投资项目所处的经济环境的变化。如果投资者风险厌恶程度较大或者预期投资环境变化较大时，由于内部收益率法不需要预先确定资本成本，因此，应采用内部收益率法；反之，则应用净现值法。如果净现值法与内部收益率法无法独立做出判断时，应借助其他方法（如盈利指数法）来做决策。

第三节　实物期权与企业投资项目决策

到目前为止，我们所介绍的分析方法均属于静态分析。然而，公司是在不确定环境下进行决策的，为了更好地考虑管理柔性的作用，因此在项目的评估中必须引入期权的思想。在这一节，我们首先简要介绍什么是期权，为什么期权很重要。接着，对隐含在资本预算项目中的期权进行分析。

一、期权的简介及价值决定因素

期权是一种选择交易与否的权利。当契约买方付出权利金（premium）后，若享有在特定时间内（或在某特定时间）向契约卖方依特定条件或执行价格（exercise price；strike price），买入或卖出一定数量目标物的权利，这种权利就称为期权。若此权利为买进目标物，称为看涨期权（call option）；若此权利为卖出目标物，称为看跌期权（put option）。期权的价值最终依赖于六个变量：标的资产价值、标的资产波动性、标的资产预期股利、执行价格、期权期限与利率水平。

期权可以是美式期权（american option）或者是欧式期权（european option），这些名称与期权交易的地理位置毫无关系。美式期权可在到期日之前的任何时刻行使，而欧式期权只能在到期日才能行使。大多数交易所交易的期权为美式期权，但通常来讲，欧式期权比美元期权更容易分析，一些美式期权的性质常常从相应的欧式期权的性质中类推而来。

为了方便，以下我们的分析均是基于欧式期权，并且用股票当标的资产[①]。首先，我们先来分析看涨期权，看涨期权是指期权的买方向期权的卖方支付一定数额的权利金后，即拥有在期权合约的有效期内，按事先约定的价格向期权卖方买入一定数量的期权合约规定的特定商品的权利。当未来目标价格真的高于约定价格时，期权买方会执行权利并且获利，到期时看涨期权的价值如下：

$$\text{看涨期权的买方收益} = \begin{cases} S_T - X & S_T - X > 0 \\ 0 & S_T - X \leqslant 0 \end{cases}$$

---

① 除了股票以外，标的资产可以是货币、股指、外汇及商品期货等。

式中：S_T 为到期日的目标资产的价格；X 为执行价格。该公式着重强调期权收益非负的特点。也就是说，只有 S_T 大于 X 时，期权才会被执行；如果 S_T 小于 X，期权就不会被执行，期权到期价值为零，此时买方的净损失等于当初购买期权而支付的金额。

例如，某投资者买入执行价格为 100 元的 100 股股票的看涨期权。假定当前股票的市场价格为 9 元，期权的到期日为 4 个月，购买一股股票的期权价格为 5 元。持有者的最初投资为 500 元。因为期权为欧式，持有者只能在到期日才能行使期权。如果在到期日，股票价格小于 100 元，很明显投资者不会行使期权（没有必要以 100 元的价格买入市场价格低于 100 元的股票），因此投资者会损失全部 500 元的最初投资（期权费）。如果在到期日，股票价格大于 100 元，期权将会被行使。假定在到期日股票价格为 115 元。通过行使期权，期权持有人可以每股 100 元的价格买入 100 股股票。如果投资者马上将股票变卖，每股可以赚取 15 元。忽略交易费用，投资者可以挣得 1500 元。将最初的期权费用考虑在内，投资者的盈利为 1000 元。

如果将买入看涨期权的损益通过图形表示，则如图 3.11。需要注意的是期权持有人有时在行使期权后，整体来讲仍承受损失。例如，假定在到期日的股票价格为 102 元，期权持有人会行使期权，这时收益为 $100 \times （102 - 100）= 200$（元），将最初的期权费用考虑在内，期权持有人的损失为 300 元。可能有人会认为此时期权持有人不应该行使期权，但这样一来整体损失会高达 500 元，这比行使期权时 300 元的损失还要高。一般来讲，当到期日股票价格高于执行价格时，期权持有人就应该行使期权。

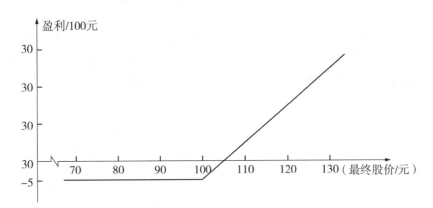

图 3.11　买入看涨期权收益

看跌期权是指期权的买方向期权的卖方支付一定数额的权利金后，即拥有在期权合约的有效期内，按事先约定的价格向期权卖方卖出一定数量的期权合约规定的特定商品的权利，但不负有必须卖出的义务。看跌期权赋予期权的买方以执行价格卖出资产的权利。既然这样，看跌期权的买方只有在价格低于执行价格时，才会执行期权。到期时看跌期权的价值为：

$$\text{看跌期权的买方收益} = \begin{cases} 0 & S_T - X \geqslant 0 \\ S_T - X & S_T - X < 0 \end{cases}$$

同样的，我们用上述例子来说明买入看跌期权的损益。与看涨期权的买方相反，看跌期权的买方希望股票价格下跌。考虑一个购买了执行价格为 70 元的 100 股股票的看跌期

权。期权的到期日为 3 个月，卖出一股股票的期权价格为 7 元，投资者的最初投资为 700
元。因为期权为欧式，即这一期权只能在到期日股票价格低于 70 元时才会被行使。假定
在到期日股票价格为 55 元，按照期权的约定，期权持有人可以以每股 70 元的价格卖出股
票，因此投资者每股收益为 15 元，即整体收益为 1500 元（忽略交易费用）。将最初的期
权费用考虑在内，投资者的净收益为 800 元。这里并不能保证投资者一定会盈利。如果在
到期日股票价格高于 70 元，期权在到期时会一文不值，投资者会损失 700 元。图 3.12 显
示了投资者买入看跌期权的净收益与最终股票价格之间的关系。

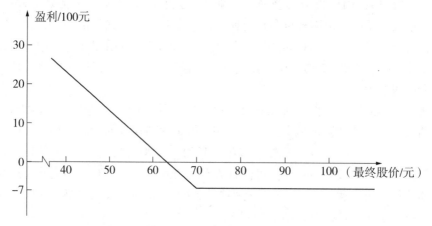

图 3.12　买入看跌期权收益

当然，除了买入期权，投资者也可以选择卖出期权。卖出期权的一方在最初收入期权
费，但在今后有潜在的义务；承约方的收益与买入期权一方的收益刚好相反。图 3.13 和
图 3.14 分别展示了卖出看涨期权以及卖出看跌期权的损益状况。

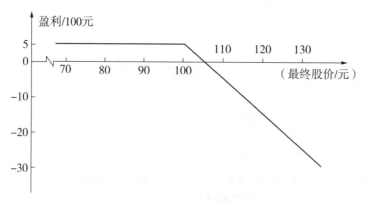

图 3.13　卖出看涨期权的损益状况

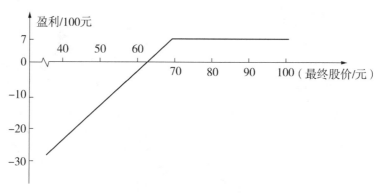

图 3.14　卖出看跌期权的损益状况

二、实物期权

在企业项目投资中，有另一种不同类型的期权的例子，如企业对新产品研发投资的选择。由于这些期权的标的资产为实物资产（项目）而不是金融资产，因此这种期权称作实物期权（real option）。实物期权就是做出特定经营决策（如资本投资）的权利。实物期权和金融期权的一个关键区别在于，实物期权及其标的资产通常不在竞争性的市场中交易。例如，并不存在辉瑞（Pfizer）公司特定药品研发的市场。尽管存在这些差异，金融期权的基本原理也同样适用于实物期权。尤其是由于实物期权允许决策者在获得新信息后，再选择最有吸引力的备选投资项目，实物期权的存在增加了投资机会的价值。这一价值可能是相当大的，特别是在高度不确定的环境中。要想正确地做出投资决策，在决策制定过程中，必须考虑这些期权的价值。以下介绍两种常见的实物期权。

（一）拓展期权

一个企业对一个项目的投资可能使其在未来承担其他投资或进入其他市场。在这种情况下，可以说最初的项目为企业带来了扩张的选择，因此，企业愿意为这种选择付出代价。如果按顺序来考虑这些项目，这个期权更容易理解。首先，初始项目不是一个期权，而且很可能有一个负的净现值。然而，通过初始投资，企业有机会在以后进行第二次投资（进入一个新市场或开展一个新项目）。企业可以选择利用或忽略这个机会，这使第二项投资具有期权的特点（即拓展期权）。

假定 V 是进入一个新市场或开展一个新项目的预期现金流的现值，X 是进入这个市场或开展这个项目所需的总投资。此外，假设企业有固定的时间期限，在这个期限结束时，企业必须决定是否利用这个扩张机会做出投资。最后，假设企业不参与初始项目就无法拥有这个机会。这种情况意味着如图 3.15 所示的期权报酬。在特定时间期限结束时，如果预期现金流的现值超过市场进入的成本，企业将会选择进入一个新市场或开展一个新项目。

下面举一个简单的例子来展示拓展期权。某企业家了解到一种化学处理方法，可以在 37.8 ℃ 而不是 0 ℃ 的温度下将水冻结。在这种处理方法的所有实际用途中，他最喜欢的是用冰做旅馆的想法。以 1200 万元作为初始投资，他估计一家冰酒店的年现金流为 200 万

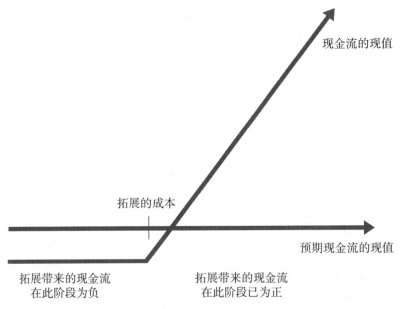

图 3.15　拓展期权的报酬

元。鉴于这个新企业的风险，他认为 20% 的贴现率是合适的。考虑到现金流将是永久性的，该企业家确定项目的净现值如下：

$$NPV = -12 + \frac{2}{0.20} = -2（百万元）。$$

一般来说，只要净现值为负，企业家就会拒绝这个项目。然而，这位企业家却有不同想法。他认为，净现值分析错过了一个隐藏的价值来源。虽然 1200 万元的初始投资是确定的，但每年的现金流是不确定的。每年 200 万元的现金流估算实际上反映了他的信念，即每年现金流有 50% 的机会是 300 万元，有 50% 的机会是 100 万元。这两个预测的净现值计算结果分别如下：

乐观预测：$NPV = -12 + (3/0.20) = 3（百万元）$；

悲观预测：$NPV = -12 + (1/0.20) = -7（百万元）$。

从表面上看，这种新的计算方法似乎没有什么用处。两个预测的平均值产生的这个项目的净现值为 $50\% \times 3 + 50\% \times (-7) = -2$（百万元），也只是他最初计算的价值。然而，如果乐观的预测结果是正确的，该企业家将希望扩大该项目。

　　图 3.16 表示该企业家的决策，通常被称为决策树。这张图所表达的思想是基本的和普遍的。如果试点成功，他可以选择扩大规模。另一个简单的例子是，考虑一下那些开餐馆的人，他们中的大多数最终都失败了。这些人不一定过于乐观。事实上他们意识到了失败的可能性，但还是要去做，因为有一个小的概率，一旦成功，他们可以开创下一个麦当劳或汉堡王。

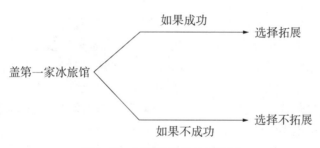

图3.16　开始冰旅馆的决策树

（二）放弃期权

企业管理者还可以选择放弃现有项目。放弃项目似乎是暗箱操作，但它往往能为企业节省大量成本。因此，放弃项目的选择增加了一个潜在项目的价值。

设 V 是投资于一个项目并将该项目持续到最后的剩余价值。假设该项目今天可以被放弃，其中 L 是同一项目的清算或放弃价值。如果项目的剩余寿命为 n 年，则将继续项目的价值与清算（放弃）价值进行比较：如果继续项目的价值较高，则应继续项目；如果较低，则可以考虑放弃项目。

图3.17中展示了放弃期权的报酬。与扩张期权的情况不同，放弃期权具有看跌期权的特征。

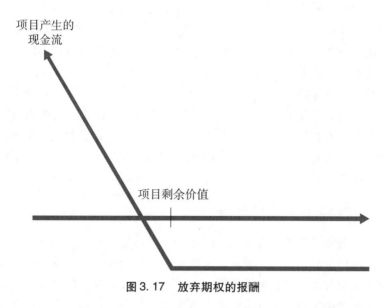

图3.17　放弃期权的报酬

建造冰旅馆的例子说明了扩张方案，也可以说明放弃方案。为了看清这一点，让我们想象一下，该企业家现在认为，每年有50%的概率出现600万元的现金流，有50%的概率出现200万元的现金流。两种预测下的净现值计算结果如下：

乐观预测：$NPV = -12 + (6/0.20) = 18$（百万元）；

悲观预测：$NPV = -12 - (2/0.20) = -22$（百万元）。

而项目的净现值如下：

$$50\% \times 18 + 50\% \times (-22) = -2(\text{百万元})。$$

进一步假设他最多只想拥有一家冰酒店，而且没有选择扩张的权利。上式中的净现值是负的，所以看起来酒店不会被建造。然而，如果考虑到放弃的选择，情况就会发生变化。在日期结束时，企业家将知道这两个预测中的哪一个已经成真。如果现金流等于乐观的预测，他将继续进行这个项目；如果现金流等于悲观的预测，他就会放弃这家酒店。如果他事先知道这些可能性，项目的净现值如下：

$$50\% \times 18 + 50\% \times (-12 - 2/1.20) = 2.17(\text{百万元})。$$

由于在第 1 期经历了 200 万元的现金流后放弃了这种项目，因此在随后的几年里不必忍受这种流出，最终净现值是正的，企业家会接受这个项目。这个例子显然是为了简单地解释放弃期权的概念。在现实世界中，放弃的选择是广泛存在的。一般一个项目被放弃可能需要数年时间，而这个冰旅馆仅在一年后就被放弃了。此外，放弃一般涉及残值，但这家冰酒店不承担任何残值。

现实生活中，电影制作业是很经典的例子。一部电影从购买或开发剧本开始。完成一个剧本可以让电影公司花费数百万元，并导致实际生产。然而，绝大多数的剧本（可能远远超过 80%）都被放弃了。为什么电影公司一开始就放弃他们委托的剧本？电影公司事先知道只有少数剧本是有前途的，但他们也不知道哪些剧本是有前途的。因此，他们委托开发许多剧本，广撒网以获得少数几个好剧本。电影公司必须无情地处理坏剧本。这是因为与制作一部烂片的巨大损失相比，开发剧本的支出是很小的。而少数幸运的剧本能够进入制作阶段，其预算可能要花费数千万美元，甚至更多；如果超支过多，他们也很可能会中途放弃生产。有趣的是，一路上的放弃大多是由于高成本，而不是因为没有吸引到观众。在电影真正上映之前，关于这一点的信息很少。一部电影的发行伴随着大量的广告费用，如果票房强劲，广告可以继续；如果影片连续几周票房表现不佳，则更有可能被放弃。电影制作是风险最大的业务之一，电影公司可以在几周内从大片中获得数亿美元，而在此期间从失败的电影中几乎一无所获。另外一个选择放弃的例子是松下公司决定在 2014 年 3 月停止生产等离子电视。这一举动是不寻常的，因为等离子面板是松下电器的主要业务之一，占据着全球等离子面板市场的绝大部分份额。随后，在 2014 年 10 月，LG 也宣布将停止生产等离子电视。

（三）基于实物期权的净现值法

基于实物期权视角的资本预算方法不同于传统净现值方法，其关注点不在于分析不确定性因素对投资项目的影响，而并非对未来现金流量和折现率进行预测，即关注项目未来现金流量可能变化的各种情况和影响范围。由于风险中性原理，使得基于实物期权视角的资本预算方法能有效避免对未来现金流的主观预测。此外，投资于实物资产使投资者对特定投资项目保留了是否投资、何时投资的选择权利。只要未来预期是不确定的，管理者就可以利用所拥有的实物期权进行柔性管理进而增加价值，而不是被动地接受传统净现值方法所形成的既定方案。具体来说，投资项目的价值或曰调整的净现值（ANPV）应由两部分构成：一是在不考虑实物期权的情况下，投资项目的内在价值（即通过传统净现值法算出的价值）；二是与该实物投资项目相对应的实物期权的价值（ROV）。即投资项目的整

体价值项目 = 净现值 + 项目实物期权价值($ANPV = NPV + ROV$)。如果能够通过合适的期权定价方法计算出项目的 ROV，那么就可以得出项目的 $ANPV$。一般而言，会采用经典的 Black-Scholes 期权定价模型求解 ROV。[1]

第四节　企业投资决策的实践

　　前面在介绍企业投资决策时，为了方便，我们做了许多简化。实务中，进行投资分析时的情况比上述所及的流程要复杂得多。本节我们将介绍常见的实务投资决策中需要考虑的因素，并加以分析。

一、实践中现金流量的计算

　　首先，实务当中，关于投资方案的现金流量计算会涉及很多因素和变量，且可能需要企业多个部门一起参与。例如，研发部门估计投资的研发成本，生产部门确定需要哪些厂房设备，市场部门预测产品的未来需求量和价格，等等。因此，要较准确地估算投资方案的现金流，必须正确判断哪些支出会影响企业总现金流量的变化，哪些支出只影响特定部门的现金流变化而不影响企业的总现金流。一般来说，需要注意以下方面：

　　一是区分相关与非相关成本。相关成本是指与决策相关，必须考虑的成本；非相关成本指的是与决策无关，分析时不必考虑的成本，如沉没成本（指以往发生的，但与当前决策无关的费用）。从决策的角度看，以往发生的费用只是造成当前状态的某个因素，当前决策所要考虑的是未来可能发生的费用及所带来的收益，而不考虑以往发生的费用。例如，某地产开发商开发一个总投入为 5 亿元的楼盘，在前期已经投入 500 万元后，该开发商对楼盘地点进行了评估，发现回收成本存在较高的风险，因此项目被搁置。2 年后，开发商旧事重提，正在决策是继续开发还是换地点开发新楼盘。此时，该笔 500 万元前期支出已经成为沉没成本，与未来公司现金流量无关，因此属于非相关成本。

　　二是机会成本。机会成本（opportunity cost）是指决策过程中面临多项选择，为了进行某项投资而放弃的其他投资中价值最高的选择（highest-valued option forgone）。简单来说，机会成本就是所牺牲的代价。例如，当一个企业决定利用自己所拥有的经济资源生产一辆汽车时，这就意味着该企业不可能再利用相同的经济资源来生产 200 辆自行车。于是，可以说，生产一辆汽车的机会成本是所放弃生产的 200 辆自行车。在生活中，有些机会成本可用货币来衡量。例如，农民在获得更多土地时，如果选择养猪就不能选择养鸡，养猪的机会成本就是放弃养鸡的收益。需要注意的是，机会成本不是通常意义上的实际支出，而是一种潜在的收益。

　　三是对不同部门的潜在影响。当选择一个投资项目后，该项目可能会对公司的不同部

---

　　① 　求解 ROV 的方法可参考黎精明、邱英：《基于实物期权的 NPV 资本预算方法改进：以地产项目为例》，《财会月刊》2013 年第 4 期，第 91～93 页。

门产生不同的影响。例如，成功研发出新产品后，对研发部门自然会是一个利好，销售部门同样也能够有新产品来销售，但原有的其他产品销售额可能因此减少。因此，在考虑新投资项目带来的销售收入时，也必须考虑到因其所造成的销售损失。

二、折旧与税负对投资决策的影响

到目前为止，我们在计算项目现金流量时并没有将税负纳入考虑。根据我国的税法，企业在进行固定资产投资过程中，企业面临所得税与流转税两种税负。下面我们进一步讨论这两种税负对投资决策的影响。

所得税。这里是指项目投资产生产出后，获取的营业利润以及处置固定资产的净收益所应缴纳的税。固定资产变价收入所应缴纳的所得税公式如下：

应纳所得税 ＝（固定资产变价收入 － 折余价值 － 所纳流转税）× 所得税税率。

需要注意的是，在投资项目终结时收回所垫付的流动资金不需要缴纳所得税；由于投产的产品取得的销售收入所缴纳的增值税是价外税，通常来说也不需要额外考虑。

流转税。主要是增值税。与固定资产投资相关的增值税主要分别以下两种情况：①凡是取得时不允许抵扣进项税额的，处置时按照简易计税方法进行计税。不动产按照5%的征收率缴纳增值税；非不动产自2014年7月1日起，依照3%的征收率减按2%缴纳增值税。②凡是取得时允许抵扣进项税额的，无论企业是否抵扣，处置时均按照一般计税方式选用适用的税率计税。

折旧与税负也会影响到项目的现金流量。涉及固定资产所需要缴纳的所得税和流转税，均为一次性的，只发生在取得变价收入的当期。项目经营期内营业利润所需要缴纳的所得税在整个项目的使用期间都会涉及，所得税的大小取决于利润大小和所得税率的高低，利润大小则受到折旧的影响。因此，在估计项目现金流时，税负和折旧需要同时考虑。这也是我们为什么将两者放在一起讨论的原因。

税后收入与成本。如果有人问你每个月的房租是多少，想必你可以很快地回答所付的租金数额；然而，如果你问一个奶茶店铺的老板他的店面租金是多少，他的答案会比实际支付的要少一些，因为租金是一项可以抵减所得税的费用，应以税后的费用来计量。凡是可以税前扣除的项目，都可以起到减免所得税的作用，因此其实际支付的金额并非真实的成本，还必须将所得税纳入考虑。下面我们用一例子来说明。

诺德公司目前的损益情况如表3.5所示。该公司目前正在考虑一项保险计划，每月支付1000元保费，假设所得税率为25%，则该保险税后成本为多少？

表3.5　损益情况　　　　　　　　　　　单位：元

项　　目	当前（不买保险）	买保险
销售收入	10000	10000
成本和费用	5000	5000
新增保险费	0	1000
税前利润	5000	4000

续表

项　　目	当前（不买保险）	买保险
所得税（25%）	1250	1000
税后利润	3750	3000
新增保费后的税后成本		3750－3000＝750

从表3.5中可以看出，两个方案的保险成本差额是1000元，然而对净利润影响却只有750元，这其中关键的原因便是税率。税后成本的计算公式为：

税后成本 = 实际支付 ×（1 - 所得税税率）。

在本案例中，税后成本为1000×（1-25%）=750（元）。

与税后成本相对应的是税后收入。当你在企业面试，谈及薪水时，往往都是说税前薪水；当你实际入职收到工资时，通常都会比当初谈的金额少，这就是所得税的作用所导致。同样地，企业也需要缴纳所得税，企业实际得到的是税后收入，其计算公式为：

税后收入 = 应税收入 ×（1 - 所得税税率）。

如同我们先前所提及，在投资决策的过程中，应缴纳的所得税收入不包括项目结束时收回垫支的流动资金等现金流入。投资过程中取得的营业收入和固定资产变价收入都需要缴纳流转税，取得的营业利润则需要缴纳所得税。

折旧的抵税作用。折旧是在所得税扣除前的一项费用，因此可以起到抵减所得税的作用。这种作用被称为折旧抵税，或税收挡板。我们同样通过一个案例来说明。

假设A和B两家公司的销售收入和付现成本都相同，所得税税率均为25%。二者的区别是：A公司具有一项可以计提折旧的资产，每年的折旧额相同；B公司并没有可以折旧的资产。两家公司的现金流量如表3.6所示。

表3.6　折旧对税负的影响　　　　　　单位：元

项　　目	A公司	B公司
销售收入（1）	10000	10000
成本和费用：		
付现成本（2）	5000	5000
折旧（3）	500	0
合计（4）=（2）+（3）	5500	5000
税前利润（5）=（1）-（4）	4500	5000
所得税（6）=（5）×25%	1125	1250
税后利润（7）=（5）-（6）	3375	3750
营业净现金流（8）=（1）-（2）-（6） =（7）+（3）	3875	3750
A公司比B公司多拥有的现金	125	

A 公司的税后利润虽然比 B 公司少 375 元，现金净流量却多出 125 元。其原因在于 A 公司有 500 元的折旧计入成本，合计应税收入减少了 500 元，从而少纳税 125 元（= 500 × 25%）。从增量的角度来分析，由于增加了一笔 500 元的折旧，企业获得 125 元现金流入，折旧对税负的影响则可以表示为 500 × 25% = 125（元）。

三、不确定性下投资决策的实践

在本章节所阐述的所有方法中，无论是会计收益率、投资回报、净现值（NPV）还是内部收益率（IRR），我们都用到了所分析项目预估的未来几年的收益或现金流数据。尽管我们使用了收入、利润和其他关键变量的期望值，但因为投资决策涉及的时间通常较长，而未来是不确定的，所以这些期望值都体现了这种不确定性。尽管无法消除这种不确定性，在实践中，我们可以考虑如何做更好的处理来使项目价值随着输入变量的变化而变化。在本节中，我们将介绍四种方法来应对投资决策中不确定性。第一种方法是最简单的敏感性分析，我们会提出关于关键变量的问题假设，并估算每个变量的误差空间；第二种方法是情景分析，我们拟定一些可能的情景，从好到坏的情况，并计算每种情况下的项目价值；第三种方法是决策树，该方法被设计用于多阶段投资，我们会评估每个阶段的成功和失败概率以及对应的计算结果，并得到最终的项目价值；第四种方法是模拟分析，我们在其中是估计每个输入变量的概率分布，而不是期望值，这样我们将会得到项目价值的概率分布，而不是单一的数值结果。

（一）敏感性分析

处理不确定性的最简单方法是针对关键输入变量，提出"如果……会怎样"的问题。这个过程需要始终牢记两个目的：一个是需要意识到，在修改关键变量时，项目价值和投资项目的决策会发生多大变化；另一个是需要衡量预估误差会有多大。换言之，敏感性分析可以用来分析你估算的收入增长和利润能承受多少损失，从而不会改变你接受或拒绝投资的决策。敏感性分析存在一些使用上的风险：

（1）过度假设分析。在项目分析过程中通常有几十个输入变量，我们可以对每一个变量都进行敏感性分析。但是在这个过程中，如果将关键变量与非关键变量混淆，得到的结果就有可能会掩盖前者的重要性。

（2）忽视目标。我们问"如果……会怎样"的问题，其最终目的不是得到更多的表格、图表和数据，而是帮助决策者在面对不确定性时可以做出更好的决策。而为了有助于决策，敏感性分析就应重点关注关键变量，且分析结果应以特定的方式呈现出来，以有助于决策者更好地了解到得到的结果会如何随着假设的变化而变化。

（3）不考虑输入变量同时变化。在大多数敏感性分析中，我们一次仅改变一个输入变量，同时保持所有其他输入变量在其基准值。虽然这使得计算更加简单，但这可能并不现实，因为输入变量往往都是相互关联的。例如，假设利润率将增加，而收入增长保持不变，或者利率将下降，而通货膨胀仍保持较高水平，都可能会产生更高的项目净现值，但在现实中这两种情况都不可能真正发生。

（4）重复考虑风险。在任何敏感性分析中，如果关键变量发生不利变化，即使是好的项目（净现值为正且内部收益率较高的），其净现值也可能变为负数。决策者如果用这个基本原则来拒绝这些项目，可能会存在重复计算的风险。因为现金流用的是风险调整后的折现率进行折现，再来计算基准情况下的 NPV。一般来说，敏感性分析有两种比较好的用途。第一，当公司必须在净现值或内部收益率大致相等的两个项目之间进行选择时，用敏感性分析可以用来帮助做进一步的选择，即决策者应当选择对关键变量变化不太敏感的项目；第二，在接受项目后，利用敏感性分析的结果可以更好地管理投资运营和风险。例如，如果项目净现值对劳动力成本很敏感，公司可能会通过签订劳动力合同以控制这些成本；又如，一个项目的价值随着汇率变动而波动，可能会促使公司使用外汇期权和期货来对冲汇率风险。

淡水河谷铁矿案例　假设我们估算了在加拿大淡水河谷拟建铁矿项目的净现值为 3.0404 亿美元。虽然该数值表明这会是一个比较好的投资项目，但这个净现值在很大程度上是取决于铁矿石价格的。在敏感性分析中，我们将每吨铁矿石的起始价格从基准 100 美元开始增长，其增长率保持与通胀率相同，并做出了对 NPV 和 IRR 的影响曲线（图 3.18）。需要注意，如果铁矿石价格下降到 90 美元/吨以下，内部收益率将下降到低于 11.13% 的股权成本，那么项目的净现值将变为负数。在这些计算过程中，我们将固定成本都保持不变，并将可变成本保持在 45 美元/吨的水平。

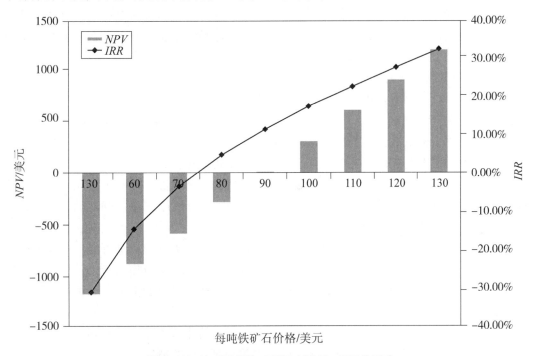

图3.18　铁矿石价格对项目 NPV 和 IRR 的影响

（二）情景分析

在敏感性分析中，我们一次只改变一个输入变量，然后检查其对输出变量 NPV、IRR 和会计收益的影响。在情景分析中，我们描述与基准情况不同的情景，这其中许多或者所有输入变量都可以有不同的数值，然后对这些情景下的项目价值进行计算。通常情况下，情景分析可以采用两种形式之一：最佳情况/最差情况分析和多种可能情景分析。

1. 最佳情况/最差情况分析

对有风险的项目，实际现金流可能与预期差异很大。在最低限度下，我们可以估算出一切都是完美状态下的现金流，这就是最有利情况；如果没有一样是完美的，那就是最差情况。在实践中，这种分析可以通过两种方法来构建。在第一种情况下，项目分析中的每一项输入变量都被设置为最佳（或最差）的结果，并用这些数据来预估现金流。因此，在分析项目时，可以将收入增长率和营业利润率均设置为可能的最高水平，同时将折现率设置为最低水平，该计算值即为最佳情况。这种方法的问题是现实中可能并不可行。毕竟，为了获得较高的收入增长，企业可能不得不去降低售价，从而接受较低的利润率。在第二种情况下，在考虑输入变量之间的关系的同时，参照现实可行的情况来定义可能的最佳方案。因此，我们将选择同时具有可行性又能产生最大价值的收入增长和利润的组合，而不是假设收入增长和利润都将最大化。虽然这种方法更符合实际，但它却需要更多的工作才能实现。

这种分析结果可以从两个途径帮助决策者。一是最佳情况和最差情况下两个价值之间的差异可以用作衡量投资风险的指标。风险偏好较高的投资者的这个指标区间（按规模标准化）应当更高。二是企业往往会担心潜在的溢出效应影响导致投资运营变差，而通过观察最差情况的结果可以标定这种风险。因此，有重大负债的企业可能会利用最差情况的分析结果来判断这项投资是否有可能导致企业违约。不过，一般来说，最佳情况/最差情况提供的信息量并不足。毕竟，仅仅知道一项投资在最佳情况下价值很大，在最差情况下表现又很差，是不足为奇的。

2. 多种可能情景分析

情景分析并不需要只局限于最佳和最差情况两种。在最一般的形式中，一项风险投资的价值可以在许多不同的情景下进行计算，包括改变有关宏观经济和资产特定变量的假设。虽然敏感性分析的概念很简单，但它有四个关键组成部分：

第一，确定情景将围绕哪些因素构建。这些因素可以包括很多类型。例如，对一个考虑投资新工厂的汽车企业，这些因素可以是这个地区的经济状况；对一个企业考虑推出新产品，这些因素可以是竞争对手的反应；对于一个电话公司考虑推出一项新的电话服务，这些因素可以是监管部门的对应行为。

第二，要确定针对每个因素需要分析的情景数量。虽然更多的情景可能比更少的情景更符合实际，但对资产的现金流而言，收集相关信息和区分不同的情景会变得更加困难。因此，需要考虑多少种情景，会取决于不同情景的差异程度以及分析师在每种情景下准确预测现金流的能力。

第三，针对每种情况下的资产现金流的预测。为了简化这个环节的预测工作，我们一般只关注两三个关键因素，并为每个关键因素构建相对较少的情景。

第四，要为每个情景分配概率。对于某些情景，如涉及汇率、利率和整体经济增长等宏观经济指标的，可以通过一些专业的服务机构去预测这些变量；对于涉及行业或竞争对手的情景，则必须利用企业自己对行业或竞争对手的了解去做预测。情景分析得到的结果可以表示为在每个情景下的计算值，也可以表示为包含多情景的预期值（如果在第四步中可以估计输入变量的概率）。通常情况下，情景分析最适用于风险是离散的或可分为离散组的情况。因此，相对于处理未来利率可能发生变化的风险，情景分析更适合用于处理竞争对手推出类似产品的风险。

（三）决策树

在一些项目中，风险分布并不是离散的，而是连续的。换言之，一项投资要想成功，必须通过一系列测试，任何时点的失败都要能计算出全部的损失。正在进行商业开发测试的药物就属于这种情况。美国食品和药物管理局（FDA）的三阶段审批程序为药物的市场化设置了相应的门槛，三个阶段中任何一个阶段的失败都会导致该药物的市场化失败。决策树这种工具不仅可以让我们分阶段考虑风险，还可以为每个阶段的结果设计出正确的应对方式。

1. 决策树的分析步骤

理解决策树这种工具的第一步是要区分根节点、决策节点、事件节点和终端节点这几个概念。根节点代表了决策树的起点，这里决策者可能面临决策选择或不确定的结果。执行这一步的目的是评估此节点的风险投资价值。事件节点表示在一场风险赌局下的可能结果。例如，药物是否通过 FDA 审批流程的第一阶段就是一个很好的例子。我们必须根据当前掌握到的信息来找出可能的结果和对应的概率。决策节点表示决策者可以做出的选择。例如，在知道了测试市场的结果后，要做出是否从测试市场扩展到全国市场的选择。终端节点通常表示前期所有风险下的结果以及对应决策下产生的最终结果。

这里举一个非常简单的例子。假设你可以选择获得固定的 20 元，或者可以参加一个赌局，这个赌局里你赢得 50 元的概率为 50%，赢得 10 元的概率为 50%。这场赌局的决策树如图 3.19 所示。

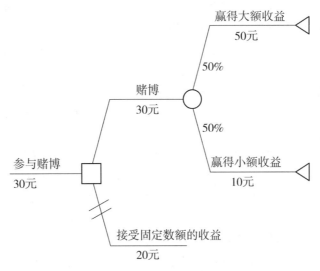

□决策节点；○事件节点；◁结束节点。

图 3.19　赌局的决策树

请注意决策树中的关键元素。首先，只有事件节点是表示不确定的结果，并且具有对应的概率。其次，决策节点代表了一种选择。仅仅基于期望值的话，赌博（期望值 30 元）比获得固定的 20 元要更好；在这个决策树的后一个分支上画的双斜杠代表了不会选择它。虽然这个例子可能比较简单，但构建决策树的要素都包含在其中了。

第一步：区分风险阶段。绘制决策树的关键是列出未来将会面临的风险阶段。在某些情况下，如对 FDA 的审批流程，这一步是比较容易的，因为每一阶段只有两种结果：药物获得批准进入下一阶段或没有获得批准进入下一阶段。而其他情况，这一步可能会比较困难，如一个新产品的测试市场可以产生数百种潜在结果，为了确保测试市场的有效性，就必须创建比较独立的类别。

第二步：在每个阶段估算产生的结果的概率。一旦确定了风险的各个阶段并定义了每个阶段的结果，就必须计算出产生结果的概率。除了要满足各个结果的概率总和为 1 的这个明显要求外，分析师还必须考虑某个阶段结果的概率是否会受到早期阶段结果的影响。例如，如果之前测试市场的结果仅为平均值，全国市场结果的概率是怎么变化的？

第三步：定义决策点。在决策树中嵌入了决策点，在这些决策点上，可以根据前面阶段的结果和对未来情况的预测，去确定最佳行动方案。仍旧以测试市场为例，你可以在市场测试结束时确定下一步是进行第二次市场测试，或放弃该产品，或直接进入全国市场。

第四步：计算终端节点的现金流/价值。在某些情况下，这一步是比较容易做到的。例如，放弃经过市场测试的产品，那么现金流就是在产品测试市场上花费的资金。而在其他情况下，这又比较难实现。例如，在全国范围内推出同一产品，这时你必须预测产品全周期的现金流，并对这些现金流进行贴现以获得现值。

第五步：向后折叠决策树。在这一步中，通过回溯决策树来计算期望值。如果节点是个机会节点，期望值可以根据所有可能结果的概率加权计算出来；如果节点是决策节点，则在每个分支都要计算期望值，并选择最大值（作为最佳决策）。这一过程最终会回溯到当前的资产或投资能带来的期望回报。决策树中会出现两个关键的输出内容。第一个是决策经过整个决策树的投资期望值。该期望值将包括潜在的上行和下行风险以及你在应对该风险的过程中采取的所有行动。实际上，这类似于我们在上一章中提到的风险调整值。第二个是终端节点对应的计算值范围，它映射了投资中的潜在风险。

2. 决策树的应用

尽管使用决策树这种工具可以带来很多好处，然而意外的是，决策树在实际分析中并没有被经常使用。

（1）对风险的动态回应。通过将行动和选择与不确定事件的结果联系起来，决策树鼓励企业考虑在不同情况下应该如何行动。因此，企业将为可能出现的任何结果做好准备，而不会感到意外。例如，在前述例子中，无论第三步的最终结果如何，企业都已经准备好了一整套的行动计划。

（2）信息价值。决策树为决策过程中信息的价值提供了一个有用的视角。尽管这在药物开发的例子中并不明显，但当一家企业考虑是否在市场化产品前对其进行市场测试时，就可以清楚地看到这一点了。通过市场测试产品，你可以获得与最终成功机会相关的更多信息。我们可以在决策树中计算这种更进一步信息的期望值，并将其与市场测试成本进行比较。

（3）风险管理。决策树提供了一张现金流随时间推移而变化的图片，因此有助于确定应该防范哪些风险以及这样做的好处。例如，考虑一项投资资产的决策树，最坏的情况出现在美元相对欧元疲软的时候。由于我们可以对冲这种风险，那么对冲风险的成本可以与最坏情况下的现金流损失进行比较。总之，决策树为处理分阶段发生的风险提供了灵活而强大的方法，每个阶段的决策都取决于前一阶段的结果。除了为我们提供承担风险的衡量标准外，它们还促使我们思考如何应对每个阶段可能出现的不利和有利结果。

（四）模拟分析

如果说情景分析和决策树是帮助我们评估离散分布风险影响的手段，那么模拟分析则提供了一种检查连续分布风险结果的方法。我们在现实中面临的大多数风险都可能产生数百种可能的结果，因此，模拟分析将使我们更全面地了解资产或投资的风险。

模拟分析与情景分析不同，在情景分析中我们是在离散的情景下查看对应的数值，模拟分析则允许我们在处理不确定性方面具有更大的灵活性。在典型的处理过程中，对模拟分析中的每个参数（增长、市场份额、营业利润率等）的数值分布都进行了估计。在每次模拟中，我们会从每个分布中都提取一组数据，以生成一组独特的现金流和价值。通过大量模拟，我们就可以得出投资或资产价值的分布，该分布将反映我们在估计输入变量时面临的潜在不确定性。模拟分析的步骤如下。

1. 确定概率变量

在任何分析中，可能都会有几十个输入变量，其中有一些是可预测的，有一些则是不可预测的。在情景分析和决策树中，变量数量和相应结果的数量必须偏少，而在模拟分析中允许变化的变量数量则没有限制。至少在理论上，我们可以定义每个输入变量的概率分布。然而现实情况是这将非常耗时，而且可能并不会带来太多有价值的回报，尤其是对最终结果影响不大的输入变量。因此，将注意力集中在对最终结果有重大影响的几个关键变量（概率变量）上是有意义的。

2. 定义概率变量的概率分布

这是模拟分析中最关键也是最困难的一步。一般来说，有三种方法可以定义概率分布。第一种方法是使用历史数据，尤其是对于历史较长且数据可靠的变量。这种方法最适用于利率和通货膨胀等宏观经济变量。第二种方法是使用横向比较数据，借鉴与正在分析的投资项目类似的项目数据。因此，像 Target 这样的零售店在评估新店的利润率时，可以查看其现有门店的利润率分布情况。第三种方法是为变量假设一个合理的统计分布，以及该分布的参数。因此，我们可能得出对应结论，营业利润率将呈均匀分布，最小值为4%，最大值为8%，收入增长是正态分布的，期望值为8%，标准偏差为6%。概率分布对于输入变量可以是离散的，也可以是连续的；同时，可以是基于历史数据，也可以是基于统计分布的。

3. 检查变量间的相关性

一旦确认变量概率分布后，往往很容易立即跳转到模拟分析这一步。而在这之前检查变量间的相关性是很重要的环节。假设你正在尝试确定利率和通货膨胀的概率分布，虽然这两种输入变量对确定最终计算可能都很关键，但它们可能是相互关联的，即高通胀通常伴随着高利率。当输入变量之间存在强相关性（正相关性或负相关性）时，你有两种选择：一种是只选择两个输入中的一个来改变，通常也会关注对计算结果有较大影响的输入变量；另一种是在模拟分析中建立显式的相关性，这往往需要更复杂的模拟软件包，并给计算过程添加了更多细节。

4. 模拟运行

对第一次模拟运行，要从每个输入变量分布中选取一个结果，并根据这些输入结果计算输出结果。尽管每次模拟对整体结果的边际贡献会随着模拟次数的增加而下降，这个过程可以根据需要重复多次。模拟次数应由以下因素确定：

（1）变量的数量。具有概率分布的输入变量的数量越多，所需模拟的次数就越多。

（2）概率分布的特征。概率分布的多样性越大，所需模拟的次数就越多。因此，在所有输入变量均为正态分布的模拟中，所需模拟的次数将小于那种某些输入变量具有正态分布，某些输入变量基于历史数据分布，而某些输入变量又是离散的模拟中所需模拟的次数。

（3）模拟结果的范围。每次模拟的潜在结果范围越大，模拟的次数应该越多。大多数模拟软件包允许用户运行数千个模拟，而增加这个次数几乎不需要任何成本。基于这个实际情况，选择过多的模拟次数往往要优于过少的模拟次数。

要完成一个理想的模拟分析通常有两个障碍。一是信息方面的，因为很难估计每个输入变量的分布状态。显然，估计未来 5 年收入的预期增长率时，直接假定为 8% 要比估算其增长率的分布（类型和参数）要容易得多。二是可计算性。对分析师来说，在个人电脑普及之前，模拟分析往往过于耗费时间和资源。现在，这两个限制条件都已有所缓解，模拟分析变得更加可行。

模拟分析用于决策。一个理想的模拟分析可以为我们提供的不仅仅是资产或投资的期望回报，还有以下好处：①对输入变量更好的预测。对一个理想的模拟分析，分析师将检查每个输入变量的历史数据和同期横向比较数据，然后再判断要使用的分布和参数。在此过程中，分析师就可能避免与仅使用单点数据估计相关的马虎性。例如，许多贴现现金流估值是基于从金融数据平台（如 Zack's 或 IBES 等服务机构）获得的预期增长率，而这些机构报告给出的分析师的预测数据都是一样的。②模拟分析会产生结果的概率分布，而不是单一计算结果。对项目进行模拟时，不仅会得到对应的期望值（NPV 或 IRR），而且会得到该结果的分布概率。这种分布凸显了一个明显又重要的观点，即估值模型得出的风险资产估值结果并不精确，并解释了为什么对同一资产进行估值，不同的分析师可能得出不同的估值结果。

需要注意的是，对模拟分析，以下两种说法必须谨慎。一是与传统的风险调整估值模型相比，模拟分析会产生更好的估值结果。事实上，模拟分析得到的期望值应该非常接近我们使用每个输入变量的期望值（而不是整个分布）来计算得到的结果。因此，很难确保一定有更好的结果。二是模拟分析通过给出结果的期望值和对应的分布，可以帮助做出更好的决策。事实上可能并不总是如此，因为对决策者而言，他通过模拟分析更全面地了解到风险资产价值的不确定性所获得的好处，可能会被滥用风险度量而抵消。正如在本章后面将讨论的那样，在模拟分析中重复计算风险，以及基于错误风险类型做决策的情况都太常见了。

第五节　我国企业投资相关法律法规

一、背景

近年来，随着我国企业投资方式日新月异，投资数额不断增大。仅 2021 年，全社会固定资产投资总规模超过 54 万亿元，其中 90% 以上是企业投资。然而，具有如此庞大数额的投资领域，却一直缺乏一部层级较高、规定较透明、操作较明确的法律文件加以调整。2016 年 11 月 30 日，国务院公布《企业投资项目核准和备案管理条例》（以下简称《条例》）（自 2017 年 2 月 1 日起施行），对企业投资项目核准和备案工作的范围、基本程序、监督检查和法律责任做出了统一制度安排。从《条例》的创新性角度来看，它是我国固定资产投资领域的第一部行政法规，各级地方政府有望按照其指导精神和具体规范，规范企业投资项目核准与备案，实现转变政府投资管理职能，巩固企业投资主体地位。

在《条例》颁布之前，企业在固定资产投资领域的管理主要依据的是国务院分别于 2004 年和 2014 年颁布的《国务院关于投资体制改革的决定》（国发〔2004〕20 号）（以下简称《决定》）和《政府核准的投资项目目录（2014 年本）》，以及国家发展和改革委员会于 2014 年 5 月 14 日颁布的《政府核准投资项目管理办法》（以下简称《办法》）。以《决定》《办法》和《政府核准的投资项目目录（2014 年本）》为核心的固定资产投资项目管理体制就具体情况具体分析，针对不同投资项目分别实行核准制和备案制，相比之前实行的一律由政府机关进行审批的单一管理体制而言，在增强、扩大、落实企业自主权以及提高企业固定资产投资效率方面有了很大的进步。但是，在固定资产投资领域的项目管理体制仍存在诸多弊端，如企业投资项目核准范围过大、前置条件过于严苛、核准条件和标准不明确、审查周期长、中介服务不规范等情形均较为普遍。

为了通过加强投资领域法治建设，进一步落实企业投资自主权，确立企业的投资主体地位，中共中央、国务院于 2016 年 7 月 5 日颁布了《中共中央、国务院关于深化投融资体制改革的意见》（以下简称《意见》），且国务院此次不仅公布了《条例》，还于 2016 年 12 月 12 日颁布实施《政府核准的投资项目目录（2016 年本）》（国发〔2016〕72 号），与《条例》配套实施。

二、主要内容

一是规范项目核准行为。《条例》规定，对关系国家安全、涉及全国重大生产力布局、战略性资源开发和重大公共利益等企业投资项目实行核准管理，其他项目一律实行备案管理。企业办理项目核准手续，仅需提交项目申请书以及法律、行政法规规定作为前置条件的相关手续证明文件；核准机关从是否危害国家安全，是否符合相关发展建设规划、技术标准和产业政策，是否合理开发并有效利用资源，以及是否对重大公共利益产生不利影响等四个方面进行审查，审核期限原则上不超过 20 个工作日。

二是规范项目备案行为。为了防止项目备案成为变相行政许可，《条例》规定，实行备案管理的项目，企业应当在开工建设前将企业基本情况，项目名称、建设地点、建设规模、建设内容，项目总投资额，项目符合产业政策的声明等四个方面的信息告知备案机关，并对信息的真实性负责；备案机关收到全部信息即为备案。备案机关发现已备案项目属于产业政策禁止投资建设或者实行核准管理的，应当及时告知企业予以纠正或者依法办理核准手续，并通知有关部门。

三是加强事中事后监管。《条例》规定，核准机关、备案机关以及其他相关部门应当加强事中事后监管，落实监管责任，采取在线监测、现场核查等方式，加强对项目实施的监督检查；企业应当如实报送项目开工建设、建设进度、竣工的基本信息；核准机关、备案机关以及其他有关部门应当建立项目信息共享机制；企业在项目核准、备案以及项目实施中的违法行为及其处理信息，通过国家社会信用信息平台向社会公示。

四是优化服务。为提高透明度，方便企业办事，《条例》规定，项目核准、备案原则上通过国家建立的项目在线监管平台办理；核准机关、备案机关应当通过项目在线监管平台列明与项目有关的产业政策，公开项目核准的办理流程、办理时限等，并为企业提供相关咨询服务。

五是严格责任追究。《条例》对企业未办理项目核准手续开工建设或者未按照核准的建设地点、建设规模、建设内容等进行建设的，未按照规定备案或者向备案机关提供虚假信息、投资建设产业政策禁止投资建设项目的，以及核准机关、备案机关及其工作人员玩忽职守、滥用职权、徇私舞弊的行为，规定了明确的法律责任。

在《条例》的基础上，2017年3月22日，国家发展和改革委员会（以下简称国家发改委）公布了《企业投资项目核准和备案管理办法》（国家发展改革委令第2号）（以下简称《管理办法》），于2017年4月8日起施行。国家发改委此次颁布的《管理办法》，在企业投资项目核准和备案的范围、权限、流程、要求、时限、事中事后管理、法律责任等方面做了进一步细化，贯彻了《条例》所确立的"负面清单"管理、规范核准和备案行为、加强事中事后的监督管理、落实企业投资自主权等原则。

小　结

投资决策分析被认为是应用公司金融中重要的部分。在本章中，我们定义了投资分析的范围并研究了一系列投资分析技术，包括权益回报率（ROE）和资产回报率（ROA）等会计收益率指标，以及净现值和内部收益率等折现现金流技术。一般而言，可以认为：任何需要使用资源的决策都属于投资决策。因此，投资决策涵盖了从广义战略决策到狭义经营决策（如确定库存量指标）的所有内容。

（1）会计收益率指标，如权益回报率和资产回报率，通常对初始投资大、收益大致等于现金流、收益水平随时间变化的项目更有效。对于大多数项目，会计收益率会随着时间的推移而增加，因为资产的账面价值会贬值。

（2）投资回收期关注项目名义现金流回收初始投资的速度，是一种备选的项目绩效衡量指标或风险衡量指标；但它并不是一种非常主要的技术手段，因为它不考虑初始投资回收后的现金流情况。

（3）现金流贴现法提供了项目真实回报的最佳衡量标准，因为它是基于现金流并考虑了资金时间价值的结果。在现金流贴现法中，净现值法提供了一个无标度的衡量指标（绝对指标），内部收益率法提供了一个项目的标度化的衡量指标（相对指标）。这两种方法都需要相同的信息，在大多数情况下，它们在用于分析独立项目时会得到相同的结论。

（4）在实践估算项目现金流时，需要考虑到折旧和税率的影响，同时要区别相关和非相关成本，沉没成本不应纳入未来是否投资项目的考虑。实际投资决策是具有不确定性的，我们可以使用几种不同的技术来评价投资项目。在敏感性分析中，我们关注的是在保持其他输入变量不变的情况下，一次只更改一个输入变量对计算结果（和投资决策）的影响。在情景分析中，我们检查的是最佳和最差情况下以及在特定情景下的投资回报。在决策树中，风险是按顺序评估的，其中上一个阶段的结果会影响下一个阶段的计算值。最后，在模拟分析中，我们对输入变量使用概率分布，而不是期望值，并得到净现值和内部收益率的概率分布结果（而不是净现值和内部收益率的数值）。

思考题

1. 请阐述机会成本的含义。

2. 在讨论资本预算时，通常假设投资项目的所有营运资本都能够回收，这个是一个在实践中可以被接受的假设吗？如果不可以，将出现什么情况？

3. 请评价以下说法是否正确："在做资本预算时，只用关注相关税后增量现金流。由于折旧是非付现费用，所以可以在做预算时忽略折旧。"

4. 考虑如下两个互斥项目的现金流信息：

单位：美元

年	项目 A	项目 B
0	− 50000	− 65000
1	30000	29000
2	25000	38000
3	20000	41000

项目 A 的现金是以实际形式表示的，项目 B 的现金流则是以名义的形式表示。恰当的名义折现率为 15%，通货膨胀率为 4%。请问你会选择哪个项目？

5. 作为企业的股东，在投资新项目时，你更关注会计盈亏平衡点、现金盈亏平衡点（经营现金流为 0 时）还是财务盈亏平衡点？请阐述理由。

第四章　企业并购决策

企业并购已成为企业扩大规模、增强实力、提高效率的重要手段。企业并购决策是企业利用自身的各种有利条件，在选择并购战略时，对并购对象、并购价格、并购方式等多方面内容进行综合决策的过程。本章首先介绍企业并购的概念、分类与动因；其次从财务学和经济学的视角对企业并购行为进行较为详尽的分析，并分析三种并购策略；最后对我国企业并购历史进行回顾。

第一节　企业并购的概念、分类与动因

一、企业并购的概念

企业并购是企业法人在平等自愿等价有偿的基础上，以一定经济方式取得其他法人产权的行为，是企业通过多元化经营以实现扩张的一种主要形式，包括兼并与收购两种方式（表4.1）。兼并是指多个企业主体通过合并的方式组合成一个新的企业主体，包括吸收合并和新设合并。《中华人民共和国公司法》第一百七十二条规定，一个企业吸收其他公司的行为是吸收合并，被吸收的企业主体需要解散，即"A + B = A"；两个及以上企业合并设立一个新的企业主体是新设合并，合并各方原企业法人主体均解散，即"A + B = C"。收购是指收购方以一定经济的方式吸收被收购方并成为其控股投资企业，而不撤销被收购方的法人地位。在企业实际经营过程中，收购方在收购标的企业后，基本上会改变标的企业的组织结构。故学术界和实务界也将收购看作兼并的一种形式，并将兼并和收购统称为并购。

表 4.1　企业并购的相关概念

概念		定　义	表现形式
并购	兼并 吸收合并	一个企业吸收其他企业的行为，被吸收企业法人主体解散	A + B = A
	兼并 新设合并	两个及以上企业合并设立一个新的企业主体的行为，原企业法人主体均解散	A + B = C
	收购	收购方吸收被收购方并成为其控股投资企业的行为，被收购企业保持法人地位	A + B = A + B （B 属于 A）

重组是企业对自身组织形式、经营范围或经营方式进行变更的行为，即企业对自身资金、劳动力、技术、管理等生产要素的重新配置。在企业实际生产经营中，企业的并购行

为通常与重组行为同时发生。但与并购侧重企业控制权和股权不同，重组侧重描述企业资产关系的变化。企业在并购后通常通过内部重组调整企业的组织形式、经营范围或经营方式，进而提升现有资产的整体效益。同时，企业也可以通过外部重组的方式剥离不良资产和配置优良资产以实现企业整体效益最大化，即企业可以通过并购、互换等手段重新合理配置现有资产。

二、企业并购的分类

纵观世界各国的并购事件可以发现，企业并购的手段各式各样，表现形式也有所不同。根据不同标准，企业并购可划分为不同种类（表4.2）。

表 4.2 企业并购的分类

分类依据	类型	特　点	代表案例
按并购双方的行业特征	横向并购	行业相同	万邦达收购昊天节能装备股份有限公司
	纵向并购	同类产品不同阶段	联想并购 IBM 的 PC 业务
	混合并购	行业无关	百丽从"女鞋之王"到"鞋业之王"
按并购双方的合作态度	善意并购	友好协商达成一致	阿里收购吉鑫控股
	恶意并购	管理层不知情或反对收购	新浪阻击盛大的收购
按并购所采用的手段形式	要约并购	对目标企业所有股东发出收购要约	中石化收购旗下四家子公司
	协议并购	与目标企业的控股股东或大股东签订协议	燕京啤酒并购惠泉啤酒
按资本输出方式是否涉及至少两个国家	跨国并购	两个及两个以上国家	海尔集团并购美国通用电气家电业务
			拜耳收购滇虹药业
	非跨国并购	同一个国家和市场	国内多数案例

（一）横向并购、纵向并购和混合并购

根据并购双方的行业特征可以将并购分为横向并购、纵向并购和混合并购（崔永梅等，2013）[①]。

横向并购是指主并企业与标的企业处于相同行业，产品属于同一领域或市场的企业并购行为，实质上也就是具有竞争关系的企业合并。横向并购具有的特征是：能够扩大产品市场份额，提高市场支配力，降低单位成本，产生规模效益；有助于消减产业竞争压力，增强企业垄断能力。

纵向并购是指在生产阶段或营销环节中为上下游关系的企业之间的并购行为。即主并企业将同自身企业生产密切关联的处于前后工序的生产、营销过程的标的企业合并过来，

---

① 崔永梅、张秋生、袁欣：《企业并购与重组》，大连出版社 2013 年版。

以形成纵向一体化。它实质上是处于生产同一产品、不同生产阶段的企业间的并购，并购双方往往是供应企业或客户。纵向并购的特点是：提升产品质量控制能力，降低交易税金，节省运输、设备、仓储等交易费用和内部成本；加快生产流程，加强生产、经营过程中各环节的配合，有助于企业内部协作化生产。

混合并购是指并购双方既不是竞争对手，也不是具有关联的产品、服务或生产技术联系的企业之间的并购。通过混合并购，企业可以降低市场经济波动性的影响，提高企业在复杂多变的经营环境中的适应能力，分散经营风险。在企业飞速发展的过程中，混合并购能够实现多元化经营，企业有希望进入比现有行业或市场更有利润的其他领域，迅速获取技术、市场等资源优势，实现更高的收益回报。

经典案例引入

横向并购案例：万邦达收购昊天节能装备股份有限公司

2014 年 5 月 14 日，万邦达发布公告，出价 6.81 亿元收购昊天节能 100% 股份。昊天节能生产的主要产品为预制直埋式保温管，广泛应用于城镇集中供热一次主干管网、工业用蒸汽输送管线等领域，其主要客户包括电力投资集团公司、华能集团公司等在内的多家公司。万邦达与昊天节能的重点客户均集中于电力、热力、石化等行业，下游客户群体具有较强的重叠性，本次交易完成后可实现客户资源叠加，交叉销售和项目规模的快速扩增。

纵向并购案例：联想并购 IBM 的 PC 业务

2004 年 12 月 8 日，联想和美国 IBM 签署重要协议用 12.5 亿美元购入 IBM 的个人电脑业务，自此，联想集团一跃成为世界第三大 PC 企业。这次并购使联想在品牌、技术、销售、服务、战略联盟等方面都有巨大的提升。并购后，IBM 的台式机业务和笔记本业务的研发和技术体系归联想所有，联想的采购、营销体系在一定程度上由于借助了 IBM 原有的分销渠道得到大大优化。

混合并购案例：百丽从"女鞋之王"到"鞋业之王"

2007 年 5 月 23 日，中国最大的女装鞋零售商百丽在港交所上市之后，立即展开了一系列斥资收购——收购 Fila、妙丽、森达等。通过同曾经占据过"中国第一男鞋品牌"宝座的森达皮鞋合为一家，新百丽大举进入男鞋市场，实现男女鞋并肩的市场目标，同时也开拓了在国内外鞋业的市场布局。此后，百丽又以 5.63 亿元人民币收购森达旗下的一家男女鞋品原设备制造企业——上海永旭鞋业，进一步巩固其市场地位。截至 2022 年，百丽手上已掌握超过 30 个品牌，而且是 Nike、Adidas 等十余个全球知名运动品牌的在华零售伙伴。

（二）善意并购和恶意并购

按并购双方的合作态度划分，并购可分为善意并购和恶意并购（马永斌，2020）[1]。

善意并购又称友好并购，指并购企业与目标企业在自愿、合作、公平的前提下事先商讨、谈判并购事项并达成共识而完成并购交易的并购行为。在善意收购的过程中，并购企业与目标企业互相尊重、友好合作以达到最终协议，目标企业会主动向并购企业提供其所需的内部信息和资料，并购企业也不会对目标企业使用非协商的手段，故此类并购交易的成功率较高。

恶意并购又称敌意并购，指并购企业在目标企业管理层对其收购意愿不知晓或者不情愿并购的情况下，直接对目标企业进行强行并购的行为。在敌意收购中，并购企业通常以严厉的条件先发制人，不顾目标企业的意愿强行并购；目标企业则在得知收购意图后，相应地采取一切反收购措施，极力降低并购的成功率。同时，并购企业根据目标企业的反应措施采取出其不意的手段，最终强迫目标企业就范，达到并购目的。

经典案例引入

善意并购案例：阿里收购吉鑫控股

2020年10月19日，阿里巴巴宣布子公司淘宝中国以280亿港元（约36亿美元）收购吉鑫控股有限公司70.94%股权。而后者持有高鑫零售约51%股权。收购完成后，阿里巴巴连同其关联方将持有高鑫零售约72%的经济权益，成为其控股股东。这是阿里巴巴在新零售领域最大的一次并购交易。通过本次收购，高鑫零售采用阿里的零售新方案拉动了线下门店，推进门店的数字化和线上线下一体化发展。阿里则在新零售领域继续创造新的模式和市场布局，"互联网＋商超"赛道又将重新洗牌。

恶意并购案例：新浪阻击盛大的收购

2005年2月19日，盛大发布公告称，通过公开股票市场交易收购了新浪19.5%的已发行普通股，并按照美国《证券法》向美国证券交易委员会提交了13－D备案报告。盛大在该报告中表明了对所持有新浪股票的受益所有权，同时还公布了相关交易以及其他需要在13－D备案中报告的特定内容。紧接着，新浪于2月22日晚宣布，其董事会已采纳股东购股权计划，通过稀释股权的方式以反击盛大的进一步收购。在启动这个"毒丸计划"后，盛大已不可能完成收购新浪，最终盛大只能无奈放弃新浪。

（三）要约并购和协议并购

按并购所采用的手段形式不用，可以将并购分为要约并购和协议并购。

要约并购是指收购方以公开的方式，按照相同价格、比例等要约条件，向上市公司所有股东发出的购买其所持股份的书面意思表示。与其他收购相比，要约收购最鲜明的特点

① 马永斌：《公司并购重组与整合》，清华大学出版社2020年版。

就是对所有股东一视同仁，并且所有股东都有自主选择权。要约收购的模式极大程度地降低了并购中存在的信息不对称性，减少了内幕交易，保障了全体股东特别是中小股东的利益。

协议收购是指收购人依照法律、行政法规的规定，同被收购公司的股东以协议方式在证券交易所场外进行股份转让的行为。协议收购大多发生在目标公司股权较为集中时，并购双方能够充分沟通信息，并购方容易获得目标企业的合作，降低了并购交易的风险和成本。

经典案例引入

要约并购案例：中石化收购旗下四家子公司

2006 年 2 月 16 日，中石化董事会决议公告批准了对旗下齐鲁石化、扬子石化、中原油气、石油大明等四家上市公司进行全面要约收购。根据中石化公布的《要约收购报告书摘要》，中石化以现金方式回购齐鲁石化、扬子石化、中原油气、石油大明流通股的价格分别为 10.18 元/股、13.95 元/股、12.12 元/股、10.30 元/股。中石化公布收购旗下 4 家上市公司流通股股权的收购要约，标志着中国境内上市公司间第一起正式的要约收购案拉开帷幕。

协议并购案例：燕京啤酒并购惠泉啤酒

2003 年 7 月 26 日，燕京啤酒完成了其历史上最大的一次并购：燕京啤酒与惠泉啤酒第一大股东惠安县国有资产投资经营有限公司签署《股份转让协议》，燕京啤酒以 3.6 亿元现金收购福建省最大的啤酒企业——惠泉啤酒集团股份有限公司 38.15% 的股权，从而成为这家上市公司的第一大股东。并购的完成为燕京啤酒开拓了东南沿海市场，形成更强大的市场竞争力和对福建市场的强大覆盖，为实现其在全国的战略布局奠定了基础。

（四）跨国并购与非跨国并购

按资本输出方式是否涉及至少两个国家，可以将并购分为跨国并购和非跨国并购。

跨国并购是指主并企业以跨国的形式去并购另一国家的标的企业资产或股权，从而对该企业的经营管理实施控制的行为。李善民和李昶（2013）[①] 研究发现，跨国并购是外商直接投资进入东道国市场的主要手段。就我国而言，跨国并购具有两种形式：一是跨境并购，侧重于中资西渐，即我国企业为达到某种目的，通过一定渠道和契机对另一国的企业展开的海外并购行为；二是外资并购，侧重于外资入华，即外资企业、经济组织或投资者等采用各种方式购买我国境内企业股权或资产的企业间的并购。

跨国并购的目的是迅速占据他国市场份额，扩大企业的生产经营规模，提高主并企业对国际经济环境变化的适应能力；同时，主并企业还可以充分利用标的企业成熟且丰富的

---

① 李善民、李昶：《跨国并购还是绿地投资？——FDI 进入模式选择的影响因素研究》，《经济研究》2013 年第 12 期，第 134～147 页。

资源推进技术进步和产业升级，降低行业壁垒，较大程度地分散了企业的经营发展风险。

非跨国并购是指主并企业与标的企业的资本输出方式和受益人只涉及一个国家和市场，以及同一个政府控制下的法律制度的并购行为。企业非跨国并购行为较为普遍，故本书在这里不对非跨国并购进行过多解释和举例。

跨国并购案例引入

跨境并购案例：海尔集团并购美国通用电气家电业务

2015 年，海尔集团最终以收购价 55.8 亿美元并购美国通用电气 GE 家电部门。GE 是美国标志性的第二大家电企业，也是长期霸占欧美中高端市场（这是中国家电企业最想要打通同时也是最难攻下的国际中高端市场）的家电品牌。海尔收购 GE 近 7 年过去了，根据 Statista 披露的数据，2021 年全球主要家电制造商收入排名第一的是海尔。即使受原材料价格上涨、疫情反复等影响，海尔集团旗下海尔智能在大家电零售整体市场上的份额仍连涨至 25.1%，再创新高。

外资并购案例：拜耳收购滇虹药业

2004 年 2 月，德国拜耳进行了迄今为止布局中国市场最大的一次并购：以 36 亿元收购滇虹药业所有股份。完成收购后，再加上收购默克保健消费品业务，拜耳将是在中国最大的非处方药物领域的跨国药企。滇虹药业是一家主要生产非处方药物（OTC）和传统中草药产品（TCM）的中国民营制药公司，其主推产品为：治头屑和其他头皮疾病的康王洗剂、主打抗真菌乳膏皮康王，以及治疗各类妇科疾病的中药丹莪妇康煎膏。收购将使拜耳获得在中国非处方药市场的领先地位，有助于拜耳进一步扩大在华市场份额，为实现其在中药领域的全球战略布局奠定基础。

三、企业并购的动因

企业作为以营利为目的的经济主体，并购是其提高主体竞争力和实现自身整体价值增值的重要投资方式。从单个企业并购行为角度看，企业并购的动因不同，也会呈现出不同的表现形式。基于此，我们根据企业发展战略划分企业并购的动因，主要包括经营协同效应、管理协同效应、财务协同效应、管理层逐利及过度自信、实现战略转型和多元化发展。

（一）经营协同效应

所谓经营协同效应，是指通过并购使企业的生产经营活动发生改变以及在效率方面的提高所产生的效益（张秋生，2019）①。它又包括两种形态：收入提升的经营协同效应和

---

① 张秋生：《并购学：一个基本理论框架》，经济科学出版社 2019 年版。

成本降低的经营协同效应（Gaughan，2010）①。

1. 收入提升的经营协同效应

通过并购带来的即时和（或）长期的经营收入提升可能来自并购双方产品的交叉营销。由于产品线的扩张，各公司都可以向现有客户销售更多的产品和服务，交叉营销使得主并企业和标的企业都有提高收入的可能性，各企业的收入因此将得到迅速的提升。在横向并购中，竞争对手的减少能够助力主并企业提高市场占有率，通过提高行业集中度以提升企业知名度，从而提高企业的资产回报率，提升企业营业收入。

2. 成本降低的经营协同效应

成本降低的经营协同效应常常被学者们作为经营协同效应的主要来源（Gaughan，2010）。成本降低在企业并购中通常是实现了企业经营的规模经济，即由于企业扩大生产经营的绝对规模和相对规模，导致产品单位成本下降，从而提高了经济效益（张秋生，2019）。在生产过程中，企业通过并购可以获得标的企业的原材料、技术设备和人员等生产资料，相互调节并发挥整体互补优势，有利于调整产品结构和延伸产业链，充分挖掘企业开发新产品、新技术的潜在生产能力，使企业达到生产规模经济状态。在纵向并购中，由于控制了原料供给和（或）产品营销渠道，主并企业能够确保可靠的供应来源和及时的输送，提高原材料或产品的运行效率，降低内部转移的运行成本，并由于规模效应，获得充分的经济收益。

（二）管理协同效应

市场经济最根本的准则就是竞争。面对来自市场的多方竞争压力，企业除了在技术、产品管理、市场营销等方面殚精竭虑外，还通过优化企业内部经营管理以提高管理效率，提升企业的核心竞争优势，从而获得经济收益。

一方面，并购之后，原先各个企业间重复的设置架构以及管理、营销以及研究开发费用等并不会因企业规模的扩大等比例增加，有利于企业节省管理费用，提高企业管理效益；另一方面，企业并购能够充分利用企业设备的剩余生产能力和过剩的管理资源，实现各并购单位内部资源的转移和优化，以使并购后新企业的管理效率得以提升。此外，主企业合并另一家标的企业能够引入优秀的管理文化和管理模式，获取如品牌、声誉等难以复制的资源，这对企业的快速发展是极为重要的。

（三）财务协同效应

在财务方面，企业通过并购还可以合理避税、提高企业价值和改善财务状况，进而发挥财务协同效益。

第一，企业通过并购可以达到合理避税的目的。例如，标的企业具有累计亏损或税收优惠时，正收益的主并企业并购标的企业可以选择合并纳税以达到合理避税的目的。

第二，企业通过并购可以提高企业价值。在企业发布并购公告前，并购事件相关的部分工作人员存在泄漏消息的可能，部分投机者会借机炒作股票价格获取收益，进而提升企

---

① P. A. Gaughan, *Mergers*, *Acquisitions*, *and Corporate Restructurings*, Hoboken, NJ: John Wiley & Sons, 2010.

业价值。同时，李善民和陈玉罡（2002）① 提出企业并购会引起主并企业和标的企业的股价变化，进而提升股东财富。优质企业的并购事件也会引起二级市场投资者的关注，导致公司股票价格上涨。

第三，企业可以通过并购改善财务状况。一方面，财务分析师在调查标的企业时发现标的企业的价值被低估，主并企业可以通过并购获取高于市场价值的并购溢价，进而达到改善企业自身财务状况的效果；另一方面，企业在并购后，可以降低单位管理费用，从而将更多的人力、物力和财力投资在企业研发过程中。

（四）管理层逐利及过度自信

Cox（2006）② 提出委托代理问题也是企业并购动因之一。当企业所有权和控制权两权分离，而管理层又不占或少占企业股份时，便容易产生委托代理问题。即企业管理层可能会以提升个人收入以及工作稳定性为目标寻求并购，而不考虑企业利益最大化的问题的行为。

Berkovitch 和 Narayanan（1993）③ 提出主并企业管理层认为标的企业是其最适合增加自身福利的企业时，便会产生委托代理问题。其中管理层的福利主要包括个人收入和工作稳定性增加。一方面，部分学者研究发现管理层收入与企业规模呈正相关关系（Firth，1991④；Meeks and Whittington，1975⑤），并购可以扩大企业规模，进而提升管理层自身收入；另一方面，在并购活动频繁增加时，管理层发起并购可以扩大企业规模以增加其他企业并购成本，进而抵御其他企业的收购。

此外，管理层过度自信也是企业并购的动因之一。部分过度自信的管理层在做并购决策过程中会高估自身能力和知识水平，故其可能会高估并购活动的成功率和收益且低估并购活动产生的风险，导致并购失败或者企业在并购后价值降低。

（五）实现战略转型和多元化发展

并购行为是企业实现战略转型的重要手段。由于部分行业在技术、市场等方面存在壁垒，企业在进入新行业时依托内部发展实现战略转型的能力有限。并购可以直接获得标的企业的技术、经验以及行业地位等，是更为直接的转型路径。一方面，企业采取并购的方式可以直接获得标的企业关于专利、经验等核心竞争力，降低了企业战略转型的时间成本和发展成本；另一方面，企业通过并购还能减少新市场中有力的竞争者，直接获取其行业

① 李善民、陈玉罡：《上市公司兼并与收购的财富效应》，《经济研究》2002 年第 11 期，第 37～35、93 页。

② R. A. Cox, "Mergers and acquisitions: A review of the literature," *Corporate Ownership & Control*, vol. 3, no. 3 (2006), pp. 55 – 59.

③ E. Berkovitch, M. P. Narayanan, "Motives for takeovers: An empirical investigation," *Journal of Financial and Quantitative Analysis*, vol. 28, no. 3 (1993), pp. 347 – 362.

④ M. Firth, "Corporate takeovers, stockholder returns and executive rewards," *Managerial and Decision Economics*, vol. 12, no. 6 (1991), pp. 421 – 428.

⑤ G. Meeks, G. Whittington, "Directors' pay, growth and profitability," *The Journal of Industrial Economics*, vol. 24, no. 1 (1975), pp. 1 – 14.

地位。

　　企业通过并购还可以进入新市场，直接实现多元化发展。企业并购新市场企业可以直接扩展企业现有的经营范围，帮助企业获得在新市场中的竞争优势。同时，在并购新市场企业后，企业实施多元化战略还能分散同行业竞争引起的风险。

第二节　企业并购的财务学分析视角

一、并购的财务协同效应

　　财务协同效应是并购效果的集中体现，这种效应的取得是企业并购的主要动因之一。在第一节的并购动机中已经讨论了财务协同效应，本节将重点讨论财务协同效应的具体表现。

（一）降低融资成本，提高负债能力

　　为了筹集企业发展所需的资金，企业会通过债务融资和股权融资等方式募集资金，而并购可以降低企业的债务融资成本和股权融资成本。首先，在并购过程中企业的内部治理结构得到优化，提升了会计信息质量，使得企业能够更加容易赢得金融机构的信任，金融机构也愿意为企业提供低息贷款，从而降低债务融资成本。其次，上市公司在资本市场中发行股票募集资金需要支付一定的发行费用，并购后的企业可以一次性大批量地发行股票，减少了发行次数，使得整体性发行股票的费用要明显小于各企业单独多次发行股票的费用，从而降低企业的股权融资成本。此外，非上市公司通过并购上市公司能够更高效快捷地进入资本市场，利用被并购公司的上市资源来筹集资金，节约了发行股票的律师费和印刷费等推广费用，有效降低股权融资成本。

　　并购还可以提高企业的负债能力。合并后的企业可以集中管理资产，如出售部分过剩或重复的资产以减少资金的占有量，所得的现金可以用来偿还债务等，从而提高企业的负债能力。

（二）降低产品成本，提高盈利能力

　　企业通过并购实现生产、管理规模经济以降低产品成本。在生产方面，企业通过并购将两个公司的生产规模进行整合，实现了生产规模的扩大，产量的增加使得分摊到各个产品的固定成本减少，从而降低了产品成本。在管理层面，并购后的企业通过整合组织机构和压缩过剩的管理能力，有效减少了管理成本和人力成本，从而降低产品的生产成本，提高企业的盈利能力。

（三）资本需求量减少

　　所有企业为了维持正常运作，必须增加对运营资本和固定资本的投资，而并购恰好可以有效地减少这类资本的需求。一方面，通过并购企业可以对应收账款、现金和存货进行

集中管理，以减少运营资本对资金的占用，促进资本在并购企业和被并购企业之间的有效配置，资本需求量得以减少；另一方面，企业可以通过出售不良及不需要的资产获得资金，将其用于添置新设备或偿还债务，能够减少企业的资本需求，提高资本的利用效率。

（四）重新分配现金流量，提高资金利用效率

自由现金流量是指企业产生的、在满足了再投资需要之后剩余的现金流量。一个拥有大量的自由现金流量但缺乏可行的投资机会的主并企业，与面临严重的现金短缺但拥有较多有利可图的投资机会的目标企业进行合并，可以将多余的资金从主并企业转入到目标企业，帮助目标企业发展壮大，同时为并购企业创造利润，达到自由现金流量的充分有效利用，以提高资金的利用效率。

（五）有效组合避税，获取税收收益

由于利息收入、股息收入、营业收益与资本收益间的征税率差别较大，所以在并购中采取合适的财务处理方法能够实现合理避税，以达到增加企业利润的效果。例如，企业可以利用亏损递延弥补条款实现合理避税。一个盈利丰厚的企业可以选择拥有大量累积亏损的企业作为并购对象，充分利用目标企业的以前年度亏损来抵消并购公司的以后数年的盈余，而所得税额是根据抵消后的盈余计算的，因此可以减少所得税额或延迟缴税，也使得折现后的所得税额减少。此外，企业还能通过资产置换方式进行并购实现避税。并购企业可以考虑利息税前扣除的政策，先将目标公司的股票转换为可转换债券，之后在适当的时期再将其转化为普通股票。这是因为可转换债券的利息是预先从收入中减去的，所得税额由扣除利息后的净利润乘以税率决定。这样既可以少缴纳所得税，同时还可以通过此方式延期偿付股票的资本收益，达到实际上少交资本收益税的效果。

二、企业并购绩效的评估方法

在目前大量的并购交易过程中，企业财务指标和股价往往会发生很大的波动。因此，财务指标和股价一直是理论界和实践界用于评估企业并购绩效的主要指标。当前，评估企业并购绩效主要有两种方法：一是事件研究法，二是会计研究法。

（一）事件研究法

事件研究法最早是由美国4位著名的金融学家 Fama、Fisher、Jensent 和 Roll 于 1969 年提出[1]，所以这种方法也通常被称为 FFJR 法。事件研究法是指运用公司的股票价格数据计算公司的超常收益，以测定某一特定经济事件对公司价值的影响。它主要考察的是并购事件对样本公司股价的影响，通过观察其一定时期后上市公司股价的相对变化来判断两个公司的并购是否成功。如果在并购发生一段时间以后，公司的市场价值高于公司合并之前的价值，或者高于同行业公司的市值，通常认为并购取得了成功。

---

[1] E. F. Fama, L. Fisher, M. C. Jonson, R. Roll, "The adjustment of stock prices to new information," *International Economic Review*, vol. 10, no. 1 (1969), pp. 1 – 21.

事件研究法评估企业并购绩效的核心思想是：将公司发布并购公告的行为作为单个事件，把并购事件前后的时间称为事件期，则企业在并购事件前后的两个事件期内股票的超额收益变化就是企业并购绩效的反映。事件研究法根据超常收益考察时期的长短可以分为短期绩效研究和长期绩效研究。

1. 短期绩效研究

短期绩效研究的事件窗口一般是并购公告前后 1～3 个月，通常考虑采用累计超额收益（cumulative average abnormal return，*CAR*）法来研究企业发布并购公告对企业的股票价格波动状况，通过分析股东财富的变化判断企业并购对于企业绩效的影响。如果并购事件发生之后，收购企业或目标企业双方股价上涨并且超过了正常幅度，那就说明企业通过并购可以改善并购企业或目标企业的绩效；反之亦然。

用 CAR 法研究并购的短期绩效的步骤如下：

（1）事件期的界定。首先需要确定一个事件期，通常将并购的公告日定为第 0 天，事件期是以公告日为中心，选定一个事件期如 $[-T, T]$。

（2）计算预期收益率。其次要计算事件期内公司 i 在第 t 天的预期收益率 $E(R_{it})$。预期收益率是指在没有发生并购事件的情况下，该公司在第 t 天会取得的收益。预期收益率的经典计算方法有以下三种：

一是均值调整收益法。首先需要选择一个清洁期。所谓的清洁期是指没有事件期的时间段，目的是利用该时间段内公司收益情况的表现，来预测在没有并购事件的情况下公司股票预期收益的情况。如果选择的清洁期为 $[-T-m, -T]$，则采用均值调整收益法计算的事件期内每天的预期收益率 $E(R_{it})$ 为：

$$E(R_{it}) = \frac{\sum_{t=-T-m}^{-T} R_{it}}{m+1}。 \tag{4.1}$$

式中：R_{it} 表示公司 i 在第 t 天的股票收益率。

二是市场模型法。该方法也需要先选择一个清洁期，通过对清洁期内每天的股票收益信息进行回归分析，得到回归方程后计算出事件期内每天的期望收益率。市场模型为：

$$R_{it} = \alpha_i + \beta_i R_{mt} + \varepsilon_{it}。 \tag{4.2}$$

式中：R_{mt} 指的是第 t 天的市场收益率；R_{it} 为公司 i 在第 t 天的个股收益率；β_i 衡量的是公司 i 对市场风险的敏感程度；α_i 用于衡量在整个计算期间无法用市场解释的平均收益；ε_{it} 是统计误差，且 $\sum \varepsilon_{it} = 0$。

对清洁期的股票收益进行回归分析可以估算出 α_i 和 β_i 的值，记为 $\widehat{\alpha_i}$ 和 $\widehat{\beta_i}$。把 $\widehat{\alpha_i}$ 和 $\widehat{\beta_i}$ 代入市场模型 [式（4.3）] 中，从而得到 i 公司当天的预期收益率。

$$E(R_{it}) = \widehat{\alpha_i} + \widehat{\beta_i} R_{mt}。 \tag{4.3}$$

三是市场调整收益法。这是三种方法中最简单的。该方法中，i 公司在事件期内每天的预期收益率是当天的市场指数收益：

$$E(R_{it}) = R_{mt}。 \tag{4.4}$$

式中：R_{mt} 表示事件期内实际一天中的市场指数收益。市场调整收益法被认为是近似市场模型。

运用上述三种方法计算出期望收益率后，把期望收益率带入式（4.5）中，计算出公司某一天的超额收益 AR_{it}，之后把 AR_{it} 的计算结果带入式（4.6）中，即可计算出公司在事件期内的累积超额收益。

$$AR_{it} = R_{it} - E(R_{it})。 \tag{4.5}$$

$$CAR_i = \sum_{-T}^{T} AR_{it}。 \tag{4.6}$$

式中：R_{it} 表示公司 i 在 第 t 天的实际股票收益率；$E(R_{it})$ 表示公司 i 在 第 t 天的股票期望收益率；AR_{it} 表示公司 i 在 第 t 天的股票超额收益率。

$CAR > 0$，说明并购事件给公司带来了显著的超额收益；$CAR < 0$，说明并购事件未能给公司带来显著的超额收益；$CAR = 0$，说明公司基本未受到此次并购事件的影响。

2. 长期绩效研究

在事件研究法的应用中，早期学者们大多仅考察了短期并购绩效的情况。然而，由于我国证券市场对信息的吸收和消化的时间长度与国外不同，投资者不能在较短时间内迅速且系统地评估与并购相关的全部信息，因此在未来的并购绩效研究中，我们将更多关注于长期时间窗口的研究。长期绩效研究的事件窗口一般为 $1 \sim 5$ 年，通常采用连续持有超常收益（buy-and-hold abnormal return，$BAHR$）作为绩效评估指标。

$BAHR$ 衡量了在事件窗口内并购公司的股票收益率超过市场组合收益率的大小。该方法受到考察期内公司股票价格波动的影响较小，能够较好地评价并购公司的长期绩效。

用 $BAHR$ 计算并购的长期绩效的步骤如下：

（1）计算并购后 $[1, T]$ 月内并购公司 i 的 $BHAR$。将公司的个股收益率超过市场收益率的部分作为超常收益率，把事件窗口内各个月份的超常收益率加总所得数值即为 $BHAR$。并购后的 $[1, T]$ 月内，并购公司 i 连续持有公司股票获得的超常收益 $BHAR$ 的计算公式为：

$$BHAR_{iT} = \prod_{t=1}^{T}(1 + R_{it}) - \prod_{t=1}^{T}(1 + R_{pt})。 \tag{4.7}$$

式中：$BHAR_{it}$ 为公司 i 在 t 月的长期持有超常收益；R_{pt} 为市场月综合股票收益率；R_{it} 为公司 i 的股票在 第 t 月的收益；$T = 1$ 表示并购当月，$T = 2$ 表示并购后第 1 个月。

（2）计算等权投资组合 P 在 $[1, T]$ 月内的平均 BHAR。记 N 为组合 P 中的公司数量，那么组合 P 在 $[1, T]$ 月内的平均 $BHAR_{PT}$ 计算公式如下：

$$BHAR_{PT} = \frac{1}{N}\sum_{i=1}^{N} BHAR_{iT} = \frac{1}{N}\sum_{i=1}^{N}\left[\prod_{t=1}^{T}(1 + R_{it}) - \prod_{t=1}^{T}(1 + R_{pt})\right]。 \tag{4.8}$$

（3）计算等权投资组合 P 在 $[1, T]$ 月内的 $BAHR$ 的中位数，直接取组合 P 中公司的 $BHAR_{iT}$ 的中位数即可。

（4）对应组合的构造及其月收益率计算，以及控制规模效应和权益账面 - 市值比效应。

本节将采用交叉分组的方法来控制公司的规模效应和账面 - 市值比效应。首先，根据公司在 k 年的规模，从小到大排序，均分成 5 组，规模是 k 年 6 月公司的流通市值。其次，计算公司在 $k-1$ 年末的 BE/ME，从小到大排序，均分成 5 组。$BE/ME = $ 每股权益/年末收盘价。因此，根据规模和 BE/ME 的不同组合，在每一年中所有上市公司被分成 25 组。最后，每一年中根据规模和 BE/ME 的不同组合方式，对 25 组公司分别计算出的等权月收益率就是该组合的等权月平均收益率 R_{pt}。公司在 k 年中所在组就是公司的对应组合，该组合的 R_{pt} 就是公司对应组合的月收益率。在计算 t 月公司股票的 $BAHR$ 时，采用当年公司所在组合的月收益率直接进行调整即可。对应组合收益率的计算公式如下：

$$R_{pt} = \frac{1}{N_{\frac{BE}{ME},Size}} \sum_{i=1}^{N_{\frac{BE}{ME},Size}} R_{it} \circ \qquad (4.9)$$

式中：R_{pt} 是同一年度中具有相同规模和 BE/ME 交叉分组的公司的等权月平均收益率；$N_{\frac{BE}{ME},Size}$ 是 t 月所在年度中，具有相同规模和 BE/ME 交叉分组中公司的数量。

将上述 R_{pt} 带入式（4.7）计算出的 $BAHR$ 就是控制规模效应和 BE/ME 效应的公司连续持有超常收益，然后再使用公式（4.8）就可以计算收购公司组合的 $BAHR$。

（二）会计研究法

会计研究法是采用与企业绩效相关的财务指标作为评价标准，针对企业并购前后的财务指标变化情况，使用财务会计指标或建立财务指标体系来评价公司的经营状况，用统计分析的方法来判断并购对企业绩效的影响。国际上对财务指标的研究主要集中在企业的盈利能力、发展能力、营运能力、偿债能力这四个层面。

1. 盈利能力分析

企业的盈利能力指企业赚取利润的能力，通常表现为一定时期内企业收益数额的多少及其水平的高低。企业的盈利能力主要通过资产负债表中的总资产净利率、净资产收益率、销售净利率、主营业务利润率指标，以及管理用资产负债表中的净经营资产净利率、税后经营净利率来反映。

2. 发展能力分析

企业的发展能力是指企业在生存的基础上扩大规模、壮大实力的潜在能力，也称为成长能力。在并购绩效分析过程中，企业的发展能力主要是由净利润增长率、净资产增长率等指标来衡量。

3. 营运能力分析

企业的营运能力是指企业的经营运行能力，即企业运用各项资产以赚取利润的能力。在并购绩效分析过程中，企业的营运能力主要是通过各项资产的周转天数、周转率（如存货周转率、应收账款周转率）以及资产与销售收入百分比来进行评估，评估时需要注意企业经营的季节性影响、生产周期影响等。

4. 偿债能力分析

企业的偿债能力是指企业用其资产偿还短期债务与长期债务的能力，包括短期偿债能力和长期偿债能力。短期偿债能力主要是指企业偿还短期债务本金的能力，一般会运用速动比率、现金比率、流动比率、营运资本配置率等指标来衡量。例如，当企业的流动比率大于2或者速动比率大于1时，通常都表明该企业的短期偿债能力良好。长期偿债能力主要是指企业偿还长期债务本金及持续性利息的能力，通常会运用产权比率、权益乘数、资产负债率来反映企业的还本能力，运用利息保障倍数、现金流量利息保障倍数来反映企业的付息能力，运用现金流量债务比来反映企业通过现金流量偿还债务的能力。例如，企业的利息保障倍数大于1或者资产负债率小于50%，通常都表明该企业拥有良好的长期偿债能力。

会计研究法通过对各项财务指标的变动进行分析，能够清晰直观地看出上市公司并购前后绩效的变动情况，对于财务人员来说上手简单，易于操作分析。但是，会计研究法存在着明显的缺陷：一是企业的并购绩效评价依据的是上市公司公布的财务数据，无法获得更加原始真实的数据，容易受到上市公司粉饰报表数据的行为影响；二是虽然各项指标的变动情况清晰明了，但是财务人员在分析并购绩效时并不能对各项指标进行单独分析，需要综合考虑指标之间的相互影响。因此，这对于财务人员的个人能力要求较高；同时，企业并购绩效的分析结果也容易受到分析人员自身主观态度的影响。

（三）其他评估方法

1. 因子分析法

20 世纪初，卡尔·皮尔逊（Karl Pearson）和查尔斯·斯皮尔曼（Charles Spearmen）等学者为了定义和测定智力所做的统计分析提出了因子分析的概念。因子分析法（factor analysis method）用少量的综合指标（称为主因子）代替多个原始指标，所得的主因子为原始指标的线性组合。该方法的核心目的是通过从大量影响因子中筛选出尽量少的因子来解释事件活动的行为，从而达到使用少数因子综合评定原始样本的大部分信息的目的。

（1）因子分析法的基本思路。设有 n 个样品，且每个样品的观测变量个数为 P。首先对样本观测的数据进行标准化处理，处理后的变量平均值为 0，方差为 1。设原始观测变量和变换后变量均用 x 表示，原公共因子变量为 $y_1, y_2, \cdots, y_m$，标准化之后的公因子变量记作 $F_1, F_2, \cdots, F_m (m < p)$，条件如下：

第一，$X = (X_1, X_2, \cdots, X_p)$，$X$ 为可观测的随机向量，均值向量 $E(X) = 0$，协方差矩阵 $cov(x) = \Sigma$，且协方差阵 Σ 与相关矩阵 R 相等；

第二，$F = (F_1, F_2, \cdots, F_m)$，$m < p$，$F$ 为不可测的向量，均值向量 $E(F) = 0$，$cov(F) = 1$，即向量 F 的各个分量是相互独立的；

第三，$\varepsilon = (\varepsilon_1, \varepsilon_2, \cdots, \varepsilon_p)$ 与 F 相互独立，且 $E(\varepsilon) = 0$，$cov(\varepsilon)$ 是对角阵，即 ε 的各分量之间是相互独立的。

综合以上三个条件，因子模型可以表示为：

$$\begin{cases} X_1 = a_{11} F_1 + a_{12} F_2 + \cdots + a_{1m} F_m + \varepsilon_1 \\ X_2 = a_{21} F_1 + a_{22} F_2 + \cdots + a_{2m} F_m + \varepsilon_2 \\ \qquad\qquad \cdots \\ X_p = a_{p1} F_1 + a_{p2} F_2 + \cdots + a_{pm} F_m + \varepsilon_p \end{cases} \qquad (4.10)$$

因子分析的数学模型用矩阵形式表示则为：

$$X = AF + \varepsilon。 \qquad (4.11)$$

式中：X 为可观测的 P 维变量向量；F 为因子向量，即公共因子；矩阵 A 是因子载荷矩阵，a_{ij} 是因子载荷，反映了第 i 变量在第 j 因子上的重要性；ε 是特殊因子。

（2）因子分析法的具体步骤。

第一，进行统计检验。如果变量 x 相关系数矩阵中的大部分相关系数都小于 0.3，并且没有通过统计检验，那么这些变量就不适合做因子分析，应该剔除这些变量，选择剩余的变量进行因子分析。

第二，进行变量指标的标准化处理。假设有 m 个企业，且每个企业选取 n 个评价指标，则有矩阵：

$$X = \begin{bmatrix} x_{11} & x_{12} & \cdots & x_{1n} \\ \cdots & \cdots & \cdots & \cdots \\ x_{m1} & x_{m2} & \cdots & x_{mn} \end{bmatrix}。 \tag{4.12}$$

我们首先对指标和适度指标进行标准化处理，然后转化为无量纲化的标准化数据。在实证处理中，SPSS 软件能够自动对指标进行无量纲化处理，模型如下：

$$Z_{ij} = \frac{x_{ij} - \bar{x}_j}{\sqrt{var(x_j)}} \quad (i = 1,2,\cdots,n)。 \tag{4.13}$$

第三，因子提取。分析原始变量的相互关系，并利用样本数据得到因子载荷矩阵提取少量因子。模型为：

$$R = (r_{jk})_{n\times n} = \begin{bmatrix} r_{11} & \cdots & x_{1n} \\ \cdots & \cdots & \cdots \\ r_{n1} & \cdots & r_{nn} \end{bmatrix} \quad (j = 1,2,\cdots,n; k = 1,2,\cdots,n),$$

$$r_{jk} = \frac{1}{n-1}\sum_{i-1}^{n}(z_{ij} - \bar{z}_j)(z_{ik} - \bar{z}_k)。 \tag{4.14}$$

式中：$r_{ii=1}, r_{jk} = r_{kj} \quad (i = 1,2,\cdots,\text{m}; j = 1,2,\cdots,n; k = 1,2,\cdots,p)。$

然后，利用特征方程 $|\lambda I - R| = 0$ 求出矩阵 R 的特征值 λ 与单位特征向量 μ，根据累计贡献率的要求，倘若 $\sum_{i=1}^{q}\lambda_i / \sum_{i=1}^{n}\lambda_i \geqslant 80\%$，则其中的 q 为公共因子的个数。取前 q 个特征值及相应特征向量写出因子载荷矩阵：

$$A = \begin{bmatrix} a_{11} & \cdots & a_{1m} \\ \cdots & \cdots & \cdots \\ a_{n1} & \cdots & a_{nm} \end{bmatrix} = \begin{bmatrix} \mu_{11}\sqrt{\lambda_1} & \cdots & \mu_{1q}\sqrt{\lambda_q} \\ \cdots & \cdots & \cdots \\ \mu_{n1}\sqrt{\lambda_1} & \cdots & \mu_{nq}\sqrt{\lambda_q} \end{bmatrix}。 \tag{4.15}$$

第四，因子旋转。因子分析的重要目的之一在于综合评价原始变量。运用相关因子的提取方法所得出的结果虽然确定了因子间的正交性，即因子间的不相关性，但是因子解释变量的能力相对偏弱，不能详细地解释和准确地命名。基于这种情况，可以对因子分析模型旋转变换，使得公因子的载荷系数接近 1 或更接近于 0。通过这种方法得到的公共因子对变量的命名和解释将更加容易。进行正交变化可以保证各因子仍正交。一般利用方差最大化法进行正交旋转。

第五，因子命名。因子命名是通过因子分析，根据变量的分组找到公共因子后，利用旋转的因子载荷矩阵对公共因子进行解释，通过分析公共因子的含义进行实际分析，再根据每个因子所包含的实际意义进行命名。一般对前面我们得到的 q 个公共因子进行命名。

第六，因子得分的求取。求出因子得分矩阵，对应各标准化变量的因子载荷，求出各因子得分状况，即：

$$\begin{cases} F_1 = a_{11}x_1 + a_{21}x_2 + \cdots + a_{n1}x_n \\ f_2 = a_{12}x_1 + a_{22}x_2 + \cdots + a_{n2}x_n \\ \qquad\qquad\cdots \\ f_k = a_{1k}x_1 + a_{2k}x_2 + \cdots + a_{nk}x_n \end{cases}。 \tag{4.16}$$

第七，计算综合得分。设 F 为因子综合得分值，α 为各因子的贡献度，因子贡献度应采用旋转后数据，求出因子综合得分状况，即：

$$F = \sum_{i=1}^{q} \alpha_i f_1 \quad (i = 1, 2, \cdots, q)。 \tag{4.17}$$

2. 经济增加值法

经济附加值（economic value added，EVA）是由美国思腾思特咨询公司（Stern Stewart & Co.）提出的。经济增加值是指企业在现有资产上取得的收益与其投入的资本成本（债务成本和权益资本之和）之间的差额。其计算方式如下：

附加经济价值 = 税后利润 − 资本费用

= （营业利润 − 所得税）−（总资本 − 平均资本费用率），　　(4.18)

平均资本费用率 = 资本或股本费用率 × 资本构成率 + 负债费用率 × 负债构成率。

(4.19)

与简单地使用收入减成本形成的会计利润不同的是，经济增加值法采用的是管理用财务报表中计算出来的税后经营净利润，同时还考虑到对股东投入资本的占用成本。当企业的经济增加值大于 0 时，说明企业具有继续投资的潜力，股东仍然能从中获得经济利益；当企业的经济增加值小于 0 时，说明企业无法继续为股东带来经济利益，股东也就不值得再继续投资；当企业的经济增加值等于 0 时，说明企业获得的利润仅能满足预期收益。

经济增加值法的本质也是对财务数据进行处理，因此具有与会计研究法一样的优点，数据清晰明了，简单易懂；但同时也具有与会计研究法相同的缺点，即无法获得最真实最原始的数据，难以避免上市公司的数据操纵。采用经济增加值法分析企业并购的财务绩效，还有一个不可避免的问题，就是该方法的分析角度过于片面，仅考虑了企业的盈利能力，没有从多角度对企业进行全面综合分析。因此，目前我们在分析企业并购的财务绩效时，往往会结合其他绩效分析法进行综合评价。

三、企业并购财务风险及防范

（一）企业并购财务风险

企业并购财务风险是指并购企业为了实现并购，面临巨大的资金压力，导致自身经营出现困境，最终降低企业偿债能力和约束企业经营融资能力的风险。财务风险始终贯穿于企业的并购活动中。按照企业并购的不同阶段，财务风险可分成准备阶段的价值评估风险、交易阶段的融资风险和支付风险、整合阶段的财务整合风险。

1. 准备阶段的价值评估风险

在并购准备阶段，并购方通过目标企业的财务报表对其盈利能力、资产价值、经营成果、现金流量等方面进行分析，将会起到确立并购价值的作用。目前，我国对目标企业的价值评估是遵循资产评估的基本原则和方法程序做出的估算，其中存在的价值评估风险是由于并购双方企业的信息不对称、缺乏专业且独立服务于并购的中介机构以及并购活动中存在许多不确定因素等原因导致的。

首先，在并购过程中，被并购方（目标企业）一般具有信息优势，目标企业会为了自身目的，利用会计政策、会计估计等其他会计方法，对其财务报表进行修改，隐瞒自身的真实会计信息，使得并购方难以准确估计目标企业的资产价值和盈利能力，从而导致并购方以过高的价格收购目标企业，浪费企业资源从而阻碍发展。其次，中介机构可以获得关于目标企业的准确信息，改善信息的不对称性。如果企业并购中缺乏专业中介机构的协助，将难以客观公正地评估目标企业的价值和经营能力，从而造成企业并购成本过高。最后，企业在并购中存在许多不确定性因素，企业的并购活动受宏观微观环境影响较大，如国家新经济政策的出台、经济周期的波动性、银行利率以及汇率的变动等宏观环境，并购方融资状况、内部资本状况以及有关工作人员素质等微观环境都会影响并购活动的开展。

2. 交易阶段的融资风险和支付风险

（1）融资风险。企业并购融资风险是企业在并购时，为保证并购资金需求而进行融资，引起企业资本结构发生变化而带来的风险。本书将企业并购中的融资风险分为并购融资预算风险、并购融资方式风险、并购融资结构风险和并购融资环境风险。

并购融资预算风险。企业并购活动顺利开展的基础是保证足够的并购资金，进行融资预算是企业并购活动中的关键环节。企业仅依靠自身内部资金，进行并购支付会造成企业日常运行资金周转不开，这时企业就要考虑从外部筹集并购所需的资金，而进行外部融资活动的前提是企业确定并购的融资预算。一方面，在企业并购过程中，若未充分了解目标企业的实际经营情况、发展潜力等情况进行资金预算，会造成预算高于实际需求金额，带来不必要的并购成本支出，从而影响并购活动或企业的正常运转；另一方面，若融资预算无法满足企业并购的资金需求量，则会影响并购计划的实施进度，很可能会错失有发展潜能的目标企业，从而阻碍企业实现长远发展的目标。

并购融资方式风险。融资方式包括内部融资和外部融资，不同的融资方式会伴随着不同的融资风险，因此在融资过程中需要特别重视不同融资方式所带来的风险。企业如果选择内部融资方式，则会占用企业有限的现金流，从而影响企业日常经营活动的正常运作，导致无法及时应对外部环境的变化，加大了企业的生存风险。对于外部融资，企业可以选择银行贷款、股权融资、债务融资等方式。银行贷款程序简单，筹集资金速度快，所付出的成本相对其他方式较低，但是这种方式存在偿债期长、风险高、贷款条件限制多的缺点。股权融资是指增发普通股筹集所需资金，其流动性较强且没有偿还期限的压力，但该方式是以稀释原有股东的股份为前提，控制权的分散很可能危及原股东权益，容易导致财务风险。

并购融资结构风险。融资结构是指企业选择的各种筹集资金方式所占的比例。在融资过程中，资本的构成以及相互之间的比例关系设置不合理会造成融资成本过高，进而导致企业资金周转困难甚至陷入财务困境，这将阻碍企业并购活动的实施和战略目标的实现。若企业主要以债务方式融资开展并购活动，将债务融资比例设置得较高，虽然其成本较低，但债务融资比例过高也会使企业面临资金压力，严重时会致使企业破产。

并购融资环境风险。并购融资体制不健全、融资环境不完善将直接影响企业顺利开展并购活动。我国为企业并购营造的融资环境仍有待完善：企业可选择的融资方式表面看较为全面，但涉及具体的并购融资活动时，其可选用的融资方式十分有限。由于并购活动所需支付的资金额较大，我国法律为规避资金风险，对融资方式有着较为严格的规定，特别是对外部融资方式的限制较多，这将会影响并购活动计划的推进，甚至有些企业为了获得巨额并购资金，在融资时走在政策的边缘。债券、股票的市场环境决定着融资环境，由于市场环境发育程度较低，直接制约并购企业融资可供选择的方式，有限的融资渠道成为企业希望通过并购快速成长的瓶颈。与此同时，我国很多并购活动都是在政府干预之下进行，缺乏完整的法律保障体系和有效的监督机制，在并购过程中企业遇到融资问题时，仍需政府出面解决，很可能出现政府独家融资行为，人为地增加融资成本和降低融资效率。

（2）支付风险。在确定了并购定价和并购方式后，选择何种并购支付方式对企业并购风险的控制尤为重要。支付方式是指并购方为了获取目标企业的控制权，对目标企业进行支付对价的方式。简言之，就是并购方用什么资源来交换目标企业的控制权。在信息不对称的条件下，不同的支付方式将向市场投资者传递不同的信息，如若选择不恰当，则会给企业带来财务风险。企业并购支付风险是并购方为完成对目标企业的收购，采用某种方式支付对价带来的风险，主要是与资金流动性和股权稀释相关的风险。在市场经济环境下，企业的支付方式多种多样，我国主要采用的是现金支付、股票支付、杠杆支付和混合支付。

现金支付。现金支付是指用一定数量的现金作为支付的手段，直接购买目标企业的资产或者股权，是最简便的并购方式。其最大的好处就是能够避免突发事件的干扰，快速获得目标企业的控制权，但却并非最佳的选择。其弊端显而易见：使用现金支付方式使得并购方承担着较大的现金筹集压力，没有足够的现金维持日常经营活动，严重影响了企业对外部环境变化的反应能力和调节能力；现金支付完成后，风险和权益也随之转移，当目标企业的定价过高或者产生的收益未能达到预期目标时，所有的风险将由并购方独自承担，且目标企业不能分享合并后的企业发展机会和盈利能力。

股票支付。股票支付是指并购方通过新发或者增发的股票来整合目标企业的资产或者控制权。股票支付不需要投入大量的现金，对企业正常经营活动的现金流出影响较小，并且可以使并购双方相互持股，以利益共同体的形式存在，有利于并购行为的正常进行以及并购后的整合、运营。但新股发行要经过严格的审核，手续繁杂，发行成本和时间成本较大，很容易错过最佳的收购时机，造成收购失败；股票支付方式会增加并购方的总股本，改变企业的权益结构，稀释原有股东的控制权，如果稀释程度很大，原有控股股东很有可能丧失控制权。

杠杆支付。通过杠杆支付，并购企业可以用少量自有资金，从金融机构筹集大量的资金进行收购，并且用收购后公司的收入支付因收购而产生的高比例负债，这样能以较少的资金取得目标企业的控制权。但是，一方面，外部融资机构能够给予的资金是有限的，需要根据并购公司的整体实力以及债务情况而定，所以容易造成并购方资金不足；另一方面，债务融资有还款的压力，融资成本较高，这对公司的财务造成较大的压力。并购企业完成收购后，目标企业未来现金净流量不稳定和存在的高负债风险，增加了并购企业对目标企业的整合难度。

混合支付。混合支付是指并购方综合运用现金支付、股票支付和杠杆支付等形成的支付体系，根据各种支付方式的特点和适用范围进行有效结合利用，可以避免单一支付方式带来的局限，既可以使并购方避免大量的现金流出或者承担沉重的债务，也可以防止原有股东控制权的过度稀释，降低企业并购中支付方式不合理所带来的风险。但混合支付方式程序繁琐，过程所需时间较长，企业的资本结构很难达到理想状态；多种支付方式同时使用，容易出现交易的间断性，企业并购后会增加财务整合的难度。

3. 整合阶段的财务整合风险

企业并购交易完成后，并购方必须第一时间对目标企业进行整合重组，包括战略整合、组织人事整合、财务整合、制度整合、企业文化整合等。其中，财务整合是企业并购整合的核心环节，它关系到企业能否实现并购目的。在整合期间，并购双方可能会因财务管理制度、财务机构设置、财务组织更新等因素发生矛盾，导致并购方或双方遭受损失；在并购方内部，如若发生财务失误或行为监控不当，容易导致潜在的财务风险发生，进而出现并购成本增加、流动资金短缺现象，使企业发展陷入困境。

（二）防范措施

1. 价值评估风险的防范

首先，企业应该明确企业并购目标，合理的并购目标能够起到积极的指引作用。并购方根据自身的发展状况和实力去选择并购目标，一般应遵循以下几个原则：协同效应最大化，符合公司总体战略，有利于整合的顺利开展，风险最小化以及双方价值链的互补。

其次，并购方需要与第三方中介机构合作，组建财务尽职调查团队。该举措能够对目标企业进行全面的财务尽职调查工作，为并购方评估目标企业价值提供准确的信息数据。此外，在定价过程中，并购方可以利用大数据技术复盘目标企业的实际经营情况，防止出现定价过高产生溢价风险和定价过低导致并购失败。

最后，并购方要明确并购价格上下限。对目标企业估值定价完毕之后，并购双方进入商谈阶段。在商谈过程中，并购方采用清算价格方法确定并购价格下限，采用收益法确定并购价格上限，确定价格区间并严格保密，基于价格区间进行谈判，以掌握谈判主动权，保证并购方的利益。

2. 融资风险的防范

企业防控并购融资风险可以从两个方面入手。第一，创新融资方式，拓宽融资渠道。企业并购过程中需要大量的资金，并购企业要及时分析内、外部环境的变化，基于现金流转情况，有效结合内部融资和外部融资方式，充分发挥两种方式的优势。第二，建立相应的融资风险预警机制。不同的融资方式相应地存在不同的融资风险，企业可以通过建立融资风险预警机制及时发现融资过程中存在的问题，提前预防、提前准备。同时要有应急方案，在发生融资风险的情况下能够及时有效地补救，减少损失。

3. 支付风险的防范

支付风险防控主要是在并购对价的支付环节采取有效措施，既要保证融资活动的顺利开展，又要保证企业发展能力受到的影响较小。一是并购方需要充分考虑自身的资产流动性、资金还款能力以及各个企业对资本结构变动情况的反映。二是并购企业根据目标企业财务结构、企业战略和管理人员的投资偏好等因素，提前与目标企业商议并购对价的支付时间、具体的支付流程、管理防范等细节，选择双方都能够接受的支付方式。

4. 整合风险的防范

一方面，并购方应制定详细合理的资金流量计划表，对企业并购中筹集的资金进行分还，确保企业资产负债常规化；同时按年度、季度对企业资金进行合理配置，既要确保企业能获得较高的收益，又能满足企业未来的发展需要。另一方面，并购方应制定有效的财务整合制度，从文化、内部控制、财务等层面制定制度要求，整合双方的财务组织，并购方要学习目标企业的优质财务管理理念等优势，不断优化财务组织结构。

四、企业并购后的财务资源整合

（一）财务战略的整合

企业之间的财务战略整合是并购企业双方发展优势的一种整合，主要发展核心和重点是提升企业发展盈利空间。其具体表现为，在企业并购之前，双方企业的高层管理人员需要根据自身所处的市场环境和发展阶段，进行合理定位，在此基础上制定财务战略目标，以实现目标和企业实际发展之间的协调配合。并购之后，并购企业应首先结合并购活动和企业在市场环境中的竞争优势，制定一致的财务战略目标，统一规划未来的发展方向和目标，从而实现对财务信息资源的有效开发利用，促进企业发展。

经典案例引入

2013 年 6 月，蒙牛乳业宣布收购雅士利国际控股有限公司，同年 8 月完成收购，接着进行了一系列的财务整合措施。蒙牛乳业并购雅士利的主要目的是进行全产业生产，抢占奶粉市场份额、提升市场竞争力，发挥财务协同效应。并购后，蒙牛调整了其财务目标。首先，要把雅士利打造成为国内领先的奶粉品牌，将在资源和技术上为雅士利提供大力的支持，使雅士利的奶粉生产更具专业化。其次，推进雅士利奶粉的国际化进程。蒙牛借助战略合作伙伴达能和 Arla 的支持，加快雅士利进入国际市场的步伐。再次，保持雅士利的上市资格，并允许雅士利独立运营。最后，为了避免同业竞争，蒙牛将旗下的欧式蒙牛以 10.5 亿元的价格转让给雅士利，蒙牛主要侧重于运营液态奶。为了让奶粉业务做大做强，雅士利收购了多美滋，之后雅士利成为集团专门运营奶粉业务的部门。

（二）财务管理制度的整合

并购前，企业往往根据企业自身的需求和经营特色，选择适用于本企业生存和发展的各种财务政策。并购之后，企业财务制度和政策的选择不能从单一的企业出发，而是需要从并购之后双方企业的整体利益出发，根据双方企业的发展基点来制定一种有效的财务发展政策。通过双方企业财务管理制度的整合，为双方企业迅速步入正常的生产经营轨道提供重要的支持。

经典案例引入

并购重组后，蒙牛乳业将以集团经营目标为导向，对雅士利施以相应的财务管理。为确保与蒙牛战略性财务决策的一致性，战略性的财务决策由并购方蒙牛乳业把控，而操作性和日常性的决策可由雅士利独立处理。并购后，蒙牛集团总部要求雅士利将财务信息汇总上报，同时还需与其沟通集团财务管理思路。以上决定都对并购后财务核算管理制度体系的统一提出了较高标准的要求。从雅士利被并购后的财务整合来说，本身也需要一套更加全面、合理的财务管理制度体系，这样才能保证公司的高效运作，达到经营目标要求。所以，协同财务核算管理制度体系是蒙牛乳业并购雅士利后财务整合的关键工作。

（三）财务组织结构的整合

设置精简、高效的财务组织机构是提高企业财务管理效率、顺利开展财务管理工作的重要保证。并购后，企业应当根据经营过程的复杂程度、会计核算业务特点等因素，建立责权分工明确的财务组织机构，以满足并购后企业经营管理的需求。如果财务工作简单并且业务量小，企业可以建立相对小些的财务组织机构，并且机构分工不必那么精细；如果财务管理和会计核算工作繁杂，企业可以建立相对大些的财务组织机构，并且按照财务、会计的职能细化财务分工。财务组织机构的整合还要合理控制集权和分权的程度，目标企业的财务管理机构要设置的部门，应与享有的财务管理职权和承担的责任相适应，不相容的岗位要相互分离以保证有效履行责任。

经典案例引入

并购后，蒙牛主动进行组织变革，优化雅士利的财务组织机构。通过精简财务人员，明确各岗位的职责和权限，细分财务工作，在一定程度上节约了资源，提高了企业的财务管理效率。同时，在雅士利内部建立了供、产、销一体化的事业部，九大职能中心提供后台系统支持的新组织架构。2015年，蒙牛又把集团总部搬至广州，强化了集团一级组织架构、销售事业部和雅士利后台整合，加强协调了生产供应链，并建立了以BSC平衡积分卡为核心的战略绩效管理，以及权责矩阵体系等一系列配套组织变革工具，强调要加大落实各职能部门的责任、加强内部控制，还要适当加大授权的力度，从而减少决策的步骤，提升各部门的工作效率，以防范相关的风险。

（四）财务业绩考核体系的整合

财务业绩考核体系是并购方财务发展中用于科学评估业绩和目标的指标组合，该考核体系的整合具体表现为并购方根据自身的实际情况以及国内外同行的先进水平等多种因素，对目标企业重建一种新的业绩考核制度，包括定性和定量两种考核，涉及企业的经营发展目标和对母公司的贡献情况。

经典案例引入

2010年末，蒙牛集团完成对君乐宝公司的并购时，君乐宝公司尚无完善的业绩考评体系，日常绩效管理依据为年度预算指标。2012年，蒙牛集团将君乐宝公司纳入其业绩考评体系中，对君乐宝2012年度的要求主要侧重于经营业绩的达成。相应地，君乐宝公司的董事会与总经理签订了"2012年度责任状"。责任状主要包含总经理权限、职责、利益和绩效目标考核一览表四个部分。其中绩效目标考核一览表分为关键绩效指标和非绩效指标：关键绩效指标包括销售收入、净利润、毛利率、综合质量、食品安全预防与应急、其他工作等项；非绩效指标不占年薪标准，每年由董事会出具评价意见，可在总裁标准年薪基础上进行奖罚。"2012 年度责任状"的签订标志着蒙牛集团并购君乐宝公司后业绩考评体系整合的开始。

第三节　并购的经济学分析视角

一、并购的投资决策问题

（一）并购成本

按照并购过程中所花费的费用是否直接支付给目标企业，可以将企业并购过程中发生的费用划分为直接成本和间接成本。

1. 直接成本

直接成本是指并购方直接支付给目标企业的收购成本，即收购价格。收购价格是并购成本中最主要的成本支出，其定价是否合适关系着并购活动的成败，它是并购双方之间谈判博弈后所决定的结果。它主要包括企业净资产的公允价值和会计确认的并购商誉，其中并购商誉是由目标企业的自创商誉和分配给目标企业的合创商誉①组成。对于收购成本的支付可以采用现金、股票、债券等方式，不同的支付方式也会对企业的收购成本产生不同的影响。

2. 间接成本

间接成本是指不直接支付给目标企业，但需要在并购过程中花费的费用。它具体包括以下几种成本：一是信息成本，是指为寻找合适的目标企业所进行的大量信息搜寻所花费的费用，以及获取目标企业及并购企业自身财务状况、经营状况、环境状况等信息所花费的费用等；二是中介机构（如资产评估机构）费用及专家费用（如法律咨询、财务咨询等费用）；三是融资成本，企业进行并购需要大量的资金支持，若企业自有资金不足以支付并购成本时，企业会选择举债或者发行证券筹集资金，与之相连的就是高额的融资成本；四是沟通成本，是指并购过程中与目标企业以及政府等各种利益相关者进行沟通协商的成本；五是整合成本，指并购企业方获得目标企业的控制权后对目标企业进行整合的成本，主要包括组织结构一体化成本、管理一体化成本、文化一体化成本和战略整合成本等。

---

① 合创商誉是指并购后企业的权益价值超过并购前双方单独企业权益价值总和的部分，即并购的增值，它是由并购双方共同创造的。

（二）决策原则

企业并购是一项复杂且风险性较高的业务，企业需要在并购收益与并购成本之间做出正确的权衡，以确保收购后企业能够获得较多的并购收益，避免出现并购成本超过并购收益的情况。

1. 收益原则

企业并购收益原则亦称效率原则，主要是指并购收益要大于并购成本，能够给企业带来价值增值。并购净收益是评价企业并购的重要指标。假定 A 公司并购 B 公司，并购前 A 公司、B 公司的价值分别为 V_A、V_B，支付给 B 公司的收购价格为 P_B，并购成本的现值为 P_V，并购后的新公司价值为 V_{AB}，则并购收益为 $NP = V_{AB} - (V_A + P_B + P_V)$。若 $NP > 0$，表示并购在财务方面产生了协同效应，并购给企业带来了收益；若 $NP \leq 0$，则并购没有任何意义，此时的并购并未能够为企业带来价值增长，反而有损于企业发展。

2. 协同原则

企业并购所要考虑的还有并购后的协同效应，这是指并购后企业的总体效益要大于并购前两个企业独自经营的效益之和，实现 $1 + 1 > 2$ 的效果。协同效应主要包括经营协同效应、管理协同效应和财务协同效应。其中，经营协同效应主要是指并购给企业生产经营活动方面带来效率的改善和提升，主要表现在市场规模、优势互补和降低不确定性三个方面。

（1）规模经济。企业通过并购对资产进行相应的补充和调整，以达到规模经济的要求，在保持整体产品结构不变的情况下，企业内部实现专业化生产，使得管理费用在更大范围内分摊，降低了单位生产成本；此外，纵向并购能够有效解决由于专业化生产所带来的诸如生产流程分散、生产环节间隔等问题，有利于加强生产过程各环节之间的联系与配合，对交易成本产生影响。

（2）优势互补。通过并购，企业之间的优势相互融合，取长补短，这些优势或许是在市场、技术、资金、管理、社会资源等方面。并购能够帮助企业快速获取相应的优势资源，提升资源配置效率。

（3）降低不确定性。企业在市场环境上面临着较大的不确定性。并购可以将市场中的交易关系变成同一公司下的内部关系，降低在营销费用、资源获取、信息收集等方面所耗费的成本，从而使得企业的交易费用大幅度降低，提高生产的可靠性；对于纵向并购而言，企业通过收购上游企业，保证了企业所需生产资源的来源稳定，一定程度上降低企业在生产经营过程中面临的不确定性程度。

二、规模经济与范围经济

（一）规模经济和规模不经济

企业并购的发生必然伴随着企业规模的扩大，而能否产生规模经济是企业并购需要考虑的重要影响因素之一。企业如何确定是否要进行并购？并购之后企业的生产是否产生规模经济？企业的长期平均成本曲线很好地反映了规模由经济到不经济时产量和成本之间的关系。企业长期平均成本曲线成 U 形，展现了规模报酬（规模收益）递增—不变—递减的三个生产阶段（图4.1）。在长期平均成本曲线的左侧，长期边际成本（LMC）低于长期平均成本（LAC），长期平均成本随产量的增加而下降，或者说当其他条件不变时，产量增加的比例大于要素增加的比例。此时规模报酬是递增的，长期平均成本曲线呈现往右下方倾斜的趋势。我们认为此时的生产规模是经济（economy of scale）的，说明在这一阶段企业可以扩大生产规模。在规模报酬不变阶段，长期平均成本不随产量的变化而变化，或者说当其他条件不变时，产量的变动比例与要素的变动比例相等，长期平均成本曲线成一条水平直线，此时达到了生产的最优规模。在图 4.1 的右侧，企业的长期平均成本曲线呈向右上方倾斜的趋势，长期边际成本高于长期平均成本，长期平均成本随着产量的增加而增加，或者说当其他条件不变时，产量的变动比例小于要素的变动比例，我们认为此时企业处于规模不经济（diseconomy of scale）阶段，在这一阶段不适合扩大生产规模。也就是说，在规模收益递增以及规模收益不变时，企业可以做出并购重组的决策。

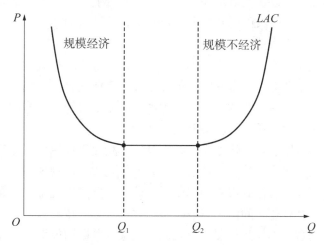

图 4.1　企业长期平均成本曲线

　　这里值得注意的是，企业做出并购以扩大生产规模的决策不应只考虑规模经济的影响，还需结合市场需求等因素综合考虑。例如，A 企业生产 100 单位的产品时处于规模经济或规模报酬不变阶段，但市场需求仅有 50 单位。此时，A 企业扩大规模或仍保持原生产规模是不合适的。

　　在图 4.1 中还展现了这样一种现象，在 Q_1 和 Q_2 所对应的曲线上的 a 点到 b 点之间 LAC 是水平的，呈现了一个可以令长期平均成本保持在最小产量的区间，当产量到达 Q_1 时，企业就能达到使长期平均成本最小的最优规模，能够使企业实现规模经济的最小产量为企业的最小有效规模（minimum efficient scale，MES）。需要提醒的是，企业并不总是在最小有效规模上进行生产。

（二）规模经济的原因

　　经济学上认为，规模经济的基本原因是专业化（specialization）和协作分工（division of labor）。当企业规模较小时，资金、场地等生产要素的限制使得企业只能提供较少的产品和服务，雇佣较少的劳动力就能维持企业的生产运营，一个工人可能需要完成好几项复杂的工作。但当企业规模扩大后，可以将生产、服务的各个环节划分成若干项专业化工作，并分配给专业的工作人员负责，每个人都只需要专注于简单的工作，从而增加每一位工作人员的产量。

产生规模经济的第二个原因是单位产品固定成本的下降。企业的生产过程总是需要付出一定的固定成本，如厂房的租金、设备的购买与安装费用等。当产量增加后，企业固定成本可以分摊到更多的产品上，单个产品的固定成本下降，企业的长期平均成本也会下降。固定成本在企业总成本中所占的比例越大，产量的增加对成本下降的影响就更大。

产生规模经济的第三个原因是技术的进步。随着企业规模的扩大，一方面，企业拥有足够的体量去更新换代各种更先进的生产、服务所需的设备或聘请更专业的技术人员。例如，原本农民需采用手工劳作以播种、收割农作物。随着耕地面积的扩大，其可以购买先进的农业设备，采用机械化生产，提高生产效率与产量。由于规模足够大，购买设备或聘请技术人员的成本完全可以被产量增加所带来的利润抵消。另一方面，企业拥有足够的资金去进行风险较大、耗时较长的创新，研发出新的技术，做到在成本一致的情况下提高产量或在产量一致的情况下降低成本。

并购能够帮助企业快速调整生产规模，达到或接近最佳生产规模，提高产量，降低成本。同时，并购还能帮助企业整合资源，更好地进行专业化分工。例如，产业链并购使企业优化上、下游产业结构后，节省企业原本生产产品或销售产品所需的沟通成本，企业可将节省下的资金或资源用于研发创新等其他企业活动。

此外，并购能够帮助企业更快地实现技术升级。相比其他原因，由技术进步带来的规模效应强度是最大的，但也是最难实现的。当企业达到一定的规模后，专业化、协作分工或单位固定成本的下降都已做到极致的程度了，此时想要实现规模效应只能提高企业的技术水平。但现阶段各个企业之间由于竞争关系，并不会公开核心技术。由无到有的研发需要耗费企业大量时间和成本，且需要承担较高的风险。并购则能够帮助企业快速获得所需的技术资源。

（三）范围经济

范围经济的存在可以很好地解释企业发起纵向并购的原因。随着多元化并购的盛行，以及基于风险规避的考虑，现代企业往往不只生产一种产品，还可能会涉及多种产业。例如，我们熟知的美的集团拥有完整的空调、冰箱、洗衣机、微波炉和洗碗机等产业链；上汽集团的主要业务不仅包括整车的研发、生产和销售，还包括动力驱动系统、底盘系统、内外饰系统，以及电池、电驱、电力电子等新能源汽车核心零部件和智能产品系统的研发、生产和销售。当一个企业生产两种或两种以上产品的总成本小于其分别生产某一种产品的成本之和时，我们认为企业存在范围经济。

具体的，假如企业仅生产单一产品 X 时，其成本为 $TC(Q_X)$；仅生产单一产品 Y 时，其成本为 $TC(Q_Y)$；当企业同时生产产品 X、Y 时的成本为 $TC(Q_X, Q_Y)$。若 $TC(Q_X) + TC(Q_Y) > TC(Q_X, Q_Y)$，则企业同时生产 X、Y 时存在范围经济。

举个例子，企业 A 同时提供冰箱和洗衣机两种产品，一天内可生产 5 台冰箱和 10 台洗衣机，一台冰箱的生产成本为 500 元，一台洗衣机的生产成本为 400 元，则企业的总成

本 $TC(Q_{冰箱}，Q_{洗衣机})$ 为 6500。一家仅生产冰箱的企业 B 一天可生产 5 台冰箱，每台成本为 800 元；另一家仅生产洗衣机的企业 C 一天生产 10 台洗衣机，每台成本为 600 元。则企业 B 的成本 $TC(Q_{冰箱})$ 为 4000，企业 C 的成本 $TC(Q_{洗衣机})$ 为 6000。在这个例子中，一个同时提供冰箱和洗衣机生产的多产品企业的成本，小于生产单一产品企业生产相同数量产品的总成本，即：

$$TC(Q_{冰箱}，Q_{洗衣机}) < TC(Q_{冰箱}) + TC(Q_{洗衣机})，$$
$$6500 < 4000 + 6000 = 10000。$$

因此，同时生产冰箱和洗衣机的企业 A 实现了范围经济。范围经济的大小（SC）可用如下公式表示：

$$SC = \frac{TC(Q_X) + TC(Q_Y) - TC(Q_X,Q_Y)}{TC(Q_X,Q_Y)}。$$

SC 越大，代表着企业的范围经济越大。

联产品的生产和要素剩余能力的利用被认为是范围经济产生的原因。联产品（joint product）是指同一生产过程中产生的几种产品。企业在生产某种产品的过程中，可以以较少成本或零成本生产另一种或多种产品，如羊毛和羊肉、牛肉和皮革等；或是当一种要素在生产某种产品后还有剩余能力用来生产其他产品时，企业不需要付出额外的成本或仅需要较小的成本就能获得生产其他产品的生产要素，与专门生产该种产品的企业相比，无疑是节约了购买生产要素的成本。由此均可获得范围经济。

范围经济的第三种情况是产品链生产，即企业在生产过程中不需要额外购买，仅需付出成本价即可获得产品的生产要素的生产。例如：产品 X 可单独销售，也可用于生产产品 Y。产品 X 的生产成本为 100 元，额外购买价格为 200 元；产品 Y 的生产成本为产品 A 的购买价格加其他成本，共 300 元。企业 A 每天可以生产 3 个单位的产品 X 和 2 个单位的产品 Y，企业 A 可用成本价获得产品 X 以生产产品 Y，此时总成本为 700 元；企业单独生产 3 个单位的产品 X 的成本为 300 元，单独生产 2 个单位的产品 Y 的成本为 600 元。显然，企业 A 同时生产产品 X 和产品 Y 的成本小于分别生产产品 X 和产品 Y 的总成本。

并购是获得范围经济的有效方式之一。并购可以帮助企业更快地优化产业布局，完善产业链，节约生产和提供服务中所需的成本。例如，一家重污染企业可以通过并购污染处理企业来完善产业链，从而节约污染处理的成本获得范围经济；一家仅生产羊奶的企业可以通过并购一家拥有专业羊毛制作技术的企业以更快地实现联产品的生产，获得范围经济。

三、企业并购对价格和利润的影响

（一）并购对价格的影响及其原因

1. 产品价格上升与原因

在完全竞争的市场条件下，按照供需曲线所确定的市场均衡点，企业只是被动地接受市场价格，很难影响市场价格的变动。并购对企业而言，一定程度上减少了竞争对手数量，提高了企业市场集中度，有利于企业在市场上形成垄断势力。市场势力的增强，意味着企业对其产品价格的控制力也随之增强，在一定程度上有能力决定产品价格。关于企业市场势力的强弱，通常采用勒纳指数 L 来表示，其计算公式为：$L = (P - MC) / P$。其中，P 是价格，MC 是边际成本。从式子中可以看出，企业市场势力的增加意味着价格的上升或成本的下降。接下来，将结合并购对市场势力的影响，探究并购导致价格上升的原因。具体原因如下：

（1）并购能够实现两个企业间的优势互补和资源整合，产生规模经济和范围经济效应。在垄断竞争市场条件下，规模经济的产生既使得企业生产一单位产品的成本有所降低，又能够因规模经济增强垄断势力而提升对产品价格的控制力，从而导致价格上升。同时，并购带来的范围经济也能够通过增强企业市场势力进而作用到产品价格的提升。寻求范围经济使得企业增加了产品种类，进入更多的产品市场，从而增强了企业的市场势力，提升了企业议价能力。

（2）并购协同效应能够增强企业市场势力，提高产品价格。就并购为企业带来的市场营销资源协同作用而言，企业通过并购获得新的市场营销资源，如新的市场进入渠道、客户资源、营销网络等资源。新的市场渠道不仅能够帮助企业降低开辟新市场的成本，而且能够扩大企业产品推广范围，提升产品质量，增加市场销售额，从而提高企业市场占有率。市场占有率的上升增强了市场垄断力，最后作用于产品销售价格的提高。就管理协同作用而言，并购之后企业会对非生产性活动进行整合和重组，减少了"各自为政"导致的资源浪费，节约可变成本；并且非生产性协同的研发可以促进了企业研发投入的上升，由此引发技术进步，节约企业生产成本。成本的降低助力企业提升市场势力，进而为提高产品价格奠定基础。

2. 产品价格下降与原因

上文分析到，并购会增强企业的市场势力，进而影响企业价格的上升。那么，在什么样的情况下，并购会导致价格的下降而不是上升呢？主要考虑以下两种因素的影响：

（1）并购类型。就纵向并购而言，企业可以加速生产流程，缩短生产周期，节约运输、仓储、资源和能源等，还能够获得稳定的原料供应源，降低交易成本。纵向并购在为企业带来巨大的效率优势从而降低生产成本的同时，企业想要获得更大的市场份额，并不会去提高价格，而是扩大生产规模，因而纵向并购后产品价格的下降是存在可能性的。就混合并购而言，企业进行混合并购的目的是能够更大程度地利用自身优势或是降低单一化生产经营的风险。因此，混合并购并不会对市场势力产生重要影响，但并购所带来的财务、技术及管理等方面的协同效应能够降低企业生产成本，此时企业边际成本曲线下移，与边际收益的交点往右下方移，对应的价格会下降，故混合并购后产品价格下降也是极有可能的。

（2）并购涉及的产品需求弹性大且替代性高。所谓产品需求弹性大是指需求量对于价格变动的反应是敏感的，其价格弧弹性是一条平缓的曲线（图 4.2），而且价格下降的幅度明显小于产量增加的幅度。因此，对于富有弹性的产品，降低价格能够增加企业的销售收入，而提高价格会减少企业的销售收入。对于可替代性高的产品而言，产品的替代效应与价格是反方向变动的，价格的上升会导致人们转向与该产品具有相似功能且价格偏低的产品，减少对该产品的购买，从而减少企业的销售收入。

综上分析，当企业发生的并购类型为纵向并购和混合并购，且并购涉及需求弹性大且替代性高的产品时，企业不会提高产品价格，反而会降低产品价格。

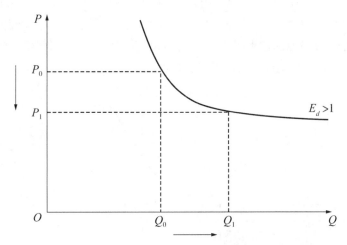

图 4.2　产品需求弹性大的价格弧弹性曲线

（二）并购对利润的影响

企业利润受到价格、成本等因素的影响。接下来，将借助完全竞争市场下的均衡模型来探究并购对企业利润的影响。为了简化分析，我们假设无固定成本，平均成本曲线和边际成本曲线重合，主要有以下九种情况。

1. 并购并未导致企业成本和价格发生变动，只是扩大了企业规模

如图 4.3 所示，并购前，企业的最优产量为 Q_0，企业的总收益等于总成本，大小如四边形 $OP_0H_0Q_0$ 的面积所示，此时企业并未获得超额利润。并购后，企业的生产规模有所扩大，产量由 Q_0 增加到 Q_1，产品价格和生产成本均未发生变化，此时企业获得的超额利润为四边形 $Q_0H_0H_1Q_1$ 的面积。

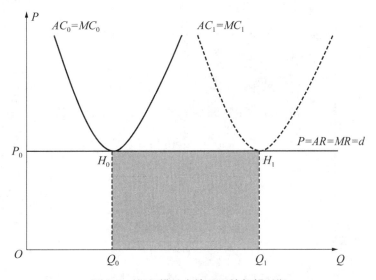

图 4.3　仅规模扩大情况下的超额利润

2. 并购没有影响产品价格而是降低了生产成本

由图 4.4 可知，并购前企业产量为 Q_0，企业总收益和总成本大小均为四边形 $OP_0H_0Q_0$ 的面积，无超额利润。并购后，企业规模不发生变化，但生产成本有所降低，AC_0 下移到 AC_1，此时企业总收益仍为四边形 $OP_0H_0Q_0$ 的面积，但企业总成本缩减为 $OP_1H_1Q_0$ 的面积，企业获得的超额利润为四边形 $P_1P_0H_0H_1$ 的面积。

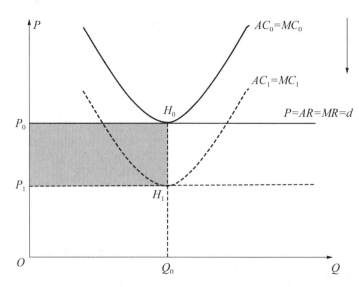

图 4.4　规模不变、价格不变、成本降低情况下的超额利润

3. 并购企业提高了产品价格但没有影响企业成本

由图 4.5 可知，并购后，单个企业产量仍不变，企业生产成本也不发生变化，但企业提高产品价格至 P_1，产量仍为 Q_0，企业总收益增加为四边形 $OP_1H_1Q_0$ 的面积，企业总成本保持不变，因此，企业获得的超额利润为四边形 $P_0P_1H_1H_0$ 的面积。

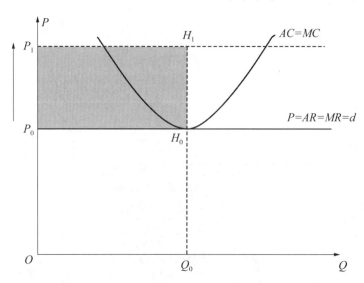

图 4.5　规模不变、价格上升、成本不变情况下的超额利润

4. 并购不仅降低了企业生产成本，而且也提高了产品价格

如图 4.6 所示，并购前，企业的最优产量为 Q_0，企业的总收益等于企业总成本，均为四边形 $OQ_0H_0P_0$ 的面积。并购后，企业规模不变，但给企业带来了成本下降，AC_0 下移到 AC_1，产量仍为 Q_0，企业总成本为四边形 $OP_2H_2Q_0$ 的面积。此外，并购所带来的市场势力使企业产品价格有所提升，产品价格由 P_0 提升至 P_1，此时总收益为四边形 $OP_1H_1Q_0$ 的面积，产生的超额利润为四边形 $P_2P_1H_1H_2$ 的面积。

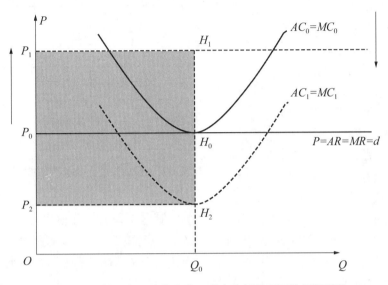

图4.6　规模不变、价格上升、成本降低情况下的超额利润

5. 并购造成企业生产成本的提高但没有影响企业价格

如图 4.7 所示，并购前，企业的最优产量为 Q_0，企业的总收益和总成本均为四边形 $OQ_0H_0P_0$ 的面积。并购后，企业单个产量不变，但企业成本有所上升，从 AC_0 上升到 AC_1，产量仍为 Q_0，企业总成本为四边形的 $OP_1H_1Q_0$ 的面积，企业总产量保持不变，此时总收益低于总成本，企业处于亏损状态。

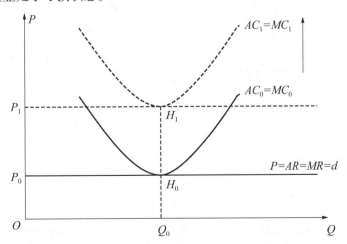

图4.7　规模不变、价格不变、成本上升情况下的超额利润

6. 并购使得产品价格降低

如图 4.8 所示，并购前，企业的最优产量为 Q_0，企业的总收益和总成本均为四边形 $OQ_0H_0P_0$ 的面积。并购后，企业单个产量不变，但产品价格却有所下降，由 P_0 下移到 P_1，产量仍为 Q_0，企业总成本保持不变，而此时总收益为四边形 $OP_1H_1Q_0$ 的面积，总收益低于总成本，企业处于亏损状态。

7. 并购不仅降低了产品价格，并造成生产成本的提高

如图 4.9 所示，并购前，企业的最优产量为 Q_0，企业的总收益和总成本均为四边形

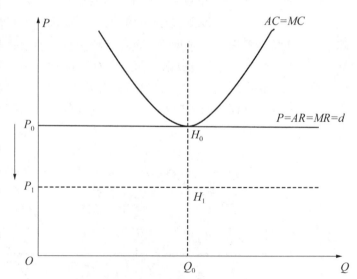

图 4.8 规模不变、价格降低、成本不变情况下的超额利润

$OQ_0H_0P_0$ 的面积。并购后，企业单个产量不变，但给企业带来了成本上升，AC_0 上移到 AC_1，产量仍为 Q_0，企业总成本为四边形 $OP_2H_2Q_0$ 的面积；同时，并购可能造成产品价格下降，产品价格由 P_0 下降至 P_1。此时总收益为四边形 $OP_1H_1Q_0$ 的面积，总收益低于总成本，企业处于亏损状态。

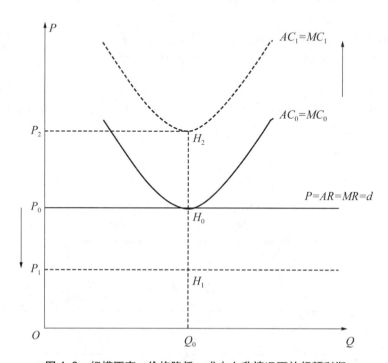

图 4.9 规模不变、价格降低、成本上升情况下的超额利润

8. 并购使得企业既提高了产品价格，也造成生产成本的增加

由图 4.10 可知，在并购前，企业的最优产量为 Q_0，企业的总收益和总成本均为四边形 $OQ_0H_0P_0$ 的面积。并购后，企业单个产量不变，产品价格由 P_0 提高至 P_1，此时企业总收益为四边形 $OP_1H_1Q_0$ 的面积；同时，成本也由 AC_0 上移到 AC_1，企业总成本为四边形 $OP_2H_2Q_0$ 的面积。故并购后企业超额利润为四边形 $OP_1H_1Q_0$ 的面积与四边形 $OP_2H_2Q_0$ 的面积的差值。企业是获得超额利润还是产生亏损，由价格上升幅度和成本上升幅度所决定。

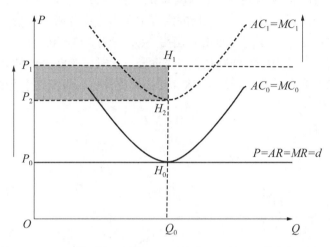

图 4.10　规模不变、价格上升、成本上升情况下的超额利润

9. 并购使得企业既降低了产品价格，也造成生产成本的下降

由图 4.11 可知，在并购前，企业的最优产量为 Q_0，企业的总收益和总成本均为四边形 $OQ_0H_0P_0$ 的面积。并购后，企业单个产量不变，产品价格由 P_0 下降至 P_1，此时企业总收益为四边形 $OQ_0H_1P_1$ 的面积；同时，成本也由 AC_0 下移到 AC_1，企业总成本为四边形 $OQ_0H_2P_2$ 的面积。故并购后企业超额利润为四边形 $OQ_0H_1P_1$ 的面积与四边形 $OQ_0H_2P_2$ 的面积的差值。企业是获得超额利润还是产生亏损，由价格下降幅度和成本下降幅度所决定。

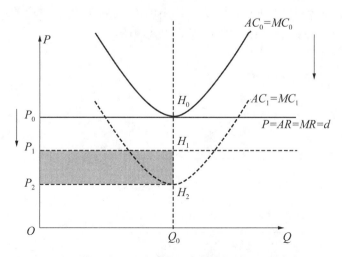

图 4.11　规模不变、价格降低、成本降低情况下的超额利润

四、企业并购的福利分析

根据福利经济学第一定理，完全竞争市场的均衡是帕累托最优状态。完全竞争市场的均衡要求 $P=MC$，此时生产效率最高，资源配置达到最佳状态。但在实际的生活中，完全竞争市场是不存在的"理想"市场。在不完全竞争市场中，由于其需求曲线通常是向下倾斜的，具有垄断势力的企业更倾向于在 $MR=MC$、$P>MC$ 的点上进行生产；当 $P \neq MC$ 时，就会导致效率和福利的损失。在之后的内容中，为简化分析，假设企业的边际成本等于企业的平均成本且固定不变，如图 4.12 中的水平直线 $MC=AC$ 所示；同时，假设企业的边际收益等于需求，即 MR 曲线和需求曲线重合。此时，垄断企业的利润最大化产量等于帕累托最优状态下的产量，$P=MC=MR$，仅有消费者福利而没有生产者福利。

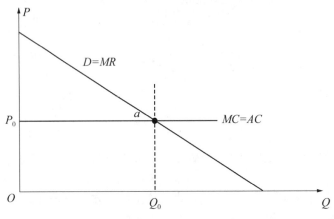

图 4.12 简化分析假设下的 MC、AC、D、MR

（一）并购导致的价格上升对社会福利的影响

在接下来的分析中，假设并购并不会带来成本的上升。当并购导致价格上升却没有降低企业的成本时，如图 4.13 所示，价格由原本的 P_0 提高至 P_1，对应的产量由 Q_0 降低至 Q_1，造成的福利净损失如图 4.13 中阴影部分 A 区域所示。

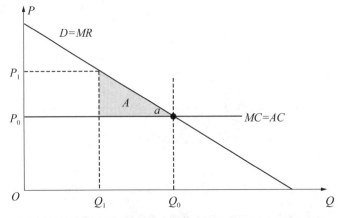

图 4.13 并购后价格上升、成本不变情况下社会福利的变化

在并购导致价格上升的同时，由于企业效率提高降低了企业的成本，如图 4.14 所示，价格由原本的 P_0 提高至 P_1，对应的产量由 Q_0 降低至 Q_1，此时福利净损失部分为图 4.14 中阴影部分 A 区域；但由于成本由原来的 C_0 降低至 C_1，总成本下降的部分如图 4.14 中阴影部分 B 区域所示，该部分转化成了生产者福利。此时社会福利变化为 $B-A$，社会总福利的增加和减少，由价格上升导致的福利减少区域 A 部分和由成本下降导致的福利增加区域 B 部分的大小所决定。

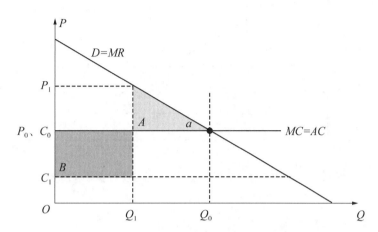

图 4.14　并购后价格上升、成本降低情况下社会福利的变化

（二）并购导致的价格下降对社会福利的影响

同样地，假设并购并不会造成成本上升。当并购导致价格下降却没有影响成本时，如图 4.15 所示，价格由原本的 P_0 降低至 P_1，对应的产量由 Q_0 提高至 Q_1。可以看到，价格的下降会导致消费者福利的增加，增加部分为图 4.15 中阴影部分 A 区域。

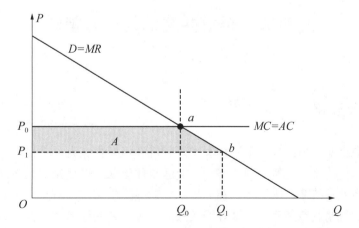

图 4.15　并购后价格降低、成本不变情况下社会福利的变化

当并购导致价格下降，同时也降低了企业的成本时，如图 4.16 所示，价格由原本的 P_0 降低至 P_1，对应的产量由 Q_0 提高至 Q_1，消费者福利增加部分为四边形 abP_1C_0 的面积。

同时，成本由原来的 C_0 降低至 C_1，企业总成本下降部分为四边形 cbP_1C_1 的面积，该区域最终转化成了生产者福利增加部分。社会福利净增加部分为四边形 abP_1C_0 和四边形 cbP_1C_1 的面积之和，如图4.16中阴影部分 A 所示。

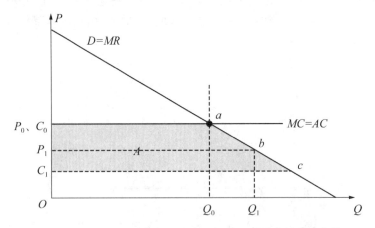

图4.16　并购后价格降低、成本降低情况下社会福利的变化

（三）衡量并购是否导致垄断的福利标准

企业并购通常伴随着企业市场势力的增加，容易形成企业垄断。而企业垄断不仅会导致低效的生产，造成社会总福利的下降，也会导致市场失灵。因此，各国通常会出台反垄断相关的法律以限制企业的并购。相关机构需要基于一定的标准判定并购行为是否会导致垄断，目前较为通用的标准是社会总福利标准和消费者福利标准。两种标准各有优劣，经济学家们尚未对采用哪一种标准达成统一。

第四节　企业并购的战略与策略

一、并购战略

并购战略是企业根据市场竞争结构和宏观经济环境变化，为谋求自身的生存和发展并最终服务于股东价值而制定的一种战略，是企业整体宏观发展战略的具体执行。一个有效率的并购需要由宏观战略产生，然后在派生的并购战略中形成。对于并购双方来说，并购都是一场复杂的战略决策过程，包括并购的战略选择、并购标的的选择、并购中的策略实施、并购完成后的整合等。选择并购战略，不仅需要考虑企业的总体发展战略，还要考虑市场竞争结构和宏观经济环境。其实，企业并购的动机已经表明企业将要进行何种并购战略。第一节已经讨论了并购的动机，本节将重点讨论并购的战略与策略。纵观企业的并购决策，可以将并购战略分为扩张战略、防御战略和转型战略。本节将主要探讨这三种并购战略的实施背景、特点和价值创造过程。

(一) 扩张战略

扩张战略是企业在经营环境良好，发展势头较好的情况下，考虑扩大企业规模、提高市场份额而进行的并购战略。

1. 扩张战略的实施背景

（1）自身条件较好且行业发展趋势向好的企业势必会考虑扩张企业的规模，来实现规模经济。这种情况下的企业通常处于快速发展或者成熟阶段，需要快速扩大市场份额，提高市场地位。少数处于衰退期的企业也可能试图扩大市场占有率来实现逆风翻盘。当然，并购不是唯一的实现规模经济的途径，企业还可以考虑自建。最终选择何种扩张模式需要企业权衡收益成本来判断。自建和并购各有优势和劣势。自建具有成本低、灵活性强和耗时长的特点，并购则具有速度快，成本高、风险大的特点。在经济环境不稳定的情况下，企业能够在恰当的时机下迅速做出反应是非常重要的，很多机会都是稍纵即逝的。并购一家企业，利用其现有的资源如办公设施、管理层、顾客和其他资源，能够在短时间给并购方带来大量客户、技术和产品。如果目标企业是同行业、生产相同或相似产品的竞争企业，还能快速与主营业务融合形成规模经济，这就是企业战略中常常提到的横向整合。

企业的横向整合有两种模式。一种模式是在同一市场中扩大市场份额，表现为企业并购竞争对手。市场占有率的维持和增长是同一市场中所有企业的目标。在这种情况下，并购方要在扩张业务的同时，努力维持和提高自身相对于竞争对手的市场地位。尤其是在那些规模经济效应和品牌效应强的行业（如电子产品行业），如果一家企业能获得更高的市场占有率，也就意味着它拥有了超越竞争对手的市场影响力。市场势力理论认为，企业在借助并购竞争对手来实现对营商环境的控制的同时，提高市场占有率，使企业获得垄断利润，增加其长期获利机会。出于维护市场竞争的需要，反垄断法会对企业无限制扩大规模和市场份额的倾向进行遏止。[①] 另一种模式是企业扩张到一个新的地区，以实现地域覆盖。扩张到新地区会遇到很多的问题，如本土运作、关系处理、市场环境。在这种情况下，收购一家本土公司便是一个较佳的解决方案，表现为异地并购。企业异地并购的原因来源于目标地区的税收优惠政策，即当地政府的引资效应，或者目标地区的新发展机会。

（2）企业为了应对动态变化的外部环境进行纵向整合，以对企业的价值链和产业链上的战略性资源进行整理、协同、系统化、集成和融合，形成对企业战略性资源和能力的有效控制，保持其竞争优势。有时候，企业需要可靠的供应来源，会考虑前向整合一家供应商，避免与独立供应商在发生合作纠纷时可能出现的供应不足问题；零库存（just-in-time）管理的企业会考虑后向整合，获取销售渠道以降低存货成本。拥有自己的供应商和销售商，可以将市场交易活动内部化，减少企业间合作意见不一致而导致的交易风险，收获超越竞争对手的成本优势。因为企业向供应商购买生产要素或委托销售商分销产品时，交易价格中含有给与对方的一部分利润，但是纵向整合后就无须支付了。同时，纵向整合后的企业具有很强的灵活性和应变性，能够具有针对性地满足顾客的个性化需求，从原材料供应到生产设备都可以根据顾客的需求进行产品定制和生产，并对产品质量进行把关。

---

① 参见《中华人民共和国反垄断法》（2022 年修正）。

此外，企业在获得成本优势和品牌效应的同时，还设置了进入壁垒。所谓进入壁垒（barriers to entry）就是产业内既存企业对于潜在进入企业和刚刚进入的新企业所具有的优势程度。

2. 扩张战略的特点

扩张战略的特点在于利用投资扩大优势，重组投资组合，实现规模经济，降低成本，建立多边合作关系和联盟，把握行业整合带来的新机遇。

3. 扩张战略的价值创造

（1）发挥协同效应创造价值。企业通过横向整合在同一市场扩大规模的时候，可以在生产上实现规模经济，节约生产成本。企业市场占有率的提升，可以增强产品的市场控制力，获得高市场势力的超常收益。企业并购重组后，能够实现管理资源的相关补充，提高经营管理效率，还可以精简管理人员和节省管理费用等，提高企业的资金利用效率。

（2）降低交易费用创造价值。企业在纵向整合中，扩大了生产和经营范围，使原本不属于企业的业务内部化，可以节省交易成本，同时能够减少交易失败带来的损失。

（3）合理避税创造价值。节税效应理论认为减少税负，产生合理避税的效果是企业并购的重要动因。同时，企业期望通过并购来扩大规模时，选择目标企业也会考虑税负问题。税收优惠作为地方政府引资的重要手段。很多异地并购的发生就是基于当地政府给予的税收优惠政策。

（二）防御战略

防御战略是企业为优化资产组合而剥离非核心资产，处置业务欠佳的业务，或者在经营环境不景气情况下全面收缩业务范围而选择被并购的一种以收缩为主的并购战略。

1. 防御战略的实施背景

（1）当遭遇瓶颈或处于经济不景气的市场环境时，企业可能会考虑全面收缩，甚至将企业完全出售，以另谋出路。在这种情况下，要想顺利出售企业并最大化股东价值，需要企业耗费资源和时间去提升自身对于收购方的吸引力。如果是企业经营不善导致企业遭遇瓶颈，就需要企业对自身进行充分的评估，挖掘其价值所在，以吸引更多的卖家。如果行业竞争激烈，市场势力就格外重要了。在各竞争方都在努力扩大市场份额的情况下，企业就有了更多的讨价还价能力，卖给出价最高的竞争者就是一个不错的选择。但是，如果整个行业或者经济环境都不景气，企业就难以以较高的价格出售了，只能尽力提升股东价值。

（2）在企业资产组合管理的过程中，企业调整资产类型和比重，改变资产的获利能力和流动性，有时候需要收缩业务，剥离非核心资产。资产剥离（Weston、Chung & Hoag，1990）[①] 就是企业将其一部分资产出售给第三方，并取得现金或其他有价证券的行为。资产剥离与并购一样，都是旨在对企业业务组合进行重新定位，但在形式上正好相反。不少拥有足够的经济实力的企业纷纷寻求业务扩张，以实现经营业务的多元化。一个企业盲目进入一个不熟悉的行业会面临很多风险，包括资源整合风险、行业进入风险和财务风险

---

① J. F. Weston, K. S. Chung, S. E. Hoag, *Mergers, Restructuring, and Corporate Control*, Upper Saddle River, NJ: Prentice Hall, 1990.

等。因此，那些在多元化道路上未能成功的企业，需要收缩战线，通过实施归核化战略来剥离那些不具比较优势、盈利能力弱甚至亏损的业务，集中力量发展主营业务，培育和提升企业核心能力。剥离非核心资产可以降低企业非相关多元化的程度，做到主业清晰；可以消除负协同效应，带来专业化经济，实现 4 - 2 ＞ 2 的神奇效果；可以筹集更多的资金来寻求新的发展机会。

（3）当市场竞争激烈或企业面临危机时，企业会考虑处置业绩欠佳的业务，以提升整体运营效率。证券交易所对上市公司的盈利性有相关规定，上市公司若在最近会计年度出现亏损，将被实施退市风险警示（*ST）；若下一年度再次触及退市指标，将直接退市。[1]因此，当经常项目出现亏损时，为了避免总体业绩出现亏损而被*ST或退市，很多上市公司会通过剥离亏损业务获得一次性非经常性收益，做到总体稍微盈利。另外，当年度注定要出现亏损，无法通过其余手段弥补时，上市公司也会考虑把业绩欠佳的业务剥离出去，以为下一年度扭亏创造良好的条件。企业在危机期间采取防御战略，处置业绩欠佳的业务，可以在一定程度上纠正以往的投资决策失误，帮助企业专注于其他更好的投资机会，以保证竞争定位。[2]需要注意的是，在行业危机时期，企业处置不良资产要速战速决，以确保价值最大化。

2. 防御战略的特点

防御战略的特点是能够及时帮助企业挽回价值，或者在激烈的竞争和不景气的经济环境中维持核心业务的竞争优势。在数字技术和绿色发展快速冲击的当下，企业向数字化及可持续化的转变是不可避免的。扩张战略和防御战略都可能影响公司的核心竞争力，通过并购来推动这一变化。

3. 防御战略的价值创造

（1）巩固核心竞争力创造价值。防御战略通过收缩产业，帮助企业集中优势资源做好核心产业，巩固核心竞争力来产生附加价值。

（2）融资创造价值。企业的退出战略其实是一种融资行为。企业可以回笼资金投资到核心业务，或者寻找更有优势的产业投资，从而优化企业的资产组合。

（三）转型战略

转型战略是企业根据自身条件和经济环境的变化，立足于总体发展战略，以并购的方式进入现有产业之外的领域发展的一种战略。

1. 转型战略的实施背景

（1）当企业追求多元化经营时，利用转型战略并购一些非相关产业是使企业成为综合性企业最为简单快捷的方式。投资组合管理理论认为，投资管理人应按照资产选择理论与投资组合理论对资产进行多元化管理，以实现分散风险、获得协同效应、提高效率的投资

---

[1] 参见《上海证券交易所股票上市规则（2022 年 1 月修订）》和《深圳证券交易所股票上市规则（2022 年修订）》。

[2] 详见德勤（Deloitte）咨询有限责任公司的并购战略分析框架："Charting new horizons M&A and the path to thrive," https://www2. deloitte. com/global/en/pages/about-deloitte/articles/covid-19/charting-new-horizons. html。

目的。① 这就像人们常说的不要"将鸡蛋放在一个篮子里"。除了投资组合优化外，进入更有利润的产业也是多元化经营的重要目标。这种情况通常是企业已经具有相当规模，主营产业已经处于成熟阶段，或者是产业内部的竞争压力太大，无法通过提高价格或薄利多销的方式获得超额利润。在寻求进入其他产业以获得更好的发展机遇时，有时候会碰到企业的多元化削弱了其原有业务，又不能确定新业务能否长期获利的问题。因此，保证企业有充足的现金流是实现多元化并购的重点。

（2）当企业预测其所在行业未来发展前景不佳或看到其他行业新的发展机会时，会考虑通过战略转型并购目标行业的一家或几家企业，快速转入该市场。好的发展机会不是常有的，发现一个发展前景好的产业应该快速反应，抓住先发优势。这种情况下，企业通常可以选择规模不大，但是已经在新产业或新产品中运作一段时间，有一定技术优势和经验积累的目标企业。下边来看两个新兴的热点产业转型方向：数字化和绿色化。

随着数字技术的发展，数字化带来的商业模式变革正在冲击着旧的商业模式，对很多企业而言，数字化转型迫在眉睫。此时，企业可以考虑通过并购一家互联网科技公司，以应对数字化的冲击。例如，在传统房地产行业被冲击的情境下，易居2021年收购阿里巴巴持有的天猫好房85%的股份，从而与阿里巴巴达成战略合作，通过打通线上线下房产交易，推动房产服务走向数字化、智能化。

在习近平生态文明思想的引领下，我国的生态环境保护正在发生历史性、转折性、全局性变化，绿色低碳循环发展成为主流的发展方式。很多工业企业为了降低治污成本，缓解信贷限制，或者享受"绿色发展"的红利，会选择绿色化转型。绿色转型的模式有很多，如企业可以自建污染物处理线、投资绿色项目、并购一家环保企业等，可以及时地为企业带来品牌声誉，快速降低企业的治污成本，实现绿色转型。

2. 转型战略的特点

转型战略一方面能够帮助企业调整业务组合，进行多元化经营来分散市场风险；另一方面能够很好地推动企业转型，帮助企业在新的发展领域快速成长起来。

3. 转型战略的价值创造

（1）范围经济创造价值。多元化经营下企业可以通过产品生产过程中投入要素的互补性实现范围经济，节约平均成本。

（2）优化投资组合创造价值。具有规模的企业在多元化扩张过程中会伴随着投资组合的重新配置，提高企业的投资效率。同时，多元化经营能够避免主营业务遭受危机时的溃败，分散投资风险。

（3）突破新行业的进入壁垒，抓住重要的投资机会。企业发现有前景的行业，需要快速投资进入该行业。但是，企业进入一个全新的行业会遇到很多的阻碍，通过并购新行业中的一家富有经验的目标企业，可以帮助企业快速抓住新产业的机遇，获得长期利润。

（四）小结

三种战略的并购案例如表4.3所示。

---

① 详见 https://baike.so.com/doc/6153188-6366399.html。

表4.3　三种战略的并购案例

并购战略	发展模式	典型案例
扩张战略	横向整合	从2008年开始，美的十年部署收购战略并最终吸收合并小天鹅
	纵向整合	2021年，金鼎钢铁集团先后与山西襄垣鸿达煤化工和山西潞宝集团旗下两大焦化企业建立股权合作协议，高举进军焦化产业的旗帜，开启了前向整合资源端之路
防御战略	全部出售	2022年，德邦股份以约86亿元将控制权转让给京东物流
	剥离非核心资产	万科自1991年开始多元化经营之路，涉及商贸、工业、地产、证券和文化五大行业。1994年开始分期转让股份，剥离非核心资产，回归房地产主业。例如，1997年出售深圳万科工业扬声器制造厂的股份等
	出售业绩不佳的业务	贵人鸟在2018年将业绩不佳的康湃思体育以低于投资成本的价格转让给晋江国家体育城市股份有限公司
转型战略	多元化经营	融创中国2017年以150.41亿元成功并购乐视旗下的三家公司，同年收购万达集团的13个文旅项目和77家酒店。融创中国通过多元化布局和并购成功成为以地产为核心，布局地产、服务、文旅、文化、会议会展和医疗康养六大业务板块的头部企业集团
	产业转型	东方园林以12.75亿元收购中山环保、上海立源各100%股权，成功进入水处理行业，实现了从园林到环保的产业转型

　　这三种并购战略都是基于战略收购者的角度为实现企业的宏观发展战略而进行的战略选择。战略收购者就是打算通过购买对自身拥有的其他业务进行某种方式的巩固、链接或整合的经济实体。战略收购者一般要权衡收购对企业现有业务的影响以及企业既有业务对收购业务的影响来进行并购战略部署。相对而言，财务收购者是将收购目标看作可以独立生存的公司，通过改善其运营状况、赋予其新生活力或者调整其资本结构后再出售，从而获得可观的收益。换句话说，财务收购者都是利用某种形式的资本去收购目标企业的控制权，并以出售目标企业获得利润为最终目的。因此，财务收购者的并购战略是更为简单的，只需关注目标企业能否在未来给企业带来可观的收益。

二、并购策略

　　并购策略通常存在于敌意收购中。在敌意收购中，目标企业有很多可选择的反收购策略，但是敌意收购方的收购策略相对较少。敌意收购中，主要收购策略可分为熊式拥抱、股权收购和代理权竞争三种方式。这三种收购策略是相互独立的，可以单独使用一种收购策略，也可以在适当的情形下结合使用，以更好地达到收购目的。接下来去我们将站在并购方的立场来讨论这三种并购策略。

（一）熊式拥抱

　　熊式拥抱是三种收购策略中最简单、最不具有攻击性的方式，造成的负面影响也最小，通常在敌意收购开始时使用。熊式拥抱是指并购方向目标企业管理层或实际控制方表达其对目标企业明确的、不可反驳的收购意愿，同时表示如若目标企业不配合收购，将采取进一步措施以达到收购目的。相比于友好收购，熊式拥抱具有对目标企业管理层及实际控制方的胁迫性特征，即不考虑目标企业是否愿意，又不事先进行平等、友好的沟通。

熊式拥抱可分为两种。一种是普通的熊式拥抱，即并购方直接、公开地提出含有明确价格的收购意愿，且该价格通常远高于目标企业股票的市场价格。其目的在于公开收购意愿，利用高差价引诱目标企业股东接受收购，使目标企业股东与管理层利益不一致，致使管理层难以实施反收购策略，被迫与股东一起接受收购。例如，2001 年 3 月，英国保诚保险集团（PUK）公开出价拟收购美国通用保险公司（AGC）；4 月，美国国际集团（AIG）以高于 PUK 的价格出价收购 AGC，同时 AIG 董事长格林伯格给 AGC 董事长罗伯特·代弗林写了一封信，在指出对手出价将进一步下滑的同时，既表示要协商，又威胁即便 AGC 不同意也会实施收购。最终 AIG 成功收购了 AGC。另一种是泰迪熊式拥抱，即并购方提出不包含价格或具体交易条款的收购意愿。这是一种较为温和的熊式拥抱，虽具有收购势在必行的意思表示，但在具体条件上给目标企业留有协商的余地。它的目的更多地在于试探目标企业对于收购的态度及可能的反收购能力，并通过胁迫形成谈判优势。可见，熊式拥抱具有试探、引诱和胁迫的特征。

两种熊式拥抱中，普通的熊式拥抱比泰迪熊式拥抱的威胁意味会更强一些，负面影响也会更大一些。因为收购消息一旦被公开，通常意味着如果熊式拥抱失败，收购者将进一步进行股权收购。而股权收购消息公布以后，市场投资者通常会对目标企业将遭受敌意收购、影响公司控制权稳定的情形表现出担忧情绪，致使目标企业的股票价格下跌。此时，市场中的套利者（指在相关市场或相关合约上进行交易方向相反的操作，以期价差发生有利变化而获利的投资者）就会大量囤积目标企业的股票，做空目标企业的股票。（即预期未来股价会下降，所以以当前较高的价格将手中的股票卖出，等股票下跌到一定程度，再买进同一股票，从而赚取中间的差价。）这样一来，敌意并购方以及其他的出价者将更容易以较低价格大规模购买到目标企业的股份，从而使目标企业更容易面临丧失控制权的威胁。

但相比于其他的敌意收购策略，熊式拥抱又是一种相对操作简单、负面影响较小的收购策略。如果目标企业反收购态度不是很坚决，使用熊式拥抱就足以成功达到收购目的，此时对敌意并购方来说是最为省时、省力、省钱的；如果目标企业反收购意愿较为坚决，熊式拥抱释放出的信息则无法起到威胁作用，仅用熊式拥抱就难以成功。同时，由于敌意收购意图已告知，目标企业甚至可能开始采取一系列反收购措施，此时便需要结合其他收购策略以达到收购目的。

当然，熊式拥抱只是一种前置策略，也是一种选择性策略，即并购方不一定要实施熊式拥抱，而直接采取股权收购或其他方式。是否采取熊式拥抱取决于并购方的选择。同时，在实际操作中，熊式拥抱也未必由并购方直接向目标企业提出，亦可由一些中介方向目标企业管理层或原控股股东非公开提出，此时试探的意味会更多一些，可以看作并购方在实施收购前了解目标企业的一种方式。

（二）股权收购

股权收购是敌意收购中最常见的策略。在较多数情况下，敌意并购方会在目标企业不知情的情况下直接进行股权收购，甚至很可能在达到信息披露要求的临界值时才被目标企业知晓。如果并购方选择实施熊式拥抱策略，当熊式拥抱失败时，通常也会进一步实施股权收购策略，此时目标企业已知晓将面临的股权威胁，将可能更快地开始反收购措施。

股权收购是指并购方通过公开或非公开的方式直接持有（即买入）或间接控制（即不买入但实际享有该部分股权的股东权利，尤其是表决权）目标企业股权。其中，并购方直接持有股权通常可通过二级市场购买、要约收购和大宗交易购买的方式达成，间接控制股权可通过与其他股东形成一致行动人的方式达成。

股权收购根据是否通过公开市场分为公开市场操作和非公开市场操作两种。

公开市场操作，即在公开的股票市场上，从流通股股东手里直接购买股票。此类股权收购面向的是全体流通股股东，可通过要约收购或者在二级市场直接购买流通股两种方式来实现。其中，要约收购的收购价格及条款由并购方公开提出，全体流通股东选择是否接受，是最为公开的股权收购策略。在二级市场购买，股票价格由市场竞价决定。根据信息披露要求，并购方购买股票达到一定比例时才需要公布。例如在我国，投资者及其一致行动人持有上市公司股票达到已发行股票的5%时需进行披露，其后每增加或减少1%需再行披露[1]。可见，若未实施过熊式拥抱策略，在首次达到5%之前，二级市场购买的收购策略很难被目标企业识别。因此，二级市场购买具有一定的隐秘性。

非公开市场操作，即不通过公开的股票市场，买入或者实际控制目标企业股票。此类股权收购面向的通常是除原控制方以外的股东，根据是否直接持有股权可分为大宗交易和形成一致行动人两种实现方式。

其中，大宗交易又称为大宗买卖，是指达到规定的最低限额的证券单笔买卖申报，买卖双方经过协商达成一致，再通过证券交易所的大宗交易平台确认成交的证券交易。大宗交易面向的往往是除原控制方外的持股较多的股东，即不包括二级市场的流通小股东。不同交易所对于大宗交易的最低限额略有不同。在我国，上海证券交易所规定的最低限额为：A股单笔买卖申报数量不低于30万股或交易金额不低于200万元，B股单笔买卖申报数量不低于30万股或交易金额不低于20万美元[2]；深圳证券交易所规定的最低限额为：A股单笔买卖申报数量不低于30万股或交易金额不低于200万元，B股单笔买卖申报数量不低于3万股或交易金额不低于20万港元[3]。

一致行动人方式是指通过协议、其他安排等形式，多个投资者共同扩大其所能支配的一个上市公司股份表决权数量的行为或者事实，投资者互为一致行动人。狭义上，一致行动人仅包括在上市公司收购过程中，联合起来收购一个目标企业股份，并就收购事项达成协议的两个或两个以上的人，也称为联合收购人；广义上，一致行动人不仅包括联合收购人，还包括在证券交易和股东权利行使过程中采取共同行动的人。在我国，现有法规中列

---

① 参见《上市公司收购管理办法》（2020年修订）。
② 参见《上海证券交易所交易规则》（2020年修订）。
③ 参见《深圳证券交易所交易规则》（2020年修订）。

举了一致行动人的情形，包括：①具有控制关系；②受同一控制；③具有相同董事、监事或高级管理人员；④不具控制关系但参股并具有重大影响；⑤除银行外的投资者为并购方收购提供融资安排的；⑥存在合伙、合作、联营等其他经济利益关系；⑦并购方的董事、监事或高级管理人员；⑧目标企业的董事、监事或高级管理人员及其亲属等。[①] 在企业收购中，一致行动人的行为，法律上视为一个人的行为，它们的持股数量是要合并计算的。可见，并购方虽未实际持有该部分股权，但间接控制了该部分股权对应的股东权利，从而达到较小持股却拥有较大实际权利的目的。在万宝之争的案例中，宝能系对万科集团的收购就是股权收购的典型案例。宝能系通过直接购买持有，以及联合一致行动人间接获得的方式，成为万科的第一大股东。

在股权收购中，不管是以公开市场操作还是非公开市场操作，目的都在于直接或间接地持有目标企业的股权。若通过股权收购能够达到控股，那么收购也就成功了；若是达不到控股，可继续实施股权收购，或者在达到一定股权比例后实施代理权竞争以获得实际控制权。

（三）代理权竞争

代理权竞争是指单个或者多个股东企图利用企业股权的代理机制来取得对企业的控制权或者给企业带来其他的变化。

代理权的概念来源于委托代理理论。委托代理理论是建立在非对称信息博弈的基础上的，主要研究委托代理关系及委托代理问题。委托代理关系是指一个契约，在这份契约中，一个或多个人（委托人）雇佣另一个人（代理人）为他们执行一些服务，其中包括委托人把一些决策权委托给代理人。[②] 现代企业由于所有权与经营权的分离，企业的所有者保留所有权，而将经营权让渡给职业经理人即企业管理层，由此形成了所有者与管理层之间的委托代理关系，管理层即是代理人，拥有代理权。管理层参与企业经营管理，掌握着企业实际经营状况的一手资料，且能直接参与企业战略、策略等的制定和实施，相当于企业的内部控制人。可见，取得或控制代理权才能对企业经营实施实际控制，而制约代理权能影响企业的实际经营决策。

代理权竞争通常有董事会席位竞争和针对管理层提议进行争辩两种形式。

董事会席位竞争是代理权竞争的主要形式，即取得尽可能多的董事会席位，以求在董事会决策时具有决定权或重大影响。在我国，董事会决议需经董事会过半数以上董事通过。因此在董事会席位竞争中，双方均以取得过半数席位为目标。在此类代理权竞争中，并购方和目标企业原控制方都会想方设法得到中小股东的股权支持，以获得多数的管理层席位。此时，中小股东可谓是地位最高、最被重视的时刻，他们需要在并购方和原控制方之间做出选择。由于该选择会决定管理层构成，进而影响企业未来经营决策，中小股东也会较为谨慎。金科股份与融创中国的股权之争是一个有趣的案例。2016 年开始，融创中国通过二级市场不断增持金科股票，一跃成为金科股份的第二大股东并进入董事会。在 2017

---

① 详见《上市公司收购管理办法》（2020 年修订）第八十三条。

② M. C. Jensen, W. H. Meckling, "Theory of the firm: Managerial behavior, agency costs and ownership structure," *Journal of Financial Economics*, vol. 3, no. 4 (1976), pp. 305 – 360.

年的董事会席位中,金科股份获得7个席位,而融创中国仅占2席,未能赢得金科股份控制权。

针对管理层的提议进行争辩就是利用股东权利,联合其他股东发起对代理权的抗衡,影响需经股东大会通过的、或股东大会有权否决的董事会决策。一般公司法规定董事会有以下职权:召集股东大会,向股东汇报工作;执行股东会决议;制定公司经营计划和投资方案;制定公司战略方针,制定公司合并、分立、解散或变更公司形式的方案;等等。董事会执行这些职权时,有些是董事会全权负责,有些关乎公司生存的重大决策需经股东大会投票通过方可成为公司决议。例如,关于设置一些公司反收购条款的提案,董事会不可擅自决策,需交由股东大会审议通过。此时,并购方可通过联合其他股东对董事会相关提案投出反对票,由此影响反收购进程,为收购提供便利。

代理权竞争的最终目标是获得公司的实际控制权。如果在代理权竞争中并购方取得成功,那也就意味着收购成功;如果失败,那么并购方将继续实施股权收购策略,获取更多股权,以再次发起代理权竞争,或争取拿到控股权。

(四) 小结

我们从实施时间和优劣方面对前述三种策略进行简要对比分析。

1. 实施时间

熊式拥抱是一种前置性、选择性策略,发生在股权收购和代理权竞争之前。代理权竞争往往需以持有或控制一定比例股权为前提,因而常发生在股权收购之后。股权收购的最终目标是获得控股权,进而获得实际控制权,可见,股权收购最终亦必将带来代理权竞争。三种收购策略中,除熊式拥抱之外,代理权竞争和股权收购可能在整个收购进程中交错使用。

2. 实施优劣

熊式拥抱最大的优势莫过于省时省力且成本可控,若目标企业反收购意愿不强烈或反收购能力不强,通过向目标企业施压足以收购成功;但若熊式拥抱不成功,则向目标企业暴露了收购意愿,目标企业很可能开始实施反收购措施,因而丧失了"突袭"的机会。股权收购的优势在于,并购方直接在市场上购买或获得目标企业的股权,不需要经过股东大会的决议,也不需要获得目标企业董事会的同意,从而简化了收购的法律程序,也能一定程度避免来自目标企业原控制方或管理层的阻挠;但股权收购的收购价格受市场价格影响,收购成本较难把握,且由于收购间隔限制(即购买股权达一定比例后,继续购买需间隔的时间)的存在,股权收购的时间成本往往较高。代理权竞争的优势在于并购方无须取得企业的控股权,而直接通过取得代理权来取得实际控制权,从而降低了并购方的收购成本和时间成本。

第五节　我国企业并购的历史回顾

一、国有企业兼并重组的正式起步（1984—1989 年）

1984 年，党的十二届三中全会一致通过了《中共中央关于经济体制改革的决定》。该决定提出，以构建充满活力、生机、带有中国特色的社会主义市场经济体制，快速推动生产力发展作为主要任务，同时应以实现横向经济联合发展为着力点，促进商品经济的发展。此时，国有企业改革成为我国经济体制改革的核心环节，该决定也标志着我国国有企业兼并重组的正式起步。

以 1984 年保定纺织机械厂兼并河北针织器材厂事件作为起点，我国企业迈进了兼并的步伐。1987 年以后，政府颁布了一系列鼓励企业兼并的法律法规，为企业兼并活动提供了制度保障。1987 年在党的十三大报告之中，已明确能够通过有偿方式，实现小型国有企业产权向个人、集体的转让。1988 年 3 月，在七届全国人大一次会议上，明确了改革日益深化的具体措施，即有条件地实现企业产权转让，对企业租赁、承包企业等予以鼓励。同年 5 月，首家企业产权转让市场在湖北省武汉市成立，企业并购开始步入程序化、正式化以及公开化轨道。

由此，企业兼并活动进入了高层决策。为规范全国的企业兼并活动，国家体改委、国家计委、财政部等于 1989 年发布了《关于企业兼并的暂行办法》，明确针对企业兼并内容做出规定，这也是我国首部与企业兼并相关的法规。在此阶段，政府主导并购以帮助国有企业脱困。

二、民营企业对国有企业发起大规模兼并重组（1990—2002 年）

1990 年，上海、深圳证券交易所设立，此后中国证券市场迅速成长起来，上市公司数量和交易量急剧增加，使企业并购由不自觉行为向自觉行为发展。紧接着，1992 年邓小平同志南方视察讲话后，中央确立了市场经济的改革方向，明确指出要明晰产权关系、产权流动和重组，产权改革成为企业改革的重要组成部分。在中央确定了社会主义市场经济体制改革目标的情况下，在激励机制和约束机制的双重压力下，国有企业私有化运动席卷中国，民营企业对国有企业发起大规模兼并重组浪潮。

到 1994 年，全国各地已经有 20 多个产权交易市场，企业可以通过产权交易市场进行以实物形态为基本特征的财产权益的全部或部分交易。1999 年，《中华人民共和国证券法》（以下简称《证券法》）颁布实施，启动了股票发行由额度审批制到核准制的改革。相对于额度审批制，核准制是发行制度的重大进步，进一步促进了我国并购市场的繁荣。同年 12 月，《中华人民共和国公司法》（以下简称《公司法》）第一次修正。《公司法》确立了现代企业制度，更好地规范公司的组织和行为，保护公司、股东和债权人的合法权益。

此后，我国并购市场以较快的速度发展。2001 年 12 月 10 日，中国证监会发布《关于上市公司重大购买、出售、置换资产若干问题的通知》，对上市公司的并购行为进行规范。次日，中国加入世界贸易组织（WTO），极大地振奋了我国并购重组市场。

2002 年 10 月，中国证监会发布《上市公司收购管理办法》和《上市公司股东持股变动信息披露管理办法》，这是迄今为止最为详尽规范我国上市公司并购重组行为的法律法规，再加上《证券法》和《公司法》的相关规定，我国初步构建了一个完整的上市公司并购重组的相关法律框架；同年 11 月，证监会、财政部和国家经贸委共同发布了《关于向外商转让上市公司国有股和法人股有关问题的通知》和《合格境外机构投资者境内证券投资管理暂行办法》，使境外投资者参与我国并购重组市场有了现实依据。

至此，我国的并购重组市场开始与国际市场接轨，上市公司（以国有企业为主）收购非上市公司，还有报表重组、借壳上市、跨国并购、证券监管等，都步入正轨。

三、股权分置改革背景下并购井喷式发展（2003—2012 年）

上市公司并购逐步成为中国产业整合、经济结构调整的重要途径。此时，股权分置作为我国证券市场特有的问题，长期以来困扰着市场的发展，也影响着上市公司的并购重组，使之呈现出与成熟市场完全不同的特点。股权分置最主要的问题是使得非流通股股东和中小流通股东的获利基础存在差异，使大股东偏好掏空上市公司进而获得私人收益。

为了解决长期困扰我国资本市场发展的股权分置问题，中国证监会于 2005 年发布了《关于上市公司股权分置改革试点的有关问题的通知》，正式拉开了股权分置改革的帷幕。

2006 年，中国证监会出台《上市公司收购管理办法》，标志着我国投资银行财务顾问发展的新时代。2008 年，中国证监会出台《上市公司收购管理办法》（修订版），对收购人主体资格、目标公司的控股股东、实际控制人的特殊职责、目标公司董事会的立场、并购方式、支付方式、中介机构职责以及监管体系等多方面都做了规定。跨境并购市场也得到了政府进一步的重视。同年 8 月，商务部、国务院国有资产监督管理委员会、国家税务总局、国家工商行政管理总局、中国证监会和国家外汇管理局联合发布《外国投资者并购境内企业的规定》（以下简称《并购规定》），于 2006 年 9 月 8 日生效，并于 2009 年进一步修订。《并购规定》代表了中国对外资收购中国公司的监管发展迈出的重要一步。《并购规定》对于国外私募股权投资者进入中国市场以及寻求获得海外资金的我国企业均产生重大影响。

此外，2003 年我国成立了国务院国有资产监督管理委员会（以下简称国资委），作为政府的出资人代表，根据国家授权对国有资产履行出资人的职能。这是我国国有资产管理体制改革的一个重大突破，标志着管资产与管人、管事相结合的新型国有资产管理体制的确立。2008 年中国证监会发布的《上市公司重大资产重组管理办法》为并购继续提供制度保障，以国有资产管理与证券监管体系为核心的制度创新推动着中国并购历程。2012 年国内资本市场迎来全国中小企业股权转让系统（简称"新三板"），进一步充实了我国多层次资本市场体系，为创新性企业的发展提供了新活力。

在这一阶段，以 2008 年为标志，我国并购市场出现了井喷式发展。此时的并购重组市场不仅拓展了股市的深度，而且成为推动整个国民经济发展的一个越来越重要的技术平台。

四、混合所有制改革深化国有企业并购重组（2013—2016 年）

在国家提出"一带一路"倡议、国有企业改革、多层次资本市场改革等大背景下，尤其在 2012 年 11 月国内 IPO 暂停后，我国资本市场进入了并购重组的新阶段，这一阶段的规模和影响都远超越前三个阶段。

2013 年 11 月，党的十八届三中全会决定，继续深化国有企业和国有资产管理体制改革，推动国有资产监管由管资产向管资本转变，支持国有优势企业改组为国有资本投资经营公司，推进国有企业规范上市，鼓励各类资本参与经济体制改革，大力发展混合所有制经济；从 2014 年 7 月开始，混合所有制改革试点成为国资委四项改革试点之一；2015 年 9 月，中共中央、国务院颁布指导意见，意味着我国国有企业混合所有制改革进入实质性阶段。根据中国经济社会大数据研究平台统计数据，我国上市公司并购重组审核通过数在 2016 年突破 200 家，达到 251 家。

在这一阶段，我国持续深化资本市场的对外开放程度，此举进一步促进了并购市场的活力。2014 年 11 月，上海与香港股票交易市场互联互通机制"沪港通"正式启动，促进两地资金的双向流动；2016 年 12 月，深港通正式启动。相比沪市，深市有中小板和创业板，深市的成长股是沪港通和港股市场的补充。此外，深港通的标的不局限于 A/H 股同时上市的公司股票，而包含深市成分股，这丰富了香港投资者的投资范围。沪港通与深港通的建立，不仅优化了市场结构，丰富了交易品种，拓宽了跨境投资的渠道，更是助力外资顺畅地进入中国市场，开启了资本市场的一个新时代——共同市场时代。

在此阶段，企业并购的主流包括国有企业（如中国联通、云南白药）混改、战略性重组等，以产业整合与转型、优化资源配置、加强核心竞争力为特征。

五、注册制改革背景下企业并购迈向市场化（2017 年至今）

在上一轮并购浪潮中 A 股上市公司习惯于通过并购方式增厚收入和利润，进而推高股票价格。但这种缺乏坚实底层商业逻辑的并购最终导致绝大部分的上市公司市值都被打回到并购之前。更为严重的是，当经济环境叠加资本市场环境同时发生负面变化的时候，巨额的商誉减值对上市公司产生巨大的负面影响，甚至不少实控人因此丧失了对上市公司的控制权。恰逢国有资产监管从管资产到管资本的重大转型期，催生了最近几年的国有资产大量收购 A 股上市公司控制权的并购交易。

同时，为适应企业发展，国家对资本市场的改革不断深化与创新。2018 年 11 月，在首届中国国际进口博览会开幕式上，国家主席习近平宣布，在上海证券交易所设立科创板并试点注册制。2019 年 3 月，中国证监会正式发布了科创板的相关规定；2019 年 7 月 22 日，科创板首批 25 家公司上市交易。科创板的成功开启为我国注册制改革迈出了成功的一步。2019 年 10 月，对新三板、创业板等板块进行增量改革，中国证监会提出要完善市场分层，设立精选层，同时建立挂牌公司转板上市机制，在精选层挂牌一定期限且符合交易所上市条件和相关规定的企业，可以直接转板上市；同时，新三板还允许符合条件的创新层企业向不特定合格投资者公开发行股票。2019 年，经过一系列蹄疾步稳的改革，主板、科创板、创业板、新三板等主要市场板块的瓶颈被逐个打破，服务上市、挂牌公司等市场主体的作用更加突出，功能进一步明确，多层次资本市场体系进一步完善，构建了不同生命周期企业相匹配的融资方式和交易场所，同时满足了不同风险偏好投资人的需求和不同企业的发展需求。

2019 年 12 月，第十三届全国人大常委会第十五次会议审议通过了第二次修订的《证券法》，于 2020 年 3 月 1 日起施行。此次修订在总结我国证券市场改革发展、监管执法、风险防控的实践经验，深入分析证券市场改革发展和发展规律的基础上，做出了一系列新的制度改革和完善，设专章强化投资者保护制度，还在完善信息披露、证券交易规则、证券违法行为责任等方面进行了大幅修订。2020 年 4 月，中央全面深化改革委员会第十三次会议审议通过了《创业板改革并试点注册制总体实施方案》。2020 年 10 月 31 日，国务院金融稳定发展委员会会议提出，增强资本市场枢纽功能，全面实行股票发行注册制，建立常态化退市机制。

新《证券法》正式实施，是中国资本市场的里程碑式的事件，将对中国资本市场产生深远的影响。注册制放松了对上市公司并购重组的束缚，并购重组在市场化的道路上又前进了一大步。

小　结

企业并购是企业法人在平等、自愿与等价有偿的基础上，以一定的经济方式取得其他法人产权的行为，是企业通过多元化经营以实现扩张的一种主要形式。本章第一节介绍了企业并购的概念、分类与动因。第二节从财务学视角对企业并购决策行为进行较为详尽的分析，主要内容包括企业并购的财务协同效应、企业并购绩效的评估方法、企业并购财务风险及防范、企业并购后的财务资源整合。第三节则从经济学视角对企业并购决策行为进行分析。企业并购的发生必然伴随着企业规模的扩大，因此，本书进一步讨论了规模经济和规模不经济阶段的并购决策问题，随即分析了企业并购对价格和利润的影响，以及并购导致的价格上升或下降对社会福利的影响。第四节详细讨论了企业并购的三种策略，并比较三者实施的时间选择和优劣势。第五节结合我国实际，介绍了我国企业并购的五个阶段。

思考题

1. 为什么从根本上来讲多元化不是兼并的一个好理由？

2. 描述有税和无税情况下，兼并的优势和劣势。在兼并中，税收的基本地位如何体现？杠杆收购属于有税还是无税？请解释。

3. 通常而言，主动并购方企业的股东从接管中获得的利益微乎其微，为什么会出现这种情况？

4. 某民营企业长期从事房地产业务，但随着市场竞争日趋激烈，发展前景不容乐观，管理层欲对今后的发展进行战略性决策。然而公司内部意见不统一：一派认为现在公司每年建材采购方面的费用太大，应果断进入建材行业以控制成本；另一派认为建材市场竞争也很激烈，而且搞建材和房地产性质截然不同，但现在各地都在搞工业园，对工业厂房和专业物业管理需求很大，公司应该发挥在民用房地产积累起来的优势，尽快进入这一领域。

根据以上资料及有关理论，试分析下列问题：

（1）该企业两派的观点分别属于哪种并购形式？

（2）简述进入建材行业这种意见对应的并购类型的优点。

（3）分析该公司为了并购可能采取的筹资方式并简述各种方式的优缺点。

第五章　企业国际化决策

企业的国际化战略是企业产品与服务在本土之外的发展战略。随着企业实力的不断壮大以及国内市场的逐渐饱和，近年来，越来越多的企业开始把目光投向中国本土以外的全球海外市场。然而，并非所有企业都适合采取国际化战略，是否采取国际化战略需要综合比较国际化带来的风险与收益。本章在介绍国际化的动因与常见模式后，采用生产率异质性均衡分析模型来分析企业生产率与企业国际化进入模式选择之间的关系。最后介绍我国企业国际化的实践。

第一节　企业国际化的动因

一、寻求市场动因

寻求市场是企业国际化的主要动因之一。企业进入海外市场进行国际化扩张，能够在一定程度上扩大市场规模。市场规模越大，一般来说企业将获得的潜在投资回报也就会越高，所承担的投资风险也会相对较低。寻求市场这一动因的主要目的就是占据或者扩大海外的产品市场。通常来说，有两种企业倾向于基于寻求市场的动因进行国际化扩张。

第一种企业是在本国市场上已经获得了某种或者某些优势，尤其是在专业技术或者商业品牌方面取得优势时，企业会进行国际化扩张，在海外占据更大的市场规模，以此来将在本国已经取得的优势进行跨国家的转移。这样就能充分利用企业自身的优势，创造更大的价值，获取更高的收益。例如，奔驰等企业就是在本国市场上取得优势之后，进军海外市场来获得更多的收益，并在全球市场上争夺领先地位。

第二种企业进行国际化主要是由于本国市场容量有限，不能充分吸收消化所处产业需要的大批量制造加工能力，或者是不能达到最低程度的规模经济，从而使得企业在本国市场的经营成本比较高。例如，欧洲许多国家的市场容量比较小，这些国家一些行业的企业所生产的产品难以被本土市场充分吸收，也无法实现规模经济效应，因此这些企业就会进行国际化扩张，试图寻求更大的市场。

寻求市场型国际化根据具体动机的不同可以划分为四种类型：规避贸易壁垒型、稳定与扩大市场型、领先进入市场型和跟随潮流型。①规避贸易壁垒型对外投资主要是由于一些国家一般会采取贸易保护主义政策，如设置高额的关税、进行出口管制等。企业要绕过这些壁垒进行顺利出口，就可以考虑将生产基地转移到原产品进口国，从而实现就地生产、就地销售。②稳定与扩大市场型对外投资是企业在发展较为稳定之后，为了谋求进一步发展而去开拓新的市场。③领先进入市场型对外投资一般是企业本身就具有某种垄断优势，如掌握某种专业技术等，而国外市场上对于企业基于专业技术所开发的产品具有潜在需求，企业可以充分利用自己的技术优势在东道国建厂生产并就地销售或者销往其他国家，充分把握住国外市场的机会，抢占先机。④跟随潮流型对外投资一般出现在寡头行业，也就是企业所处的行业由少数几家大公司控制。当行业中的寡头企业到其他国家进行投资时，尤其是在原产品销售地投资设厂或者开展生产经营活动等时，其他企业可能会担心市场被该寡头企业侵吞而跟随着前往投资。

通常来说，企业到海外去开拓新的市场一般是基于它们在本国已经取得的巨大的所有权优势。那么，企业基于寻求市场的动因进行国际化扩张，最有可能的是进入东道国市场来复制其在本国市场已经采用的生产过程。因此，基于寻求市场动因的国际化本质上就是企业利用垄断优势的过程。垄断优势理论的提出者海默在 1960 年就指出，市场缺陷，也就是市场的不完全性，是跨国企业进行对外直接投资的主要动机。在东道国市场上，企业拥有比同行业的其他企业更有利的垄断优势，而开展跨国经营活动能够在一定程度上帮助企业降低海外经营的附加成本并获取利润，这时垄断优势就是企业在开展对外直接投资时获利的基础。垄断优势一般包含两种；一种是企业的专业生产技术、管理的经验方法、营销策略等知识资产优势；另一种就是规模经济优势，如企业通过横向或者纵向一体化形成更大的经营规模，使企业价值链整体进一步优化，获得更高的生产效，率等。

相对于新兴市场的企业来说，发达国家的跨国公司一般会拥有更大的垄断优势，这种优势主要来源于它们在专业技术、管理等方面的先进性，这些优势也会帮助它们获得较大的超额利润。但从实践中来看，一些新兴市场的企业在海外扩张时也取得了成功，这表明新兴市场的企业也是具有某种特定的竞争优势的。与发达国家企业所拥有的先进专业技术以及享有盛誉的品牌不同，新兴市场企业的优势可能来源于它们对于东道国市场上用户需求的深入理解，或者是在面对艰难的营商环境时更具有调适能力，能够为东道国市场上的顾客提供性价比更高的产品或者是服务。这一点在我国企业的身上表现得尤为明显。我国企业近些年基于这些特定的竞争优势不断进行国际化扩张，开拓海外市场，在国际竞争中取得了显著的成绩，积累了丰富的经验和知识，在国际市场上也占据了一席之地，在对外直接投资中表现出了非常显著的市场寻求型动因。此外，需要考虑到的是，东道国本身的市场规模和经济增长速度一般也是企业基于寻求市场动因开展国际化时选择区位的重要影响因素。东道国市场的规模越大，就能够给开展跨国经营的企业越大的施展空间，越有助于企业实现成本效率和规模经济效应；东道国的经济增长速度则直接关系着企业在东道国开展经营活动时的获利机会。

二、寻求自然资源动因

到海外市场去寻求自然资源是企业进行国际化扩张的另一动因。当企业所需要的某种资源在本国稀缺或者是这些资源在其他国家更加低廉一些，又或者是资源具有一定的特殊性，无法自其他国家转移，此时企业可能就会基于寻求自然资源的动因进行国际化扩张，进入东道国以获取所需要的资源。一般而言，企业进行国际化时所寻求的资源包括自然资源、人力资源、技术资源、财务资源等。按传统的国际化动因来说，寻求资源通常是强调获取自然资源或者是生产要素。例如，在 20 世纪，发达国家的企业进行国际化扩张时一般会进入发展中国家，这是因为发展中国家往往具有价格更低廉的要素，如丰富的自然资源和廉价劳动力。到了 21 世纪之后，基于寻求资源动因开展国际化的企业逐渐从寻求自然资源向寻求更高级的人力资源或者技术资源进行过渡，这种动因又一般被归为一种新兴的国际化动因，也就是寻求战略资产动因。

总体来说，企业基于寻求自然资源动因进行对外直接投资时，其目的主要是到海外市场上用相对较低的成本来获取所需要的某种或某些自然资源。由于每个国家所拥有的自然资源都不相同，即便是资源贫乏的国家也可能拥有某种特定稀缺的资源，因此，不管是自然资源丰富还是贫乏的国家的企业都有可能基于寻求自然资源的动因来进行国际化扩张。具体来说，寻求自然资源的动因可以细分为三类：第一类是到海外市场上寻找企业所在国的劣势资源。这一类的企业进入东道国市场主要是为了获取本国比较缺少的或者价格相对高昂的原料产品，如获取海外市场上的铁矿、油田等资源，以此来弥补企业自身在本国获取这类资源的劣势。第二类是为了保持原料的稳定来源。原材料的稳定供应对于企业的经营有着至关重要的作用，当原材料供给的质、量或者价格等发生波动时就会影响到企业的正常运转。因此，这一类企业为了保证原材料供给的稳定性，就会到海外的原材料产地进行投资设厂，从而在一定程度上消除原材料变动给企业带来的不确定性风险。第三类则是为了充分利用东道国的生产区位优势。由于企业所需要的生产要素有些是不适宜进行长途运输的，如新鲜的蔬菜瓜果等产品在长途运输的过程中容易变质或者损坏，又如具有腐蚀性的原料在长途运输过程中会存在安全风险等问题，对于需要这类原料来生产产品的企业来说，在这类原料的产地进行投资并进行就地初加工，之后再运回企业所在国来进行生产，就可以在一定程度上避免原料在长途运输中容易出现的风险问题。

近年来，我国经济飞速发展，对一些重要的自然资源（如石油、天然气等）的需求也在不断增长。虽然相对于国际领先企业而言，我国企业在技术、管理水平等方面还有一定的差距，但是其在自然资源的开发、冶炼等方面取得了较大的进步，积累了丰富的经验。尤其是在我国政府的大力支持下，我国资源型的企业发展迅速，合作网络已经拓展到全球范围，在国际市场上的竞争力也有了很大的提升。例如，不少我国企业已经进入世界五百强的行列，2021 年就有 143 家我国企业上榜，其中国家电网有限公司、中国石油天然气集团有限公司、中国石油化工集团有限公司等能源型企业就分别排在第二、第四、第五的领先位置。需要注意的是，虽然我国的自然资源丰富，具有一定的天然优势，但自然资源的人均拥有量却较低，国内市场上对于自然资源的需求量是巨大的。因此，中国对于海外市场上一些自然资源的依赖程度仍然处于较高水平。由此，寻求自然资源也成为我国企业进行国际化扩张的重要动因之一。

三、寻求战略性资产动因

在上面的寻求自然资源动因的部分，我们已经提到 21 世纪寻求战略性资产已经成为一种新兴流行的国际化动因。企业的优势不仅来源于其本身所拥有的专用性资产，通过在海外市场上与其他企业进行有效协同所获得的互补性资产也是形成企业竞争优势的重要来源之一。从传统上来说，企业在进行对外直接投资时一般是充分利用已有的所有权优势来进行跨国经营，从而实现多国经营之间的市场协同效应。从 20 世纪 80 年代以来，企业进行对直接投资的目的逐渐开始转向获取和利用海外市场上其他同行业企业、供应商、用户等提供的创造性资产，以此来满足自身对这些稀缺资源的需求。这里所说的创造性资产又叫作战略性资产。战略性资产与自然资产是相对的：自然资产一般意义上是指自然资源，战略性资产则是后天努力创造出来的资产，一般是指知识性资产。战略性资产对于企业在市场竞争中谋求生存和构建竞争优势都具有非常关键性的作用，这类资产如人力资源、专业技术、专业性知识等。企业基于寻求战略性资产动因进行国际化扩张时并非基于对已有资产加以利用，而是前往海外市场去获取对企业具有关键作用的资源或能力，从而建立企业新的资源和能力基础，进而构建或提升企业的特定优势。因此，企业基于寻求战略性资产动因进入东道国市场时，一般会倾向于采用跨国并购或者是建立国际战略联盟的国际市场进入模式。

具体来说，寻求战略性资产动因国际化的目的包括两类：一类是企业通过进入多个东道国市场进行跨国经营来形成国际生产网络，在多国甚至全球范围内来配置资源，企业内部在全球范围内形成水平方向和垂直方向的分工，并充分利用不同国家的区位优势，形成广泛分工的协同效应，从而获取扩大市场规模和合理分工有效协同所带来的效益；另一类是企业生产多样化的产品或者服务，从一个业务领域扩展到多个业务领域，在多个国家进行跨国经营，从而通过产品多样化来分散风险，使企业在激烈的国际市场竞争当中谋求生存和发展。

发展中国家的企业进入发达国家市场，可以学习并获取一些先进技术和资本，然后企业再将所获取的技术和资本与本国特定的优势（如成本相对低廉的劳动力等）进行有效结合，以进一步发展成为企业独特的竞争优势。新兴市场的企业通常所拥有的企业特定优势较少，而一般更依赖于所在国的国家特定优势，如成本相对低廉的生产要素等。因此，新兴市场企业进行国际化扩张进入东道国市场，尤其是发达国家市场，其主要目的之一就是获取所缺乏的研发技术、管理经验、商业知识等战略性资产。例如，我国企业自改革开放以来发展迅速，虽然相对于国际市场上的领先企业仍有一定的差距，但经过长期的追赶之后已经取得了很大的进步，技术研发等各方面的能力都有了很大的提升，其中有部分企业甚至已在国际市场上占据了领先的地位，如华为、三一重工等。在我国企业取得显著成绩的同时，也需要意识到我国企业整体的创新能力还有待进一步提升，而创新能力的强弱直接关系到企业的竞争力，会对企业可持续成长产生关键性的影响。国际化就为我国企业获取创新所需要的资源提供了很好的机会，也为我国企业追赶国际领先企业提供了可行路径。尤其是随着国际环境发生颠覆性的改变，互联网技术飞速发展，这为我国企业获取国际市场上的重要的战略性资产提供了机会，而获得这些战略性资产就是企业在全球竞争中脱颖而出的关键。正因为如此，不少企业逐渐开始采用在发达国家市场上新建全资子公司或者跨国并购的方式来加速创新追赶。由此，获取技术、管理经验和知识等战略性资产成为近年来我国企业进行国际化扩张的重要动因之一。

四、寻求效率动因

寻求效率是企业国际化的又一动因。从经济的角度来看，企业的目标是实现利润最大化。因此，企业在开展跨国经营活动时会努力降低生产成本，并提升经营效率。具体来说，企业进行跨国经营来寻求效率的提升主要表现为三个方面：一是企业采用直接投资方式来替代出口，从而减少产品的生产和运输成本；二是企业将过剩的生产能力跨国家进行转移，从而获取规模经济带来的效益；三是企业充分利用已有的技术优势，或者是为了到东道国市场获取优势进行跨国经营，从而提升企业总体的经营效率。

基于寻求效率动因的国际化主要反映的是企业通过跨国经营对整个组织的优化以及不同的分支机构在其内部网络中的专业化。寻求效率动因的核心目的是企业通过进入不同东道国市场来获取产品生产、交易（销售）、资本运作等方面的有利条件，从而实现企业运营效率的提升。这具体表现为两种形式：第一种是企业进入不同国家以分利用其要素禀赋的差异来降低经营成本；第二种是除了国家自身的要素禀赋之外，企业通过跨国经营来实现规模经济效益，或者是充分挖掘和利用东道国市场上消费者的需求和偏好等来提高产出。一般来说，多元化程度较高的大型跨国公司会更倾向于基于寻求效率的动因进行国际化。这类企业可以充分利用不同国家子公司所能获取的资源，并在企业内部进行资源共享，实现企业各分支机构之间的协同效应，优化企业整体的经营效应，以更低的成本生产出质量更高的产品或者服务，从而提升企业在国际市场上的竞争力。处于国际化初级阶段的企业则较少会因为寻求效率的动因而进行国际化。

产品生命周期理论认为，在产品经历从崭新阶段，到成熟阶段，再进一步到标准化阶段的过程中，成本在生产区位选择中的重要性会不断上升。生产区位往往会向成本更低的国家进行转移。例如，以往中国市场的劳动力成本相对较低，在劳动力、土地等要素充裕且低廉的情况下，企业在国内市场上就能以相对低的成本实现较高的生产效率，因而并不会产生寻求效率的动因去进行国际化扩张。但随着时代的不断发展，中国的劳动力成本不断上升，已经使得一些劳动密集型的产业转移到国外市场。例如，中国的一些服装企业倾向于到越南、老挝等国家进行投资，因为这些国家的工资水平相对来说还较低，可以节约成本。劳动力成本的不断上涨也对中国制造业产生了重要影响，使得中国制造业转型升级迫在眉睫，这也将驱使劳动密集型的中国制造企业产生寻求效率的动因进行国际化。

五、寻求知识经验学习动因

寻求知识经验学习的动因主要出现在新兴经济体的企业。新兴经济体的企业整体上相对于发达国家企业而言并不能依赖于已有的优势，而是需要开发新的优势。进入海外市场能够为新兴经济体的企业创造学习知识经验的机会，为其开发新的优势提供一个良好的渠道和路径。企业基于不同的战略意图进入海外市场之后能够获取所需要的知识和技能，增加国际化的经验或者有关资源能力，从而为企业提升特定优势奠定基础。因此，寻求知识经验学习也成为企业国际化的动因之一。新兴经济体的企业开展国际化活动并非起始于对自身优势的关注，而是来源于对外部可获得优势的关注，也就是外部可获得的资源。具体来说，新兴经济体的后发企业为了进行追赶，会努力与发达国家的企业建立战略联盟或者成立合资企业来与外部掌握资源的主体建立联系，在这一过程中企业主要关注的是外部资源可利用的潜力，以及这些资源的可利用性。然后企业对这些资源进行杠杆利用，也就是说企业要打破资源转移的壁垒，利用杠杆作用获得的资源将其转化为企业的能力，再通过不断建立、巩固和发展外部联系进一步深化发展这些能力，即学习，并以累积的方式不断积累知识经验，建立并强化企业自身的学习能力，最终实现对领先企业的追赶。

企业的组织学习过程包括知识利用和知识寻求。企业在国际化过程当中可以将原本已有的知识与在东道国获取的新知识进行有效结合，通过本土知识转移巩固和提升既有知识甚至转化为新知识，这就是知识利用。知识寻求是指企业在东道国市场上进行投资时去搜寻和获取当地的一些技术、市场、管理等方面的知识，并与原有知识相结合形成新的知识基础，这一过程可以促进企业进行创新。因此，积极主动地到东道国搜寻和获取新知识是企业提升创新能力、构建竞争优势的重要手段。此时，企业进行对外直接投资的过程就会促进知识的不断聚集，而后发企业也正是借助于知识聚集的这一过程不断积累经验进行创新，从而构建企业在国际市场上的竞争优势。但也需要注意的一点是，知识的转化和能力的形成具有比较强的情境依赖性，知识也分为隐性知识和显性知识，隐性知识往往具有一定的缄默性，在跨组织边界进行复制或转移时会存在一定的壁垒。因此，后发企业需要通过对外直接投资深度接触知识所嵌入的情境，才能获取并充分理解和吸收知识资产。此外，知识在不同国家之间的分布并不是均衡的，而这也是发展中国家的企业向发达国家进行逆向对外直接投资的主要原因之一。

第二节　企业国际化的模式选择

一、企业国际市场进入模式的类型

上节我们介绍了企业国际化的动因，本节我们将进一步学习企业国际化进入模式的选择。进入模式的选择是企业国际化战略决策中的重要内容，它对企业实施国际化战略的成败会产生关键性的影响。国际市场进入模式反映的是企业进行国际化生产和经营活动的类型、方式、组织形式或制度安排。企业基于对国际化收益和风险的考虑，会选择合适的国际市场进入模式来将企业的产品或服务、人力资本、生产技术、工艺流程、管理经验、资金等生产要素转移到东道国，以此进入国外市场。而企业对国际市场进入模式选择的不同也在一定程度上能够反映出企业的风险偏好、资源承诺的水平以及对一体化程度等方面的倾向和态度。

不同的国际市场进入模式不仅反映出企业不同的资源配置策略和相应的风险程度，也会直接导致企业从国际市场上取得的收益产生差异。采用什么样的进入模式不仅意味着企业要投入什么、投入多少、如何进行资源编排，会影响到企业国际化经验等知识性资产的获取和积累，也关系到企业进入东道国市场后能够获利的多少以及持续时间，规定着企业根据国际市场环境变动进行应变的柔性能力，从而最终决定企业国际化发展的命运。本节主要介绍国际化进入模式的五种主要类型，包括出口、许可经营、战略联盟、跨国并购以及新建全资子公司。

（一）出口

出口是企业启动国际化战略的一种流行模式。许多企业都通过出口的方式将在本国生产的产品输送到东道国市场上。根据中国海关总署统计，2021年中国进出口总额达到

39.1万亿元，比上年增长了21.4%；其中出口21.73万亿元，增长21.2%。出口既包括直接出口，也包括间接出口；直接出口是企业直接在东道国市场上建立销售组织和销售渠道，将自己的产品输送到海外市场；间接出口则是企业借助第三方（包括零售商、批发商以及专门从事贸易的公司）将产品出口到东道国市场。相对间接出口而言，直接出口具有成本高、风险大、效益高的特点。企业采用直接出口的方式进行国际化时，需要在东道国市场设立销售网络，企业就必须投入一定的资金，承担比间接出口更高昂的固定成本和交易费用，受到东道国所设置的贸易壁垒干扰的可能性也更大一些；但这种方式带来的潜在收益也会更大一些，而且企业可以直接获取市场上顾客的需求信息，掌握顾客资源。相对于直接出口而言，间接出口则具有固定成本低、风险小等特点。企业采用间接出口的方式进行国际化，可以借助第三方的资源进行产品销售，不需要在东道国市场建立自己的销售渠道，这可以在一定程度上节约企业搜寻顾客资源、联络和维护顾客关系、储存产品等方面的成本，相应需要承担的风险也相对小一些，企业进入或者退出东道国市场也会更加灵活；但这也意味着企业无法直接掌握顾客资源，及时获取市场需求动态变化的信息，并且企业依赖于第三方，也需要让渡出一部分利润，这也会增加产品转移的可变成本。

与其他国际市场进入模式相比较，出口一般被认为是企业进军国际市场最理想的初级进入方式。尤其是当国外市场的不确定性较高时，选择出口的方式进入海外市场，既能帮助企业获取更高的收益，又有利于减小市场波动对企业可能产生的风险。这是因为出口具有较高的灵活性，企业采用出口的方式，能够相对容易地进入国外市场，当发生风险时也能灵活地退出东道国市场；并且由于企业不需要在东道国市场建立业务部门，所需投入的初始资本会比其他进入方式少一些，企业所承担的风险也会相对较小。与此同时，出口也具有需缴纳关税、高运输成本和低控制性等缺点。例如，企业向东道国市场出口产品时，东道国的关税和非关税壁垒可能会导致企业出口的产品在与东道国产品进行市场竞争时处于价格竞争劣势。同时，出口产品需要从本国运输到东道国，从而产生高额的运输成本，并且出口产品运输到东道国的时间会相对较长，一方面，产品在运输过程中会存在损坏的风险，另一方面，也较难保持对东道国当地代理商和市场需求的及时监督和探测等。不仅如此，企业在跨国别对产品在东道国市场上的营销进行控制和管理的难度也较大。由此在实践中，企业就会一般倾向于选择先向邻近的国家出口产品，这样就能够在一定程度上降低运输成本，减少运输时间，并且邻近国家之间的文化、制度背景的差异程度会相对小一些，对产品需求的相似性也会更大，有利于企业更好地进行产品营销和分销。然后企业再由近及远地进入其他东道国市场，最终促进国际化战略成功实施。

（二）许可经营

许可经营是一种非股权安排。企业通过与东道国的企业签订合同来转让无形资产从而进入海外市场。所签订的合同一般具有长期性和非投资性。具体而言，企业订立无形资产的可转让协议，向被许可方收取一定的许可费，被许可方则自己投资设备进行产品或者服务的生产和销售。一般来说，进行许可经营可转让的无形资产包括版权和各种工业产权，如企业的专利、商标等。与许可经营类似的另一种股权安排方式是特许经营，特许经营是许可经营的一种特殊形式。特许经营是特许方以特许经营合同的方式授权被特许方来使用自己的专利、商标、产品、专业技术等。被特许方需要向特许方支付一定的费用，并且需要按照特许经营合同的约定来使用特许方的无形资产，在开展经营活动时也需要采用特许方统一的业务模式。在这一过程中，特许方不仅仅会许可被特许方使用自己的专业技术和商标，还会对被特许方进行业务培训，并向其传授统一的经营方法和管理模式。由此可见，特许经营与许可经营最大的区别就在于特许方会对被特许方进行经营监督。

与其他国际市场进入方式相比较，许可经营是一种成本相对较低、风险较小、免受市场壁垒限制的国际市场进入方式。对于要进入国际市场的企业而言，许可经营能够使企业以最少量的资本投入国外市场开展经营活动。并且，对于不再使用的技术，企业也可以充分利用起来，将其转让给东道国的企业，从而扩大市场销售并获得收益。尤其是当东道国的市场容量比较小，不足以维持最低规模的制造生产时，企业就可以选择采用技术许可经营的方式来进入东道国市场，这样不仅能充分利用和发挥技术本身的价值，还能够帮助企业分摊技术研发的高昂成本。同时，许可经营的风险也相对较小。就国际市场进入而言，以许可合同进入海外市场的另一优势是其政治风险比股权投资要小。当企业所要进入的东道国发生政治风险时，如政府对外资企业实行征收或国有化，许可经营这一进入方式的风险会比直接投资要小得多。并且，许可经营由于仅是许可方收取被许可方的提成费，许可经营这一方式所需承担的经济损失也会少得多。因此，许可经营作为一种投入少、风险小的国际市场进入方式，是不少中小企业的不二之选。尤其是当东道国市场容量有限但不确定性又较高时，许可经营比起直接投资和贸易方式来说确实更有吸引力。许可经营还有一个明显的优势是绕过了东道国所设置的市场壁垒，同时也避免了高运输费用给企业造成的成本负担。对于货物的进口，大部分国家都会设置关税和非关税壁垒，但却通常不会对许可证贸易进行严格限制，并且有些国家还会鼓励许可证贸易以促进无形资产的流入。但需要警惕的是，许可经营也存在一些不足之处。例如，许可方虽然可以通过许可协议来对东道国市场被许可方的经营活动进行控制，但是许可方并不是在东道国市场上直接经营，其对于被许可方生产产品的质量和营销活动等较难进行充分有效的监管和控制。许可方难以确保被许可方会合理利用自己转让的无形资产。如果被许可方为追求利润采取一些短视行为，就可能会损害许可方转让的技术或商标的信誉。不仅如此，许可方转让相关技术等无形资产时，也很容易培养新的竞争对手，而且被许可方可能会泄露专有技术秘密，这样不仅会造成专有技术失效，而且也会引起新的更大的竞争风险。

（三）战略联盟

战略联盟也是近些年企业进入国际市场的一种重要方式。企业通过成立战略联盟的方式，与东道国的企业，包括供应商、分销商、顾客、同行业企业甚至不同行业企业等，合作设计、开发、制造和销售产品或者服务。从本质上来说，战略联盟就是将具有不同背景的企业连接在一起从而进入海外市场，联盟成员需要共担风险、共享资源、共享收益。由于每个企业所拥有的资源都是有限的，在战略联盟所形成的网络中，联盟企业可以分享自己所拥有的资源，企业之间可以互相弥补所缺乏的资源。这样就可以帮助企业创造出仅凭单独行动无法实现的价值，并加快进入海外市场的速度，提升企业的绩效。尤其是在当今互联网时代下，跨界现象层出不穷，单个企业之间的竞争已经转变成了企业所处网络之间的竞争，在此背景下战略联盟的优势更为凸显。战略联盟又可以分为合资企业、相互持股联盟（产权战略联盟）和非产权战略联盟。合资企业是指两个或两个以上的公司通过建立具有独立法律地位的公司来共享它们的资源，从而获得竞争优势的一种战略联盟。通过建立合资企业，联盟企业之间的合作关系会更为稳定，存续的时间也会更长。并且这种方式也能创造一种更安全的环境来促使合资方之间进行资源共享，并进行知识转移，尤其是嵌入性较强的隐性知识。相互持股联盟是由两个或两个以上的企业采用非对等出资的方式，相互持有对方一定比例的股份。这有利于对抗恶意收购、降低降低经营风险、提高市场竞争力。非产权战略联盟则是指两个或两个以上的企业通过发展契约关系来共享资源，以创造竞争优势。

与其他国际市场进入模式相比较，战略联盟具有共担成本、共享资源、共担风险的特点。企业在独自经营时受到特定的时间和成本的约束往往较大，战略联盟能够在很大程度上解决这一问题。通过战略联盟，企业与国际市场上的其他企业可以进行知识共享、优势资源互补，也为企业向其他联盟企业进行学习提供了一个非常好的机会和渠道。战略联盟也能降低企业独自进行研发和开展经营活动的成本，分摊风险。与此同时，采用战略联盟的方式进入国际市场也存在着一些弊端。尽管战略联盟中的每个成员都会为联盟带来一些知识和资源，帮助企业获取新的能力，然而企业在与其他国家的企业建立联盟关系时，由于所处国家的文化和制度背景有所差异，进行国际化战略联盟的管理难度会较大，联盟主体之间在战略意图、经营理念、经营目标、组织控制、利益分配等方面都可能会产生一些冲突。能否合理有效地解决这些冲突直接决定着战略联盟是否能取得成功。其中最关键的影响因素就是合作伙伴之间的信任程度。如果合作伙伴之间的信任程度比较高，联盟关系就会比较稳固，存续下去的概率也比较大；如果合作伙伴之间难以做到相互信任的话，那么在跨文化的沟通和管理时产生冲突的可能性就比较大，联盟关系就更容易瓦解。合作伙伴之间的信任主要受到四个方面因素的影响，包括合作伙伴之间最初的关系、达成交易的谈判过程、合作伙伴之间的互动情况以及外部事件。

(四) 跨国并购

随着自由贸易在全球市场的扩展，跨国并购的数量也在不断增加。相对于其他国际市场进入模式而言，跨国并购是企业进入国际市场最快捷的手段。跨国并购就是一个国家的企业通过购买其他国家的企业的部分或全部股权从而进入国际市场上的一种方式。相对于国内的本土收购而言，跨国并购有助于企业在海外市场上获取互补性的资源，实现规模经济。海外市场上资源丰富，企业通过跨国并购可以获得的异质性资源要素也更多。另外，跨国并购也可以直接扩大企业的市场份额，获取企业所需要的技术，优化整个企业内部的资源配置，在全球范围内提升知名度，从而提升企业的能力和价值，有利于企业实现进一步的成长。随着全球一体化的发展，在政府的鼓励和大力支持下，近年来中国不少企业也在积极开展跨国并购，以期寻求国际化发展。根据《中国对外直接投资统计公报（2021年）》，跨国并购已经成为我国企业对外直接投资的主要方式，2004 年中国企业跨国并购只有 30 亿美元，到 2015 年就迅速增加到 544.4 亿美元，2021 年则为 318.3 亿美元。

与其他国际市场进入方式相比较，跨国并购有着市场进入快、成本高、过程复杂等特点。跨国并购能够通过购买国外市场的企业而快速进入国外市场，但也存在收购成本高、谈判过程复杂且收购后跨文化整合困难等缺陷。企业购买国外市场的企业的股权的费用一般都较高，并且在收购过程中也需要花费高昂的费用来搜寻、收集拟收购企业各方面的相关信息，并进行准确评估和分析。因此，企业往往都需要进行借债融资。例如，中海油在2012年以151亿美元收购加拿大尼克森能源公司；海尔集团在2016年以55.8亿美元收购美国通用电气的家电业务，其中向国家开发银行贷款33亿美元。另外，跨国并购过程中的谈判也比本土收购要复杂得多。因为在进行跨国并购时，并购方需要与目标企业关于收购金额、并购方式、支付方式以及收购后的整合管理等事项进行协商，最终达成一致收购才能成功。不仅如此，在收购之前，由于并购方和目标企业存在一定的信息不对称性，并购方需要对目标企业进行详细的了解，但东道国对跨国并购可能会存在政策法规等方面的限制，准确、充分地获取目标企业的相关信息会更为困难，这都会加大收购过程中谈判的难度。最后，在跨国并购成功之后还会存在跨文化整合的问题。并购方跨国家边界来并购另一国家的企业，两者所处的国家制度背景、文化习俗、价值观念等都会有所差异，这就会使得并购方在完成并购之后需要进行跨文化整合，将两者的组织文化和价值观念等进行很好的融合。一旦在整合过程中由于文化差异产生冲突，就可能会使企业的经营陷入困境，并购带来的协同效应也就难以实现。这一点对于多元化程度高的企业尤为突出。例如，美的集团是家电制造业的领先企业，其在2015年开始购入工业机器人制造领域四大家族之一的德国库卡集团5.4%的股份，2016年持股比例增加到10.2%，2017年以37亿欧元进一步购入库卡集团的股份，持股比例增加到了94.55%。然而，美的集团与库卡集团的整合遭遇困难，并未实现强强联合带来的协同效应，库卡集团的营业收入直线下降，从2017年的34.79亿欧元降到了2020年的25.74亿欧元。

（五）新建全资子公司

新建全资子公司又称为绿地投资，是企业直接向其他国家或者市场进行投资建立全新的子公司从而进入国际市场的一种方式。这种方式所需要的成本必然很高，过程也会较为复杂。但企业能够最大程度地对子公司的运作过程进行监管和控制，有利于企业提高战略竞争力。尤其是当企业的无形能力（如企业的技术创新能力、服务创新能力、动态能力等）较强时，新建全资子公司的方式能够更好地发挥这一优势，充分利用无形资产创造出更大的价值。具体来说，新建全资子公司是以所有权为基础的对外投资进入模式。企业在进行对外投资前，会对目标国家进行详细考察，根据企业的战略发展和目标国家市场的情况来选择适宜的地点以设立生产基地。通过在海外市场上建立子公司，企业可以对子公司的核心技术、生产过程、管理流程和财务状况等各方面进行充分的监管，并且完全占有子公司所创造的经营利润。企业通过这种高程度控制的方式，能够充分地将自己的战略应用到海外子公司，并且将母公司的组织文化宣贯到子公司，从而实现一体化发展。不仅如此，直接在国外市场建立子公司也能更深入地渗透到当地市场，更准确、充分地了解当地市场上顾客的需求和市场变化的趋势。如果将研发机构也设立在海外市场，有利于进一步提高企业产品的技术工艺，并提升企业在市场上的竞争力。此外，新建全资子公司也可以帮助企业绕过东道国贸易保护和贸易壁垒，降低高昂的运输和关税成本，容易获得更多的国际市场份额。

虽然新建全资子公司能够以高控制的方式帮助企业实现对海外子公司的监督和有效管理，保持战略的延续性，并获得潜在的超额利润，但这种方式却存在着成本高、周期长以及过程复杂等方面的缺陷。在东道国市场新建全资子公司必然要投入非常多的资源，资源承诺水平较高，成本也自然较大，这就会加大企业所需承担的风险，而较高的资源承诺水平也会使得当外部环境发生变化时，企业很难有足够的灵活性对战略和经营活动进行及时调整。与此同时，在东道国投资建立全新的子公司所经历的周期会相对较长，获得目标收益的进度也会相对较慢，并且在获得投资回报的长周期的过程中，一旦发生变化或遭遇风险，企业原先的投资目标就很难实现了，甚至会使得原本已经投入的资金无法收回，给企业造成较大损失。因为在海外新建子公司必然要组织和调配各方资源，并且还需要选择合适的建厂地址、安装设备、组织人员、搭建架构等，会耗费大量的人力物力。在这个过程当中，如果市场行情发生变化，如市场对产品需求的种类和数量变动，企业原本的设备和人员安排等可能也需要随之调整。此外，企业新建子公司可能还会面临较大的政治风险和经济风险等，如恐怖袭击、政策变动、汇率波动、政府没收等。

二、企业国际化的基础理论

随着全球化趋势的进一步深化，不同国家的企业基于自身的比较优势和市场选择逐渐形成了结构高度互补、利益深度交融的互利共赢关系，组织资源进行全球化配置成为一种势不可挡的趋势。在这一背景下，为了扩大企业的市场份额，获取更大范围内的丰富资源，提升核心竞争力，实现企业的转型升级，各国企业纷纷进军国际市场。在企业国际化领域，传统理论主要包括乌普萨拉模型、垄断优势理论、内部化理论、区位优势理论和国际生产折中理论。

（一）乌普萨拉模型

乌普萨拉模型（The Uppsala Model）[①] 又被称为国际化过程模型或 IP 模型（Internationalization Process Model），该模型将企业进行国际化扩张的过程看作一个渐进式的过程，在这个过程当中企业不断进行学习并且积累经验，与此同时也会形成一定的路径依赖。这种渐进过程主要体现在两个方面：一是从企业经营方式的角度，企业开展国际化业务的过程是从刚开始进行出口贸易，逐渐过渡到在海外市场上建立子公司，然后在海外市场直接投入实体资产生产产品或服务的过程。二是心理距离的渐进性过程。心理距离反映的是企业对于海外市场特征的不确定性程度，企业的国际化扩张会遵循心理距离由近及远的渐进过程。也就是说，企业会优先进入与本国市场距离更近且政治、经济、文化等方面更为接近的东道国市场，通过经验积累之后再选择逐渐进入心理距离更远一些、差异更大的海外市场，从而降低不确定性带来的风险。

（二）垄断优势理论

垄断优势理论由海默（Hymer）在 1960 年提出[②]。海默运用这一理论对美国企业的对外直接投资现象进行了充分、深入的阐释。在垄断优势理论提出之前，解释企业对外直接

---

① J. E. Vahlae，J. Johanson，"From internationalization to evolution：The Uppsala model at 40 years，" *Journal of International Business Studies*，vol. 48，no. 9（2017），pp. 1087 – 1102.

② S. H. Hymer，*The International Operation of National Firms*，Cambridge：MIT Press，1960.

投资行为的理论是国际贸易理论，这一理论的核心观点是：决定企业资本流动的是利率差。海默通过对美国跨国企业的实践观察和理论研究发现，美国跨国企业主要集中在对利率并不敏感的几个少数行业。据此，海默认为国际贸易理论用利率差来解释企业对外直接投资行为存在严重缺陷，并提出跨国企业存在的必要和充分条件是它拥有企业特定优势（或称垄断优势），这种优势主要反映在企业的资本、管理策略、规模经济优势等多个方面。具体而言，海默认为企业进行跨国经营的主要原因包括两个方面：一是在不完全竞争条件下，跨国公司通过直接投资控制东道国企业以战胜同业竞争者；二是跨国企业之所以开拓海外市场是为了获得更大的收益。相对于东道国的企业而言，跨国企业对海外市场的环境条件、文化习俗等各方面都相对陌生一些，而要能在竞争中战胜东道国企业，跨国企业就需要具有某些优势，并在进入东道国时能够转移其所具有的优势，这样才能在一定程度上弥补跨国企业相对于东道国企业在对东道国市场熟悉程度方面的劣势。因此，跨国公司只有在拥有垄断优势的基础上，才能克服跨国经营中的外来者劣势，有效地与当地企业竞争，进而获取经营利润。

（三）内部化理论

内部化理论起源于科斯（Coase）在 1937 年提出的交易成本经济学。[①] 科斯认为资源在市场中进行配置和交换时会产生一定的成本，内部化则可以在一定程度上减少这一成本，而企业将交易活动内部化的条件就是内部化之后对交易活动进行协调的成本要低于在外部市场进行交易所产生的成本。根据海默关于垄断优势理论的观点，不完全竞争主要是由政府干预等市场外部因素导致的，并非市场机制本身的原因。Buckley 和 Casson 则基于科斯的交易成本理论提出，政府干预等外部因素并不是导致不完全竞争问题的主要原因；反之，正是因为市场机制本身的内在缺陷导致了不完全竞争的问题，即市场出现失灵导致企业进行市场交易的成本提升，由此才使得不完全竞争问题产生。内部化理论主要采用中间产品市场的内部化机制来揭示企业为什么进行对外直接投资以及为什么会出现跨国企业。中间产品一般是知识型产品，这类产品由于定价困难、具有一定的稀缺性且易存在信息不对称，由此会导致中间产品市场的不完善。这一理论的核心观点是，跨国企业的存在并不是因为海默所强调的垄断优势导致的进入壁垒和消费者开发，而是由于企业通过国际化活动可以从内部将知识型的中间产品进行转移，从而在一定程度上减少外部市场的交易成本。

（四）区位优势理论

区位优势理论最早起源于马歇尔（Marshall）在阐释专业工业场所外部性时所表达的理论观点。[②] 马歇尔在 1890 年提出，当在某一特定地点进行交易时，该特定地点所具有的特殊资源可能可以在一定程度上减少交易成本，并为各交易主体带来独特性的机会，而且这种特殊的优势一般是该特定地点所独有的，具有不可转移的特性，而这就叫作区位优势。在国家的层面上，区位优势主要包含自然资源方面的优势和制度环境方面的优势，主要体现的是一个国家相对于其他国家而言在自然资源、地理位置、文化环境、政治环境、法律制度等方

---

① R. H. Coase, "The nature of the firm," *Economic*, vol. 4, no. 16 (1937), pp. 386 – 405.

② A. Marshall, *Principles of Economics*, London：Macmillan, 1980.

面的优势，这就会在一定程度上影响企业在选择东道国开拓海外市场时所做出的决策。

（五）国际生产折中理论

通过对以往关于对外直接投资的相关理论进行综合和总结，邓宁（Dunning）在 1977 年提出了著名的国际生产折中理论或折中理论（eclectic paradigm）或 OLI（ownership-location-internalization）范式。[①] 邓宁认为以往的对外直接投资理论在阐释企业国际化活动时往往是从单一视角出发，存在一定的局限性，要全面理解企业对外直接投资必须综合考虑诸多因素。基于此，邓宁通过综合以往的研究提出了 OLI 范式，认为企业国际化主要取决于三大因素，即所有权优势、区位优势、内部化优势。所有权优势是指企业具备他国有企业业所不具备或者无法在将来具备的优势，能够帮助跨国企业与东道国企业开展有效竞争，是企业进行国际投资的必要条件；区位优势是指东道国相对于其他国家在投资环境上所具备的优势，这主要体现为东道国的资源和制度两个方面；内部化优势是指企业将中间产品内部化从而减少交易成本所带来的优势，这是为了摆脱市场的不完全性给企业带来的影响。

三、企业国际市场进入模式的选择

国际市场进入模式的选择会受到诸多方面因素的影响，如国际化经营阶段、企业能力、环境因素等。

（一）国际化经营阶段

企业在选择国际市场进入模式的时候一般会结合企业所处的国际化经营阶段来进行决策。在最开始时，企业仅在国内开展经营业务，并未开展国际化的相关活动。随着企业的不断发展，企业会产生国际化的倾向，逐渐开始考虑进行国际化扩张的可能性，开始搜寻海外市场的相关信息，并对所收集的信息进行整理和分析，从而过渡到反应性阶段。在这一阶段，企业会对国际化经营可能带来的潜在收益进行评估，并逐渐尝试将自己的产品出口到海外市场。在不断积累经验之后，企业对于海外市场的了解也更为深入，于是开始更加频繁地开展出口活动，并尝试其他类型的海外拓展活动，由此进入主动性阶段。在主动性阶段，企业通过开展海外活动不断获取和积累进行直接投资所需要的相关资源，由此会产生更强烈的倾向和意愿来进一步加大资源投入，开展国际化相关活动。此时企业将进入资源承诺阶段。所谓资源承诺反映的是企业进入海外市场所付出的沉没成本，也就是企业进入海外市场时所付出的专业资产的多少。资源承诺水平越高，企业从事国际化活动的资源投入也就越多。在资源承诺阶段，企业可能会选择在海外市场上新建子公司来深入开展国际化业务。

（二）企业能力

企业是内嵌知识和能力的集合体，国际市场进入模式的选择需要结合企业自身的资源

---

① J. H. Dunning, "Trade, location of economic activity and the MNE: A search for an eclectic approach," In: B. Ohlin, et al（ed.）, *The International Allocation of Economic Activity*, London: Palgrave Macmillan, 1977.

和能力情况来进行判断，所选择的进入模式应该有助于配置、应用和发展企业的资源和能力。例如，当企业所内嵌的隐性知识越多时，企业就不应该选择通过市场交易的方式（如出口）来转移资源，因为市场交易的方式可能使企业的专用知识迅速贬值；与之相反，当企业所拥有的知识和能力水平相对低时，则可以选择通过合作的方式，如跨国并购，来获取企业所需要的资源，并提升企业的能力。但需要注意的是，企业在与其他企业进行合作时，可能会出现机会主义行为。从交易成本的角度看，这种机会主义行为来源于市场失灵；但从组织能力的角度来看，这种机会主义行为的出现主要是由于企业在传递和吸收组织隐性知识时企业之间本身的能力差异所导致的。因此，与其他企业合作虽然可能会产生比较高的交易成本，但却有利于提升企业的能力水平，帮助企业获得更大的价值和竞争优势。海默提出的垄断优势理论也指出，企业开展跨国经营一方面是为了通过直接投资东道国企业来战胜同行业的竞争者，另一方面则是为了获得更大的潜在回报。企业进入东道国市场，相对于东道国的企业来说对于当地市场各方面情况的熟悉和了解程度都相对更低一些。而要能战胜东道国企业，跨国企业需要本身就具有某种优势，并且在跨国经营时能够转移并发挥所具有的优势，以弥补自身相对于东道国企业的不足。

（三）环境因素

国际市场进入模式的选择还在很大程度上会受到环境因素的影响。例如，企业是否能够进入东道国市场以及采用何种方式进入东道国市场，不仅会受到企业所在国家的政策法规等方面的限制，还会受到东道国环境因素的影响。东道国环境因素主要包括政治因素、经济因素和文化因素等。东道国的环境情况会影响到企业在东道国市场是否能发挥自己本身所具有的专业技术优势和经营管理优势，也关系到企业开发和拓展东道国市场时的速度与规模，从而会对企业能够获得的潜在收益产生深刻影响。因此，企业在选择是否进入以及采用何种方式进入东道国市场时需要充分考虑到东道国可能会存在的政治风险、文化差异以及市场的变动情况等。区位优势理论也充分表明了东道国环境因素对于企业国际市场进入的关键性影响。区位优势理论认为当在某一特定地点进行交易时，该特定地点所具有的特殊资源可能可以在一定程度上减少交易成本，并为各交易主体带来独特性的机会，而且这种特殊的优势一般是该特定地点所独有的，具有不可转移的特性。当东道国具有某种区位优势，如东道国有着企业所稀缺的某种资源时，企业就会采取合适的方式进入东道国市场来获取所需要的资源。

第三节　企业国际化决策的经济学分析

一、企业国际化的主要收益

（一）扩大市场规模

市场规模的扩大是企业进行国际化之后最直接的一个收益。如果企业仅仅在国内市场上开展业务，国内市场的容量是相对有限的，那么企业的发展和成长会受到约束和限制。而通过进入海外市场，企业将自己的业务范围拓展到本国以外的市场，就能进一步获得更大的市场份额，扩大潜在的市场规模。而一般来说，当市场规模越大时，企业所能获得的潜在回报也就会越高。尤其是随着全球化的不断发展，各个国家之间的经济联系变得日益密切。企业将业务拓展到海外市场不仅能扩大对外贸易，打破国内市场有限容量的约束和限制，减少在国内市场上的内卷，还可以将企业在国内市场上的优势和经验转移并且应用到国外市场上，从而创造出更大的价值，提升企业整体的竞争力，获得更大的超额回报。例如，可口可乐和百事可乐这两个企业就是由于在美国市场和北美地区难以获得成长，从而进军国际市场，进而获得了更广阔的市场以及更大的成长空间。

（二）获取学习机会

获取学习机会也是企业国际化所能获得的一个主要收益。企业进入海外市场，到具有不同制度和文化背景的国家开展业务，能够接触到更多异质性的顾客、供应商以及优秀的同行企业等，这能为企业创造优良的学习机会，有利于企业获取更多的资源并提升自身的核心能力。尤其是对进入发达国家开展经营业务的发展中国家的企业来说，发达国家的研发技术更为先进，管理经验也会相对更为丰富一些，企业进入发达国家市场能够获得更丰富的研发资源，学习到更先进的技术，并将所学习的技术和知识充分吸收之后应用到自己的产品研发和管理流程当中，优化产品设计，提高管理效率，加强企业的产品创新和管理创新。这对于企业获得短期和长期的成功都是非常关键的。跳板理论对这一点进行了充分的阐释。跳板理论认为新兴市场的企业会将对外投资当作一个跳板，在国外市场来获取所需要的战略资产，通过国际化进行学习从而实现在全球市场中竞争地位的跃升。例如，中国不少企业就纷纷通过国际化进入海外市场来学习领先企业的先进技术，并获取相关资源来提升自身的创新能力，以实现在全球竞技场中一步步从追赶走向超越。联想集团 2004年通过收购美国 IBM 全球 PC 业务，整合其相关先进技术，在 2013 年就跃升成为全球第一大电脑企业。

（三）获得地域优势

实施国际化战略也可以帮助企业获得一些地域优势，如更廉价的劳动力、稀缺性的资源等。当东道国市场能够更容易地获取廉价劳动力、能源或者其他资源时，企业进行国际化扩张就可以减少成本。除此之外，顾客需求也会对地域优势的程度产生影响。以前一般认为企业竞争优势主要来源于企业自身的能力。随着互联网技术的飞速发展，"互联网＋"深刻地改变了人们生活的方方面面，也改变了企业竞争优势的来源，顾客成为企业竞争优势的来源之一。"互联网＋"具有去中心化的特征，而"互联网＋"的去中心化也意味着信息传播方式的去中心化，也就是说信息既由众多主体产生也由众多主体共有。因此，信息传播的去中心化使得企业和消费者之间的界限逐渐模糊化，消费者在传统的价值链中的作用也越来越凸显，这就使得传统的生产者开始去中心化，而转向消费者中心化。在互联网时代，用户选择权的获取成为企业建立和获取竞争优势的关键所在。因此，准确理解、把握并满足消费者的需求就成为企业在东道国市场上谋求生存并获得竞争优势的关键来源。东道国市场上顾客需求的特征与企业所在国家顾客需求的相似性直接决定着企业在东道国进行产品设计和生产的模式，影响企业生产和分销过程中的成本，从而对地域优势的程度产生影响。但相似的顾客需求又会影响企业的创新性。一般而言，主流顾客群体是企业管理者关注的重点，企业管理者会把组织的资源集中配置到在主流顾客群体上，较少关注非主流的顾客群体，但这就会使得企业陷入"消费者陷阱"。也就是说，企业会由于仅着眼于满足现有的主流顾客群体的需求而减少进行广泛的知识搜寻，而异质性知识的搜寻能够更新企业现有的知识体系，并为企业创新能力的提升打下基础。因此，对于非主流顾客群体的忽视会使得外部异质性知识的一大主要来源无法流入企业当中，导致企业内部的资源配置效率低下，难以实现创新能力的提升并构建可持续的竞争优势。如果东道国市场的顾客与企业所在国家顾客的相似度过高，企业便更难以关注到小众顾客群体的需求，从而会使得企业所获得的顾客知识异质性降低，影响企业创新能力的提升。

二、企业国际化中的风险

企业进行国际化扩张的过程会不可避免地受到环境中不确定性因素的影响，总是伴随着各种各样的风险，主要包括经济风险、政治风险和企业经营风险。

（一）经济风险

经济风险主要是指东道国存在的对企业成功实施国际化战略会产生负面影响的经济因素，如汇率风险、利率风险、通货膨胀等。汇率风险主要来源于东道国和跨国企业所在国家之间货币汇率的差异和汇率的波动所导致的。因为不同国家的货币在进行兑换和折算的时候，汇率时常会随着时间发生变动，这就会使跨国企业在实施国际化战略过程中的预期收益与成本和最终的实际收益与成本产生差异，导致企业受到一定的经济损失。在多个国家开展国际化经营活动的跨国企业由于需要对多种货币进行兑换和折算，由此对汇率波动的风险会更为敏感。因此，汇率风险是企业开展国际化战略所要面对的一个主要经济风险。例如，1990—1993 年，由于卢布贬值，我国在俄罗斯或东欧经营的跨国公司就受到了很大影响，不少企业从盈利状态转为亏损状态，有的甚至血本无归。

近年来，美元兑人民币的汇率波动频繁，人民币呈单边升值的趋势，这对于我国在美国开展经营业务的跨国企业也造成了一定影响。尤其是自 2018 年开始的贸易战，导致汇率极不稳定，许多跨国企业的采购、生产制造以及销售等各个环节都受到了较大影响，从而使得企业的资产负债以及现金流等都受到了不小的冲击，对这些跨国公司的经营活动造成了较大风险。因此，跨国企业需要树立风险管理意识，充分警惕在开展跨国经营活动时可能会产生的汇率风险，注意灵活、有效利用外汇衍生品，缩小风险敞口，进行经营对冲。另外，利率波动和东道国通货膨胀也会对企业国际化带来一定的风险。利率风险主要是由于企业进行贷款来筹措和使用资金的过程当中利率发生变化对企业造成的损失。企业要到不同国家开展国际化经营业务，往往需要投入大量的资源，而企业本身所拥有的资源是有限的，因此企业一般会通过借债融资来筹措资金，而在借债融资的过程中，利率波动就会对企业的融资活动产生影响。此外，东道国的通货膨胀水平会直接影响当地原材料的价格以及劳动力的工资成本，当东道国的通货膨胀水平较高时，企业在东道国投资的各项费用会增加,生产产品的成本也会上升。

(二) 政治风险

政治风险是企业进行国际化时会面临的一个主要风险。政治风险主要来源于企业国际化时东道国政府政策的不确定性。当东道国政府政策比较稳定时,企业国际化面临的不确定性就会较小;如果东道国政府政策常常发生变动,如东道国的政权发生更替、政策不具有连续性、税收调整等,就会影响跨国企业在东道国经营活动的开展。全球化智库(CCG)分析了2005—2014年120个对外投资失败的案例,发现25%是由政治原因导致的,其中的8%是因为东道国政治党派的阻挠,17%是政治动荡或政党更替导致企业对外投资时遭受经营损失。尤其是我国国有企业在海外开展国际化活动时所遭受的政治风险会更大。这是因为,与一般企业不同,我国国有企业产权属于全体人民,国有企业不仅承担着经济功能,还带有一定特殊的政治色彩,在进入东道国市场时所遭受的外来者劣势会更大,具有政治意味的国有企业可能会触发东道国市场上利益相关者的敏感性,从而遭受更大的政治风险。例如,中国铁建股份有限公司在墨西哥投标高铁项目时就被宣布取消投标文件。

一般来说,政治风险既包括宏观风险也包含微观风险。宏观风险主要是由于资产被没收或是国有化所导致的,也就是说东道国政府无偿或者是仅仅用很少的补偿来占有跨国企业的资产。例如,1999年西班牙雷普索尔公司通过三次购买阿根廷的YPF石油公司的股份,达到了对其97.5%的控股比例,并组建了雷普索尔-YPF。然而,阿根廷政府在2012年却强行收购YPF石油公司51%的股份,对其进行控股。这主要是因为,虽然阿根廷有着丰富的石油资源,却很少有国外石油企业在阿根廷进行投资,这就导致阿根廷油气产量不断下降,而强行收购YPF石油公司能够在一定程度上收回阿根廷的能源主权,提升油气产量。这一做法则导致雷普索尔损失惨重。这一事件也对跨国企业敲响了国有化风险的警钟,跨国有风险,投资需谨慎。

微观风险主要是由于东道国的产业政策、税收政策等所导致的。跨国企业一般会在东道国设置业务实体来开展经营活动,按传统的国际税收制度,东道国会根据跨国企业在东道国设立的业务实体发生的经营活动来收税。但是,随着互联网技术的飞速发展,跨国数字企业层出不穷,这些企业无须在东道国市场设立业务实体就能够开展经营活动,借助数字技术以平台的形式为全球范围的顾客提供服务,与此同时也能够广泛地获取和收集平台上这些顾客的海量信息,并以数据的形式进行存储。例如,谷歌公司进入法国开展业务时,通过获取法国用户的信息进行加工和分析,从而定制化地投放广告,并由此获得了巨额的广告收入。但由于其在法国并没有设立业务实体,按照传统的国际税收制度,法国无法对其征税费。正因为如此,不少国家逐渐开始对传统的税收制度进行调整,专门针对数字企业开始征收数字服务税。例如,英国在2020年3月11日宣布,自4月1日开始,征收数字服务税(DST),纳税义务主体是在全球业务额超过5亿英镑,并且英国用户参与产生的销售额不低于2500万英镑的数字服务企业。奥地利自2018年将其国民税扩大到在线广告,征收广告税。法国议会两院于2019年6月通过了征收数字服务税的法律,课税对象是在线广告业务、数据出售业务、中介平台业务等,纳税义务主体为业务收入超过7.5亿欧元,并且法国国内业务收入超过2500万欧元的互联网企业。土耳其于2019年通过数字服务税法案,对在线广告、数字内容产品、电商平台服务等收入征收数字服务税。

除此之外，东道国的战乱动荡、政治骚乱、恐怖袭击等也都会对企业的国际化活动产生深刻影响。

（三）企业经营风险

企业经营风险是由于企业在东道国市场开展经营活动时对东道国的环境情况尤其是制度环境不够熟悉带来的不确定所导致的。制度环境包括正式制度和非正式制度。正式制度是一个国家对个体的行为明文正式规定的约束和实施机制；非正式制度则是一个国家长期形成的社会文化、传统习俗、价值观念、道德伦理等约定俗成的非正式规则，这也会对个体的行为形成强有力的约束和规制。企业进入海外市场前，需要对东道国的政策制度、经济情况等各方面进行了解，对此，通过查询相关文件可以比较充分地掌握相关情况；但对于非正式制度，如当地的文化习俗等，要有深入的了解则困难得多。尤其是跨国企业进入东道国市场是一个外来者，对非正式制度的不了解会对企业在当地开展经营活动产生巨大的挑战，很可能出现"水土不服"的问题。例如，吉利并购沃尔沃时，在并购早期就发现工会组织在沃尔沃有着很强的存在感，沃尔沃管理层在进行诸多决策时都会倾听工会的意见和声音。因此，并购之后在进行跨文化整合时，吉利也充分关注并考虑了这一点，在整合以及决策的各个事项上也都让工会参与其中，充分尊重工会的意见。

非正式制度对企业造成的经营风险在很大程度上取决于企业母国和东道国之间文化的相似程度。如果两者的文化相似度比较高，企业在协调整合方面的难度就会小一些，其所生产和设计的产品也能比较好地满足东道国市场的顾客需求，国际化战略就能更好地得到实施。如果两者之间文化差异比较大，那么企业可能就需要采用本地化策略，根据东道国市场的顾客需求因地制宜地调整自己产品的设计；在跨文化管理时也需要根据东道国的文化进行调整，管理难度较大。尤其是对于要在多个国家开展多元化经营的企业而言，跨国经营的复杂性进一步加大，企业需要对各个不同国家的社会习俗、用户需求等有着充分的了解，如何满足不同国家顾客的异质性需求以及防止不同国家子公司之间的冲突也是企业要面对的重大课题。除此之外，东道国市场的劳动力结构、工资水平、对企业社会责任承担的要求等也都会对企业开展跨国经营带来一定的风险。

三、生产率异质性均衡分析模型

前面两个部分我们了解了企业国际化能获得的主要收益以及可能会面临的风险，本部分主要采用生产率异质性均衡分析模型来分析企业生产率与企业国际化进入模式选择之间的关系。

（一）模型假定

假设有本国和东道国两个国家，分别用 A 和 B 来表示，有本地企业和东道国目标企业两个企业，分别用 A′和 B′来表示，M 为单个国家 A（B）的总收入水平。假定：
（1）生产过程仅涉及劳动 L 一种形式的要素投入。
（2）国家 A 和国家 B 之间有着显著性差异的工资水平。
（3）国家 A 和国家 B 各有两个差异化的产业部门 E 和 F。

（4）代表性消费者存在两个层次的偏好，即对差异化产业部门 E 和 F 的消费偏好为 C－D 效应函数；对每一个产业部门 E（F）中的差异化产品 X_i 的消费偏好为 CES 效用函数。

（5）A 国的企业 A′进行绿地投资的固定成本为 C_G，进行海外并购的固定成本为 C_M，进行出口的固定成本为 C_E，同时出口存在不可避免的冰山贸易成本 θ，$\theta > 1$。理论上 $C_E < C_M < C_G$。

（二）模型分析—消费者行为

代表性消费者对产业部门 E（F）中的差异化产品 X_i 的消费偏好为 CES 效用函数，即 n 种差异化产品 X_i 的 CES 效用函数为：

$$U(x_1, x_2, \cdots, x_n) = \left[\int_0^n x(q_i)^{\frac{\varepsilon_i-1}{\varepsilon_i}} \mathrm{d}(q_i) \right]^{\frac{\varepsilon_i}{\varepsilon_i-1}} = \left[\int_0^n x(q_i)^{\alpha_i} \mathrm{d}(q_i) \right]^{\frac{1}{\alpha_i}} \text{。} \quad (5.1)$$

式中：n 为每一个产业部门 E（F）中的差异化产品 X_i 的总个数；$\varepsilon_i > 1$，表示差异化产品之间的价格替代弹性；$(\varepsilon_i - 1) / \varepsilon_i = \alpha_i$，$\alpha_i$ 表示消费者偏好，$0 < \alpha_i < 1$。

在单个国家 A（B）总收入水平 M 的约束下，依据消费者效用最大化原则，求解最优解，即国家 A（B）对产业部门 E（F）中的差异化产品的马歇尔需求函数。收入约束下最优解问题情境如下：

$$\max U(x_1, x_2, \cdots, x_n) = \left[\int_0^n x(q_i)^{\frac{\varepsilon_i-1}{\varepsilon_i}} \mathrm{d}(q_i) \right]^{\frac{\varepsilon_i}{\varepsilon_i-1}} = \left[\int_0^n x(q_i)^{\alpha_i} \mathrm{d}(q_i) \right]^{\frac{1}{\alpha_i}} \quad (5.2)$$

$$\text{s. t. } M = \int_0^n p(q_i) x(q_i) \mathrm{d}(q_i) \text{。} \quad (5.3)$$

对约束条件下最优解问题进行一阶求导，满足如下条件：

$$A \left[\int_0^n x(q_i)^{\frac{\varepsilon_i-1}{\varepsilon_i}} \mathrm{d}(q_i) \right]^{\frac{\varepsilon_i}{\varepsilon_i-1}-1} x(q_i)^{\frac{\varepsilon_i-1}{\varepsilon_i}-1} = \lambda p(q_i) \text{。} \quad (5.4)$$

式中：p 为产业部门 E（F）中差异化产品 X_i 的价格水平。代表性消费者对产业部门 E（F）中的差异化产品 i 和 j 的消费数量占比为：

$$\frac{x(q_i)}{x(q_j)} = \left[\frac{p(q_i)}{p(q_j)} \right]^{\frac{1}{\frac{\varepsilon_i-1}{\varepsilon_i}-1}} \text{。} \quad (5.5)$$

式中：ε_i 为产业部门 E（F）中的差异化产品 i 与 j 的价格替代弹性，上式可以转换为如下形式：

$$\frac{x(q_i)}{x(q_j)} = \left[\frac{p(q_i)}{p(q_j)} \right]^{\frac{1}{\frac{\varepsilon_i-1}{\varepsilon_i}-1}} = \left[\frac{p(q_i)}{p(q_j)} \right]^{-\varepsilon_i} \text{。} \quad (5.6)$$

以产业部门 E（F）中的差异化产品 j 为例，其需求函数如下：

$$x(q_j) = x(q_i) \left[\frac{p(q_i)}{p(q_j)} \right]^{\varepsilon_i} \text{。} \quad (5.7)$$

对上式进行适当变形并积分，然后代入约束方程（5.3），可得：

$$\int_0^n p(q_j) x(q_j) \mathrm{d}(q_j) = \int_0^n p(q_j) x(q_i) \left[\frac{p(q_i)}{p(q_j)} \right]^{\varepsilon_i} \mathrm{d}(q_j) = M, \quad (5.8)$$

即：

$$\int_0^n p(q_j)^{1-\varepsilon_i} x(q_i) p(q_i)^{\varepsilon_i} \mathrm{d}(q_j) = M, \tag{5.9}$$

$$x(q_i) = \frac{Mp(q_i)^{-\varepsilon_i}}{\int_0^n p(q_j)^{1-\varepsilon_i} \mathrm{d}(q_j)}。 \tag{5.10}$$

式（5.10）即为代表性消费者对产业部门 E（F）中差异化产品 i 的需求函数。

将需求函数式（5.10）代入效应函数（5.1），另 $U=1$，$M=P$，求解 A 国产业部门 E（F）的价格指数为：

$$P = \left[\int_0^n p(q_i)^{1-\varepsilon_i} \mathrm{d}(q_i) \right]^{\frac{1}{1-\varepsilon_i}} = \left[\int_0^n p(q_j)^{1-\varepsilon_i} \mathrm{d}(q_j) \right]^{\frac{1}{1-\varepsilon_i}}。 \tag{5.11}$$

则代表性消费者对产业部门 E（F）中差异化产品 i 的最终需求函数为：

$$x(q_i) = \frac{p(q_i)^{-\varepsilon_i}}{P^{1-\varepsilon_i}} M。 \tag{5.12}$$

（三）模型分析—生产者行为

用 γ 表示企业 A′ 的边际生产成本 MC，则 $1/\gamma$ 为企业 A′ 的生产率，依据企业利润函数最大化一阶条件 $MC=MR$，即：

$$MC = \frac{\mathrm{d}C(q_i)}{\mathrm{d}x(q_i)} = \frac{\mathrm{d}p(q_i)}{\mathrm{d}x(q_i)} x(q_i) + p(q_i)$$

$$= p(q_i)\left[1 + \frac{\mathrm{d}p(q_i)}{\mathrm{d}x(q_i)} \cdot \frac{x(q_i)}{p(q_i)} \right] = p(q_i)\left(1 - \frac{1}{\varepsilon_i} \right) = MC。 \tag{5.13}$$

垄断企业商品最优定价 $p(q_i)$ 为：

$$p(q_i) = \frac{\varepsilon_i}{\varepsilon_i - 1} \gamma = \frac{\gamma}{\alpha_i}。 \tag{5.14}$$

当企业 A′ 仅在国内销售时，利润函数 π_D 为：

$$\pi_\mathrm{D} = \max[p(q_i) - C(q_i) x(q_i)]$$

$$= \left[\left(\frac{1}{\varepsilon_i} - 1 \right) \gamma \right] \frac{\left(\frac{\varepsilon_i}{\varepsilon_i - 1} \right)^{-\varepsilon_i} \gamma^{-\varepsilon_i}}{p^{1-\varepsilon_i}} M = \left(\frac{\gamma}{p} \right)^{1-\varepsilon_i} \varepsilon_i^{-\varepsilon_i} (\varepsilon_i - 1) M。 \tag{5.15}$$

式中：$(1/p)^{1-\varepsilon_i}$、$\varepsilon_i^{-\varepsilon_i}$、$(\varepsilon_i - 1)^{\varepsilon_i - 1}$、$M$ 为常数。为使运算符号简明，令

$$T = (1/p)^{1-\varepsilon_i} \varepsilon_i^{-\varepsilon_i} (\varepsilon_i - 1)^{\varepsilon_i - 1} M,$$

则式（5.15）可简化为：

$$\pi_\mathrm{D} = \max[P(q_i) - C(q_i)] x(q_i) = T\gamma^{1-\varepsilon_i}。 \tag{5.16}$$

同理，若企业 A′ 对外出口，考虑冰山贸易成本 θ，则其利润函数 π_E 为：

$$\pi_\mathrm{E} = \max[p(q_i) - C(q_i)] x(q_i) - C_\mathrm{E} = T(\theta)^{1-\varepsilon_i} (\gamma)^{1-\varepsilon_i} - C_\mathrm{E}。 \tag{5.17}$$

（四）进一步考虑 FDI 行为的均衡分析模型

假设企业 A′ 通过绿地投资的方式进入东道国市场 B，固定投资成本为 C_G，则其利润

函数 π_G 为：

$$\pi_G = \max\left[P(q_i) - C(q_i)\right]x(q_i) - C_G = T(\gamma)^{1-\varepsilon_i} - C_G。 \qquad (5.18)$$

假设企业 A′通过并购的方式进入东道国市场 B，收购目标企业 B′，若交易状态为完成，则并购企业 A′将从目标企业 B′获取一定的投资收益 W，投资收益 W 来自目标企业 B′一定比例 η 的国内经营利润 π_D，同时支付一定的并购成本 C_M。则其利润函数 π_M 为：

$$\pi_M = W - C_M = \eta\pi_D - C_M = T\eta(\rho)^{1-\varepsilon_i}(\gamma)^{1-\varepsilon_i} - C_M。 \qquad (5.19)$$

由式（5.18）、（5.19）可得，π_E、π_G、π_M 可以表示为边际成本 γ 的线性函数；$\varepsilon_i > 1$，则 $(\gamma)^{1-\varepsilon_i}$ 可表示为企业生产率，且 $C_M < C_G$；π_G、π_M 直线的斜率分别为 K_G、K_M，那么就会存在两种可能的投资情景：①当目标企业 B′位于发达国家时，有 $\rho > 1$，海外收购的边际成本大于国内收购的边际成本，这里假设投资企业在并购过程中伴随政治摩擦成本与潜在投资优惠，表现为国内并购与海外并购边际成本的差异性。由于 $0 < \eta \leqslant 1$，$C_M < C_G$，可得：$K_M < K_G$。②当目标企业 B′位于发展中国家时，有 $\rho \leqslant 1$，海外收购的边际成本小于或等于国内收购的边际成本。由于 $0 < \eta \leqslant 1$，$C_M < C_G$，可得：$K_M > K_G$（图5.1）。

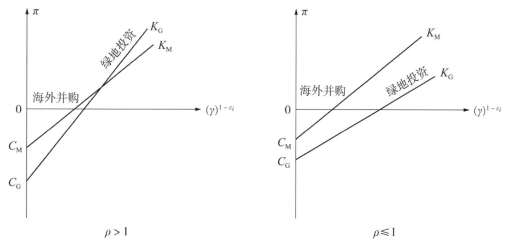

图5.1　生产率与企业国际市场进入模式

第四节　我国企业国际化的实践

一、我国企业国际化的成长路径

从 20 世纪 70 年代开始到 21 世纪，我国企业国际化的发展经历了四个阶段：内向型国际化阶段、贸易型国际化阶段、投资型国际化阶段以及双向国际化阶段。第一阶段是内向型国际化阶段。在改革开放之前，我国基本上处于闭关锁国的状态，我国企业与国外企业处于隔离状态，既没有企业走出去，也没有国外企业走进来。改革开放后，我国逐渐打开国门，一些国外的企业也进入我国市场，如可口可乐等，但这时候还少有我国企业走出去到海外市场。在这一时期形成了独特的"三来一补"的合作模式，我国企业主要提供劳动力、原材料等，国外企业则提供生产设备、先进技术等。随着改革开放的不断深入，我国企业也在不断累积经验，逐渐开始有企业尝试进入海外市场，由此进入了贸易型国际化阶段。在这一阶段，在政府的推动和支持下，我国外贸活动发展起来。1984 年，由中信公司在美国合资组建的西林公司成为我国第一家跨国企业。1991 年，我国的涉外贸易性企业超过了 800 家，贸易活动所涉及的国家和地区多达 73 个。90 年代之后，我国企业国际化逐渐从贸易型国际化阶段过渡到了投资型国际化阶段。互联网技术的不断发展让国际活动不断发酵，我国一些行业的领军企业，尤其是一些民营企业，开展探索在海外市场开展经营活动，如 TCL、华为等。根据原外经贸部的统计，截至 2000 年底，除去金融类企业，我国总共有 61981 家海外企业，所涉及的国家超过了 60 个。随着全球化的不断发展，越来越多的我国企业进入国际市场开展经营活动，与此同时，也有越来越多的国外企业进入我国市场当中参与竞争，由此从投资型国际化阶段过渡到双向型国际化阶段。我国政府采取了一系列激励措施来推动我国企业的国际化发展，在鼓励我国企业"走出去"的同时，也鼓励外国有企业业"走进来"。尤其是在我国加入世界贸易组织之后，我国企业的国际化更是蓬勃发展。"一带一路"倡议的提出进一步加速了我国企业国际化的步伐。据统计，2015 年我国实际使用外资金额达 1356 亿美元，而非金融类的对外直接投资从 2003 年的 29 亿美元增长到 2015 年的 1456.7 亿美元。即便是近几年由于新冠疫情的冲击导致全球外国直接投资大幅下降的情况下，我国对外直接投资依然逆势增长，流量规模首次位居全球第一。

二、我国企业国际化中的风险

从我国加入世界贸易组织以来，在全球一体化的推动之下，我国企业国际化飞速发展。但总体而言，我国企业开展国际化活动时间还相对较短，再加上制度、文化以及政治等多方面的因素，我国企业在海外市场开展国际化经营活动的过程中依然面临着诸多风险。在第三节中，我们知道了企业国际化中的风险包括政治风险、经济风险、企业经营风险。

TCL 科技集团股份有限公司（以下简称 TCL 集团）在开展国际化活动中就遭遇过风险。TCL 集团成立于 1982 年，是我国最大的消费类电子企业之一。TCL 集团所生产的产品涉及电视、手机、家用电器、数码产品等。TCL 集团在成立的三年之内，其电话机产销量就达到了全国第一，其他业务也都飞速发展，在国内市场处于领先地位，并在 2004 年实现了整体上市。为了实现进一步的成长和发展，获取更多的收益，TCL 集团开始踏上了国际并购之路。TCL 集团最开始是在东南亚的发展中国家开展国际经营活动，主要是采用在东道国当地建企业并在当地销售的方式，从而积累了丰富的经验，为其之后进入其他东道国市场打下了基础。随后，TCL 集团开始进军发达国家市场，主要采用的方式是跨国并购。

例如，2002 年，TCL 集团以 820 万欧元收购了德国企业施耐德，主要包括其生产设备等有形资产以及商标、销售渠道等无形资产。2003 年，TCL 集团开始进一步收购美国播放机制造商高威达 51% 的股份。同年，为了加快国际化的步伐，TCL 集团收购法国最大的消费类电子企业之一汤姆逊，合并重组双方的彩电业务，并在次年合资组建汤姆逊公司（简称 TTE）。自此，TCL 集团成为全球销量最高的彩电企业之一。2004 年，TCL 集团又收购了法国阿尔卡特的手机业务，并合资设立 T&A 公司（TCL–阿尔卡特移动电话公司）。如此快速的国际化步伐也使得 TCL 集团的国际化之路开始出现问题，连连受挫。在收购阿尔卡特的手机业务之后，TCL 集团在与汤姆逊、阿尔卡特进行跨文化的整合过程中出现阻碍，并未达到收购所要实现的协同效应，获得更大的超额回报，反而出现了持续的巨额亏损。到 2006 年，TCL 集团的欧洲业务亏损甚至达到了 40 亿元。在此情形下，TCL 集团试图开始采取一些措施来扭转局面，摆脱困境，但这一过程却是颇多波折。在巨额的损失之下，TCL 集团不得不与汤姆逊进行重组，TCL 集团计划出售其价值 2500 万欧元的部分 TTE 资产为重组筹资，但这一计划却遭到了工会的强烈反对，由此 TTE 欧洲公司在 2007 年宣布破产。不仅如此，TCL 集团收购的阿尔卡特的手机业务也出现了危机。T&A 公司由于新产品一直没能找到准确的定位，企业的员工流失率也比较高，亏损越来越严重。最终，2005 年 TCL 集团以换股的方式收购阿尔卡特持有的 T&A 公司的 45% 股份，阿尔卡特正式退出了 T&A 公司的经营和管理。在阿尔卡特退出之后，TCL 集团则需要独自承担 4 亿元的亏损。

过快的国际化步伐导致 TCL 集团连连受挫，而接连的打击也使得 TCL 集团陷入危机，并开始反思和调整。为了摆脱困境，TCL 集团提出了一个 18 个月重生计划。TCL 集团开始调整企业整个的商业模式，采用"无边界集中化"商业模式，并且为了对员工起到充分的激励作用，开始实施全员绩效管理方案。与此同时，TCL 集团改变其传统的组织架构，减少组织管理层级，将原来科层式的组织结构进行简化，向扁平化发展。在市场方面，TCL 集团重新思考产品定位，将手机业务定位在对性能和质量都要求较高的欧美市场，并且持续有针对性地开发性价比高的产品，从而逐渐占据了更大的海外市场份额。经过对企业国际化的战略进行调整，这一系列在商业模式、组织架构以及市场营销等方面举措的实施使得 TCL 集团逐渐摆脱困境，开始扭亏为盈，销售收入和盈利水平也都开始不断提升。

总体来说，TCL 集团从成立之后就飞速发展，在国内市场上成为行业巨头，取得了显著的成绩。为了获得进一步发展，TCL 集团开始进军国际市场。然而在国际化的过程当中，TCL 连续进行跨国并购，但并未充分关注到其中可能存在的各种风险，尤其是并未充分考虑到在跨国并购之后进行跨文化整合和管理的问题，过快的步伐以及对国际化过程中风险的忽视使得 TCL 集团遭遇重重危机，陷入困境。在进行反思之后，TCL 集团对企业国际化战略进行调整，并通过调整商业模式等方式采取了一系列措施来使企业摆脱危机，最终实现了重生。TCL 集团跌宕起伏的国际化之路也为其他跨国企业提供了警示，企业通过实施国际化战略虽然能获得更大的超额回报，但更要关注到国际化过程当中充斥着各种风险。

三、我国互联网企业的国际化

2020 年初，新冠肺炎疫情在全球迅速蔓延，沟通和贸易往来的骤减造成世界范围内经济停摆，给实体经济造成巨大危机。人们将更多的交易移至互联网络之上，为互联网企业及数字经济的发展带来众多机遇与挑战。不少互联网企业也通过国际化来谋求更广阔的发展空间。

北京字节跳动科技有限公司（以下简称"字节跳动"）成立于2012年3月，是最早将人工智能应用于移动互联网场景的科技企业之一，总部位于北京。截至2019年底，字节跳动共有240个全球办公室、15个研发中心，公司业务覆盖75个语种、150个国家和地区，公司产品受到世界各地人民的广泛喜爱和欢迎。近年来，字节跳动在海内外陆续推出众多具有影响力的产品，主要包括今日头条、抖音短视频、火山小视频、TikTok、VigoVideo、TopBuzz等，这些软件在40多个国家和地区的应用商店排行榜位居前列。在2019年度"胡润全球独角兽榜"中，字节跳动以5000亿元人民币的估值排名第二，仅次于蚂蚁金服。

字节跳动主要采用的是自主研发和海外收购相结合的国际化发展方式。在新闻资讯类手机软件方面，今日头条是字节跳动在此领域的代表产品。今日头条国内总用户人数于2015年突破2亿，日活用户超过2000万。在国内市场经营趋于稳定的大环境下，字节跳动加紧开拓海外市场的步伐。2015年8月，今日头条海外版TopBuzz在美国市场正式上线。由于其特殊的推荐机制可以精准计算出用户偏好，满足用户的差异化需求，TopBuzz在短期内获得大量海外使用者，海外用户数量迅速增长。TopBuzz不仅是新闻资讯阅读平台，还是视频发布平台。字节跳动对原创视频的激励措施和视频发布的低门槛，吸引了大批视频原创者入驻平台。各行各业的人都可在该平台上发布任何类型的视频，形成每位用户皆可成为创作者发布原创视频的良好环境，推动了平台上视频类型的广泛涉猎、视频内容的持续创新和视频数量的爆发式增长。在此基础上，TopBuzz很快获得美国各年龄段用户的青睐。随后，TopBuzz相继进军巴西、日本等海外市场，都受到了广泛欢迎。在这些地区的手机软件商城中，TopBuzz应用下载量均位居排行榜前列，并荣获美国和巴西等地的"最受欢迎手机应用"称号。TopBuzz探索国际市场的成功经验推动了字节跳动在新闻资讯类软件方面的表现。2016年10月，字节跳动投资了印度最大的新闻聚合平台——Dailyhunt；12月，字节跳动投资了印度尼西亚的新闻推荐系统BABE，这是目前印度尼西亚最受欢迎的新闻整合平台。2017年11月，字节跳动收购欧洲的新闻服务运营商News-Republic。字节跳动依靠其独特的算法推荐机制、精准化的推送，留住了大量用户，通过对这一模式进行复制，在多个国际化市场获得成功。在TopBuzz获得成功以后，字节跳动顺势推出西瓜视频海外版TopBuzzVedio，在这之后便开始了短视频类软件在海外市场的开拓。2017年2月，字节跳动收购美国短视频应用Flipagram；5月，TikTok在中国大陆以外的地区发行；7月，火山小视频海外版VigoVideo上线；11月，字节跳动以10亿美元的价格收购北美音乐短视频社交平台Musical. Ly，并将两个品牌整合为新的TikTok。2018年6月，字节跳动在印度上线本地方言版短视频应用Helo。字节跳动在海外市场的短视频类应用布局中，最耀眼的是TikTok的业绩。

根据市场应用机构SensorTower发布的数据，2018年10月，TikTok在美国的下载量超过Facebook、Instagram、Snapchat和YouTube，成为美国月度下载量最高的应用。2020年第一季度，TikTok成为全球单季度下载量最大的应用，美国市场累计下载量超过1.65亿次，全球累计下载量超过20亿次。字节跳动也于2019年12月在日本市场顺势推出了自己研发的首款游戏——《我功夫特别牛》。这款手机游戏软件仅仅用了三个月就成功登顶日本应用下载榜首，并在中国港澳台地区、英美等国家和地区的应用排行榜中占领前列位置。自成立以来，字节跳动在短短几年时间内不断完善在国内市场上的产业布局，同时加速企业在国际市场上的扩张，从一个"新手"直接跃升成为互联网局巨头企业，深刻影响着整个互联网行业的格局。

四、我国国有企业的国际化

国有企业具有特殊的身份地位，是我国国民经济的骨干和中坚力量，其利益与国家利益紧紧相连。国有企业开展跨国经营不仅顺应经济全球化发展的需要，而且能提升企业效益，更有助于提升中国在全球经济中的话语权，争取更多的全球资源。鉴于国有企业承担的特殊使命，国有企业成为实施"走出去"战略的主力军。《2019 年对外直接投资统计公报》显示，2019 年国有经济控股企业对外直接投资金额占中国对外非金融类直接投资总额的 49.7%，金额达 580.9 亿美元，同比增长 27%。截至 2019 年末，国有企业占中国对外非金融类直接投资存量的 50.1%，较 2018 年增加 2.1 个百分点。但从国际比较来看，中国国有企业大而不强。入选 2020 年《财富》世界 500 强中国大陆（含香港）企业数量达到了 124 家，历史上第一次超过美国，其中国有企业数量 92 家。中石化、国家电网、中石油分别位列第二、第三、第四位；在盈利方面，工、农、建三大国有银行继续名列利润榜前 10 位。总的来看，我国企业虽在数量上超过了美国，但整体盈利水平较低，上榜的我国企业的平均利润不到 36 亿美元，约为美国有企业业（70 亿美元）的一半，也低于全球 500 家大公司的平均利润（41 亿美元）。

中国石油天然气集团有限公司（以下简称"中石油"）成立于 1998 年 7 月，总部位于北京，是根据国务院机构改革方案，由原中国石油天然气总公司发展而成的综合性石油天然气企业集团。作为我国大型国有企业的代表以及重要的油气生产供应商，中石油是集油气勘探开发、管道储运、销售贸易、炼油化工、工程建设、工程技术、金融服务于一体的特大型国际能源公司。2020 年，中石油在世界 50 家大石油公司综合排名中位居第三，至此已连续 20 年稳居世界十大石油公司行列；在《财富》全球 500 家大公司排名中位居第四，仅次于沃尔玛、中石化和国家电网。中石油自 1993 年开始在全球市场开展国际业务以来，坚持"互利共赢、合作发展"的国际化发展理念，不断加强在全球市场的业务能力。经过多年发展，中石油海外业务规模不断扩大，国际竞争优势显著增加，在全球油气行业中占据着越来越重要的地位。中石油从 2002 年开始接连收购戴文能源公司在印度尼西亚的油气业务，收购哈萨克斯坦 PK 石油公司、新加坡石油公司，并与多家公司达成全球战略合作伙伴关系，如荷兰壳牌集团、阿布扎比穆巴达拉石油公司、法国道达尔集团。另外，在"一带一路"倡议下，中石油已在俄罗斯、伊朗、哈萨克斯坦、伊拉克、土库曼斯坦等 20 个重要的"一带一路"资源国运行超过 50 个大型海外油气项目。中石油坚持"走出去"战略，不断开拓海外油气市场，开展海外油气合作，在全球油气领域掌握着越来越多的话语权。通过积极响应"一带一路"号召，中石油国际化发展能力得到了进一步提升，不仅带动了当地石化产业的发展，还为中国品牌"走出去"赢得了广泛赞誉。

小　结

本章第一节介绍了企业国际化的五类动因，包括寻求市场动因、寻求自然资源动因、寻求战略性资产动因、寻求效率动因、寻求知识经验学习动因。第二节进一步学习企业国际化进入模式的选择，主要介绍国际化进入模式的五种主要类型——出口、特许经营、战略联盟、跨国并购、新建全资子公司，以及影响进入模式选择的因素。此外，还介绍了企业国际化领域的传统理论，主要包括乌普萨拉模型、垄断优势理论、内部化理论、区位优势理论和国际生产折衷理论。第三节前两个部分我们了解了企业国际化能获得的主要收益以及可能会面临的风险，最后一部分主要采用生产率异质性均衡分析模型来分析企业生产率与企业国际化进入模式选择之间的关系。第四节简要介绍了我国企业国际化的实践。

思考题

1. 垄断优势理论列出的市场不完全的四种类型是什么？

2. 除了书中列举因素外，还可能存在哪些因素影响企业国际化市场进入模式的选择？

3. 异质性企业贸易理论以 Melitz（2003）模型[①]为基础，尝试阅读该文献，并阐述其基本理论思想。

4. 近十年来，我国一些科技型企业选择去美国上市，试述其可能存在的原因。

---

① M. J. Melitz, "The impact of trade on intra-industry reallocations and aggregate industry productivity," *Econometrica*, vol. 71, no. 6 (2003), pp. 1695 – 1725.

第六章 企业创新决策

第一节 企业创新的内涵及分类

"创新"一词最早源自美籍奥地利经济学家熊彼特（J. A. Schumpeter），他认为：先有发明，后有创新。立足于熊彼特的创新观，在较长时期内，学术界讨论的创新范式均为技术创新，技术本身不需要发生革命性的改变，因技术的推广而开辟市场，刺激经济的发展，创造足以迅速改变我们经济社会和生活方式的新技术范式。我国学者从企业管理视角提出，技术创新是组织以技术为中心，整合组织内部生产、设计、营销等要素，创造与传递价值的过程，在这个新价值创造和传递过程中，组织技术制造能力同时得到培育和提高（陈劲，王方瑞，2006）[1]。

随着互联网和信息技术的不断普及，以 Chesbrough 和 Rosenbloom（2002）[2] 为代表的技术创新研究学者开始逐渐认识到技术本身并没有特定的客观价值，技术的潜在经济价值必须通过商业模式创新来实现，于是把注意力转向产品和技术领域以外的商业领域创新，也即商业模式创新。综观不同学者基于创新视角界定的商业模式创新概念，可以看出他们普遍把商业模式创新定义为一种全新的创新，并且普遍强调商业模式创新对于技术创新的重要性，技术创新必须与商业模式创新进行有效的结合，才能更好地实现其自身的商业化。

在人工智能、区块链、云计算、大数据等新一代通信技术迅速发展的数字经济环境中，企业创新已不能按照传统意义上的线性流程方式由事先确定的参与者推进。伴随着数字化创新实践的出现，企业数字化创新（digital innovation）逐渐成为研究焦点。与过往以物理资源为主体进行创新的模式不同，数字化创新通过实现数字资源和物理组件的新组合以生产新产品（Yoo, et al., 2010）[3]。如苹果公司、亚马逊公司、通用电气公司等企业的创新实践均表明，企业利用数字化基础设施，依托产品平台，与外部开发者、用户等形成创新生态系统，通过整合及利用不同层级的数据资源形成独特的价值路径，企业与开发者、用户共同创造价值，进而增强公司的持续竞争优势。数字化创新模式重塑了物理形态的产品和企业的价值创造逻辑，甚至重塑了业态。

下文将分别讨论企业技术创新、商业模式创新和数字化创新。

---

① 陈劲、王方瑞：《中国企业技术和市场协同创新机制初探：基于"环境－管理－创新不确定性"的变量相关分析》，《科学学研究》2006 年第 4 期，第 629－634 页。

② H. Chesbrough, R. S. Rosenbloom, "The role of the business model in capturing value from innovation: evidence from Xerox Corporation's technology spin-off companies," *Industrial and Corporate Change*, vol. 11, no. 3 (2002), pp. 529－555.

③ Y. Yoo, O. Henfridsson, K. Lyytinen, "The new organizing logic of digital innovation: An agenda for information systems research," *Information Systems Research*, vol. 21, no. 4 (2010), pp. 724－735.

一、技术创新

（一）技术创新的定义

自熊彼特于 20 世纪初提出创新概念和理论以来，技术创新经历了 20 世纪 50 年代和 60 年代的开发性研究、70 年代至 80 年代初的系统研究和 80 年代至今的综合研究阶段。在这个过程中，学术界对于技术创新的定义进行了反复的争论，争论焦点主要集中于以下三个方面：第一，关于定义的范围。狭义的定义仅限于与产品直接有关的技术变动；广义的定义则包括产品和工艺，甚至于有人把非技术性的创新（如组织创新、制度创新）也包括在技术创新范围之内。第二，关于技术变动的强度。有人主张只有技术的根本性变化才是创新；另一些人则主张既包括技术的根本性变化，也应包括技术的渐进性变化。第三，关于新颖程度。有人主张技术创新只限于首次；另一些人则主张创新的扩散性应用，即在世界上不算"新"，但在某一国家或地区仍然是"新"的，也应包含在内。但不管持何种观点，有一点是共识认知，那就是技术创新必须实现商业化应用。

本书综合各种讨论，给出比较简练的技术创新定义：技术创新是指基于技术的新构想，经过研究开发和技术组合，并最终获得实际应用，产生经济、社会效益的商业化全过程活动。①技术的新构想，指新产品、新服务、新工艺的想法，构想的产生可以来源于科学发现、技术发明、新技术的应用，也可以来源于用户需求。②研究开发或技术组合是实现技术新构想的基本途径。其中，技术组合指将现有技术进行新的组合，它只需进行少量的研究开发，甚至不经过研究开发即可实现。③实际应用，指生产出新产品、提供新服务、采用新工艺或对产品、服务、工艺的改进。④经济社会效益，指近期或未来的利润、市场占有或社会福利等。⑤商业化，指全部活动出于商业目的。⑥全过程，指从新构想产生到获得商业化应用的全过程。

（二）技术创新的概念特征

技术创新概念主要有以下三种特征：

一是技术创新是基于技术的活动。技术创新与非技术创新的区别在于基本手段，在企业经营活动中和经济、技术、社会活动中，存在组织创新、管理创新和制度创新等，它们都可能产生商业价值。为使概念更为清晰，本书将技术创新和非技术创新进行区分。这并不是说技术创新不涉及管理、组织、制度的变动，相反，技术创新往往要有相应的组织、管理甚至制度的变动相配合，但在概念上应将其涵盖的范围加以限定，不宜将其所涉及的全部内容包含在所定义的概念之内。

二是技术创新所依据的技术变动允许有较大的弹性。在所给出的定义中未强调技术突破（根本性变动），允许将技术的增量性变动包括在技术创新的概念之中。在概念的外延上，技术创新不仅包括新产品、新工艺，也可以包括对产品、工艺的改进；在实现方式上，可以是在研究开发获得新知识、新技术的基础上实现技术创新，也可以是将已有技术进行新的组合（没有新知识和新技术的产生）以实现技术创新。

三是技术创新是技术与经济结合的概念。技术创新不是纯技术活动，是技术与经济相结合的活动。从本质上说，技术创新是一种经济活动，是一种以技术为手段，实现经济目的的活动。因此，技术创新的关键在于商业化，检验技术创新成功与否的基本标准是商业价值（在有些情况下也包含社会价值）。

（三）技术创新分类

根据技术创新的程度、创新对象以及技术变动方式，可对技术创新进行不同维度的分类：

一是根据技术变化的程度进行分类，技术创新可分为渐进性创新和根本性创新。渐进性创新（incremental innovation）是指对现有技术进行局部改进所产生的技术创新。在现实的经济活动中，大量的创新均为渐进性创新，如对现有的电脑进行改进，并未产生新的芯片生产技术革新，但是在操作界面、使用流畅性、上网便捷性等方面进行优化改进；根本性创新是指在技术上有重大突破的创新方式。例如，华为在 5G 技术领域的技术研发就属于根本性技术创新。随着国家进一步推进创新驱动发展战略，我国在根本性技术创新领域的实力也在逐步增强。

二是根据创新对象进行分类，技术创新可分为产品创新和工艺创新。产品创新（product innovation）是指在产品技术变化基础上进行的技术创新，既包括在产品技术方面进行较大改动的新产品方案，也包括对现有产品进行局部改进而推出的改进型产品。广义的产品创新还包括无形产品（服务）的创新。工艺创新（process innovation）又称为过程创新，指在生产服务过程中进行变革的创新方式。同理，工艺创新既包括在基数较大变化基础上采用全新工艺的创新，也包括对原有的工艺进行改进形成的创新。例如，炼钢工艺中的氧气顶吹转炉工艺的采用就是对平炉工艺的全新工艺创新；在生产过程中大量采用微机控制、节能降耗的工艺改进，并未改变基本工艺流程和方法，也属于工艺创新。

三是根据技术变动的方式分类，技术创新可分为结构变动和模式变动。结构变动（architectural change）是指技术要素结构或联结方式的变动，如通信技术从有线电话到无线电话；模式变动（modular change）是指技术原理的变动，如从燃油汽车技术到电动汽车技术。将结构变动与模式变动作为两种基本分类维度，可以区分出四类技术创新方式：①局部创新或渐进式创新，指在技术结构和模式均未发生根本性改变时的技术改进形成的创新；②模式创新，指在技术原理发生变动基础上的技术创新；③结构创新，指技术结构发生变化时的技术创新；④全面创新，指技术结构与模式均发生较大变动形成的创新。

（四）技术创新过程

理解技术创新过程对于技术创新决策与管理有重要意义。基于单向技术创新的过程描述，归纳出技术创新发生过程的普遍规律。

1. 线性模型

线性模型认为技术创新是由前一环节依次向后一环节推进的过程。根据起始环节的差异又分为两种模型，分别为技术推动模型和需求拉动模型。

技术推动模型（图 6.1）强调研究开发是创新的主要来源，研究开发的成果在寻求应用过程中推动创新的完成，市场是创新成果的被动接受者。在实践中，当出现重大技术突破时，如计算机、电动汽车的发明导致大量创新的出现就属于这类创新过程。因此，在技术创新管理中要遵循技术推动的响应规律，因势利导，促进技术创新的成功。技术推动模型会对国家制定科技政策、配置科技资源，以及企业管理创新活动产生很大影响。

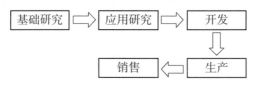

图 6.1　技术推动模型

通过对大量技术创新的实际考察，人们发现大多数技术创新并非由技术推动，而是需求拉动起到主导作用，于是提出需求拉动模型（图 6.2）。需求拉动模型认为，技术创新需要市场需求和生产需求激发，市场的开拓和扩展及节省相对昂贵的原材料成为创新的重要动力。研究表明，就数量而言，60%～80% 的创新是由市场需求引发。因此，对于企业经营管理而言，需求拉动型创新更为普遍。

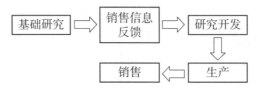

图 6.2　需求拉动模型

2. 交互模型

与线性模型不同，交互模型（图 6.3）更强调技术与市场之间的相互作用。同时，交互模型认为创新过程中各环节之间及创新与市场需求和技术进展之间都存在相互作用。

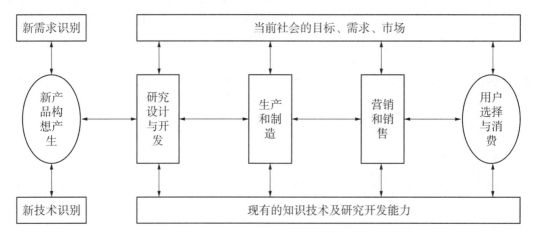

图 6.3　交互模型

3. 企业技术创新综合模型

上述模型强调对技术创新过程的综合描述，基本不涉及技术创新管理过程。与此不同，企业技术创新综合模型（图 6.4）充分考虑企业内外部环境条件下一项创新的发展过程。该模型表明技术与市场这两个重要的外部环境与创新过程的联系，及企业内部研发和销售这两个关键部门与创新过程的联系。基于此，模型将创新过程分成若干阶段，指明各阶段创新的实施者及相应的实施或管理任务。因此，这一模型更强调过程管理。

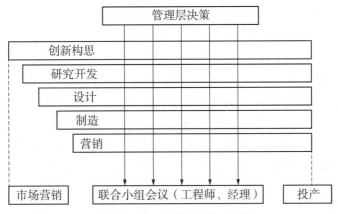

图6.4 企业技术创新综合模型

4. 网络模型

网络模型（又称系统集成模型）（图6.5）表明技术创新是一个包含战略、组织、文化、技术等多方面因素，且各要素进行全方位整合与协同。由此可见，技术创新进程不仅仅是一体化的职能交叉过程，更多的是多机构之间的系统集成和网络联结的过程。网络模型强化企业内部的集成和外部的网络联结，在企业内部注重各职能部门充分集成和并行发展，分别参与知识与信息的生产，在企业外部则强调与用户建立密切联系，与供应商等合作开发新产品，与其他合作伙伴在产品研发、生产方面展开广泛的横向联合。

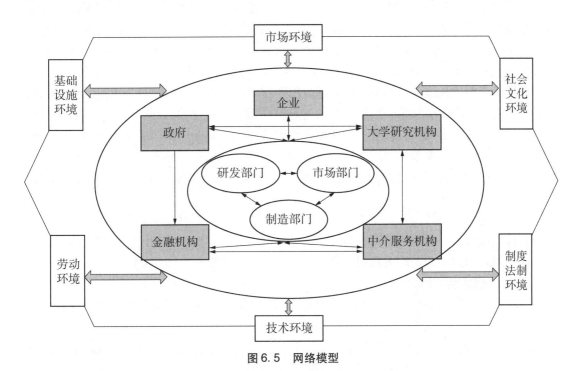

图6.5 网络模型

这里需要指出的是，技术创新模型的选择并非必须沿着这几种过程模型依次来进行升级选择。事实上，创新模型的选择主要取决于企业本身的实力、所处的行业以及企业的外部经济、社会环境等。

二、商业模式创新

1. 商业模式创新定义

商业模式（business model）一词最早出现在 20 世纪 90 年代中期，随着互联网在商业领域的普及应用而开始流行，其内涵也扩大到企业管理各个领域的广阔空间。商业模式为许多理论研究者所关注，他们都试图解释商业模式背后隐藏的规律；但由于研究视角的不同，得出的结论也不尽相同，甚至关于"business model"的译法也各有所异，如商务模式、盈利模式等。

商业模式创新的概念可以追溯到熊彼特的技术创新概念。熊彼特意义上的广义的技术创新包括产品创新、工艺创新、市场创新、资源配置创新和组织创新等，几乎涉及企业管理的所有方面的创新。其中市场创新、资源配置创新和组织创新可以纳入商业模式创新的范畴，因为它们有别于产品创新和工艺创新这两种与产品的生产技术直接相关的狭义的技术创新。

现有的研究者对商业模式创新多从以下两个方面来界定：一是从客户价值角度出发定义商业模式创新。这些研究者认为商业模式创新是营造出新的优于现有方案的为客户解决问题的方案。需要明确的是，商业模式创新是企业系统的整体变革，追求的是在未来竞争环境下的与众不同而并不是简单的技术创新或产品创新。二是从商业模式的构成要素来定义商业模式创新。Mitchell 和 Coles（2003）[1] 从商业模式构成的基本要素"5W2F"等方面来理解商业模式创新的本质，即从商业模式的利益相关者（who）、所提供的产品或服务（what）、何时提供（when）、哪里提供（where）、企业存在原因（why）、交易方式（how）及价格支付（how much）七个要素来界定商业模式创新。"

根据商业模式构成要素的变化波及的范围和程度，可将商业模式分为改进、变革和创新。在这七个要素中，仅某一要素的变化能显著增强一个企业的当前表现及销售、利润和现金流、竞争力的方法时，被称为商业模式的改进（business model improvement）；至少包括四个商业模式构成要素的改进，称为商业模式变革（business model replacement）；那些全新的或行业内未曾应用过的商业模式的变革便是商业模式创新（business model innovation）。

综上所述，本书认为，商业模式创新是指把新的商业模式引入社会生产体系，并为客户和自身创造价值。新引入的商业模式既可能在构成要素方面不同于已有的商业模式，也有可能在要素间关系或者动力机制方面不同于已有的商业模式。

2. 商业模式创新概念特征

产品生命周期越来越短意味着再伟大的技术都不能使企业获得永久的利润。从这个角

---

[1] D. Mitchell, C. Coles, "The ultimate competitive advantage of continuing business model innovation," *Journal of Business Strategy*, vol. 24, no. 5（2003），pp. 15 – 21.

度来说，创新并不仅仅包括技术和 R&D，还有商业模式。特别是，商业模式创新的力量能确保企业持续屹立于特定产业之中。一些技术产业中的企业，如 Infosys、Ebay，它们的商业模式创新对于占领市场和持续赢得竞争优势发挥了重要作用。此外，有效的商业模式有时能够击败较好的创意或技术，如零售业的沃尔玛（Wal-Mart）、计算机业的戴尔（Dell）、航空业的西南航空（Southwest Airlines）。相对于狭义的技术创新，商业模式创新有自身的特点。

一是更关注客户。模式创新更注重从客户的角度来思考企业的行为，视角更为外向和开放。商业模式新的出发点就是如何从根本上为客户创造并传递价值。因此，它思考的逻辑起点是客户的需求和满意，根据客户需求来考虑如何有效满足其欲望。与一般技术驱动型的技术创新不同，商业模式创新即使涉及技术，也更多的是考虑技术的经济因素，即考虑技术所蕴含的经济价值及经济可行性，而不是纯粹的技术特性。

二是更系统且更具根本性。商业模式创新不是单一因素的变化，常常涉及商业模式多个要素同时的变化，需要企业组织较大的战略调整，是一种更为集成的创新模式。商业模式创新往往伴随产品、工艺或者组织的创新；反之，产品、工艺或者组织的创新却未必足以构成商业模式创新。由此可见，特定商业模式的创新由于具有更大的系统性和根本性，极有可能开创新的可盈利的产业领域。

三是更具战略性。传统的创新形态一般仅能带来企业局部的效率提高、成本降低。商业模式创新往往表现为企业整体效率的提高和成本的降低，具有良好的战略性，能在激烈的竞争中为企业获得决定性的竞争优势。同时，商业模式创新也往往具有更长的持续性，能给企业带来长期的战略性竞争优势。

3. 商业模式创新过程

商业模式创新也会经历产生、扩散的过程，经历原始创新、被模仿、再创新的生命周期阶段。处于不同阶段的商业模式创新，其过程特点及设计不一样，这也是进行商业模式创新时的重要考虑要素。

商业模式创新的途径必须是可操作的，并且应能够产生充分增长的、比竞争对手更具有优势的销量、收入和利润。企业的商业模式创新要以为顾客创造并传递价值为中心，以企业盈利和发展为目标，以行业中主要竞争对手的定位为依据，以整合企业价值链条为主要内容。即企业要在对顾客需求准确了解的基础上，采用有别于竞争对手的独特的商业模式结构，对企业原有的价值链进行整合，这个过程就是商业模式创新。基于此，商业模式创新的一般途径是：

一是先定义目标客户。商业模式创新是以关注客户价值为起点的，对客户价值的关注和满足是商业模式创新为企业带来持续盈利和竞争优势的关键。定义目标客户必须建立在对客户需求的准确了解之上，仅仅依靠传统的市场研究方法是不够的，更重要的是与客户进行直接、有效的沟通，对客户需求进行动态的跟踪和分析。鉴于客户的需求是不断变化的，企业需要持续研究客户新的需求，以更好地服务于客户，并发现新的市场机会，获取潜在的利润，从根本上创新企业的商业模式。

二是提供特别的产品或服务。产品或服务创新的推出常常意味着新市场的开辟和创造。从历史上商业模式的创新与产业演化的关系看，商业模式创新最初常是以创新产品或服务的出现为起点的，因为它是产业产生、发展的起点。无独有偶，迈克尔·

波特（1985）[①] 在《竞争优势》中提出，如果一个企业能够提供给顾客某种具有独特性的东西，那么它就具有了有别于其竞争对手的经营的新异性。产品的差异化是竞争优势的一种重要来源，提供特别的产品或服务的商业模式是难以模仿的，能够为顾客创造独特的和附加的价值，有助于更有效地保护企业的利润流。

三是渠道创新。渠道创新也是商业模式创新的重要途径。渠道创新是指直销、中间商或单一、多渠道，互联网络、实体店铺等销售渠道的创新。渠道的调整和改变，最终目的是增加对目标顾客的覆盖率，从而使顾客更为便捷、经济地得到所需的产品和服务，进而创造更多的客户价值。

四是改变收益方式。以改变收益方式为商业模式创新的主要途径，是指以产品销售、服务销售、销售价格、销售量、利润率等收益因素的变化为样式的创新。灵活改变收益方式中的这些要素，可以刺激顾客的消费欲望，增加购买，或者提高单位产品的收入。企业通过改变收益方式，与竞争者形成差异，往往也会获得新的利润来源。

五是发展独特的价值网络。以发展独特的价值网络为商业模式创新的主要途径，是指在创造并提供价值的过程中，企业与其他企业的网络联系、交易联系、合作关系的创新。在高度竞争的环境中，价值和利润频繁地在产业价值链中移动，企业需要在考虑利润产生环节和自身实力的基础上，在价值链中选择合理的环节位置，发展与供应商、分销商、合作伙伴的联系，发挥协同效应，形成共同为顾客创造并提供价值的网络。这种包含独特联系的价值网络会给企业带来难以模仿的竞争优势，故它已成为企业商业模式创新的重要思路。

企业商业模式创新的形成和运行是一个动态的过程，是一个企业能力与市场变化相匹配的过程，同时也是企业商业模式不断优化、完善的过程，这就决定了商业模式创新设计是一个循环提升的过程。换言之，企业商业模式创新的价值实现要通过反馈的方式对商业模式中某些要素的变革与完善提供方向，同时，其他商业模式要素的变革与完善也会进一步促使商业模式创新价值的根本实现。

三、数字化创新

1. 数字化创新定义

数字化创新是由于数字化技术的使用而导致的市场供给、商业流程或模式的创造和结果变化（Nambisan，2017）[②]。数字化创新从根本上改变了新产品和新服务的性质和结构，催生了新的价值创造和价值分配途径，使创新型集体参与到具有不同目标和能力的动态群体中，产生了新的创新流程，甚至改变了整个行业。首先，数字创新包括一系列创新成果，如新产品、平台和服务以及新客户的经验和其他价值途径；尽管这些成果可能应用到数字技术或涉及数字化过程，但并不一定会生成数字化产品。其次，数字创新的定义包括

---

①   M. E. Porter, *The Competitive Advantage*：*Creating and Sustaining Superior Performance*, New York：Free Press, 1985. （Republished with a new introduction, 1998.）

②   S. Nambisan, "Digital entrepreneurship：Toward a digital technology perspective of entrepreneurship", *Entrepreneurship Theory and Practice*, vol. 41, no. 6 （2017）, pp. 1029 – 1055.

大量的数字工具和基础设施（如3D打印、数据分析、移动计算等），以使创新成为可能。最后，数字化创新的结果可能被进一步扩散和同化，以适应特定的使用环境，如典型的数字平台体验。本章将组织内部创新管理的研究重点与数字产品、平台、生态系统和基础设施的研究联系起来。

2. 数字化创新概念特征

数字化创新主要包括以下三个维度：①用于流程管理的 IT 工具可以帮助采用定制流程模型，并促进新产品开发与其他组织功能之间的集成；②基于 IT 的项目管理系统允许从不同来源访问项目信息，这有助于项目组管理和任务协调；③信息管理系统支持整个组织的信息捕获，共享和组合，而数字技术提供了高效协作和沟通的手段，如虚拟创新团队。Yoo 等（2010）[①] 提出数字设备的七个属性：可编程性、可寻址性、可通信性、可记忆性、敏感性、可追溯性和可关联性，它们为数字设备提供修改其逻辑操作、响应消息和环境变化、发送和接受消息、记录和存储信息的能力。这些属性为数字创新实施提供了重要的可能性。

基于数字技术的数据同质性、可重新编程性和可供性，现有研究达成以下两个共识：第一，数字创新具有收敛性。数字创新使得产业边界、组织边界、部门边界甚至产品边界等变得模糊且重要性降低。具体而言，整合了数字技术和传统物理实体产品的智能产品突破了原有产品使用范围，新的数字化产品边界不再明确。第二，数字创新具有自生长性。自生长性指由于数字技术是动态的、可自我参照的、可延展的、可编辑的，数字创新可以持续地不断改进、变化。最典型的例子是诸如 App 等数字产品可以根据用户的反馈及运营过程中出现的各种问题进行实时迭代创新。

基于数字技术的上述特征，本章提出数字化创新研究的三方面特征，分别是数字化、摩尔定律和网络效应（表6.1）。这些特征使得数字技术在理论和研究设计的情境化过程中发挥关键作用。

表6.1 数字化创新特征

类　别	释　义
数字化（digitalization）	数字化是指将过去主要（或全部）是物理或模拟的过程、内容或对象转换为主要（或全部）是数字的实践。数字化流程的影响（除了潜在的效率收益之外）是使过程更契合和更具可塑性。被数字化的内容（图像、视频和文本）的好处是众所周知的：可以制作无限份完美拷贝，大幅度降低内容存储、复制和传输的成本，增强了搜索、分析、纠正和改进内容的能力（Negroponte，1995）[1)]。或许更深刻的是，数字化内容打破了信息类型与其各自设备、存储媒体和传输格式之间的以前的紧密耦合，并导致了数字融合（Tilson, et al.，2010）[2)]。数字化（或数字注入）对象赋予了它们新的特性——可编程性、可寻址性、可通信性、可记忆性、敏感性、可追溯性和可关联性——这些特性使数字产品（如数字流程）具有很高的可塑性，同时也为潜在功能开辟新领域（Yoo，2010）[3)]

① Y. Yoo, O. Henfridsson, K. Lyytinen, "The new organizing logic of digital innovation: An agenda for information systems research," *Information Systems Research*, vol. 21, no. 4 (2010), pp. 724 – 735.

续表

类　别	释　义
摩尔定律（Moore's Law）	本章使用"摩尔定律"这个标签来指代许多 IT 组件（内存芯片、微处理器、硬盘驱动器、路由器等）所具有的快速的、往往是指数级的价格和性能改进。摩尔定律的主要意义在于迅速扩大它在技术和经济上可行的范围。它解释了为什么它已经成为当今产品和过程创新的主要推动力量。事实上，摩尔定律可以被视为颠覆性创新（Christensen, 1997）[4]和创造性破坏（Schumpeter, 1950）[5]许多实例的根本推动者。例如，数码摄影质量的提高与价格的降低的双重作用最终导致了胶片摄影行业的消亡
网络效应（network effects）	本章使用网络效应这一概念来捕捉许多数字创新随着采纳者网络的规模的增长从而对任何单个采纳者来说都变得更有价值的这种趋势。网络效应产生于用户之间的直接的网络外部性（即交流或共享数字资产的能力）以及直接来自各种供给侧的那些能让拥有大型网络的公司能够更快地降低成本或增加功能的机制（即互补性商品、规模经济、边做边学）（Shapiro and Varian, 1999）[6]。网络效应的主要含义是：为 IT 创新增加价值（随着网络效益在不断增长的采用者的网络中累积），改变扩散行为方式（如引发自我强化的采用周期、临界质量阈值、标准化战争、锁定），使技术采用决策复杂化（特别是采用的时间）（Shapiro and Varian, 1999）[7]

1）N. Negroponte, *Being Digital*, New York：Alfred A. Knopf, 1995.

2）D. Tilson, K. Lyytinen, C. Sorensen, "Research commentary—digital infrastructures：The missing IS research agenda," *Information Systems Research*, vol. 21, no. 4 (2010), pp. 748 – 759.

3）Y. Yoo, "Computing in everyday life：A call for research on experiential computing," *MIS Quarterly*, vol. 34, no. 2 (2010), pp. 213 – 231.

4）C. Christensen, *The Innovator's Dilemma：The Revolutionary Book That Will Change the Way You Do Business*, New York：Harper Business, 1997.

5）J. A. Schumpeter, *Capitalism, Socialism and Democracy*, New York：Harper Row, 1950.

6）C. Shapiro, H. R. Varian, *Information Rules：A Strategic Guide to the Network Economy*, Boston：Harvard Business School Press, 1999.

7）C. Shapiro, H. R. Varian, *Information Rules：A Strategic Guide to the Network Economy*, Boston：Harvard Business School Press, 1999.

3. 数字化创新分类

基于本章定义，从创新产出的角度可以将数字创新分为数字产品创新、数字组织创新和数字商业模式创新。

数字产品创新指对特定市场来说非常新的产品或服务，是包含数字技术，即信息、计算、沟通和连接技术的组合，或者被数字技术所支持。数字产品创新主要包含两大类：纯数字产品（如 App）以及数字部件与物理部件相结合的产品（如智能家居产品）。纯数字产品的创新有如下三个主要特征：第一，纯数字产品的创新往往具有虚拟无限产品空间，也就是说数字技术的自生长性使得纯数字产品理论上在虚拟空间里可以进行无限次更新迭代；第二，由于数字技术的可重新编程性，纯数字产品可以针对不同的客户需求进行轻易地重新整合和重新使用；第三，纯数字产品的创新极大依赖于数字基础设施（如网络、数字创新平台等）的发展和支持。另一类数字创新是通过将物理部件与数字部件相结合进而改变了产品的体系架构，使其具有数字实体特性。数字部件和物理部件的结合让物理部件本身的价值得以强化，数字部件则让产品有可能连接到互联网上所有相关的信息和基础设施，进而提升智能产品的价值。

数字组织创新指数字技术（即信息、计算、交流和连接技术的组合）改变了组织的形式或者治理结构。实际上，数字技术能够影响诸如交易处理、决策制定、办公工作等企业治理的方式甚至改变企业的形态。例如，阿里巴巴在 2015 年为适应数字经济而启动了中台战略，重构了组织模式和运行机制。企业在数字组织创新过程中可以设立首席数字办公室（chief digital office，CDO）。此外，数字创新中数字化创新流派认为组织流程、组织文化、组织变革等均受到数字技术的显著影响。例如，Hinings 等（2018）[1] 从制度视角出发，认为数字化创新过程是数字技术对组织参与者、组织结构、组织实践以及组织文化等综合变革的过程。

数字商业模式创新指数字技术的嵌入改变了商业模式。商业模式指描述价值主张、价值创造和价值获取等活动连接的架构，数字技术的嵌入可以通过改变企业价值创造和价值获取的方式进而改变企业的商业模式。Henfridsson 等（2018）[2] 提出了一个开放价值空间框架模型，认为价值空间是一个不断发展的数字资源网络，企业在其中获取和创造价值，并寻求其价值主张。在这一价值空间中，数字资源是数字创新组成模块，通过组合创新，某个资源有潜力可以同时成为多个价值路径的组成部分。基于这一逻辑，数字技术可以生成多种价值创造路径，进而创新商业模式。

4. 数字化创新过程

数字化创新过程创新指数字技术的应用改善甚至重构了原有创新的流程框架。在数字经济时代，创意产生、产品开发、产品试制与制造以及物流和销售等环节都可能被数字技术所颠覆。例如，在产品研发阶段，数字仿真和数字孪生技术的支持使得企业研发成本大大降低；物联网技术的支持使得企业生产流程各环节变得十分透明；客户能够通过虚拟客户环境参与产品构思、产品设计和开发、产品测试、产品营销和传播以及产品支持等价值创造活动（Nambisan，et al.，2017）[3]。数字过程创新总体上有三个方面的特征：第一，数字过程创新的时间和空间边界变得模糊，如 Boland 等（2007）[4] 发现 3D 技术的使用让不同的参与者可以在不同时间和地点参与创新过程；第二，数字技术让过程创新和产品创新之间的边界变得模糊；第三，数字技术的可重新编程性使得在数字过程创新中出现许多

---

① B. Hinings，T. Gegenhuber，R. Greenwood，"Digital innovation and transformation：An institutional perspective," *Information and Organization*，vol. 28，no. 1（2018），pp. 52 – 61.

② O. Henfridsson，J. Nandhakumar，H. Scarbrough，et al.，"Recombination in the open-ended value landscape of digital innovation," *Information and Organization*，vol. 28，no. 2（2018），pp. 89 – 100.

③ S. Nambisan，K. Lyytinen，A. Majchrzak，et al.，"Digital innovation management," *MIS quarterly*，vol. 41，no. 1（2017），pp. 223 – 238.

④ Jr R. J. Boland，K. Lyytinen，Y. Yoo，"Wakes of innovation in project networks：The case of digital 3-D representations in architecture，engineering，and construction," *Organization Science*，vol. 18，no. 4（2007），pp. 631 – 647.

衍生创新。

数字化创新主要有四个阶段，如表6.2所示。

表6.2　数字化创新阶段

阶　　段	释　　义
发现（discovery）	在这个阶段，会找到新的想法以便将潜在的开发转化为流程、产品或商业模式创新。这一阶段的关键活动包括发明，即通过企业自己的创造流程或选择创造新事物，即在外部环境中发现和评估一项创新技术，以便有可能开发或采用。产品和商业模式的创新者会同时积极参与发明和选择（因为创新往往基于尚未开发的现有想法）；组织创新者由于软件包等商业化技术解决方案的兴起，往往更倾向于选择而不是发明
发展（development）	在这个阶段，核心技术的想法被发展成一个有用的创新。对于产品和商业模式创新来说还包括开发和细化核心技术，以及打包。打包是指围绕核心技术，以互补的产品和服务，共同形成一个解决方案，使之有效地应用于目标采用者的特定目的（McKenna，1985；Teece，1986）[1]。对于流程创新来说，在此阶段的活动涉及任务配置，也就是决定各项技术特性是否将被使用或是否适用，如何集成技术与其他组织现有的技术，如何联系将被改变的组织要素（如结构、流程），以及组织如何吸收和利用技术
扩散（diffusion）	在这个阶段，创新在潜在用户群体中扩散或传播。从产品和商业模式的创新者的角度来看，这一阶段的中心活动是部署，也就是调动必要的资源来说服和帮助企业或个人采用和使用创新；从组织创新者的角度来看，部署也是一个相关的概念，只不过相关的人群是由企业内部的人和单位组成的。部署顺利进行之后的结果是同化，同化发生于个人和其他单位将创新吸收到其日常工作和企业的工作生活中时
影响（impact）	在这个阶段，重点是数字创新普及后对个人、组织、市场和社会的影响。在组织内部，数字创新可以积极地影响成本（通过提高效率）和收入（通过使产品和商业模式差异化）。这一阶段的关键活动包括价值复用和转化。对于产品和商业模式的创新者来说，价值复用涉及管理知识产权、互补产品、服务的生态系统等任务，从而保护利润不受供应商、顾客和模仿者的影响；对于组织创新者来说，价值复用涉及不断改造技术和组织，以利用创新带来的新机会。价值转化也可以发生在市场和社会层面

1）R. McKenna，*The Regis Touch：New Marketing Strategies for Uncertain Times*，Boston：Addison-Wesley，1985；D. J. Teece，"Profiting from Technological Innovation：Implications for Integration，Collaboration，Licensing and Public Policy，" *Research Policy*，vol. 15，no. 2（1986），pp. 285 – 305.

第二节　企业创新的基础理论

企业创新是企业能力与竞争优势之间的桥梁，也就意味着企业创新以能力为基础，为企业创造竞争优势。组织学习是企业能力构建和发展的核心机制。因此，本节重点介绍动态能力理论和组织学习理论，以促进读者对企业创新机制的认知和理解。

一、动态能力理论

动态能力理论是解释企业应对环境变化，实现创新的核心理论之一（Helfat & Winter，2011）[①]。企业需要动态且持续地整合和重新配置资源，改进组织结构以维持卓越的盈利能力和组织进化的环境适应性。现有文献主要从能力、资源、流程、学习和认知五个视角来探讨企业动态能力，强调企业对资源的整合和重构，以应对环境的快速变化，是企业面向新环境创新升级的基础。现有研究认为动态能力在驱动企业面向数字化创新中起到重要作用，通过培育新的资源配置能力，企业能够快速适应环境变化，加速实施战略创新决策。企业在数字化创新过程中的动态能力变化主要受到三个方面影响：一是环境对能力的影响从单向转变为相互影响；二是从组织学习构建动态能力到组织学习与动态能力的融合，实现"学习即能力"；三是从组织学习改变组织惯例到数字化学习重构组织惯例。

1. 传统情境下的动态能力特征

传统制造企业在数字化创新前的动态能力主要探讨三个方面的内容：首先，考虑环境与企业能力的单向因果关系，探讨企业通过识别市场需求，针对市场需求对资源进行调整和配置，以构建企业的市场感知能力（Helfat, et al.，2009）[②]；通过充分利用和发挥企业资源的作用，以构建应对快速变化环境的能力（Roberts & Grover，2012）[③]；通过战略管理引导内部变革，整合并重新配置资源，以构建配置资源进而保持竞争优势的能力（Yeow, et al.，2018；Mousavi, et al.，2018）[④]。其次，组织学习是企业产生、积累和利用知识的基础（Bell, et al.，2002）[⑤]，对企业动态能力的形成至关重要。组织学习作用于动态能力内在机理的探索主要有两个视角：一是按个体学习—组织学习—动态能力的顺序进行剖析，二是强调组织学习机制对动态能力形成和提升的内在作用。前者认为动态能力是通过学习来发展的，包括刻意学习或干中学，或两者兼而有之（Winter，2003）[⑥]。组织学习

① C. E. Helfat, S. G. Winter, "Untangling dynamic and operational capabilities: Strategy for the (n) ever-changing world," *Strategic Management Journal*, vol. 32, no. 11（2011），pp. 1243 – 1250.

② C. E. Helfat, S. Finkelstein, W. Mitchell, et al., *Dynamic Capabilities: Understanding Strategic Change in Organizations*, Hoboken, NJ: John Wiley & Sons, 2009.

③ N. Roberts, V. Grover, "Leveraging information technology infrastructure to facilitate a firm's customer agility and competitive activity: An empirical investigation," *Journal of Management Information Systems*, vol. 28, no. 4（2012），pp. 231 – 270.

④ A. Yeow, C. Soh, R. Hansen, "Aligning with new digital strategy: A dynamic capabilities approach," *The Journal of Strategic Information Systems*, vol. 27, no. 1（2018），pp. 43 – 58; M. Mousavi, A. Habibi-Yangjeh, S. R. Pouran, "Review on magnetically separable graphitic carbon nitride-based nanocomposites as promising visible-light-driven photocatalysts," *Journal of Materials Science: Materials in Electronics*, vol. 29, no. 4（2018），pp. 1719 – 1747.

⑤ S. J. Bell, G. J. Whitwell, B. A. Lukas, "Schools of thought in organizational learning," *Journal of the Academy of Marketing Science*, vol. 30, no. 1（2002），pp. 70 – 86.

⑥ S. G. Winter, "Understanding dynamic capabilities," *Strategic Management Journal*, vol. 24, no. 10（2003），pp. 991 – 995.

通过个人—团队—组织的顺序，使得知识成为组织惯例，形成组织经验，而组织经验是动态能力的重要来源（Schilke & Goerzen，2010）[1]。后者认为组织学习机制有助于企业动态能力的形成与提升。通过探索与利用交替的组织学习，企业不断创造新知识或将旧知识变为新知识，最终实现动态能力的提升（Dodgson，et al.，2007）[2]。最后，组织惯例是企业反复学习和选择并保留过去行为的结果（Gavetti & Levinthal，2000）[3]，在惯例形成过程中会促进隐形知识生成。企业通过组织学习可以系统地生成和修改其组织惯例，以追求效率提高（Schilke，2014）[4]。Eisenhardt 和 Martin（2000）[5] 认为，基于实践经验获得新知识的传统组织学习，难以应对快速变化的市场和技术变革。

2. 数字化情境下的动态能力特征

企业数字化创新过程中，随着企业与数字化技术的互动以及企业与用户、合作伙伴之间的互动将越来越深入地影响企业的组织学习方式和内容，企业与用户协同演化动态能力构成企业动态能力的具体体现（肖静华 等，2014，2018）[6]。企业构建与用户协同演化的动态能力，需要依靠高度感知变化的组织学习方式，数字化创新技术的应用使得企业的隐性知识显性化的速度不断加快，企业的惯例能够迅速调整变化（Thomas，et al.，2001；Kim & Lee，2006）[7]，在这个作用过程中，企业逐渐形成动态能力。数字化体系下的动态能力主要由企业与消费者协同演化动态能力与人机协同的能力构成。首先是协同演化动态能力，主要有三个方面的特征：①企业通过获取消费者数据，实现与消费者的协同。大数据分析技术和物联网平台收集和分析大规模和实时的细粒度数据，以利用用户行为预测市场趋势（George，et al.，2014）[8]。②企业通过大量数据的获取和智能化技术的应用，可部分实现"学习即能力"，缩短从学习到能力的转化过程，极大提升学习和能力培养的效率。③数字化创新技术的应用使得企业的隐性知识显性化的速度不断加快，企业的惯例能

---

[1] O. Schilke, A. Goerzen, "Alliance management capability: an investigation of the construct and its measurement," *Journal of Management*, vol. 36, no. 5 (2010), pp. 1192 – 1219.

[2] M. Dodgson, D. M. Gann, A. Salter, "In case of fire, please use the elevator": Simulation technology and organization in fire engineering," *Organization Science*, vol. 18, no. 5 (2007), pp. 849 – 864.

[3] G. Gavetti, D. Levinthal, "Looking forward and looking backward: Cognitive and experiential search," *Administrative Science Quarterly*, vol. 45, no. 1 (2000), pp. 113 – 137.

[4] O. Schilke, "Second-order dynamic capabilities: How do they matter?," *Academy of Management Perspectives*, vol. 28, no. 4 (2014), pp. 368 – 380.

[5] K. M. Eisenhardt, J. A. Martin, "Dynamic capabilities: what are they?," *Strategic Management Journal*, vol. 21, no. 10 – 11 (2000), pp. 1105 – 1121.

[6] 肖静华、谢康、吴瑶等：《企业与消费者协同演化动态能力构建：B2C 电商梦芭莎案例研究》，《管理世界》2014 年第 8 期第 134～151、179 页；肖静华、吴瑶、刘意等：《消费者数据化参与的研发创新——企业与消费者协同演化视角的双案例研究》，《管理世界》2018 年第 8 期第 154～173、192 页。

[7] J. B. Thomas, S. W. Sussman, J. C. Henderson, Understanding, "Strategic learning": Linking organizational learning, and sensemaking management, and sensemaking," *Organization Science*, vol. 12, no. 3 (2001), pp. 331 – 345; S. Kim, H. Lee, "The impact of organizational context and information technology on employee knowledge-sharing capabilities," *Public Administration Review*, vol. 66, no. 3 (2006), pp. 370 – 385.

[8] G. George, E. C. Osinga, D. Lavie, et al., "Big data and data science methods for management research," *Academy of Management Journal*, vol. 59, no. 5 (2016), pp. 1493 – 1507.

够迅速变化（Thomas，et al.，2001；Kim & Lee，2006）①。其次是人机协同的动态能力，通过人类学习与机器学习的交互，企业既能有效利用机器学习的海量数据统计分析优势，又能有效利用人类学习的复杂知识创新优势，从而应对高度复杂和快速变化的环境，获取竞争优势（Argote & Hora，2017）②。传统情境下动态能力与数字化情境下动态能力的差异比较如表 6.3 所示。

表 6.3　传统情境下动态能力与数字化情境下动态能力的差异比较

比较要素	传统情境下动态能力	数字化情境下动态能力
动态能力构建前提	市场环境动荡对企业构成压力，形成企业动态能力构建的前提	VUCA[1]环境下的市场动荡形成的压力筛选对企业与消费者、人工智能之间的协同构成不同类型的压力，形成相互协同演化的前提
动态能力构建逻辑	能力的构建路径是单向的，是企业对外部环境形成的反应	能力的构建路径是双向的，是由企业与消费者、企业与人工智能相互作用、协同演化而渐进形成的
动态能力构建基础	信息技术主要通过影响企业的知识管理和运营管理进而影响企业的动态能力	企业与消费者、企业与人工智能通过大数据、云计算等数字化技术进行数据交互和影响，并提升各自能力，使得数字化技术成为动态能力构建的基础
动态能力构建机制	动态能力主要通过企业的组织学习来形成	动态能力通过企业的组织学习适应性变革，进而促进企业与消费者、人工智能交互学习来形成

1）VUCA 是 volatility（易变性）、uncertainty（不确定性）、complexity（复杂性）、ambiquity（模糊性）的缩写。

二、组织学习理论

组织学习是企业积累、产生和利用知识的基础，是企业动态能力形成的关键机制。在不同的情境下，组织学习既可能是探索式与利用式学习，也可能是试错式学习（trial-and-error learning）与获得式学习（acquisitive learning）。其中，探索式学习强调企业识别和获取新的知识进而实现更有效的企业创新，其重点在挖掘对于企业未知领域的知识；利用式学习强调对已有知识的使用，在现有技术基础上改进现有产品和市场策略，进而强化企业的利用能力；试错式学习强调企业利用现有的组织内部知识，通过快速实验迭代、成员间知识共享等方式实现新知识创造，最终达成组织能力上的精炼、转换、扩展和更新；获得式学习是企业根据其他组织的行为而调整、改变甚至替换自身行为的学习过程，突出描述

①　J. B. Thomas，S. W. Sussman，J. C. Henderson，"Understanding，'Strategic learning'：Linking organizational learning，and sensemaking management，and sensemaking," *Organization Science*，vol. 12，no. 3（2001），pp. 331 – 345；S. Kim，H. Lee，"The impact of organizational context and information technology on employee knowledge-sharing capabilities," *Public Administration Review*，vol. 66，no. 3（2006），pp. 370 – 385.

②　L. Argote，M. Hora，"Organizational learning and management of technology," *Production and Operations Management*，vol. 26，no. 4（2017），pp. 579 – 590.

组织从外部获取知识并内化的能力。后续研究进一步指出，信息技术在影响企业学习方面发挥着重要作用：一方面可以提升企业利用式学习的效率，加快知识的扩散，强化企业对市场环境的感知能力；另一方面可以对部分管理岗位的知识和经验形成替代，对运作的智能化和决策的科学化形成促进，进而驱动企业的探索式学习。

企业的适应性来自组织学习。适应性学习是指企业根据外在环境变化调整其技术开发活动的重点以适应环境条件的程度。企业将外部环境洞察与内部创新相融合，通过适应性学习感知市场机会，调整企业内部策略，以应对潜在的市场变化。因此，适应性学习是反应式的，根据外界环境的变化来调整企业运营的知识基础（Zuo，et al.，2019）[1]。现有研究主要探讨适应性学习对技术创新和企业财务绩效的影响；也有研究强调适应性学习的情境性，探讨通过适应性学习构建企业的适应性动态能力。总体看来，与探索式和利用式学习以及试错式和获得式学习往往是针对某个特定的项目或者产品来进行不同，适应性学习是在企业相对基本的层面进行的学习模式。

大数据和人工智能技术的应用正在改变组织学习模式，也为传统企业的战略变革注入了新的动力。首先，数字化技术的应用改变了组织学习的方式。针对快速更新的市场和技术变革环境，基于实践经验获得新知识的组织学习难以应对。数字化技术拓展了学习的渠道，强化了企业通过数据挖掘知识的能力，促进企业洞察技术前沿，使企业实现跨越式发展成为可能。其次，数字化技术提升了企业应对转型风险的能力，大数据与组织学习的结合，能够产生新型的学习机制，以应对环境的难以预测性。通过大数据学习外部的知识与启示，这些外部知识涵盖竞争者、合作者、其他行业及所有用户，使企业获得对市场变化的快速感知，以更好地应对环境的变化（Schonberger & Cukier，2013）[2]。

三、创新扩散理论

Rogers（1983）[3] 将扩散定义为"随着时间的推移，创新通过特定渠道在社会系统成员之间传播的过程"。创新可以是任何对社会系统成员来说全新的理念、实践或对象（Mahajan and Peterson，1985[4]），如一个信息技术产品、一项软件开发方法等。采用者可以是任何一个实体，如一个个体、一个家庭、一个企业、一个行业或一个国家。在扩散过程中，所有成员都被假定具有相同的广泛类型，如所有个人或所有企业。

一个潜在的采用者在遇到和响应创新时，会经历知识、说服、决策、实现和确认等多个阶段（Valente，1995[5]）。根据这个阶段模型，决策阶段代表潜在的采用者是否会采用

① L. Zuo, G. J. Fisher, Z. Yang, "Organizational learning and technological innovation: The distinct dimensions of novelty and meaningfulness that impact firm performance," *Journal of the Academy of Marketing Science*, vol. 47, no. 6 (2019), pp. 1166 – 1183.

② V. Mayer-Schonberger, K. Cukier, *Big Data: A Revolution That Will Transform How We Live, Work and Think*, London: John Murray, 2013.

③ E. M. Rogers, *Diffusion of Innovations*, New York: The Free Press, 1983.

④ V. Mahajan, R. Peterson, *Models for Innovation Diffusion*, Beverly Hills, CA: Sage Publications, 1985.

⑤ T. W. Valente, *Network Models of the Diffusion of Innovations*, Creskill: Hampton Press, 1995.

创新的决策。由于潜在的采用者可能会在不同的时间点进入任何阶段，并在任何阶段内持续不同的时间，扩散过程会在一段时间内扩展。基于这种短暂性，采用者又分为创新者、早期采用者、早期多数采用者、晚期多数采用者和落后者，频率分布分别为 2.5%、13.5%、34%、34% 和 16%，其分布的累积频率类似于 S 形曲线（Rogers，1962[1]）。

其他几个模型也被用来解释扩散。临界质量模型认为潜在采用者的临界质量有助于扩散（Markus，1990[2]）。阈值模型认为扩散依赖于人群中潜在采用者的阈值水平（Granovetter，1978[3]）。阈值代表采用者占总人口的比例。同质模型认为具有相似结构位置的潜在采用者促进了扩散（Valente，1995），在这种情况下，扩散是通过潜在采用者在他们的参照群体中模仿他人来进行的。距离模型认为扩散是由人群中成员与成员间的距离来决定的（Rice，1993[4]），这里的距离定义为共享关系、共享位置或共享空间等。影响模型表明大众媒体和人际关系这两种沟通渠道会影响正在考虑创新的潜在采用者（Rogers，1962[5]）。大众媒体渠道，如杂志、广告等传递的是关于创新的一般信息，而人际关系渠道在共享群体中分享的是具体的、经验性的信息。在混合影响模型中，潜在采用者同时受到大众媒体和人际关系的影响（Hu，et al.，1997[6]）。巴斯扩散模型[7]则描述新产品如何在人群中得到采用的过程。该模型的基本假设是采用者可以被分为创新者或模仿者，采用者的采用速度和时间取决于新产品的创新程度和模仿程度。巴斯扩散模型已广泛应用于新产品的销售预测和技术预测。

第三节　企业创新的审计及评估方法

本章中的创新审计及评估方法主要针对技术创新。技术创新审计是以创新的测度为基础，通过自身或第三方运用审计方法对企业的创新活动进行评估，找出技术创新的现状和期望状况间的差距，确定问题所在，发现需要改进的环节，为提高创新管理水平提供必要的信息，是提升企业创新管理能力的重要工具。技术创新审计是在管理审计、高标定位和

---

[1]　E. M. Rogers, *Diffusion of Innovations*, New York: The Free Press, 1962.

[2]　M. L. Markus, "Toward a 'critical mass' theory of interactive media," In: J. Fulk, C. Steinfeld (eds.), *Organizations and Communications Technology*, London: Sage, 1990, pp. 194 – 218.

[3]　M. Granovetter, "Threshold models of collective behavior," *American Journal of Sociology*, vol. 83, no. 6 (1978), pp. 1420 – 1443.

[4]　R. E. Rice, "Using network concepts to clarify sources and mechanisms of social influence," In: W. D. Richards Jr., G. A. Barnett (eds.), *Progress in Communication Sciences* (Vol. Ⅶ), Norwood: Ablex Publishing Corporation, 1993, pp. 43 – 62.

[5]　E. M. Rogers, *Diffusion of Innovations*, New York: The Free Press, 1962.

[6]　Q. Hu, C. Saunders and M. Gebelt, "Research report: Diffusion of information systems outsourcing: A reevaluation on influence sources," *Information Systems Research*, vol. 8, no. 3 (1997), pp. 288 – 301.

[7]　F. M. Bass, T. V. Krishnan, D. C. Jain, "Why the Bass model fits without decision variables," *Marketing Science*, vol. 13, no. 3 (1994), pp. 203 – 223.

技术创新测度的基础上发展起来的。

一、创新审计的基础与步骤

1. 管理审计

一般的审计指财务审计，是由企业外的独立审计人员（会计机构或注册会计师）对企业的会计和财务报表系统进行审查和评价，以校正会计报表和财务行为。审计能够发现问题、解释出现问题的原因、提出改进措施。因此，审计被引入财务之外的很多其他领域中，如生产审计、管理审计和社会责任审计等。这些审计能够满足投资者、政府和股东了解企业财务报表之外的管理质量的需求。扩展之后的审计是由独立的专门机构或人员根据委托或授权对经济组织的活动进行的鉴证活动，具有独立性、系统性和权威性。审计的实质是监督和审核，根据审计证据提供审计意见，以确保审计对象行为的规范化和合法化。

管理审计是技术创新审计最直接的基础，二者在审计内容上有一定程度的重合，审计方法相似。管理审计是定期对企业的管理进行评估，对象是管理的全过程，采用的方法是标准化问卷。1962 年，美国管理协会设计了一套用于管理审计的标准化问卷。问卷包括 301 个问题，覆盖企业的经济职能、组织机构、报酬系统、R&D、领导、生产、销售等管理的各个方面。这一工作为后续的管理审计改进奠定了基础。一般的管理审计的基本框架由 7 个部分组成，包括企业战略与计划、财务、营销、R&D、生产、人力资源管理、信息系统。每一部分都体现一种管理职能，对这些领域进行审计就可以对管理质量进行评价。

管理审计能帮助企业发现和克服管理中存在的漏洞，这正是其优点所在。管理审计是主动的、前瞻式的评价。定期进行的管理审计可以帮助管理者对管理工作进行审视和评估，在结果产生之前发现管理工作中存在的问题，及时采取改进措施，避免损失。同时，管理审计为管理者提供有效管理的标准，帮助企业实现目标。

2. 高标定位

高标定位是 20 世纪 80 年代在西方企业兴起的一种管理活动。它的基本构成可以概括为两部分：最佳实践和度量标准。最佳实践是指行业中的领先企业在经营管理中所推行的最有效的措施和方法。度量标准是指能真实客观地反映经营管理绩效的一套指标体系以及与之相应地作为标杆用的一套基准数据。高标定位方法的意义在于它为企业提供了一种可信、可行的奋斗目标，使企业实现提高竞争力的目标在实践上成为可能。高标定位的优点还在于始终以现存的最佳表现的企业为标杆，本身就具有动态性，不会因为企业外部环境的变化而失效。正是因为这些优点，高标定位才从最初应用于产品领域，向管理的各个领域迅速扩展，包括人力资源、企业战略、新产品开发及供应链管理等方面。

高标定位管理的基本内涵是：以行业中的领先企业作为标杆和基准，通过资料收集、分析比较、跟踪学习等一系列规范化的程序，改进绩效，赶上并超过竞争对手。这个过程要不断循环，反复展开。高标定位分析包含的基本思想为：①标杆可比。企业高标定位分析，首先要找准标杆，即可以比较的最高标准。只有所确定的标准具有可比性，通过高标定位找到的差距才有可能弥补。这样，标杆既可以是行业内某一领先企业，也可以各个指标分别确定，即高标定位分析中每一个指标都是最高标准，而不是固定于某一个对象，这样确定的高标准更有利于企业明确追赶和改进的目标。②动态发展。它有两层含义：一是高标定位分析中的标杆要动态变化；二是高标定位管理本身不是一蹴而就的，必须不断进行，结合到动态管理之中。③组织学习。通过高标定位分析明确差距后，要进行组织学习，赶上甚至超过所确定的标杆，成为行业领先者。④持续改进。这是由动态发展和组织学习决定的，即企业的各项工作与能力建设必须持续改进，高标定位管理过程要不断循环，反复展开。

高标定位的实施过程一般可以分为五个阶段：①筹划。企业首先确定进行高标定位的部门和具体内容，找出影响企业竞争力的关键问题所在，然后选择标杆企业，收集标杆企业的最佳实践经验。②分析。找出本企业与目标企业在绩效和实践水平上的差距，确立追赶的目标和应当采用的管理实践。③统一思想，将变革思想贯彻到员工中去。关键是统一认识，便于实施。④实施。相关部门和人员实施改进方案，在实施中不断对照绩效目标寻找差距，不断改进。⑤常规化。把新采用的管理措施融合到日常工作中，成为企业不可缺少的组成部分。

高标定位思想和方法的引入，能够为技术创新审计提供高水平的客观标准，能更好地为企业发现不足和寻找差距。标杆确定和高标准的收集成为技术创新审计的重要基础。

3. 技术创新测度

技术创新测度把与技术创新相关的各种因素用数字来表达，以定量把握技术创新，是技术创新管理的一个重要环节。技术创新测度一开始是用于大样本的技术创新调查，以对企业技术创新活动进行全面、系统的分析，它能为技术创新审计提供详细的实际信息，因而是技术创新审计的基础性工作。

根据测度对象的不同，技术创新测度可以分为创新项目和企业两个层次：创新项目层次的技术创新测度包括创新项目的来源、应用、成败因素、产业分布等方面，企业层次的技术创新测度包括创新目标、创新激励、创新障碍、创新过程、创新业绩等企业创新的各个方面。

以企业技术创新测度为基础的创新调查以企业为调查对象，反映企业技术创新活动和技术创新成果，发现企业技术创新活动的影响因素及其被影响的程度。现在技术创新测度的官方指标体系主要出自经济合作与发展组织（OECD）编写和修订的《奥斯陆手册》（*Oslo Manual*）。1992 年 OECD 出版了《奥斯陆手册》，该手册在创新理论的指导下由来自各个国家（主要是欧洲）的技术创新专家编写而成，总结了 OECD 各国创新调查的经验，是 OECD 推荐的技术创新测度的指南。1993 年，依据《奥斯陆手册》设计出"欧共体协同创新调查 1992/1993 问卷"，并在 1995 年选择了 16 家意大利制造业企业进行访谈调查，并对《奥斯陆手册》的修改提出了重要建议。作为对技术创新测度的发展，OECD 的科学技术指标专家于 1997 年提出了新修正的《奥斯陆手册》，在这个新版本中，许多指标体现了知识经济（knowledge-based economy）下的技术创新的特征。

无论是面向创新项目的测度还是面向企业的测度，技术创新的测度研究为对技术创新的过程、行为和绩效的评价提供了许多参考标准。众多官方和业界研究和采用的测度体系使技术创新的量化度量和审计成为可能。

4. 技术创新审计的步骤

技术创新审计首先要根据基本的审计模型及指标体系确定适合企业自身情况的系统，这是一个试验调整的过程。企业要选择组织内具有典型代表的部门/事业部/项目团队等，初步按照模型和指标体系进行审计，进而发现原有系统体系的不足并进行修正，然后按照调整和修正后的系统体系对企业的技术创新进行审计，以期获得理想目标。企业技术创新审计的基本步骤如下：

第一步，获得审计模型和指标体系。通常由企业内部技术主管或外部专家以团队的形式，根据基本审计模型和指标体系制定具体的技术创新审计模型和指标体系，作为审计工作的指导框架。

第二步，利用高标定位的方法确定指标衡量标准。如果情况不允许，或者企业本身的战略意图非常清晰，则可根据战略发展目标自行设计指标体系的衡量标准。

第三步，审计模型和指标体系的试验和修正。通过对选择试验对象的试验，企业可以更好地调整审计系统来最大限度地适应企业现状，从而促进审计工作的顺畅推行。

第四步，企业整体范围内的审计推行，获取数据，并分析差距和制定相应措施。在对指标系统体系修正之后，企业需组建一个审计小组推行企业整体范围内的审计工作。在获得数据后，由专业人员根据科学数据处理方法，寻找企业技术创新中的差距，制定相应对策。

第五步，根据对策，制定改进实施措施，并在企业范围内逐步推进，提升技术创新管理水平。上述过程常常不是单向线性推进的，更可能的情况是企业在推进审计的过程中，要经过多次试验才能确定最终的指标体系。

二、创新审计的指标体系

1. 快速审计指标体系：创新计分卡

创新计分卡提供创新过程及其管理的快速综合评价。创新计分卡是根据每个指标的定性描述对具体的评价对象计分，计分可以为 1～4 分（表6.4）。计分过程中用到高标定位的原理，可以发现审计对象现状与最佳实践之间的差距。创新计分卡可以让企业认识到自己在技术创新管理方面的优势和劣势。

表6.4　创新计分卡

指标		1	2	3	4
产品创新	产生新产品概念	没有计划的新产品开发	产品概念开发在一个部门进行，只有有限的用户接触	营销和技术部门参与，在市场上进行用户需求研究，以寻求新构想	建立与用户尤其是领先用户的直接联系，识别显在和潜在需求，多个职能参与概念开发、筛选和早期分析
	产品创新规划	无	规划下一代产品	规划两代以上产品	长期规划三代以上产品
	创新性和创造性	控制系统和组织不鼓励创造性	新构想受到鼓励，但规避风险	鼓励承担风险，热心支持新构想	员工的创造性和创业行为受到鼓励和褒奖，常设机制为计划之外的活动提供经费

续表

	指标	1	2	3	4
产品开发	产品开发过程	没有新产品开发规程	有简单规程应用于所有项目，无并行活动	主要的产品开发有项目管理，有阶段评审	有成文的规程，有目标，有并行和整合活动，也有灵活程序让小项目快速运行
	团队工作和组织	没有团队工作，不同职能之间几乎不沟通	使用基于职能的团队，项目管理弱，没有其他职能参与	广泛使用跨学科团队，有明确的项目管理者，开发之前有内部的跨职能评审，但采购和供应商不参与	从项目早期就广泛使用跨学科团队，有强有力的项目领导，对团队授权充分
	向制造和分销转移	没有转移程序，以"扔过墙"方式转到下一部门	技术部门和制造部门在转移之前有沟通	制造部门和设计部门联系强	制造部门有测试产品原型，能持续改进新产品直至上市，能有效处理技术变化
	工业设计	从不考虑工业设计	快结束时引入设计	采用内部设计人员或者外部设计咨询	工业设计人员从概念开发阶段就作为项目团队的核心成员参与
工艺创新	形成工艺创新构想	工艺需求和可用技术之间有严重差距	没有制造战略，只用现成的工艺技术	制造战略确保工艺能力可以满足市场需求，投资改进已有和正在开发的技术	产品和工艺开发之间的联系强，积极获取新工艺技术的信息，验证新工艺获得经验
	实施新工艺	没有刻意关注实施	视实施为安装	跨职能实施团队	实施团队紧密结合，直至达到额定产能，以确保学习和改进。供应商积极参与
	持续改进	只要能用，就不管它	集中关注保持工艺，而不是改进	持续改进认识到的工艺需求，主要是工艺部门的责任	鼓励工作团队识别改进机会，广泛使用内外部数据支持改进

续表

指标		1	2	3	4
技术获取	技术战略	没有技术战略，没有了解技术的机制	内向型技术发展战略，根据一个个项目识别需求	通过每个职能监测发展趋势、产品驱动的合资和技术联盟来了解技术需求	企业了解自己在技术和创新方面的核心能力，有分配资金以建立和增强核心能力的政策，监测竞争者使用的技术
	技术来源	存在"非本地发明综合征"，没有研发来源的计划	参加产业技术协会的活动，但几乎没有外部技术来源	与大学、公共研究所和产业协会等保持续联系，与领先供应商和用户联系紧密	有明确的技术来源政策，包括内部研发、接受和发出技术许可、合作伙伴和外部联系
	环境与规制	没有政策和控制，能做什么就做什么	有应对环境与规制的正式政策，但总的来说是被动管理	积极管理，促进顺应环境和改进	积极主动地预测和顺应发展趋势，将产品和工艺设计的环境损害、健康和安全危害降到最低
领导	创新目标	管理层不参与创新	没有创新目标，董事会没有来自技术部门的代表	技术和创新能力被视为获得竞争优势的手段，并且被包含于使命陈述之中	有明确、长期的创新目标，并理解它如何影响经营战略
	产生与执行创新的过程	管理层不关心	管理层鼓励好的创新实践	董事会讨论创新管理、产品实现和技术获取	管理层主动作为，确保创新和产品实现管理中采用最佳实践经验
	创新氛围	管理层鼓励短期盈利和风险最小化，代价是不创新	泛泛地鼓励创新，即没有测评，也没有奖励	鼓励用户导向的氛围，董事会定期评价创新绩效	管理层保证接受风险会受到鼓励，新构想会得到奖励，公司的技术使命在全公司得到理解和贯彻实施
资源	人力资源	没有针对创新的人力资源规划，关键技能缺失	总的来说，创新所需要的人力资源是明确的，而且可获得，但进度较慢	识别创新需要的技能，通过招聘和培训获得	开发所有职能、设置职业结构支持创新
	资金	根据上年支出决定	投入达到产业平均水平，预算每年波动很大	制定研发资金政策，有机制确保供应商、制造和支持职能的能力供给	在现金流波动的情况下尽量降低长期和短期波动，与潜在业务联系起来

续表

指标		1	2	3	4
系统和工具	系统	少量使用CAD信息系统	在职能内部使用信息系统	广泛使用信息系统，主要是单向的信息流，包括CAD、CAM和工艺仿真等；系统与供应商和用户连接	改进系统以提高设计有效性和缩短产品开发时间
	创新工具	不太使用管理和设计工具	即兴使用工具，没有明确目标	少量使用设计工具以改进产品和工艺设计，提高创新性	广泛使用合适工具来抓住用户需求，确保产品和工艺设计的有效性；使用现成的工具包如为制造设计、为测试设计和为用户使用设计
	质量保证	非常有限的质量管理	制造中有质量控制，技术部门没有；有ISO9000，但仅限于一些工艺程序	产品和工艺都有质量保证程序	有TQM，其中有创新管理改进的内容
竞争力提高	目标与测度	没有创新业绩和用户满意度测度	测度新产品的财务和销售业绩，测度产品质量	部门层次的某些创新方面有可以操作的目标	用户满意度调查反馈到创新过程之中
	创新业绩	只使用一些统计数据表现业绩	在大多数领域的反馈是正面的	在主要的领域有良好的业绩表现，有证据表明这是积极创新管理的成果	在主要的领域持续有优异业绩，而且这些明显是积极创新管理的成果

三、创新能力审计指标体系

（一）业务层次创新能力审计指标

下面列出审计业务层次创新能力的一些关键指标，并没有穷尽一切，在应用时可以根据具体情况增加或减少一些项目。

1. 可以运用的资源及其配置

（1）研究开发资金投入水平。

·绝对数量；

·占销售额百分比；

·占公司全部研究开发资金投入百分比；

·与主要竞争者相比；

·与领先竞争者相比。

（2）业务单位在以下技能领域的深度与广度：研究开发、工程化和市场研究。

（3）在与业务单位有关的技术领域具有的独特能力。

（4）把研究开发分配到以下方面：

·现有产品/市场；

·为现有产品种类开发新产品；

·开发新产品种类。

2. 理解竞争者的创新战略和产业演化

（1）情报系统与可以获取的数据。

（2）识别、分析和预测竞争者创新战略的能力。

（3）识别、分析和预测产业演化的能力。

（4）预计与业务单位创新战略有关的外部促进/阻碍力量的能力。

3. 理解业务单位的技术环境与能力

（1）对与业务单位有关的技术的预测能力。

（2）评价与业务单位有关的技术的能力。

（3）为业务单位发现技术机会的能力。

4. 业务单位组织与文化环境

（1）管理研究开发工作的机制。

（2）从研究向开发转移技术的机制。

（3）新产品开发过程中整合不同职能部门（研究开发、工程、营销、制造）的机制。

（4）资助未列入计划的新产品开发请求的机制。

（5）引发员工产生新构想的机制。

（6）对创新行为的评价与奖励体系。

（7）主导价值观和对成功的界定。

5. 处理创新行为的战略管理能力

（1）业务单位管理层确定重大开发战略的能力。

（2）业务单位管理层评价创新行为战略重要性的能力。

（3）业务单位管理层评价创新行为与该单位核心能力相关性的能力。

（4）业务单位管理层指导新产品热心支持者的能力。

（5）业务单位新产品热心支持者数量和质量。

（二）公司层次创新能力审计指标

下面列出审计公司层次创新能力的一些关键指标。与前面一样，这里并没有穷尽一切，在应用时可以根据具体情况增加或减少一些项目。

1. 可以运用的资源及其配置

（1）公司研究开发资金投入水平。

·绝对数量;

·占销售额百分比;

·与主要竞争者相比;

·与领先竞争者相比。

（2）公司层次人员在以下技能领域的深度与广度：研究开发、工程化和市场研究。

（3）在与多个业务单位有关的技术领域具有的独特能力。

（4）把研究开发分配到以下方面：

·试探性研究;

·支持主流业务的研究开发;

·支持形成新业务的研究开发;

·支持新业务发展的研究开发。

2. 理解竞争者的创新战略和多产业演化

（1）情报系统与可以获取的数据。

（2）识别、分析和预测竞争者横跨多个产业的创新战略的能力。

（3）对多个产业之间相互依赖的演化进行前景分析的能力。

（4）预计与公司创新战略有关的外部促进/阻碍力量的能力。

3. 理解公司技术环境

（1）对多个领域技术的预测能力。

（2）对技术领域之间交互作用的预测能力。

（3）评价多个领域技术的能力。

（4）跨业务领域发现技术机会的能力。

4. 公司环境（组织与文化）

（1）跨业务单位边界共享技术的机制。

（2）跨业务单位边界形成新业务机会的机制。

（3）为管理创新投资而设计的内部与外部组织。

（4）资助未列入计划的行动请求的机制。

（5）对创新行为的评价与奖励体系。

（6）公司主流业务与创新业务之间的人员流动。

（7）主导价值观和对成功的界定。

5. 处理创新行为的战略管理能力

（1）管理高层确定企业长期重大发展战略的能力。

（2）管理高层评价创新行为战略重要性的能力。

（3）管理高层评价创新行为与核心能力相关性的能力。

（4）管理中层与管理高层一起工作并获得/维持对创新行为的支持的能力。

（5）管理中层确定公司创新战略框架的能力。

（6）管理中层指导创新经理的能力。

（7）创新经理建立新的组织的能力。

（8）创新经理为新创业务制定经营战略的能力。

（9）在主流业务之外发现和形成新业务机会的新产品热心支持者的数量。

四、创新业绩审计指标体系

企业的创新业绩可以从两个方面来衡量：一是每个核心子过程的局部业绩；二是创新过程的整体业绩，即创新过程对企业竞争力的影响。

（一）核心子过程业绩审计指标体系

下面列出一些关键指标供参考，在应用时可以根据具体情况增加或减少一些项目。

1. 概念产生

（1）最近一年评估的新产品构想和改进产品构想的数量。

（2）最近五年开展的新产品业务/投资的数量。

（3）用户满意程度（产品设计满足用户需求、产品范围和种类）。

（4）产品计划期间（年数、产品代数）。

（5）平均产品生命周期时间。

2. 产品开发

（1）投入市场的时间。

·从概念产生到上市的平均时间；

·每个阶段的时间（概念产生、设计、生产导入、上市）；

·平均超过计划的时间；

·产品改进的平均时间；

·设计返工的平均时间。

（2）产品性能。

·成本（单位成本、生产成本、开发成本）；

·技术性能（如易用性、使用成本和服务）；

·质量。

（3）设计。

·制造成本；

·可制造性；

·可测试性；

·产品设计返工的数量。

3. 工艺创新

（1）效果。

·每年新工艺和显著改进工艺的数量。

（2）速度。

·工艺引入时间（从开始到无故障工作的时间）。

（3）开发成本。

·持续改进；

·平均每个员工的改进提议数量；

·采用的比例。

（4）工艺参数年均改进率（质量成本、设计提前时间、工作进度、可靠性、停工时间、生产能力）。

4. 技术获取

（1）平均每个新产品的研发/技术获取成本。

（2）产生新产品或改进产品、工艺创新、许可证和专利的 R&D 项目（研发项目的比例、研发支出的比例）。

（3）最近三年（接受和发出）技术许可数量。

（4）最近三年专利数量。

（5）已完成研发项目的成本效益比。

5. 领导

（1）来自技术和产品开发部门的人在董事会中的比例。

（2）知晓、理解创新政策和价值的员工比例。

（3）年终报告中关于创新和技术的页数。

6. 资源供给

（1）产品开发和技术部门中从事过一个职能以上工作的员工人数。

（2）因缺乏资金而延期或取消的项目比例。

（3）因人力资源不足而延期或取消的项目比例。

7. 系统和工具

（1）利用 CAD 的设计师/工程师人员比例。

（2）利用 CAD 数据库的产品数量比例。

（3）利用专门工具（FMEA、QFD、快速原型等）的项目的比例。

（4）受过 DFM（面向制造的设计）训练的人员比例。

（5）受过创造性培训的团队领导比例。

（6）经过验证的工艺。

（二）创新过程整体业绩审计指标体系

1. 单个创新对公司竞争力的影响（同竞争者和/或期望结果相比）

（1）销售收入：当地市场、区域市场、全球市场。

（2）市场占有率：当地市场、区域市场、全球市场。

（3）利润。

2. 单个创新对公司产品组合的影响

（1）创新前及创新后产品组合的销售收入。

（2）创新前及创新后产品组合的利润。

3. 系列创新对公司竞争力的影响

（1）销售收入。

（2）市场占有率。

（3）利润。

4. 一段时间内创新对企业竞争力的影响

（1）最近 3～5 年引入新产品占销售收入和利润总额的比例。

（2）最近 3～5 年引入的重大改进产品占销售收入和利润总额的比例。

五、创新决策的评估方法

企业确定长期技术发展战略、明确技术发展方向之后，需要进一步制定实施这些战略的行动计划，落实到具体的开发项目组合中。这些项目可能是新产品开发项目、工艺改进项目，也可能是探索性的研究开发项目，不同项目所涉及的技术创新强度可能不同。为便于分析，本章视具体情况将其称为技术创新项目，或技术项目、研发项目。要对这些项目进行定义、评估或选择，企业首先需要确定可投入的经费预算，制定可行的研究开发内容，并明确其目标、所需资源、时间要求以及需要的组织管理形式，搜集进行项目经济性评估的相关信息。接下来要评估各个项目的可行性和经济性，计算相关经济评价指标，对各项目按照一定的经济和技术指标排序、选择。最后还要对项目的组合进行调整和优化，保证计划实施的项目既符合企业技术战略发展要求，又有一定的资金保证。

技术创新经费的预算与项目的具体内容有关，由企业管理者与研发部门共同协商确定。由于研发活动和技术战略对企业长期竞争力的重要性日益突出，在一些技术密集型的高技术企业，高层管理者不仅直接参与技术战略的制定，而且越来越多地参与到制定项目的内容和技术管理中。以研发为例，一般说来，确定研发项目的经费预算可以参照以下方式：一是参照同行业的主要竞争对手的研发投入情况确定，二是以企业销售额（或利润额）的一定百分比作为研发经费，三是根据企业往年研发经费投入情况确定。

由于获得竞争对手的信息较为困难，而且不同企业关注的技术活动内容差异较大，因此，在实践中参照第一种方式确定研发经费预算难度较大；后两种方式的参照基准是企业过去经营活动的结果，数据可得，但难以反映企业在未来技术战略方向上的调整，也有不足之处。因此，在现实中，不同的企业应该根据自身技术战略以及具体项目的实际情况来确定。总的说来，在确定研发经费支出预算的时候，企业应该把握以下主要原则：一是投入研发的经费水平应该与企业的长期技术发展战略相一致，保证企业核心技术研发项目的经费投入；二是研究开发是劳力和智力密集型的活动，需要一定时期持续、稳定的资金投入，急剧增加或减少经费投入对研发活动的组织和管理可能带来比较大的困难；三是对较大研发项目的结束或启动对研发经费预算的影响较大，应该分别考虑，做到具体问题具体分析。

给定研发经费预算，研发部门需要明确不同项目的具体研发时间和研发内容，明确技术重点和开发目标。同一研发项目可能面临不同的技术路线，需要不同的企业资源，所达到的技术和经济效果会有所不同。本章接下来讨论如何从投资学的角度分析研发项目的经济可行性，如何对研发项目进行财务评估和优选。

1. 评估的基本原则

对技术创新项目的评估既可以从定性的角度也可以从定量的角度进行分析。在实践中，无论采取何种方法，都需要遵循下述基本原则：

（1）对项目的评估不仅要考虑项目本身的技术成败，而且要考虑该项目对企业整体技术能力以及对企业未来利润的影响。具体而言，需要以企业整体的商业活动为分析对象，而不能仅从技术的角度评价研发项目。企业从研发成功到实现商业化，还需要经过批量生产、市场营销等其他环节，仅仅研发的成功（如产生两种新发明）并不能保证商业化的成功。技术上的开发成功如果不能转化为商业价值，就不能称之为创新成功；商业化的成功也并不能保证发明企业能够获得这种成功的全部或主要收益。在技术管理文献中，发明者未能从创新中获利的例子比比皆是。例如，英国 EMI 公司虽然最早发明了医用 CT 扫描仪，但来自 CT 市场的主要收益却被 GE 等公司所获取；美国施乐公司虽然发明了鼠标等计算机辅助设备，但并没有从中获取很多收益。因此，评价项目的技术成败与评价对企业利润的整体影响基本上是两回事。技术创新管理的理论表明，企业为实现技术发明的经济价值，需要具备一定的互补性资产，这包括企业在生产、销售、质量控制和售后服务等方面的能力。由于互补性资产存在差异，同一技术研发项目的实现价值在不同企业会有所不同。

（2）要考虑不同项目之间的相互依存关系。由于技术的复杂性和关联性，在一个产品的开发过程中，研发人员往往需要同时在多个技术领域共同努力，不同的研发项目可能具有一定的关联性。在一个项目结束后，研发人员可能会产生新的技术想法，从事后续研发活动。一个研发项目是否付诸实施有可能依赖于以往研发项目的内容。同一个研发项目的不同技术路线、方案之间也需要进行一定的取舍和选择。总而言之，研发活动是一个学习、积累和创造技术知识和能力的过程。从事研发活动一方面可以增强企业自身技术基础，提高消化和吸收外部新技术的能力；另一方面有助于企业了解和掌握技术发展趋势和方向，为制定未来的研发和商业活动计划提供新的选择和可能性。由于技术发展方向的不可预测性，一个项目的研发活动往往会产生预料不到的结果，影响企业未来的商业机会。从投资学的角度来讲，研发活动这种结果不确定性使其具有期权的某些性质，评价研发项目时需要考虑这种未来不确定性的价值。

（3）正确理解和处理沉没成本的影响。沉没成本是指以前发生的、可能与项目有关但与当前决策无关的投入费用。以前的成本投入也许是造成当前状态的一个原因，但我们决策的出发点是当前的状态，所要考虑的是未来可能发生的费用及收益。以前发生的费用或成本已经成为过去，如果无论是否开展当前项目，均不可能有所改变，则在项目评价中不应该考虑这些沉没成本。特别是不能因为过去已经投入了很多经费，觉得放弃了太可惜就坚持继续投入以至项目结束，也不能因为过去投入了过多经费而没见成效就提前终止项目。对于这些项目是否要继续，应该以现在和以后的成本和收益作为评价基准：如果有正的净收益，即使过去已经投入较大，仍然应该继续投入；如果是负的净效益，则无论过去已经投入多少，都应该放弃该项目。因此，对研发项目的财务评估不能考虑沉没成本的影响。

（4）创新活动本身具有一定的风险，对创新项目的评价应该考虑风险因素。由于我们对研发项目的评估需要考虑企业的整体商业利益，因此创新项目的风险不仅包括技术风险，即技术上是否可行，而且包括商业风险。

（5）对于周期较长的创新项目进行定期评估，小的项目可能一年内就能完成；大型创新项目的周期通常需要好几年的时间，这中间每年会有一定的经费投入。一方面，随着研发工作的深入，技术难题逐渐得到解决，研发工作能否成功、未来是否具有市场应用价值等在项目开始之时并不确定的问题，变得日趋明朗。因此，有必要定期对创新项目的进展情况进行总结，评价继续投资的可行性。另一方面，企业在完成研发之后，进一步实现商业价值常常需要更大的投入，这也要进行评估。因此，综合评价项目的效益通常是多阶段的决策过程。

2. 评估方法

（1）折现现金流方法。在投资项目评估中最常用的一种方法就是利用折现现金流（discounted cash flow，DCF）计算投资项目的净现值，通过判断项目净现值的正负来决定投资项目的取舍。研发项目需要一定的资金投资，从这个意义上说，研发也是一种投资行为，可以使用净现值的方法进行评价。使用折现现金流评估方法的基本步骤是：估计出研发项目以及未来商业化阶段逐年的净现金流量（NCF_t），计算项目的净现值（NPV），根据判断准则，确定项目的取舍。通常的准则是：如果净现值大于 0，则项目可行；否则，项目不可行。具体来说，项目在 t 年的净现金流 NCF_t，是指因项目实施而导致的企业在该年的收入增加减去当年用于项目的投资，即

$$NCF_t = 增加的现金收入 - 当年的投资。$$

因项目而产生的企业现金收入增加主要来源于新产品的销售。考感到收入税的影响，增加的现金收入为：

增加的现金收入 =（新产品销售收入 - 生产、销售和管理过程中支出的成本费用）×

（1 - 所得税率）+（之前用于项目投资的固定资产折旧额 +

递延和无形资产摊销额）× 所得税税率。

如果研发项目的成功使得企业在生产工艺上有所改进，从而降低了生产成本，那么对应的现金收入增加为：

增加的现金收入 =（生产过程中现金成本的节省金额）×（1 - 所得税率）+

（之前用于项目投资的固定资产折旧额 + 递延和无形资产摊销额）×

所得税税率。

净现值的具体计算公式为

$$NPV = \sum_{t=1}^{n} \left[现值 / (1 + i)^t - 基准(投资初始项目) \right]。 \tag{6.1}$$

式中：i 为最低希望收益率（或折现率），可以在企业融资成本的基础上，根据行业的投资机会、风险情况确定；t 为项目影响持续的时间长度，它不仅包括研发项目本身的时间长短，而且包括销售开发出来的新产品（或使用改进后的新工艺）可在未来产生收入的时间长短，即新产品（或新工艺）的生命周期，即从项目研发启动至项目生命周期结束（产品退出市场或工艺停止使用）的全过程。

（2）实物期权方法。尽管折现现金流是通用的项目评估方法，但这种方法没有考虑到研究开发项目的特殊性，即分阶段决策。一般说来，研发项目具有探索性，项目未来能否取得成功是不确定的，即使项目开发成功，是否值得进行（或者什么时候进行）商业化投资也不确定。因此，要完全实现创新项目的潜在价值，企业需要在整个过程中相机抉择。换句话说，在每一阶段，企业都可以决定是否继续进行研发或是否进行市场化努力。一旦发觉研发结果不理想，或者研发出来的新产品不具备市场化的可能性，企业就可以随时调整研发方向或终止这些项目，避免遭受较大损失。在这个意义上，企业投资研发活动。相当于用部分初始投资购买了未来的一种投资或收益机会（或者叫作实物期权）。显然，这种潜在的投资或收益机会是有经济价值的，评估这种未来收益的机会，一般使用实物期权

的分析方法。

实物期权（real option）是金融期权的概念在实物交易市场上的推广。在金融市场上，投资者如果购买某种股票的买方期权，就意味着投资者获得了在一定期间内以事先约定的价格购买该种股票的权利（但投资者没有必须购买的义务）。例如，某投资者在一年前花15元购买了A公司股票一年期的买方期权，期权规定投资者可以以60元的价格在一年内买一股A公司的股票。假如在此期间，当A公司的股票价格涨到每股82元的时候，该投资者决定行使股票的买方期权，那么他可以有22（=82−60）元的收益，再减去投资者购买股票期权已经花的15元，那么他可以净赚7元。如果投资者在股票价格为70元的时候行使期权，那么他买卖股票的收益是10元，减去花在期权上的15元，他将会损失5元，这5元代表他为了获得等待行使期权的机会，投资者所付出的代价。

一般说来，如果在期权有效期间，股票的实际价格（如上例中的82元）超过了期权规定的购买价格（60元），投资者行使期权的净收益就是股票的实际价格与期权规定的购买价格之差，再减去购买期权的价格（15元）。然而，如果在期权到期之前，股票的价格低于期权规定的购买价格，期权的购买者则没有义务以期权规定的价格购买股票；相反，他可以放弃行使股票期权，这样他的损失仅限于当初购买期权的费用。换句话说，期权的购买者可以获得股价上涨的收益，但并不用承担股价下跌的损失，投资期权者所遭受的损失最多是当初购买期权的投资。这样，投资期权者的收益不限，但所遭受的损失有限。

金融期权的概念同样可以应用到创新项目投资中。假设企业现在投资某一新产品开发项目，如果项目开发成功，它可以在未来投资，进行商业化生产，从而获得收益；如果开发不成功，企业可以放弃该项目，仅承担初期研发的成本。这样，与金融期权相类似，投资研发项目相当于购买一种实物期权，是为了获得未来的某种收益机会而付出的初始成本。在技术开发成功后进行商业化投资则相当于行使这种期权，进行"实物"交割。同样，研发投资所能带来的未来的收益不确定，但最大损失不超过研发成本。从这种意义上讲，企业进行研发投资与拥有金融股票期权具有同样的性质。

事实上，企业的许多投资、经营决策都存在着推迟或中途放弃的可能性，因此多多少少都具有实物期权的特征。例如，采油（或采矿）公司购买某油田（或矿产）一定年限的开采权后并不马上开采，最终是否进行开采或者何时开采一般还要根据未来市场情况决定。房地产企业投资获得一定的建设用地后，并不马上进行开发销售，也可以视为一种投资实物期权的行为。

在实践中，应用实物期权分析的主要问题是，尽管评价方法能够给出期权的理论价值，但企业能否实现这些价值，即是否需要执行这些期权以及什么时候执行，则涉及如何有效地管理投资期权的问题。如果对期权管理不当，错失投资机会，就像买保险后，出了事故没有得到赔偿一样，投入了资金，但没有获得计划中的收益，期权价值的评估本身也就失去了意义。

（3）决策树方法。除了上述实物期权评估的方法，分析人员有时候利用决策分析，特别是决策树（decision tree）分析，评估研发项目投资。相对于实物期权计算方法，决策树分析有几个好处：①能够直观反映出管理者未来面临的投资机会以及可能的决策方案；②对未来现金流的变化及不确定性并不做复杂的概率分布假设，而是直观地在决策树中表示出来；③没有复杂的数学公式，过程比较直观，简单明了，易于理解。事实上，失策树分析和实物期权分析之间存在着一定的等价关系，如果正确、合理使用，二者的结果基本一致。

决策树分析的一般方法是：首先将决策方案、投资机会按照先后顺序、一定的逻辑关系表示成决策树的形式，然后用倒推的方法进行分析。使用这种方法评价研发项目的关键之处在于明确区分研发阶段和之后的商业化（或者投产）阶段，即决策是分阶段进行的。下面以一个简单的例子解释如何使用决策树分析评估研发项目。

假设某企业准备开发一种新型的桌面打印设备，开发此项技术需要投入研发资金 6 万元，耗时 1 年。工程技术人员初步估计，一年之后最有可能出现（60% 的可能性）的结果是，技术开发成功，但效果一般；开发出非常好的技术的可能性大约只有 30%；另外也存在技术开发失败的可能性（为 10%）。研发项目结束后，企业如果决定将产品推向市场，则需要另外投资 15 万元，一年之后产品才能面世。产品未来的收益，如果折算为产品上市时的现值，大约在赢利 60 万元和亏损 60 万元之间。假设该企业用于项目投资的折现率为 12%。

图 6.6 用决策树的形式列出了企业所面临的决策及所有可能的结果。图中小的矩形方框代表决策节点，即企业在此时需要做出决策。决策点后面的分支代表企业面临选择的决策方案，对应的数字代表所需投资金额。图中小的圆圈代表概率节点，其后的分支代表企业采取某种决策后可能出现的不同结果，对应的数字代表不同结果出现的可能性（或概率）。最后的一列数字代表不同结果所产生的现值收入。

分析此决策树，可以采用倒推的方法。首先从最后一阶段的决策开始。假设一年后企业发现，开发出来的技术非常成功，那么它是否需要将产品商业化？如果商业化，企业可能会面临两种结果：一种结果是收益 60 万元，可能性为 80%；另外一种结果是收益 15 万元，可能性为 20%。从期望值的角度分析，企业将产品商业化的期望收益为 $0.8 \times 60 + 0.2 \times 15 = 51$（万元），折现到商业化投资时的现值为 $51/1.12 = 45.5$（万元），超过商业化投资的成本 15 万元。因此，一旦企业发现技术开发非常成功，就应该将其商业化，推向市场。类似的分析可以发现，如果企业知道开发出来的技术只是一般意义上的成功，则应该放弃商业化，因为期望收益折现到商业化投资时的现值为 $(0.3 \times 20 + 0.7 \times 10)/1.12 = 11.6$（万元），低于所需投资（15 万元）。如果技术开发根本不成功，就谈不上继续投资商业化。这样，我们可以确定企业一年后在不同情况下的决策方案。

接下来分析研发阶段的投资决策。如果企业现在投资研发活动，那么它有 30% 的可能性获得非常好的技术，然后继续进行商业化投资，取得预期的商业收益。而如果开发出来的技术不是非常好（可能性为 $0.6/2 + 0.1 = 0.4$），那么它将放弃商业化的努力，没有任何收益和进一步的损失。这样，企业投资研发的预期收益现值为：$[0.3 \times (0.8 \times 60 + 0.2 \times 15)]/1.12 = 13.66$（万元），超过了研发的投资费用（6 万元），因此企业应该选择投资该技术开发项目。

与其他方法类似，决策树分析也有一定的局限性。首先，一些未来变数较大、本身比较复杂的项目，其决策树分析可能极其复杂，导致分析和计算较为复杂；其次，不同的项目阶段或决策分支可能需要使用不同的折现率，而决策树分析处理此类问题比较复杂；最后，决策树分析对不同结果的出现概率的估计可能也比较主观。因此，实践中最好与敏感性分析和蒙特卡罗模拟方法结合使用。

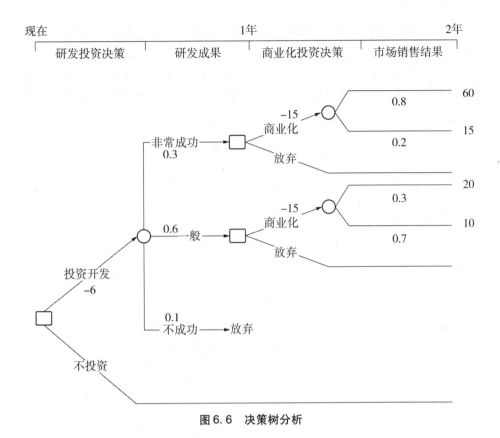

图 6.6　决策树分析

（4）定性评估方法。

首先是轮廓图（profile）方法，这是评价创新项目的一种非常简单的方法。首先，确定一组影响项目成败的关键因素或评价标准；然后，按照这些标准对每一候选项目的绩效做出定性判断（如可以评价为高、中或低）；最后，将这些定性的评分连接起来，就好像一个项目的轮廓图（图 6.7），这种方法因此而得名。

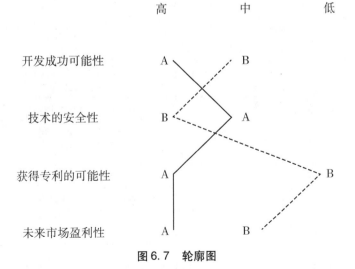

图 6.7　轮廓图

其次是检查清单（checklist）方法。检查清单方法同轮廓图类似，都需要首先确定一组评价研发项目的关键因素。与轮廓图不同的是，检查清单方法对每一方案的各个评判标准给出是否满意的定性判断，一个简单的例子如表 6.6 所示（其中满意为 1，不满意为 0）。在实际应用中，用以评价项目的检查清单可以包括从公司战略目标到市场因素、生产因素等多方面的内容。表 6.7 给出了一个比较完全的检查清单。

表 6.6　检查清单方法的示例

检查项	预期绩效	
	项目 A	项目 B
开发成功的可能性	1	1
技术的安全性	0	1
获得专利的可能性	1	0
未来市场盈利性	1	0
总评	3	2

表 6.7　检查清单内容

A. 企业目标、战略、政策及价值	
1. 与企业战略和长期计划的一致性	3. 与企业对待风险态度的一致性
2. 与企业形象的一致性	4. 与企业从事创新态度的一致性
B. 市场因素	
1. 产品的市场定位	7. 市场推销计划
2. 产品的市场规模	8. 对现有产品系列的影响
3. 估计的产品市场份额	9. 价格和顾客的接受程度
4. 产品的生命周期	10. 竞争地位
5. 商业化成功的可能性	11. 与现有销售渠道的融合性
6. 可能的销售收入	12. 估计的上市成本
C. 研发因素	
1. 与企业研发战略的一致性	5. 研发资源的可得性
2. 技术成功的可能性	6. 产品未来发展的可能性
3. 开发的成本和时间要求	7. 新产品未来商用的可能性
4. 专利的可能性	8. 对其他研发项目的影响
D. 财务因素	
1. 研发成本	6. 投资回收期
2. 制造成本	7. 潜在的年收益及时间表
3. 市场推广成本	8. 预期的利润率
4. 现金流的可得性	9. 可能出现的最坏结果
5. 对其他项目的现金流影响	10. 与公司投资目标的一致性

续表

E. 生产因素	
1. 工艺要求	5. 总的制造成本
2. 生产工人的来源及劳动力成本	6. 对生产条件的要求
3. 与现有能力的一致性	7. 生产的安全性
4. 原材料的来源及成本	8. 增加值
F. 环境和生态因素	
1. 可能产生的有害物质	3. 与产品有关的国家法规
2. 对公众态度的敏感性	4. 对雇佣的影响

上述两种方法都非常简单、易于理解，适用于定量评价研发项目比较困难的情况，如当项目未来的现金流很难预测或者变数比较多，无法适用财务评价指标时。但是，这两种方法也有其内在的缺点，如轮廓图方法只能提供每个项目的绩效轮廓，但不能对每个项目给出一个综合性的指标。

最后是评分法（scoring method），又称多属性分析，是对多个定性指标进行比较、判断、评分和排序的方法。评分法主要包括下述步骤：①确定影响项目成败的关键因素或评价标准。这与轮廓图方法和检查清单方法相同。②根据其相对重要性，确定每个关键因素或标准的权重，并进行归一化（即总和为1）。这些权重可以通过专家意见或者德尔菲方法等获得。③综合专家意见对项目的各个因素进行评分，并计算项目所有因素的加权评分。

第四节　我国企业的创新决策实践

美的成立于1968年，1980年进入家电行业，现已成长为一家涵盖消费电器、暖通空调、机器人及工业自动化系统等板块的科技企业集团，2017年销售收入为2419亿元，2018年在世界五百强企业中排名323位。美的在全球范围拥有约200家子公司、60多个海外分支机构和10个战略业务单位，提供多元化的产品和服务，包括以厨房家电、冰箱、洗衣机及各类小家电为核心的消费电器业务，以家用空调、中央空调、供暖及通风系统为核心的暖通空调业务，以德国库卡集团、安川机器人合资公司等为核心的机器人及工业自动化系统业务，以及以安得智联为核心的智能供应链业务。

美的从2012年开始启动智能制造的转型战略，首先通过信息系统的集成提升数据质量，打通运营流程，提升了业务管理能力和生产运营效率。2016年成立美云智数科技有限公司，通过大数据、云计算、物联网等智能系统，为企业提供面向智能制造的服务。在转型过程中，美的在软件、硬件、智能设备及业务流程改造等方面共投入80多亿元，至2018年，初步实现了从大规模制造到智能制造的跨越式转型。

2020年，美的确定了新的数字化转型战略——全面数字化、全面智能化。在内部，通过数字化技术提升企业效率，实现全价值链卓越运营；在外部，通过数字化工具紧紧抓住用户，直达用户。公司所有业务活动都以数据为核心，全价值链上的合作伙伴、供应商、销售伙伴都用数字化作为支撑，用数据驱动业务运营。如今，美的的订单预测、自动补货、生产排产、物流路径规划、全国仓储布局等，都已依靠算法和数据实现智能化运营。

美的数字化转型已历经9年，前后投入120多亿元。但美的的董事长兼总裁方洪波认为，这条路还没到终点，他的目标是通过数字化转型彻底改变美的的商业模式。

小　结

本章第一节通过对企业创新内涵及分类概念的厘清及必要性分析，初步搭建起企业创新的基本分析框架。在学习了企业创新的基本概念之后，第二节进一步探讨企业创新的基础理论，介绍创新的能力基础、学习模式及创新扩散的基本模型。第三节讨论企业创新的审计与评估方法，旨在对企业已有的创新决策进行定量分析，对如何构建创新审计的指标体系，以及创新决策的评估方法进行详细介绍。第四节基于我国企业的创新决策实践，分析美的的数字化转型历程。

思考题

1. 企业的技术创新、商业模式创业及数字化创新分别有什么特征？
2. 数字技术自身的特征如何影响数字化创新形式？
3. 请举例说明企业的不同创新策略。
4. 企业不同的基础理论之间有何关联？
5. 企业该如何构建创新指标体系？请结合现实案例进行分析。
6. 企业该如何进行创新决策评估？请结合现实案例进行分析。

第七章　企业营销决策

针对企业而言，市场营销决策是指对有关产品市场经营和销售活动的目标、方针、策略等重大问题进行选择和决断的过程，而营销策划是在决策的选择决断之前的一种谋划、构思、设计的思维过程。本章首先将介绍市场营销的基本概念及演变历程，然后逐步探讨营销管理的全过程。

第一节　认识和理解市场营销

一、什么是市场营销

在界定什么是市场营销之前，有必要先澄清一下什么不是市场营销。对市场营销的认识常常存在诸多误区。其中最常见的是以下两点。

误区一：营销＝推销。

这是对营销最为常见的误解。许多管理者认为营销部门就是销售部门，负责把产品推销出去。事实上，销售并非市场营销中最重要的部分，而只是其中的冰山一角。著名的管理学家彼得·德鲁克（Peter Drucker）曾经指出，"可以这样说，推销往往是需要的。然而，市场营销的目的却是使推销成为多余。市场营销的目的就在于深刻地认识和了解顾客，从而使产品和服务完全适合特定顾客的需要，进而实现产品的自我销售。因此，理想的市场营销应该可以自动生成想要购买特定产品或服务的顾客，而剩下的工作就是如何使顾客可以购买到这些产品或者服务。"[①] 因此，真正成功的营销并不需要费尽心思去向顾客推销，当顾客的需要真正得到满足，销售是自然而然的结果。例如，当苹果公司推出iPhone、ipad 等颠覆性产品时，无数顾客彻夜排队抢购，这些产品根本无须推销。因此，认为营销就是推销或销售是十分片面的理解。

误区二：营销＝广告。

对市场营销的另一个极大误解就是营销等于广告宣传。普通大众很容易看到广告，所以许多人提到营销自然而然就想到广告。许多管理者每年投入巨额的广告费用进行宣传，但常常收效甚微。广告宣传是市场营销的重要组成部分，但不是最重要的，更不是全部。广告只是传递信息、接触潜在顾客的一种方法、工具和载体。这种载体因时、因地、因势不断发生变化。更重要的是，随着市场日趋成熟，消费者获取信息的渠道越来越丰富多样，消费需求变得越来越个性化、碎片化和多元化，许多企业发现过去有效的广告宣传放

---

① P. F. Drucker, *Management*：*Tasks*，*Responsibilities*，*Practices*，New York：Harper & Row，1973，pp. 64 – 65.

在今天变得不再奏效。也许在未来，广告不复存在，或者以其他形式被替代，但是营销不会消失。因此，认为营销就是广告宣传也是片面的。

如果营销不是销售，不是广告，那么营销是什么？根据美国市场营销协会（American Marketing Association，AMA）的定义，"市场营销（marketing）是指一项有组织的活动，包括创造、传播和交付顾客价值和管理顾客关系的一系列过程，从而使利益相关者和企业都能从中受益"①。现代营销学之父、美国西北大学教授菲利普·科特勒（Philip Kotler）给出了一个最简洁的定义："市场营销就是有利可图地满足需要"②。由上述定义可以看出，市场营销的本质是以顾客需要为导向，通过协调企业资源使顾客需求得到满足，并且在此基础上实现企业所追求的目标。营销管理（marketing management）则是完成这一交换活动的一系列管理过程，包括选择目标市场，并通过创造、交付和传播卓越顾客价值来获取、维持和增加顾客。与其他管理过程一样，营销管理也是艺术和科学的结合。

根据企业经营活动是否以满足消费者需要为核心，可以将企业的市场营销观念分为五种：生产观念，产品观念，推销观念，市场营销观念，社会营销观念。这些观念是企业从事营销活动的基本指导思想，体现了企业在看待和处理企业、顾客和社会三者之间的利益关系过程中不同的营销管理哲学和导向，同时也反映了市场营销观念在商业发展历史上的发展和演变历程。

（一）生产观念

生产观念（production concept）认为，消费者总是青睐那些买得到并且买得起的产品。因此，企业应该集中精力提高劳动生产效率、扩大生产规模、降低生产成本，从而降低产品价格来吸引消费者，并且通过扩大分销范围以获得市场地位。其典型表现是我们生产什么，就卖什么。

生产观念在西方盛行于19世纪末20世纪初。当时，工业革命的出现以及社会生产力的解放，特别是随着电力、火车、流水线的出现，极大地提高了社会的物质财富。这一方面刺激了人们的需求增长，另一方面刺激企业不断地扩大生产。但总体上，劳动生产效率依然相对低下，物资短缺，多数产品处于供不应求的状态。因此，提高生产效率、降低生产成本成为企业关注的全部焦点，因为只要企业生产得出来，并且消费者买得起，产品就不愁销售。宝洁、福特等传统企业就是在这样的时代背景下发展和成长起来的。我国在1949—1978年实行计划经济体制，企业也是奉行生产观念，重生产、轻市场。今天，在一些资源短缺、供不应求的地区和行业，生产观念依然盛行，并且行之有效。

（二）产品观念

产品观念（product concept）认为消费者喜欢质量好、性能好并且具有特色的产品。

---

① American Marketing Association（2017），https://www.ama.org/the-definition-of-marketing-what-is-marketing/.

② P. Kotler，G. Armstrong，*Principle of Marketing*：*Global Edition*（16th ed），New York：Pearson Education，2015.

企业进行市场竞争的主要手段是提高产品质量，而非降低生产成本。因此，企业经营管理的中心应该致力于生产优质产品，并不断精益求精。在这种观念的指导下，企业市场营销战略的重点往往强调产品的持续改善。

产品观念产生的市场环境条件同生产观念差不多，但此时产品的供应已经比较丰富，出现了品种和类型上的差异，顾客对产品的选择权也开始增强，从而使企业在一定的范围内面临市场竞争，促使企业开始重视产品的改良和提高。产品观念在我国盛行于20世纪80年代。当时，随着改革开放和市场经济日益活跃，市场上的产品越来越丰富，消费者面临的选择越来越多，企业面临的竞争也愈加激烈，越来越多的我国企业意识到产品质量的重要性。其中最有名的莫过于海尔的张瑞敏砸冰箱的故事。1985年12月的一天，时任青岛电冰箱总厂（海尔集团的前身）厂长张瑞敏带着员工将76台质量不合格的冰箱全部砸掉，从此树立起海尔人的质量意识，也扭转了这个集体小厂的经营命运，一时传为佳话。

提高产品质量是大多数市场营销战略的重要组成部分，其本身无可厚非，但完全奉行产品观念容易导致企业过分迷恋产品，而忽略消费者的实际需要，从而患上"营销短视症"（marketing myopia）。例如，一些捕鼠器的制造企业认为只要它们制造出更好的捕鼠器，消费者就会涌上门来购买。因此，这些企业争相投入大量的资源不断改进和提高捕鼠器的质量和性能。然而，最终打败这些捕鼠器制造企业的不是那些生产出更优质的捕鼠器的竞争对手，而是其他更方便更有效的灭鼠解决方案，如老鼠药、灭鼠服务甚至是猫咪。因为消费者真正需要的不是更好的捕鼠器，而是要消灭老鼠。

生产观念和产品观念都属于以生产为中心的经营思想，其区别只在于：前者注重以量取胜，后者注重以质取胜，二者都没有把消费者放在首位。随着市场经济的发展，技术水平的提高，越来越多的企业都能够生产出质优价廉的产品。但仅仅有好产品是远远不够的，因为消费者的需要也在与时俱进，不断发生变化。例如，今天市场上的大部分冰箱都能够较好地满足食物保鲜和存储的基本功能，但消费者对冰箱的需要已经悄然变化，从基本功能升级到审美需要、健康管理需要等。因此，企业对市场营销的认知如果仅仅停留在生产高质量产品层面，而忽视消费者需要及其变化的话，长此以往，必然被其他产品所替代而丧失竞争力。

（三）推销观念

推销观念（selling concept）认为，如果企业不采取大规模的促销努力，消费者就不会购买足够多的产品。因此，仅有优良的产品和低廉的成本并不能吸引消费者，企业必须重视和加强宣传和促销，提高消费者的购买兴趣，以扩大销售，提高市场占有率。推销观念将消费者看成是被动的、迟钝的信息接受者，认为只有强化刺激才能引发购买行为。其典型表现是我们卖什么，就让消费者买什么。

推销观念在西方盛行于20世纪30—40年代。这一时期，由于科技进步和科学管理，社会生产力得到极大发展，商品产量迅速增加，社会生产已经由商品不足进入商品过剩，市场竞争激烈，产品的销售问题特别突出。尤其是1929年世界性经济危机的爆发，前后历时5年，堆积如山的货物卖不出去，许多工商企业纷纷倒闭，市场极度萧条。因此，企业开始反思自己的经营理念和策略，认识到不能只集中力量发展生产，即使有物美价廉的产品，也必须保证这些产品能被人购买，企业才能生存和发展，因此产生了推销观念。在推销观念指导下，企业相信产品是"卖出去的"，而不是"被买去的"，他们将产品的推广、广告和销售作为企业发展的重要任务。

推销观念在中国的盛行始于20世纪90年代。最早的案例是保健品营销。当时，一大批保健品品牌，如太阳神、中华鳖精、三株口服液等，通过铺天盖地的广告，不断说服消费者购买；再通过广泛的销售渠道铺设，使消费者便于购买。这种"广告＋渠道"的组合一度成为很多企业的营销"法宝"。例如，娃哈哈集团旗下的多个饮料单品都凭借这种推销组合获得成功。其中，营养快线这一单品的年销售额曾经最高超过200亿元，成为娃哈哈集团的单品最大利润来源。脑白金"今年过节不收礼，收礼只收脑白金"的洗脑式广告也曾一度刺激销量。

与生产观念相比，推销观念有了明显的进步。其主要表现为企业经营者已将目光由生产领域转向了流通领域。不仅在产品的设计和开发，而且在产品的销售促进上投入了精力和资本。从生产观念转变到推销观念是经营理念的一大进步。但推销观念常常只能带来短期销量提升，无法带来可持续的竞争优势，因为它依然没有脱离"以产定销"的思路：只重视现有产品的推销，只顾如何把产品推销出去，对于顾客的需求缺乏必要的关注，没有把消费者放在企业经营的中心位置。

（四）市场营销观念

市场营销观念（marketing concept）认为，实现组织目标的关键在于比竞争对手更好地了解目标顾客的需要和欲望，并使顾客感到满意。这种观念是以消费者的需要为中心，其核心是从以前的企业需要为中心转变为以消费者需要为中心。这种观念的准则是，市场需要什么，我们就生产什么。

市场营销观念形成于20世纪50年代。第二次世界大战后，随着技术革命的兴起，西方各国有企业开始重视研发和开发，大量军工企业转向民用生产，新产品竞相上市，社会产品供应量迅速增加，市场竞争进一步激化。同时，西方各国政府相继推行高福利、高工资、高消费政策，社会经济环境也出现快速变化。消费者有较多的可支配收入和闲暇时间，对生活质量的要求提高，消费者需要变得更加多样化，购买选择更加精明，要求也更为苛刻。这种形势迫使企业改变了以卖方为中心的思维方式，将重心转向认真研究消费者需要，正确选择为之服务的目标市场，以满足目标客户的需要。

市场营销观念与推销观念几乎同时在中国的20世纪90年代开始。彼时，一大批本土品牌雨后春笋般崛起，如TCL彩电、格力空调、招商银行等。相关企业通过学习西方的市场营销理念和方法，结合中国市场特点，开始建立品牌意识，以满足市场需要为导向，将市场营销作为整体战略，在产品、渠道、价格、促销等多环节上协同运作，赢得消费者青睐。

（五）四种营销观念的对比

上述四种市场营销观念反映了两类不同的企业经营理念，即"以企业为中心"的传统经营理念，和"以消费者为中心"的现代经营理念。从生产观念、产品观念到推销观念，其本质都是围绕企业进行的，而从市场营销观念开始，营销观念则转变为以顾客为中心。

所以我们说市场营销观念实际上是以顾客为中心的营销理念。

表7.1 对传统与现代营销理念进行了对比，两者存在本质区别。传统营销理念是一种由内而外的视角。它以工厂为起点，关注企业既有的产品，进行大量的推销和促销，致力于将产品尽可能多地销售出去，以在短期内获取利润，而很少关心谁买以及为什么买。其本质是一种"制造—销售（make and sell）"的经营哲学和思维方式，任务是"为你的产品找到合适的顾客（find the right customers for your products）"。相反，现代营销理念则是一种由外而内的视角。它以市场为起点，关注顾客需要什么，然后通过恰当的产品、定价、分销和促销等整合营销活动满足顾客的需要，创造顾客价值和满意，与顾客建立持久的关系来获得利润。其本质是一种"感知—反应（sense and respond）"的经营哲学和思维方式，任务是"为你的顾客发现恰当的产品（find the right products for your customers）"。

表7.1 传统与现代营销观念的对比

项目	传统营销观念	现代营销观念
核心理念	以企业为中心	以消费者为中心
出发点	工厂	市场
关注点	既有产品	顾客需要
手段	推销和促销	整合营销
目标	通过销量获取利润	通过顾客满意获得利润

（六）社会营销观念

除了对消费者需要的关注之外，现代营销理念也越来越强调企业应当关心消费者自身的福祉（consumer welfare）以及整个社会的长远福祉（social welfare），要正确处理消费者需要、消费者福祉和社会长远福祉之间的矛盾。由此，开始提倡企业应当践行范围和含义更加宽广的社会市场营销观念（societal marketing concept）。

社会市场营销观念是在全球环境破坏、资源短缺、人口爆炸、通货膨胀和忽视社会服务等问题日益突出的背景下提出的。同市场营销观念相比较，社会市场营销观念考虑了消费者两个方面的因素：一是消费者的选择是否理性、是否符合其自身的长远利益。有时，消费者的短期需要与其长期利益之间存在矛盾，短期的需要满足（如吸毒、沉迷游戏等）可能会损害消费者长期的健康和福祉。二是消费者个体的眼前利益是否符合整体社会的长远利益。在很多情况下，消费者个体的眼前利益和整体长远利益是有矛盾的，如资源的浪费、环境的污染等。社会市场营销观念认为，企业在经营活动过程中应该统筹兼顾企业利润、消费者需要的满足和社会利益，要综合考虑消费者需要与福祉、企业利益与社会利益、眼前利益与长远利益、个人利益与整体利益。

二、市场营销的重要性

理解了现代市场营销的概念之后，市场营销对企业的重要性也就不言而喻。正如德鲁克所说，"所有企业有且只有两项基本职能：营销和创新"①。为何说营销是企业的基本职能？本质上，一切经济活动的起点和终点都是消费者。因此，顾客是企业存在的意义。当我们考虑如何对企业的目标和企业的使命进行阐述时，只能发现一个思考的焦点和起点，那就是：顾客。而现代市场营销的核心就是以顾客为中心，通过满足顾客需要，实现企业目标。从这一角度来说，市场营销不仅仅应该作为一个职能部门，而应该成为企业经营的底层思维方式。

现代市场营销理念强调顾客导向，重视顾客需要的发掘与满足。那么，什么是顾客需要？对这一概念的理解与剖析是理解营销思维对于企业经营的重要价值的基础。这里有一组概念需要加以区分：需要，欲望和需求。

需要（needs）是指人类感到未满足或被剥夺的状态。不同学者对人类基本需要提出了不同的理论，其中最广为接受与应用的分类是亚伯拉罕·马斯洛（Abraham H. Maslow）的需要层次理论②。马斯洛是著名的社会心理学家，他提出人类的基本需要按从低到高的层次可以分为五种：①生理需要，包括对空气、食物、水分、睡眠、性等方面的需要。这是人类维持自身生存的最基本需要。如果这些需要得不到满足，个体的生存就会成为问题。因此，在这个意义上说，生理需要是激励人类行为的最强大动力。②安全需要，指人类有避免威胁、恐惧和伤害的需要，包括人身安全、健康保障、财产安全等。因为人类本质上是一个趋利避害的有机生物个体，因此对安全的需要是生物进化的本能体现。③情感需要，包括对爱情、友情的需要，以及集体归属的需要。④自尊需要，即希望自身的能力和成就得到认可。这种认可既可能来自个体内部，如个体对自我能力的信心和胜任感；也可能来自外部，如社会对个体的能力和成就的赞扬与认可。⑤自我实现需要，指努力实现自身的潜能，使自己达到最理想的状态。除这五个层次之外，马斯洛随后又补充了认知需要与审美需要，认为人类还有满足好奇心和求知欲、理解世界和周围环境的认知需要，以及对秩序、对称、完整结构等自然美、社会美和艺术美的审美需要。

欲望（wants）是人类需要得以满足的具体载体和表现形式。例如，一个人饿了，需要的是食物和能量，这是基本的生理需要。但满足这种生理需要的载体可以多种多样，可以是米饭，可以是面条，可以是汉堡，也可以是牛排。欲望是明确表达的满足需要的指向物，受到社会文化、家庭背景、个性特征等多方面的影响。例如，当一个中国人饿了需要食物时，他更有可能对米饭或面条产生欲望；一个美国人需要食物时，更可能对汉堡或牛排产生欲望。需要的表达是"我需要……"，欲望的表达则更多是"我想要……"。需要的指向是统一的、根本的，而欲望的指向可以是多元的、衍生的。因此，需要不能由营销者凭空创造出来，它们是人之所以为人的固有部分；但欲望是可以被塑造、被影响的，并以不同的产品和服务的形式呈现。

当人们具有购买能力时，欲望就可以转化为需求（demands）。某个市场是否有需求，往往取决于三个要素：人口，欲望，购买力。三个要素缺一不可，否则就没有市场需求。

---

① 德鲁克：《管理的实践》，齐若兰译，机械工业出版社 2006 年版。

② A. H. Maslow, "A dynamic theory of human motivation," In: C. L. Stacey, M. DeMartino, *Understanding Human Motivation*, London: Howard Allen Publishers, 1958, pp. 26 – 47.

区分了这一组基本概念之后，就更容易理解前文所提到的"营销短视症"。"营销短视症"是指企业过分关注产品，而忽视了这些产品背后真正满足的顾客需要。这一概念由哈佛大学教授西奥多·莱维特（Theodore Levitt）在 1960 年提出。[①]莱维特列举过一个很有名的例子，非常生动形象地说明了"营销短视症"的含义：消费者购买一个 1/4 英寸的电钻头，并不是他们真的需要一个 1/4 英寸的电钻头，而是需要一个 1/4 英寸的洞。因此，如果一个生产电钻的企业狭隘地认为自己就是电钻制造商，并且把主要精力放在提高其产品质量或性能上，那么一旦市场上出现更好的能够满足顾客钻出 1/4 英寸的洞的需要的其他产品或解决方案，那么这个企业就会面临前所未有的危机，甚至丧失整个市场。因为它没有意识到产品（电钻）只是满足顾客需要的一种媒介和载体，而真正决定企业竞争力的是对顾客需要（洞）的洞察。

许多企业在市场上失去竞争力，往往是因为它们患上了"营销短视症"。从产品为王的百年柯达，到曾经的手机巨头诺基亚，这些企业狭隘地定义了自身经营的本质和所处的行业，将自己的市场位置固化于产品和技术层面，而非战略层面，忽视了营销在整个企业生命闭环中的重要性。以顾客为中心，以满足顾客需要为出发点的现代市场营销理念应成为指导企业经营的底层思维。

三、市场营销的框架体系

前文指出，市场营销是一种以顾客为中心，从顾客需要出发的思维理念。从具体的执行层面来讲，营销是一个系统的管理过程。这个过程包括三个步骤：第一步，通过对市场环境的调查和分析识别市场机会，并结合企业自身的资源和优劣势决定是否进入，如何进入。第二步，制定顾客导向的市场营销战略。这就要求营销者回答两个最重要的问题：企业为谁提供产品和服务（谁是企业的目标顾客）？企业如何为这些目标顾客提供比竞争对手更有价值的产品和服务（企业的价值主张是什么）？要回答这两个问题，需要进行市场细分（segmentation）、目标市场选择（targeting）、市场定位（positioning），称为市场营销的 STP 战略。第三步，在明确市场营销战略之后，企业需要制定更为详细的市场营销组合策略。这些营销组合策略旨在将既定的市场营销战略切实转化为满足目标顾客需要、创造价值、传递价值主张的具体行动。主要的营销组合工具可以分为四大类，称为市场营销策略的 4P：产品（product）、定价（price）、渠道（place）和促销（promotion）。为传递价值主张，企业必须首先开发和设计能够满足目标顾客需要的市场提供物（产品）。接下来，需要为这一市场供应物决定一个价格（定价），以及如何使消费者能够买得到（渠道）。最后，还必须与目标顾客就该市场供应物所能提供的价值点进行沟通，说服顾客相信并购买（促销）。企业必须综合运用这些市场营销组合工具，制定细致、周到的整合营销计划，与目标顾客沟通，向他们传递企业的价值主张（图 7.1）。

---

① L. Theodore，"Marketing Myopia," *Harvard Business Review*，vol. 38，no. 4（1960），pp. 45 – 66.

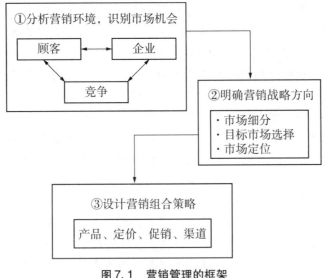

图7.1 营销管理的框架

第二节 企业营销环境分析

在学习了市场营销的基本概念及演变历程之后，现在我们开始探讨营销管理过程的第一步：分析营销环境，识别市场机会。市场营销环境（marketing environment）是指影响市场营销管理者满足顾客需要，建立和维持良好顾客关系的各种因素和力量。任何企业都是在复杂多变的社会经济环境中运行的。环境中的其他行为主体——供应商、中间商、顾客、竞争者、公众等，以及环境中的客观力量——人口、经济、自然技术、政治和文化等，既可能成为市场营销机会，也可能造成威胁；既可能助力企业发展，也可能阻碍企业发展。因此，企业必须充分了解所处的营销环境，并且敏锐地洞察环境的变化。尽管每位管理者都需要关注外部环境，但市场营销管理者应该对环境趋势和机会更加敏感。因为收集市场营销环境信息、研究顾客和竞争者环境变化是市场营销者的专长。及时有效的环境分析是企业适应新的市场挑战和机会、调整和制定有效市场营销战略的前提和基础。市场营销环境分为微观环境（micro-environment）和宏观环境（macro-environment）两大类。微观环境是指与企业密切关联，直接影响企业营销能力的组织或个人，包括企业内部的其他部门、供应商、营销中介、顾客、竞争者、社会公众；宏观环境是指影响微观环境的一系列更大的社会力量，包括政治、经济、社会和技术等。

一、分析微观环境

市场营销管理者的目标是满足顾客需要并创造顾客价值。然而，这一过程不可能由市场营销部门独立完成，而必须与企业内部的其他部门、供应商、营销中介、顾客、竞争者以及社会公众共同协作完成。这些参与主体共同构成一个企业所处的微观营销环境。

（一）企业内部的其他部门

市场营销不是一个孤立的职能，市场营销管理者需要兼顾公司内部的其他职能部门，包括高层管理者、财务部门、研发部门、人力资源部门、采购部门、运营部门和会计部门等。所有这些彼此关联的群体，构成了企业的内部环境。分析企业内部面临的环境，处理好各部门之间的关系，提高协调合作能力，是开展成功的市场营销活动的关键。

（二）供应商

供应商是企业创造和传递顾客价值链条中的重要一环，他们为企业提供生产产品和服务所需的各种资源，包括原材料、劳动力、信息、资金、服务等。供应商供应的数量、质量、成本、稳定性和及时性等都可能严重影响企业的市场营销活动。例如，供应短缺或延迟会在短期内影响销售，长期内可能影响顾客满意度；供应成本的增加会迫使企业产品价格上升。因此，越来越多的企业认识到与供应商建立良好合作伙伴关系的重要性。例如，宜家家居在全世界范围内构建持续稳定的供应商网络。他们将供应商作为寻求发展的合作伙伴，通过建立共同的目标和愿景，提供多方面的培训与支持，形成稳定持久的合作关系。这为宜家在供应的稳定性和成本上取得极大的竞争优势。

（三）营销中介

营销中介是指帮助企业促销、销售和分销其产品给最终购买者的企业或个人，包括中间商、实体分销机构、营销服务机构和金融中介等。中间商是帮助企业寻找顾客并向其销售的分销渠道企业，包括批发商和零售商，他们购买商品，再转卖出去；实体分销机构帮助企业存储和运送商品；营销服务机构包括营销调研公司、广告代理商、媒体公司以及营销咨询公司等，他们帮助企业选择恰当的目标市场并促销产品；金融中介包括银行、贷款公司、保险公司以及其他机构，他们帮助公司融资或抵御与交易相关联的风险。

与供应商类似，营销中介也是企业传递顾客价值的重要组成部分。一些营销中介，如零售商和分销商等，由于直接与顾客接触和交互，常常直接影响顾客满意与企业形象。因此，市场营销管理者必须与营销中介紧密合作，把中介当作合作伙伴，优化整个顾客价值传递系统。例如，可口可乐公司与麦当劳等快餐连锁店签约成为其独家饮料供应商时，不仅为这些连锁店提供软饮料，同时给予强有力的营销支持，帮助他们提高业绩。

（四）顾客

顾客是指那些购买企业产品或服务的个人或组织。一个企业的产品或服务只有被顾客接受并购买之后，才能产生利润。因此，顾客是一个企业生存的基础，是公司微观环境中最重要的行为者。企业与企业内部其他部门、供应商、中间商等保持密切关系，都是为了有效地向目标顾客市场提供产品和服务。

通常有以下五种类型的顾客市场：①消费者市场，由为个人消费而购买产品或服务的个人和家庭组成；②企业市场，指那些购买产品或服务以便进一步加工或用于生产过程的组织或个人；③中间商市场，指购买产品或服务，并通过转售来获得利润的组织或个人；④政府市场，指购买产品或服务用于生产公共服务或将产品或服务转移给需要的政府机构；⑤国际市场，指由其他国家的上述购买者构成的市场，包括生产者、消费者、中间商和政府。作为市场营销管理者，需要认识每一种市场类型的独特之处，深入研究每种市场的顾客需要，才能做到有的放矢。

（五）竞争者

在市场经济环境下，绝大部分企业都面临竞争。市场营销理念告诉我们，一个企业要取得成功，仅仅满足目标顾客的需要是不够的，还必须在顾客心目中建立起比竞争对手更强势的定位，才能获得竞争优势。因此，竞争者分析是企业微观环境分析中的重要组成部分。世界上不存在适合所有公司的所谓最佳竞争战略，每个公司都应该根据自己的规模以及自己在行业中相对竞争者的位置，选择最适合自己的竞争战略。

（六）社会公众

企业的市场营销环境还包括社会公众。社会公众是对企业完成其目标的能力有着实际或潜在利益关系或影响的群体，通常可分为七种类型：①金融公众，包括银行、投资公司和股东，他们会影响公司的融资能力；②公众媒体，包括电视台、报纸、杂志、社交媒体等，他们掌握新闻报道和社会舆论；③政府公众，负责监督管理企业在生产管理等各方面的行为是否符合法律法规；④民间团体公众，如一些消费者组织、环境保护团体、少数族裔团体和其他民间组织等，他们可能对企业的经营活动是否恰当提出质疑；⑤内部公众，包括员工、管理者、志愿者以及董事会等，内部公众对企业的态度和口碑可能外溢至企业外部；⑥一般公众，指广义的社会大众，他们对企业的认知和态度会影响其购买决策；⑦当地公众，包括企业营业场所附近的居民和社区组织，与当地社区建立良性互惠的可持续关系是企业社会责任的重要体现。社会公众既可能促进企业的发展，也可能妨碍企业的发展。因此，为了处理好与社会公众的关系，许多企业建立了专门的公共关系部门，主要负责收集与企业有关的社会公众的意见和态度，发布消息、沟通信息，以运营和维护与社会公众的建设性关系。

二、分析宏观环境

企业和微观环境中的其他行为主体都是在一个更大的宏观环境中活动。宏观环境的影响巨大，且常常难以预测、难以控制。一些优秀的大企业在动荡和持续变化的宏观环境力量面前也可能变得不堪一击。与其造成的威胁和挑战并存的是，宏观环境的变化也可能给企业带来机会。因此，企业只有理解并很好地适应所处的宏观环境，并及时发现其变化趋势，才能持续发展。

影响企业发展最主要的宏观环境因素有以下四类：政治（political）、经济（economic）、社会（social）和技术（technological）。表7.2列出了宏观环境分析的PEST模型中的典型要素和常见问题。

表7.2　PEST 模型中的典型要素和常见问题

要素/问题	政治	经济	社会	技术
典型要素	·税收政策 ·劳动法 ·环境法规 ·贸易限制和关税 ·政治稳定	·经济增长 ·利率 ·汇率 ·通货膨胀率	·健康意识 ·人口增长率 ·年龄分布 ·职业态度 ·强调安全	·研发活动 ·自动化 ·技术激励 ·技术变革速度
常见问题	1. 政治环境有多稳定 2. 政府政策是否会影响规范或征税企业业务的法律 3. 政府对营销道德的立场是什么 4. 政府的经济政策是什么 5. 政府对文化和宗教有看法吗 6. 政府是否参与欧盟、北美自由贸易协定、东盟等贸易协定	1. 利率 2. 通货膨胀水平/人均就业水平 3. 经济的长期前景：人均国内生产总值等	1. 什么是占主导地位的宗教 2. 对国外产品和服务的态度如何 3. 语言是否会影响产品向市场的传播 4. 消费者有多少时间休闲 5. 男性和女性在社会中的角色是什么 6. 人口寿命有多长？老一辈人有钱吗 7. 民众对绿色问题有强/弱的看法吗	1. 技术是否允许产品和服务更便宜，质量更高 2. 技术是否为消费者和企业提供了更多创新的产品和服务 3. 技术如何改变分销方式 4. 技术是否为公司提供了一种与消费者沟通的新方式，如横幅广告、客户关系管理等

（一）政治（P）

政治环境是指企业市场营销活动的外部政治形势和政治力量，即企业所在国家或地区的政权、政局、政策，以及对营销活动有直接影响的各种政治因素。政局是否稳定、政府对市场的干预程度、政府政策的可预期性等，都构成了营商环境的重要内容，广泛影响着企业的经营行为。

（二）经济（E）

经济环境是指影响消费者购买力和消费方式的外部经济条件。经济环境主要包括宏观和微观两个方面的内容。宏观经济环境主要指一个国家的人口数量及其增长趋势，国民收入、国民生产总值及其变化情况以及通过这些指标能够反映的国民经济发展水平和发展速度；微观经济环境主要指企业所在地区或所服务地区的消费者的收入水平、消费偏好、储蓄情况、就业程度等因素。这些因素直接决定着企业目前及未来的市场大小。

（三）社会（S）

社会环境是指能够影响消费者认知、偏好与行为的制度和文化因素，包括一个国家或地区的居民教育程度和文化水平、宗教信仰、风俗习惯、审美观点、价值观念等。这类因素不仅强烈影响着人们的消费观念和消费方式，而且会影响人们对企业营销活动的反应。

（四）技术（T）

技术环境是指影响企业开发和应用新技术、研发新产品、利用营销机会的各种技术因素。科学技术是推动社会变革和社会进步的根本力量。每个时代都会产生具有时代特色和影响的新技术。关注技术环境除了要及时了解与企业经营活动直接相关的技术发展外，还应关注国家对科技开发的相关政策和法律法规等。

三、识别市场机会

企业的生存与发展与其所处的市场营销环境密切相关，取决于企业对环境所持的态度和应对策略。企业在应对市场环境变化时一般有三种反应：第一种认为市场营销环境是不可控的，他们被动地接受环境的变化，然后做出反应。第二种并不认为环境是不可变的，采取更加积极主动的应对策略，试图引领变化，改变环境。这些公司及其产品常常创新性地创造和形成新行业、新市场，如福特的 T 型车、苹果的 iPad 和 iPhone、谷歌的搜索引擎、特斯拉的电动汽车等。第三种是对环境中发生的变化浑然不知，没有采取措施加以应对。这类企业往往免不了被市场淘汰的命运。

市场营销管理者可以通过 SWOT 分析全面系统地掌握企业所面临的营销环境，发现有吸引力的机会和识别环境威胁，有针对性地制定和调整营销战略和组合策略。SWOT 分析是指对企业的优势（strength）、劣势（weakness）、机会（opportunity）、威胁（threat）进行综合分析与评估（图 7.2）。其中，优势包括有助于企业为目标顾客提供服务并实现目标的内部能力资源和积极的环境因素，劣势包括损害企业业绩的内部局限性和负面的环境因素，机会是企业能够利用其优势的外部环境中的有利因素或趋势，威胁是对企业业绩构成挑战的不利的外部因素或趋势。

内部因素 外部因素	优势（S） 可以帮助企业实现其目标的内在能力	优势（W） 会损害企业实现其目标能力的内在局限性
机会（O） 企业可以利用其优势的外部因素	SO 发挥优势 利用机会	WO 利用机会 克服劣势
威胁（T） 可能影响企业业绩的当前或即将出现的外部因素	ST 发挥优势 回避威胁	WT 克服劣势 回避威胁

图 7.2　SWOT 分析框架

SWOT 分析的目的是将企业的优势和环境中有吸引力的机会相匹配，同时消除或克服弱点，将威胁的影响降低至最小。由此延伸出应对环境的四种战略：优势机会战略（SO），劣势机会战略（WO），优势威胁战略（ST），劣势威胁战略（WT）。当外部的机会正好是企业的优势所在时，应采取 SO 战略，充分发挥优势，利用机会；当外部的机会正好是企业的劣势所在时，则采取 WO 战略，利用机会，克服劣势；如果企业具有优势，但外部又存在威胁时，应采取 ST 战略，保持警惕，发挥优势，应对威胁；如果外部存在威胁，同时又是企业的劣势所在，则采取 WT 战略，克服劣势，回避威胁。

第三节　企业营销战略决策

通过分析企业面临的营销环境，并基于企业自身的优劣势识别市场机会之后，接下来企业需要做的是明确营销战略方向，制定营销战略决策。这些决策包括：如何把市场划分为有意义的顾客群（市场细分），如何选择目标顾客群（确定目标市场），如何向目标顾客提供最能满足其需要的产品（差异化），并在顾客内心形成产品定位（市场定位）。图 7.3 展示了制定顾客价值导向的市场营销战略决策所包含的四个步骤。企业通过前两个步骤——市场细分与目标市场选择——选择自己将要服务的顾客；再通过后两个步骤——差异化与市场定位——明确自己的价值主张，即回答如何为目标顾客创造价值的问题。

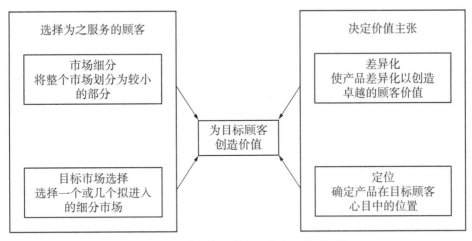

图 7.3　制定顾客价值导向的市场营销战略

许多企业已经清楚地意识到，在现代社会里，没有一个企业可以吸引到市场中所有的消费者，或者至少不能以相同的方式吸引所有消费者。消费者数量众多，且分布广泛，他们的需求和购买行为千差万别，而且企业自身在不同细分市场中的服务能力也很不同。因此，企业必须善于选择适合自身、能够充分发挥自身资源优势的目标顾客群体，通过提供最好的产品和服务来争取最大盈利的市场部分。

一、市场细分

市场细分是由美国市场营销学家温德尔·斯密斯（Wendell R. Smith）在 20 世纪 50 年代中期首先提出来的概念。[①] 它顺应了第二次世界大战后美国众多产品的市场转化为买方市场这一新的市场形势，是企业经营贯彻现代市场营销理念的合乎逻辑的产物。

（一）市场细分的概念

市场细分（market segmentation）是指营销者通过市场调研，依据消费者的需要与欲望、购买行为和购买习惯等方面的明显差异性，把某一产品的整体市场划分为若干消费者群的市场分类过程。通过这样的分类过程，不同细分市场的消费者对同一产品的需要与欲望存在着明显差别，同属同一细分市场的消费者对同一产品的需要与欲望极为相似。

企业进行市场细分有两个客观基础。一方面是顾客需求的异质性，即不同顾客对同一产品的需求差异常常很大，这是企业进行市场细分的内在依据；另一方面，企业拥有的资源有限，不可能向市场提供能够满足所有消费者需求的产品或服务。因此，通过市场细分，选择最有利可图的目标细分市场，集中企业资源，制定有效的竞争策略，以取得和增强竞争优势。所以，企业资源的有限性和进行有效竞争是对市场进行细分的外在要求。

（二）细分消费者市场的依据

那么，企业应当如何对市场进行细分呢？市场细分的方法并不唯一。营销者必须单独或综合运用多种细分变量，以便找出识别市场结构的最佳方法。

就消费者市场而言，经常使用的细分变量有四类：地理环境因素，人口统计因素，消费者心理因素，消费行为因素。以这些变量为依据来细分市场，就有了地理细分、人口细分、心理细分、行为细分四种市场细分的基本形式（表 7.3）。

表 7.3　消费者市场的主要细分形式

细分形式	例　子
地理	国家、地区、州、县、城市、街区、人口密度（城市、郊区、农村）、气候
人口	年龄、生命周期阶段、性别、收入、职业、教育、宗教、种族、世代
心理	生活方式、个性
行为	时机、利益、使用者情况、使用频率、忠诚度

1. 地理细分

地理细分是指将市场划分成不同的地理单位，如国家、地区、州、县、城市甚至是一个社区。企业可以选择在一个或者几个地区开展经营，也可以在所有地区都开展经营；但需要注意到不同地区之间需求的差异。正如俗话所说，"一方水土养一方人"，由于地理环

[①] W. R. Smith, P. Differentiation, "Product differentiation and market segmentation as alternative market-ing strategies," *Journal of Marketing*, vol. 21, no. 1（1956），pp. 3 – 8.

境、气候条件、社会风俗以及文化传统等的一系列影响，居住在同一个地区的消费者往往具有相似的需求，在不同地区的消费者需求则会呈现出许多差异。以化妆品消费需求为例，由于南方的气温高，人们喜欢穿着轻薄的服装，采用淡雅的装饰，因此较倾向于淡妆；北方由于气候干燥以及一些文化习俗，人们更喜欢浓妆。欧莱雅集团敏锐地意识到了这一点，按照地区推出不同的美妆主打产品。

除了需求的差异之外，不同地区的消费者对于企业采取的营销策略（如产品的定价、促销方式以及广告宣传等）也会有不同的反应。许多企业都将其产品、广告促销和销售工作本地化，以满足所在地区、城市和社区的需求。

地理细分并不是简单地根据地域位置将消费者分群，而要根据企业所销售的产品种类来选择划分标准。例如，防暑降温、御寒保暖之类的消费品常按不同气候带细分市场，家用电器、纺织品之类的消费品常按城乡细分市场，按人口密度来细分市场对于基本生活必需品、日用消费品的生产厂家则显得意义重大。

2. 人口细分

人口细分是指按照人口统计变量将消费者划分成不同的群体。常见的人口细分变量有性别、年龄、收入、职业、宗教、种族、世代、受教育程度、家庭结构和家庭生命周期等。

在食品、服饰、家庭旅游等产品的购买上，性别常被当作主要的细分变量。原因在于这些产品的购买被认为具有性别色彩。例如，女性常常更多地承担食品和家庭日用品的购买，男性更多地参与汽车、住宅等大件商品的购买。

年龄也是一个重要的人口细分变量。消费者的需求和偏好因年龄而异。对特定年龄组的消费者有吸引力的内容可能对其他年龄组的消费者没有吸引力。除了营销策略之外，了解消费者的年龄分布还可以帮助企业开发吸引他们的产品。例如，一些旅游公司针对老年人群体推出"夕阳红"旅游专线。

家庭规模、家庭类型及家庭生命周期也是重要的人口细分变量。规模小的家庭，如年轻的两口之家，更可能在外用餐、外出旅游，也更可能互送礼物。伴随孩子的出生，家庭消费重心开始由成人转向小孩，儿童服饰、食品、玩具及孩子的教育支出成为家庭消费的优先项目。

3. 心理细分

心理细分是根据消费者所追求的价值、利益、生活方式等反映其心理状况的变量，将消费者划分为不同群体。具有相同人口特征的消费者，在心理特征上可能大相径庭。

一种典型的心理细分是根据消费者的生活方式来细分市场。常见的做法是通过对消费者的活动、兴趣、意见等方面的测量，反映出不同类型消费者的生活方式，并依此来预测消费者的购买行为。

心理细分试图在消费者购买行为与心理特征之间建立更直接的因果联系，因此理论上也是更有效的市场细分方式。然而，由于心理特征如消费者的需要、动机和态度常常不能被直接观察，现实中需通过调查予以间接测量，数据收集的难度比较大，成本也相对较高。

4. 行为细分

行为细分是指根据使用场合、使用时机、使用量或使用频率、忠诚度等反映行为特征的变量将消费者划分为不同的群体。相对于心理变量，行为变量的测量更加客观。在互联网背景下，顾客行为数据的获取、存储和分析的成本大幅度下降，为企业利用行为数据细分市场提供了便利。

按照消费者进入市场的程度，可将消费者分为经常购买者、初次购买者、潜在购买者等不同群体。按消费者的使用量和使用频率来细分，可将许多产品的经常购买者进一步细分为大量用户、中量用户、少量用户三个消费群体。根据消费者对品牌的忠诚度细分，可将消费者分为单一品牌忠诚者、多品牌忠诚者、无品牌偏好者等。

（三）细分组织市场的依据

组织市场是指工商企业为从事生产、销售等业务活动，以及政府部门和非营利性组织为履行职责而购买产品和服务所构成的市场。组织市场和消费者市场相对应，消费者市场是个人市场，组织市场是法人市场。

组织市场具有购买者更集中且数量较少、需求具有衍生性、单次采购量大、购买决策参与者多、专业性采购等特点。针对这些特点，可以从以下方面对组织市场进行细分。

1. 客户的基本特征

客户的基本特征包括客户所属行业、客户的组织规模、客户的地理位置等。首先，组织市场的细分要聚焦客户所在的行业，不同行业对不同产品和服务的需求特点、数量都不一样。例如，为制造企业和服务企业提供财务咨询与服务时，就不能提供完全一样的服务。

其次，客户的组织规模也是十分重要的细分变量。大公司和小公司在采购能力、采购计划、采购流程等方面差异甚大。营销人员需要分析客户公司的规模、公司所处的发展阶段，据此提供专业性产品与服务。

此外，组织市场的客户往往分布相对集中，在细分时要充分考虑客户所在的地理位置。例如，我国的陶瓷企业主要集中在景德镇、佛山等地，如果为这类企业提供产品和服务，则需要根据客户地理位置进行市场细分。从全球范围看，不同区域的客户的价值诉求也有所不同。

2. 客户的经营特征

除客户所属行业、规模、地理位置等基本特征之外，组织市场的细分还可以根据客户的经营特征进行。客户的经营特征包括客户公司采用的技术、使用状态、客户的能力等。例如，有的客户运用机器人等节约劳动力的技术，有的则采用手工技术，不同技术背景下客户所需要的制造设备、原料和部件均会不同。此外，不同客户在市场、运营、技术和财务等方面也有所不同，也可以成为市场细分的有效变量。

3. 客户的购买方式

客户的购买方式包括采购职能的组织、权力结构、买卖双方关系性质等，不同企业在这些方面的差别很大，因此也可以成为组织市场细分的有效依据。例如，根据公司的内部治理结构和管理制度不同，有的企业可能会采取集权式采购形式，将一些重要的、价值较高的项目采购权限集中到公司总部；有的企业可能会采取分权式采购形式，将采购权限下放到各分公司甚至企业内部各机构。针对这两类客户，企业在营销人员配备、沟通渠道、报价方式等方面均需分类施策。

组织市场的客户采购往往涉及企业内部的多个部门，不同部门之间的关注点和影响力常常不同，因而构成了不同的权力结构。因此，根据企业内部不同部门之间的权力结构关系进行市场细分也是一种常见的细分方式。

此外，组织市场里买卖双方的关系既可能是一次性交易关系，也可能是长期供货关系，还可能是联盟性质的伙伴关系。在不同关系类型中，双方的信任程度、互动模式和资源投入力度也会有所不同。因此，营销人员也可以据此对客户进行细分。

4. 情景因素

情景因素是指与客户特定采购情景密切相关的因素，如订单的紧急性、产品的用途、订单的大小等。情景因素不同，客户的需求也会有所不同，因而也可能作为组织市场细分的依据。

5. 个人因素

企业的采购决策最终是由具体的个人做出的。因此，与消费者市场类似，一些个人因素和偏好也会对企业客户的采购行为产生影响，从而成为组织市场细分的依据。例如，有的企业决策者是风险厌恶型个体，因此通常会选择熟悉的供应商。为降低风险，这类决策个体更倾向于选择知名品牌，同时更可能将订单进行分拆，避免"把鸡蛋放在同一个篮子里"。

（四）有效市场细分的标准

市场细分的目的是帮助企业将资源集中到特定市场，同时舍弃某些与企业资源能力不匹配的子市场。可以通过以下标准判断市场细分是否有效，能否达成预期目标。

1. 可识别性

可识别性是指运用的细分变量是否真的能把不同需求的消费者识别出来。有效的市场细分应该能够将整个市场划分为不同的、明确的、独特的和可识别的细分市场。细分出来的各子市场中的消费者在需求、偏好等方面具有明显的差异，对同一营销组合策略的反应存在不同，并且这种反应是相对稳定的，而不会在短时间内起伏不定。

2. 可衡量性

可衡量性是指细分市场潜在消费者的数量及消费者的购买力、购买频率、市场规模等可以估计或测量。这种可度量性可以帮助企业准确识别和分析不同细分市场的规模、增长潜力和其他相关指标，从而帮助企业做出决策和制定市场营销策略。

3. 规模足量性

规模足量性是指细分的市场必须有足够的容量或规模，保证企业有持续的盈利空间。理想的细分市场应该是同质客户群体人数足够多，销售潜力足够大，值得企业专门为该群体制定营销方案。

4. 可接近性

可接近性是指细分的市场可以被有效触达和服务。可接近性包括信息可以触达目标消费人群，产品可以通过合适的分销渠道送达潜在消费者手里。例如，一些国家和地区，由于物流和交通的不便，作为细分市场也许规模可观，但是存在可接近性障碍。

二、目标市场的选择

市场细分有助于企业识别不同的市场机会。随后，企业需要评价各个细分市场并决定自己能够最好地服务于哪些细分市场。这就是目标市场选择。在选择目标市场时，首先需要对不同目标市场进行评估和比较，然后结合企业自身的资源和目标进行选择。

（一）评估目标市场

进行市场细分以后，并不是每一个细分市场都值得进入。企业必须先对每个细分市场进行评估。评估细分市场时，有三类因素需要考虑：细分市场的规模和增长潜力，细分市场的结构和吸引力，以及企业的目标和资源。

1. 细分市场的规模和增长潜力

企业应该问的第一个问题是，潜在细分市场是否具有适当的规模和增长。大企业更喜欢销售量大的细分市场而忽略小型细分市场；小企业则反过来：应当避免一些较大的细分市场，因为它们往往需要更多的资源投入。

2. 细分市场的结构和吸引力

即使一个细分市场具有理想的规模和增长潜力，企业还需要考虑该市场的竞争程度，以及从长远来看是否可以在该市场建立可持续的竞争优势。企业可以通过分析以下五种可能的威胁来源判断自身在某一细分市场上是否具有竞争力：来自行业竞争对手的威胁、来自潜在进入者的威胁、替代产品的威胁、买家议价能力日益增强的威胁、供应商议价能力日益增强的威胁。企业在某一细分市场的竞争力越强，则该市场对企业的吸引力越大。

3. 企业目标和资源

除较好的规模和增长潜力，以及良好的结构和吸引力之外，企业还需要判断自身的资源是否与服务该细分市场所要求的能力相符，一旦将资源配置到目标市场，是否有助于企业战略目标的达成。有时企业需要舍弃一些有吸引力的细分市场，而更专注和聚焦于长期目标的实现。

（二）选择目标市场

评估完不同的细分市场之后，企业必须决定服务哪些细分市场以及服务多少个细分市场，也就是目标市场选择的问题。目标市场由一组共享企业决定服务的共同需求或特征的买家组成。以下是企业可以考虑目标市场选择的五种模式。

1. 市场集中化

最简单的情况是企业只选择单个细分市场，可能是由于资金有限或者只想在一个细分市场中运营，选择的可以是一个没有竞争对手的细分市场，也可以是一个合乎逻辑的细分市场。例如，根据收入从各个细分市场（如低收入阶层、中产阶级、精英阶层等）中选择可获得较高收入的细分市场，企业生产的所有产品仅针对这单个细分市场。

市场集中化的优点是：企业能够对细分市场的需求有深入的了解，并在细分市场中取得强大的市场地位；企业可以进行专业化生产、分销和推广；企业通过获得该领域的领导地位可以获得更高的投资回报。其相应的缺点是：竞争对手可能侵入该细分市场，并可能动摇企业的地位；企业必须为时尚、习惯和态度的改变付出高昂的成本；企业可能无法生存，因为风险无法分散。

2. 选择性专业化

更多的情况下，企业会选择多个细分市场，每个细分市场都具有吸引力并与企业的目标和资源相匹配。企业向不同的细分市场销售不同的产品，各细分市场之间可能很少或根本没有协同作用。这种多细分市场覆盖的策略在分散企业风险方面比单细分市场覆盖具有更多的优势：即使其中某个细分市场变得没有吸引力，企业也可以继续在其他细分市场盈利。

3. 产品专业化

企业专注于生产和营销某种产品，并将其销售给几个细分市场。在这里，产品是一种，但细分市场可以有多个。企业提供不同的型号和品种，以满足不同细分市场的需求，主要好处是企业可以在特定产品领域建立良好的声誉。此外，可以通过专业化积累更多产品知识为企业带来竞争优势。例如，汽车企业悍马专注于越野车，这种策略为悍马在越野车领域建立了独特的利基市场。其风险在于新技术可能带来的产品变革。

4. 市场专业化

企业专注于满足特定客户群的许多需求。例如，一家企业专门生产大学实验室所需的各种仪器，包括显微镜、示波器、燃烧器和化学烧瓶等。企业因专门服务于这一客户群而享有盛誉。其风险是过分依赖特定细分市场。

5. 全面覆盖市场

企业试图为所有客户群提供他们可能需要的所有产品。通常只有规模庞大、实力强劲的大企业才能承担全面的市场覆盖战略所需要投入的资源和成本。大企业可以通过两种广泛的方式覆盖整个市场：无差别营销或差异化营销。

（三）目标市场营销策略

企业确定目标市场的方式不同，选择目标市场的范围不同，营销策略也有所不同。概括起来，可供企业选择的目标市场营销策略主要有以下四种（图7.4）。

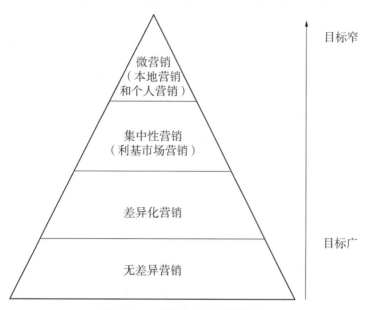

图7.4 四种目标市场营销策略

1. 无差异营销

无差异营销就是将整个市场视作一个整体，不考虑消费者对某种产品需求的差别，它致力于顾客需求的相同之处而忽略不同之处。为此，企业设计一种产品、施行一种营销组合计划来迎合最大多数的购买者。它凭借单一的产品和统一的包装、价格、品牌，广泛的销售渠道和大规模的广告宣传，树立该产品长期稳定的市场形象。窄产品线降低了研发、生产、库存、运输、市场调研、广告、产品管理等成本。因此，可以将其较低的成本转化为较低的价格，以赢得市场中对价格敏感的顾客。

2. 差异性营销

差异性营销是指企业决定以几个细分市场为目标，并为每个目标市场分别设计产品及营销方案。例如，化妆品企业雅诗兰黛开发吸引不同细分市场的女性的品牌：旗舰品牌也就是最初的雅诗兰黛吸引了老年消费者，倩碧迎合中年妇女，MAC迎合年轻的消费者，Aveda针对芳香疗法爱好者，Origins则吸引那些想要由天然成分制成的化妆品的、有较强生态意识的消费者。这种策略的优点是，企业在产品设计或宣传推广上能有的放矢，分别满足不同特征消费者的需求，从而增加产品的总销售量；同时，还可使企业在细分小市场上占有优势，从而提高企业的市场竞争力。

3. 集中性营销

集中性营销也称为利基市场营销（Niche marketing），是指企业集中所有力量，以一个或少数几个性质相似的细分市场作为目标市场，试图在较小的子市场里取得较大的市场占有率。实行这种策略的企业，它们期望的不是在较大的市场上拥有较小的份额，而是在较小的市场上拥有较大的份额。由于生产和营销的集中，企业可以深入了解和获得某一特定细分市场，并取得有利地位。集中性营销策略适合经营对象集中，对局部市场有比较深入的了解，信息反馈快，且在生产和销售方面实行专业化的企业。但该策略风险较大，如果目标市场突然变化或出现强有力的竞争者，企业就可能陷入困境。

4. 微营销

微营销是指定制产品和营销计划以适应特定个人和特定地区的需求。微营销包括本地营销和个人营销。

本地营销是指根据本地客户群体（城市、社区甚至特定商店）的需求定制营销策略。传统的本地营销主要针对小型企业，如具有单一门店的商店和餐馆。通信技术的进步催生了高科技版本的本地营销，使得越来越多的本地营销走向移动化。例如，抖音、美团、淘宝等一直在大力布局本地生活服务业务，帮助商家进行本地营销，根据用户兴趣进行附近门店推送。

个人营销是指根据个人客户的需求和偏好定制产品和营销计划。大众营销的广泛使用掩盖了几个世纪以来消费者被视为个体的事实：量身定制的西装，鞋匠为个人设计鞋子，橱柜制造商为个人/家庭定制家具。今天，新技术的发展——更详细的数据库、机器人生产和柔性制造，以及手机和互联网等互动媒体共同促进了大规模定制的发展。大规模定制是企业与大量客户进行一对一互动以设计适合个人需求的产品和服务的过程。个性化营销使企业与客户的关系比以往任何时候都更加重要。正如大规模生产是20世纪的营销原则一样，交互式营销正在成为21世纪的营销原则。红领的声名鹊起就在于其用规模工业生产满足了个性化需求，并研发出一个个性化定制平台——男士正装定制领域的大型供应商平台RCMTM（redcollar made to measure，红领西服个性化定制）。

三、差异化与市场定位

(一) 市场定位的定义

市场定位是在消费者心智中建立起有关产品或品牌的有别于竞争对手的独特联想的过程。企业根据竞争者的现有产品在细分市场上所处的地位，以及消费者对某些产品属性的重视程度，塑造出本企业产品与众不同的鲜明个性或形象，并传递给目标消费者，从而使其产品在细分市场上占有强有力的竞争位置。

(二) 市场定位地图

市场定位地图，也称为市场定位图或顾客感知图，用于帮助企业确定其产品或品牌在消费者心目中的位置。最直观的市场定位图可以用平面图的方式呈现（图7.5）。其中横轴代表消费者看重的某个因子，如产品质量；纵轴代表另一个重要因子，如价格；圆圈的大小代表特定产品或品牌的市场份额。当然，现实生活中，顾客可能是从多个维度感知企业产品及竞争产品，由此会形成多维的顾客感知图。市场定位图至少有两方面的重要作用：一是帮助企业确定其竞争产品都有哪些，二是帮助企业识别尚未开发或者竞争还没那么激烈的市场机会。

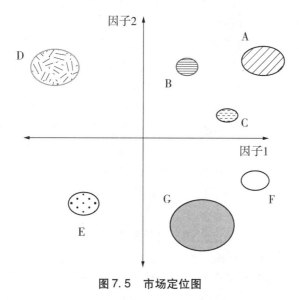

图7.5　市场定位图

(三) 差异化与市场定位的步骤

市场定位一般包括五个步骤：识别可能的差异点和竞争优势，选择合适的差异点和竞争优势，选择整体定位策略，创建品牌的定位声明，传递选定的市场定位。

1. 识别可能的差异点和竞争优势

竞争优势是指企业相对于竞争对手在市场上具备的独特性或优越性，使其能够获得更多的市场份额、提高客户忠诚度或增强盈利能力。企业可以从产品、服务、渠道、人员、形象等方面进行差异化，从而建立竞争优势。

（1）产品差异化。产品差异化可以通过产品的特性、性能、质量或创新来体现。例如，快餐店可能通过提供健康低脂的产品使自己与竞争对手区分开来，汽车制造商可以通过研发设计超大型发动机作为产品区分点。

（2）服务差异化。服务差异化可以通过提供卓越的顾客支持，包括快速响应、解决顾客问题、提供定制方案以及良好的售后服务等来体现。例如，一家航空企业可以通过细致周到的客户服务使自己与竞争对手区分开来。

（3）渠道差异化。企业还可以通过建立广泛的分销网络，确保产品更容易获得并接触到更多潜在客户来获得竞争优势。此外，有效的在线销售渠道也可以提高产品的可访问性，吸引在线购物者，进而获取竞争优势。

（4）人员差异化。企业也可以通过训练有素的人员差异化使自己与竞争对手区分开来。拥有高度专业知识和经验的员工可以提供更好的产品支持和客户服务，良好的团队合作和文化可以提高工作效率和客户满意度，等等。

（5）形象差异化。企业或品牌在消费者心目中的形象可以通过广告、市场营销和公关活动来得到提高，使其在市场中更容易被识别。例如，许多品牌都会聘请形象代言人以提高品牌知名度和识别度。

在识别可能的竞争优势时，企业需要审视上述五个方面，并确定本企业在哪些方面具备潜在的优势。这有助于企业更好地定位自己，提供独特的价值，并在市场中脱颖而出。

2. 选择合适的差异点和竞争优势

企业一旦识别出一个或多个潜在的，可用于建立竞争优势的差异点，下一步则需要谨慎选择合适的差异点，并在这些差异点上构建正确的定位战略。值得注意的是，企业应当避免选择过多差异点，这样可能会导致其定位的模糊化。换句话说，企业应当为每个产品确定一个或少数几个独特的销售主张（USP, unique selling point），并坚守这一个或少数几个 USP。

任何产品都可以进行不同程度的差异化。然而，并非所有差异化都是有意义或有价值的。有效的差异化应该能够为产品创造一个独特的卖点，即给消费者一个鲜明的购买理由。进行有效的差异化以建立合适的竞争优势，必须遵循以下基本原则：

（1）重要性。所选择的差异点必须为目标消费者带来实际的利益，满足他们某方面的需求。

（2）独特性。所选择的差异点应该是竞争对手没有提供的，或者如果竞争对手提供，企业应该以更出色的方式来实现这一差异点。

（3）优越性。所选择的差异点必须明显优于消费者通过其他渠道获得的相似利益。这将吸引消费者选择本企业的产品或服务而不是竞争对手的。

（4）可传播性。差异点必须容易被消费者看到、理解并广泛传播。这有助于建立企业声誉和口碑。

（5）排他性。竞争者应该难以模仿企业所选择的差异点。这有利于保护企业的市场地位，并防止其他公司轻松复制这一差异点。

（6）可负担性。目标消费者必须负担得起这个差异点，且愿意支付额外的费用。

（7）盈利性。企业投入资源和努力来实现这个差异点必须是可盈利的。差异点应该能够提高销售额、市场份额或客户忠诚度，从而带来经济回报。

通过遵循这些基本原则，企业可以更明智地选择竞争优势，为客户创造价值，从而实现品牌在市场中的成功定位。

3. 选择整体定位策略

企业的整体定位被称为企业的价值主张（value proposition）。这个概念传达了企业在市场中的独特性和带来的全部好处。它回答了一个关键问题："我为什么要选择这个企业/品牌/产品？"在市场上，通常会有多家不同的企业，每家企业都可以在不同的位置上取得成功。因此，每家企业都必须精心制定自己的定位战略，以确保在目标消费者眼中具有独一无二的吸引力。例如，宝马的"终极驾驶机器"价值主张强调性能，同时也融入了豪华和设计元素。尽管其价格高于平均水平，但对于这种价值组合来说，消费者普遍认为是物有所值的。

图 7.6 展示了企业可能采用的各种价值主张。在图中，左上角至右下角的五个白色和灰色方格代表成功的价值主张，这些差异化和定位使得公司具备竞争优势。左下角的三个深色方格代表失败的价值主张，中间的一个浅色单元格则代表中间地带。接下来，依次介绍五种成功的价值主张策略：多换多，等量换多，少换等量，少换少，少换多。

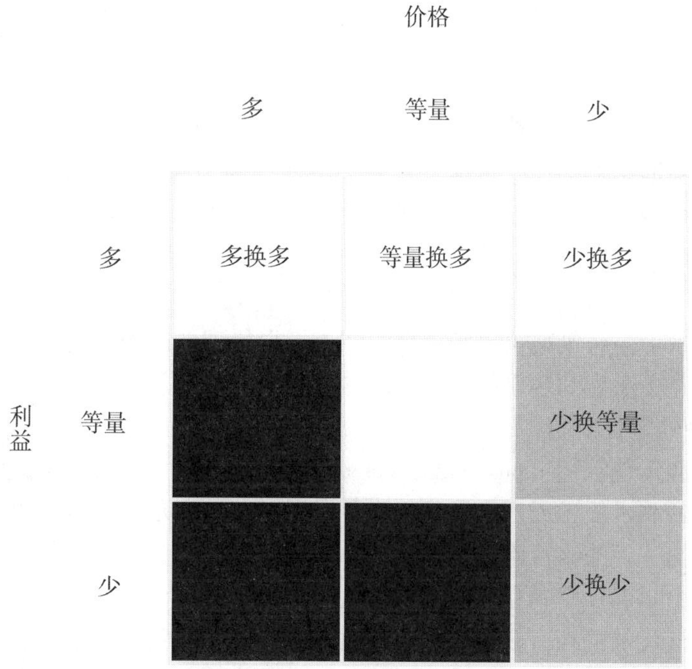

价格

	多	等量	少
多	多换多	等量换多	少换多
等量			少换等量
少			少换少

利益

图 7.6 可能的价值主张

（1）多换多。这种定位策略下，企业提供最高档次的产品或服务，并收取高价格。这些产品不仅提供卓越的质量，还为买家带来声誉和社会地位。它象征着地位和更高档的生活方式。例如，四季酒店、劳力士手表、梅赛德斯汽车等都宣称具有卓越的品质、工艺、耐用性、性能或风格，因此能够收取更高的价格。尽管多换多策略能够实现盈利，但也存在脆弱性，因为它常常会吸引声称提供相同质量但价格更低的模仿者。例如，星巴克现在正面临来自瑞幸咖啡和麦当劳等快餐咖啡竞争对手的挑战。此外，在经济低迷时期，当消费者在支出方面更加谨慎时，那些在经济繁荣时期表现良好的高端品牌也可能面临风险。

（2）等量换多。企业可以采用等量换多策略来挑战竞争对手的"多换多"定位。这种策略是以更低的价格提供与竞争对手相同质量的产品或服务，以吸引消费者。例如，与梅赛德斯和宝马相比，丰田推出了雷克萨斯系列。通过广泛传播的广告和汽车杂志上的好评，雷克萨斯将自己与梅赛德斯汽车进行比较，强调自己的高品质和相对较低的价格。

（3）少换等量。以更低的价格提供相同质量的产品是一个强有力的价值主张——每个人都喜欢物超所值。沃尔玛等折扣店以及百思买（Best Buy，全球最大的家用电器和电子产品零售企业）等"品类杀手"均采用了这种定位。他们并不声称提供不同或更好的产品；相反，他们提供许多与百货商店和专卖店相同的产品，但基于卓越的采购力和低成本运营，他们可以提供大幅折扣。其他公司也会推出类似但价格更低的产品，以吸引客户舍弃市场领导者。例如，亚马逊推出的 Kindle Fire 平板电脑的售价远低于 Apple iPad 或三星 Galaxy 的同类产品。

（4）少换少。通过以更低的价格提供质量或性能较低的产品或服务，可以吸引那些对价格敏感或对高性能不感兴趣的消费者。例如，在某些情况下，消费者愿意在性能或功能方面牺牲一些，以换取更低的价格。例如，许多寻求住宿的旅行者可能不愿意为他们认为不必要的额外设施——游泳池、餐厅或洗漱用品等付费。因此，一些经济型连锁酒店取消了这些设施，同时降低了价格。

（5）少换多。一些公司可能会在初期采用"少花钱多办事"的价值主张，以快速占据市场份额。然而，从长远来看，公司会发现维持这种定位策略可能具有挑战性。尽管通过低价格可以吸引消费者，但这可能导致利润下降，因为提供更多通常涉及更高的成本。这种策略在初创企业中常见，如瑞幸咖啡在初期采用补贴来快速获取客户的例子："新客免费喝咖啡""一杯只需 5 元"。然而，长期来看，公司会面临难以维持"少花钱"的价值主张的挑战。

这些不同的价值主张策略可以帮助企业在市场中找到自己的独特定位，吸引不同类型的消费者，并在竞争激烈的环境中脱颖而出。

4. 创建品牌的定位声明

定位声明也叫定位陈述（positioning statement），是以文字形式对企业定位战略做出的高度概括，是对品牌、服务或产品如何比竞争对手更好地满足消费者需求的简短描述。定位声明可以被视为一种战略性沟通工具，旨在向企业利益相关者传递其定位战略的核心内容，以凝聚内外力量确保营销目标的达成。

定位声明应该足够清晰，以指导和评估企业的决策。有效的定位声明应当包括以下关键要素：①产品为消费者提供的可靠承诺：定位声明首先应该明确指出产品为目标消费者提供的核心价值和承诺。这个承诺应该明确、简明扼要，能够通过短语或句子表达出来。②产品如何实现该承诺：定位声明还应该概述产品是如何实现这一承诺的。这可以包括产品的特征、功能或独特的方法，使产品能够履行承诺。③与竞争对手的差异化：定位声明应明确阐述产品与竞争对手相比的不同之处，以突出产品的独特性和竞争优势。

5. 传递选定的市场定位

一旦确定了市场定位，企业必须采取坚定统一的营销组合策略，以向目标消费者传达和提供期望的市场定位。企业所有营销策略都必须有针对性地支持其市场定位战略。市场定位不仅仅是一句口号，更需要具体的行动。例如，如果一家公司将其产品定位为"高档"，那么它必须首先确保其产品真正具备高质量，这可能需要采取措施来提高产品的制造质量和性能；需要制定相应的价格策略，以反映出高质量产品的价值；需要建立与高质量产品相匹配的分销渠道；在广告和宣传方面，需要选择高质量的媒体，并传递与"高档"相关的宣传信息。这些支持性工作需要企业招聘和培训更多的工作人员，寻找具有良好声誉的零售合作伙伴，并开发能够传达其高质量产品特点的广告信息。这是建立一致且可信的"多换多"市场定位的不可或缺的步骤。

然而，提出一个出色的市场定位策略通常比实施它更容易。建立新的市场定位或改变现有市场定位往往需要较长的时间。与此相反，一个经过数年建立的市场定位有可能在很短时间内就丧失掉。一旦企业建立了理想的市场定位，就必须保持一致性，通过持续的绩效和沟通来巩固这一市场定位。企业的市场定位不应该突然变化，这可能会让消费者感到困惑，而应该根据不断变化的市场环境逐步进行调整和演化。企业必须密切监测市场，以适应消费者需求和竞争对手战略的变化，确保市场定位保持相关性和吸引力。只有这样，企业才能在竞争激烈的市场中保持可持续的优势。

第四节　企业营销策略决策

如果说企业的营销战略主要确定企业将要服务于哪一部分人群，以及将要为这一部分人群提供什么样的价值，那么企业的营销策略决策则主要确定企业将要如何在业务层面上实施自己的战略。本小节将基于经典的营销 4P 分析框架，来分析企业的营销策略决策。4P 由美国市场营销学家麦卡锡（McCarthy）于 1960 年提出。[①] 麦卡锡将不同的营销活动分成四大类营销组合工具，即营销中的 4P：产品（product）、定价（price）、渠道（place）与促销（promotion）（图 7.7）。

（1）产品策略。主要是指企业以向目标市场提供各种满足消费者需求的有形和无形产品的方式来实现其营销目标。其中包括对与产品有关的品种、规格、样式、质量、包装、特色、商标、品牌以及各种服务措施等要素的组合和运用。

（2）定价策略。主要是指企业以按照市场规律制定价格和变动价格等方式来实现其营销目标，其中包括对与定价有关的基本价格、折扣价格、津贴、付款期限、商业信用以及各种定价方法和定价技巧等要素的组合和运用。

（3）渠道策略。又称分销策略，主要是指企业以合理地选择分销渠道和组织商品流通的方式来实现其营销目标，其中包括对与分销有关的渠道覆盖面、商品流转环节、中间商、网点设置以及储存运输等要素的组合和运用。

（4）促销策略。主要是指企业以利用各种信息传播手段刺激消费者购买欲望，促进产品销售的方式来实现其营销目标，其中包括对与促销有关的广告、人员推销、销售促进、公共关系等要素的组合和运用。

---

① E. J. McCarthy, *Basic Marketing*：*A Managerial Approach*, Homewood, Ill：Richard D. Irwin, Inc.，1960.

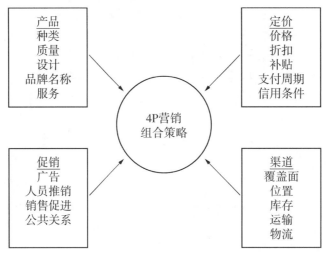

图 7.7　营销组合策略

一、产品策略

产品策略是营销组合策略中最重要也是最基本的。企业在制定营销组合策略时，首先必须决定生产什么样的产品来满足目标市场的需求。同时，产品策略还会直接或间接地影响定价、分销和促销。产品策略是整个营销策略决策的基石。

（一）产品的概念和层次

产品是指任何可以满足消费者的需求和欲望的东西，包括有形的产品、服务、体验、事件、人物、场所、产权、组织、信息和想法等。

企业向消费者提供的产品往往同时包括了有形的实体，以及无形的服务和体验。在进行产品规划的时候，营销人员需要考虑到产品的不同层次（图 7.8）。

第一个层次，也是最关键的层次是核心价值（core value），是指向顾客提供的产品的基本效用或利益。从根本上说，每一种产品实质上都是为解决问题而提供的服务。当进行产品设计的时候，营销人员首先需要明确顾客购买企业的产品究竟是想要解决什么问题，他们究竟想要获得的是什么。例如，人们购买咖啡并不仅仅是想要获得一杯咖啡，而是人们希望通过饮用咖啡获得饱满的精神状态；人们购买化妆品也不仅仅是因为其品牌形象，而是出于人们对于美丽的追求。

第二个层次是基本产品（actual product）。在确定了产品的核心价值后，营销人员需要思考以何种形式向消费者提供这些价值。例如，ipad 便是一个基本产品，它将人们对上网、娱乐甚至是身份认同等需要都集合到这样一个有形的实体中来。

第三个层次是期望产品（augmented product）。即围绕着产品核心价值和基本产品，顾客还希望得到的与产品密切相关的一整套属性和条件。例如，人们在购买家用电器时，还希望能够得到产品保修等服务。期望产品是产品核心价值与基本产品的延伸，是产品的附加利益，也是产品竞争能力的重要组成部分。

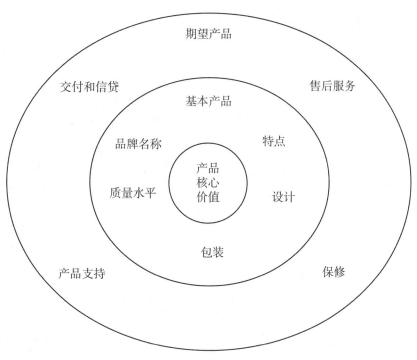

图7.8 产品的三个层次

（二）产品的分类

一般来讲，可以将市场上的产品分为消费品（consumer products）和工业品（industri-al products）两大类型。这两者主要的区别在于人们的购买目的不同：消费品是指那些由终端消费者出于个人目的而购买的产品，工业品是指那些购买者以社会再生产为目的而购买的产品。此外，这两者所需要应用的营销推广方式也不相同。本小节将关注消费品的进一步分类以及对应的营销侧重点（表7.6）。

表7.6 不同类型消费品的营销重点

市场考虑	消费品类别			
	便利品	选购品	特殊品	非渴求品
消费者的购买习惯	经常购买；很少进行购买计划；很少进行产品比较；较低的顾客涉入度	较低的购买频率；需要详细的购买计划和购物努力；会在产品价格、质量和风格间进行不同品牌的比较	较强的品牌偏好和品牌忠诚度；需要付出特别的购买努力；较少的品牌之间的比较；较低的价格敏感度	对于产品的关注和了解较少，甚至可能是没有兴趣或不感兴趣
价格	低价	较高的价格	高价	不同产品有不同的价格

续表

市场考虑	消费品类别			
	便利品	选购品	特殊品	非渴求品
分销渠道	渠道较广；地点便利	有选择性的分销以及较少销售店铺	特殊的分销渠道，每个营销区域只有几家店铺	不同产品有不同的渠道
促销	生产者会发起大力度促销	生产者和再销者都会进行广告宣传和人员推销	生产者和再销者都会开展有针对性的促销	生产者和再销者都会开展相对大胆的广告和人员销售
例子	牙膏、杂志和洗衣凝珠	家用电器、电视机、家具和服装	奢侈品，如水晶饰品	人寿保险、百科全书

依据购买方式的不同，消费品又可以进一步细分为便利品（convenience goods）、选购品（shopping goods）、特殊品（special goods）与非渴求品（unsought goods）。

便利品是指消费者经常购买的产品或者服务（如牙膏、杂志和洗衣凝珠等），且在购买这些产品时，消费者不需要太多深入的思考和比较。便利品往往价格较低，在街边小店就可以轻易获得。此外，便利品的促销活动往往直接由其生产者发起。

选购品是指消费者在选购过程中，对适用性、价格、质量、功能和式样等基本方面需要做全面权衡和比较的产品，如家用电器、电视机、家具和服装等。选购品价格往往比便利品稍高，且只能在大型的超市或商场获得。无论是生产者还是零售商，都会围绕选购品开展一系列的促销活动。

特殊品是指消费者愿意做出特殊的购买努力的具备独有特征或者品牌标记的产品，如球星签名的球衣、首次放映的电影、限量款式的化妆品或者女士拎包、专业型号的立体声音响、高档专业摄影设备等。消费者在购买特殊品时，往往具有比较强烈的个人品牌偏好，很少去进行品牌之间的比较且有着比较低的价格敏感度。特殊品的价格一般比较高，有着独特的分销和购买渠道。营销人员在推广特殊品的时候，更需要对其目标客户进行有针对性的推广。

非渴求品是指消费者不了解或者即便了解也不是很想购买的产品，如人寿保险、百科全书等。非渴求品的价格不一，分销渠道多样。非渴求品的销售需要大量广告和人员推销等营销努力。

（三）产品决策

营销人员在制定与产品相关的决策的时候，需要考虑三个方面的内容：单个产品决策（individual product decisions）、产品线决策（product line decisions）以及产品组合决策（product mix decisions）。

1. 单个产品决策

在进行单个产品决策时，营销人员首先需要明确产品或服务将会向消费者提供哪些核心价值。这些核心价值则通过产品的属性、品牌、包装、标签以及相关的支持服务传递给消费者。

（1）产品属性（product attributes）。产品属性包括产品的质量、特点、风格和设计。

产品质量（product quality）。衡量产品质量有两个维度：水平和一致性。在开发新产品时，营销人员必须首先依据产品定位，选择一个合适的产品质量水平。这里的质量水平是指产品执行其功能的能力水平，即产品的性能质量。例如，劳斯莱斯比雪佛兰提供更高的性能质量，前者乘坐起来更加平稳、舒适，给人感觉也更加豪华。一般而言，企业很少试图去提供尽可能高的产品质量，因为能够负担得起高质量产品的消费者并不多。企业会选择与其目标市场需求和竞争产品的质量相匹配的质量水平。一致性则是指企业的产品质量控制能力，即是否能够保持产品质量的稳定。所有的企业都应该保持较高的质量一致性。尽管雪佛兰与劳斯莱斯的质量不在同一个水平，但是雪佛兰可以稳定且恒久地向自己的目标顾客提供他们所期望的产品。

产品特点（product features）。每个产品都应该有其独特之处。企业也应该想办法向消费者提供具有差异化的产品和服务。某些属性的首次应用往往会成为企业的重要竞争优势。那么企业应该如何识别新功能，如何决定将哪些功能添加到其产品中呢？企业需要定期对消费者进行调查，询问他们关于产品喜好、产品独特性感知、产品改进等方面的想法或意见。

产品的风格和设计（product style and design）。一种增加产品竞争优势的办法是应用有区别性的产品风格和设计。产品风格（product style）是指产品的外观，既可以是吸引眼球的，也可以是低调内敛的。一个好的产品外观设计应该兼具吸引力与美的感受。产品设计（product design）是产品一系列综合特征的体现，会影响消费者对于产品外观、感觉以及功能的评价。设计良好的产品将会对产品的销售产生极大的帮助。

（2）产品品牌（product brand）。品牌是一个由名称、标志、符号以及设计组成的集合。消费者将品牌看作产品的重要组成部分，品牌也可以增加产品的价值。消费者会给品牌赋予独特的意义，并且与品牌之间建立联系。因此，品牌的意义早已超过了一个产品的物理属性。例如，可口可乐不单单是一个饮料品牌，更是一种自由活力的象征。品牌可以向消费者传递产品质量信息，彰显产品所拥有的独特品质，帮助消费者识别产品。因此，品牌可以在许多方面帮助营销人员开展营销。

（3）产品包装（product package）。产品包装主要指产品的外包装设计。在过去，产品包装的基础作用是存放并且保护产品。现在，产品包装也成为一种重要的营销工具。合适的产品包装可以吸引消费者的注意力、传递产品定位信息甚至是促销信息。企业也已经意识到，产品的外包装可以帮助消费者迅速识别出自己的产品。尤其是在商品众多的超市中，让消费者能迅速识别出自己的产品非常重要。

（4）产品标签（product labels）。产品的标签可以复杂，也可以简单。产品的标签有许多不同的功能。最核心的功能是产品或品牌的标识。例如，苹果上贴着的红富士标签，使得这只苹果区别于其他的苹果。产品的标签还告诉消费者，是由谁在何时何地生产了该产品，以及如何安全地使用该产品。

（5）产品支持服务（product support services）。产品支持服务是顾客体验的重要组成部分。营销人员设计支持服务的第一步是定期调查消费者，以评估当前服务的价值并获得有关于新服务的想法。然后，企业可以采取措施解决相关问题，或是添加新的服务。这样做既能让消费者满意，又能为企业带来利润。许多企业现在都借助智能电话、邮件、交互式语音服务或数据科学等技术，来提供以前难以做到的产品支持服务。例如，小米建立了专属的用户交流网站来收集用户的反馈，以便改进自己的服务。

2. 产品线决策

产品线是指同一产品种类中，一组密切相关的产品。这些产品可能具有相似的功能、相同的目标顾客、相同的销售网点和渠道，或是在同一价格范围之内。

产品线策略中最重要的部分是产品线的长度。营销人员需要定期分析产品线上的产品数量、产品销量和最终利润，以确定这条产品线上产品的数量。如果营销人员还可以增加产品类别来盈利，那么这条产品线就还不够长；如果营销人员需要通过减少产品种类来确保盈利，那么这条产品线就太长了。

企业有两种扩张产品线的方式：产品线扩展和产品线填补。产品线扩展指企业将其产品线延伸到现有范围之外。企业可以向下、向上或者同时朝着两个方向来延伸自己的产品线。向下扩展意味着企业要引入价格更低的产品。这样做可以帮助企业获取低端市场存在的增长机会。向上扩展意味着企业要进入高端市场。企业向上延伸产品线可以增加现有产品线的声望。一些企业也有可能因为被高端产品所带来的高额利润和增长空间吸引而选择向上扩展战略。产品线填补是在当前产品线上增加产品的类别。这样做可以获取额外的利润，充分利用产能，有利于成为领先的全产品线公司，而且可以阻止竞争对手来填补市场空隙。

3. 产品组合决策

产品组合（product mix）是指一个企业生产经营的所有产品线和产品项目的组合方式，也即全部产品的结构。

产品组合有四个重要的维度：宽度、长度、深度和关联度。①产品组合的宽度是指产品线的总量，产品线越多意味着企业的产品组合越宽。例如，宝洁公司拥有牙膏、纸巾、洗涤剂等多条产品线。②产品组合的长度是指各产品线包含的产品项目总数。例如，宝洁公司在洗发用品这个类目下，有飘柔、潘婷等多个针对不同人群需求的洗发产品品牌。③产品组合的深度是指产品线中每一个产品所提供的品种。例如，海飞丝这一个品牌就提供了几种不同香味的洗发水。④产品组合的关联度是指各种不同产品线在最终用途、生产要求、分销渠道或其他方面密切相关的程度。例如，宝洁的各条产品线具有较高的关联度，且宝洁的产品大都有着相似的分销渠道。

这些产品组合维度为制定企业的产品战略提供了依据。企业可以通过四种方式扩大业务：①增加新的产品线，扩大产品组合。通过这种方式，它的新产品线建立在企业其他产品线的声誉之上。②延长其现有的产品线，成为一个更业务更加全面的公司。③通过添加每种产品的更多版本，来深化其产品组合。④提高或降低产品线之间的一致性，这取决于企业希望在单一领域深耕，还是在多个领域多元经营。

（四）新产品的引入策略与产品生命周期理论

新产品是指企业自己研发的原创产品，或对现有产品的改进、产品修改，以及引入新的品牌。企业可以通过两种方式引入新产品。一种是通过合并或收购其他企业从而获得产品生产的许可。另一种是企业自己研发新产品。新产品对消费者和营销人员都非常重要，新产品为消费者带来了新的需求解决方案和更多的产品选择空间，也是企业利润增长的关键来源。在当今快速变化的环境中，许多企业的增长都依赖于新产品。

1. 新产品的开发

新产品的开发流程一共有八个步骤（图7.9）：

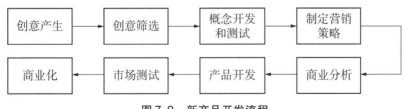

图 7.9　新产品开发流程

（1）创意产生。企业需要系统地寻找新的产品创意。一家企业通常会产生数百个甚至数千个想法来寻找一些好的新产品的创意。创意来源包括内部来源（公司员工）和外部来源（如消费者、竞争对手、分销商和供应商）。

（2）创意筛选。接着，企业需要对产生的大量创意进行筛选，舍弃那些不符合需求、质量不佳的创意，保留好的创意。由于新产品开发的成本巨大，企业必须尽量找出那些可以带来盈利的产品创意。

（3）概念开发和测试。选取了合适的创意之后，下一步需要做的就是将其转变为一个切实的产品概念。产品创意是从企业的角度出发，强调企业可以向市场提供何种新的解决方案。产品概念则是从消费者的角度出发，用消费者可以理解的语言来描述产品。

（4）制定营销策略。接下来，就需要围绕新产品概念来制定合适的营销战略，需要涵盖以下三点：第一，新产品的目标市场，即价值主张、销售额、市场份额和利润目标；第二，产品上市后第一年的计划价格、分销渠道和营销预算；第三，新产品的长期销售计划、利润目标和营销组合策略。

（5）商业分析。一旦确定了产品概念和营销策略，就可以对新产品进行业务分析，包括对于销售、成本和利润的评估，以衡量新产品是否可以实现企业的目标。

（6）产品开发。产品概念仅仅是通过文字、图纸或原始模型来描述新产品。如果产品概念通过了商业分析，接下来需要进行产品开发，将产品概念开发为物理上存在的产品。

（7）市场测试。产品开发后，需要进行市场测试，即在现实的市场中采用预先制定的产品营销计划。营销人员可以根据市场的反馈来调整营销策略。

（8）商业化。如果市场测试的结果显示新产品的市场反馈不错，那么营销人员就可以正式向市场上推广新产品了，即进行真正的商业化推广。将新产品推向市场将面临高昂的成本：企业可能需要建造或租赁一个全新的生产设施，并且在广告宣传上花费高额的费用。

2. 产品生命周期曲线

每种产品都有一个生命周期（图7.10）：

（1）开发期。当企业提出一个新的产品理念时，产品开发就开始了。在产品开发过程中，销售额为零，企业的投资成本不断上升。

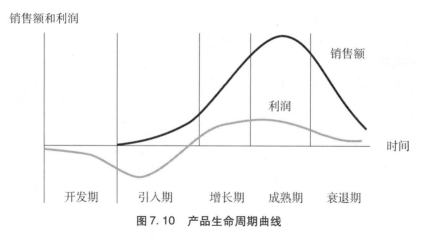

图 7.10　产品生命周期曲线

（2）引入期。产品上市后，销售增长缓慢。由于产品引入费用巨大，这一阶段利润往往为负。

（3）增长期。产品被市场快速接受，并且带来的利润不断增加。

（4）成熟期。产品的销售增长放缓。此时，新产品已被大多数潜在消费者接受。企业为保护产品的竞争优势而增加营销支出，产品带来的利润趋于稳定或下降。

（5）衰退期。产品的销售额与利润开始下降。

二、定价策略

狭义的价格是指消费者为了获取某种产品或服务而支付的金额，广义的价格则是消费者为了获得拥有或使用产品或服务带来的利益而放弃的所有价值的总和。价格一直是影响消费者选择的主要因素。近几十年来，非价格因素变得越来越重要。即便如此，价格仍然是决定企业市场份额和盈利能力的最重要的因素之一。定价是营销组合中唯一可以产生收入的要素，所有其他要素都会带来成本的增加。价格也是最能够灵活调整的营销组合要素之一。

（一）定价方法

1. 基于消费者价值的定价（customer value-based pricing）

基于消费者价值的定价将消费者对价值的感知作为定价的关键。这种定价方式意味着营销人员不能在设计产品和制定营销计划之后才考虑价格的设定。在制定营销计划之前，价格与所有其他营销组合变量都需要考虑。

这一观点认为，消费者会决定产品的价格是否合适。与其他营销组合决策一样，定价决策必须从分析消费者需求和价值感知开始。当消费者购买产品时，他们交换有价值的东西（价格）以获得想要的其他有价值的东西（拥有或使用产品的好处）。有效的、以消费者为导向的定价涉及了解消费者对其从产品中获得的利益的重视程度，并且会提出一个可以体现这个价值的价格，由此决定了可能产生的成本以及最终的产品设计。

一般来讲，企业很难量化消费者对于自己的产品的价值感知。例如，计算一顿饭的原材料成本很容易，但是计算这顿饭在消费者心目中的价值（如彰显品位、对于环境的评价、心情上的放松）就不那么容易了。后者是一种更加主观的价值，不同的消费者有着不一样的衡量标准。

2. 基于成本的定价（cost-based pricing）

消费者感知价值决定了价格的上限，产品的成本则决定了企业可以制定的价格下限。基于成本的定价需要考虑产品的生产、分销和销售过程中产生的成本。在一个企业的定价策略中，成本是最重要的影响因素之一。两种定价方法的区别如图 7.11 所示。

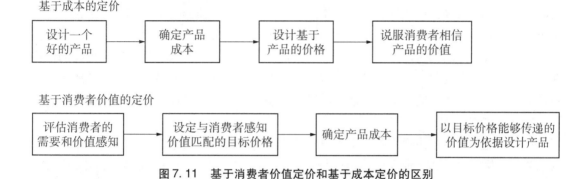

图 7.11　基于消费者价值定价和基于成本定价的区别

有些企业，如沃尔玛、西南航空公司，致力于成为低成本企业，从而可以设定较低的价格，尽管这样做利润率较低，但销售额和总利润较高；有些企业，如苹果公司、好利来集团（拥有高端蛋糕品牌"黑天鹅"），则愿意为产品支付更高的成本，以增加产品的价值，向消费者收取更高的费用，进而也会有更高的利润。

产品成本是进行定价时的重要影响因素，基于成本的定价通常是由产品驱动的。企业设计了其认为是好产品的产品，并设定涵盖成本和目标利润的价格。然后营销人员必须说服消费者，产品的价格是合理的。

3. 基于竞争的价格（competition-based pricing）

基于竞争的定价要求企业根据竞争对手的策略、成本、价格和产品设定价格。消费者会依据同类产品的价格来判断企业提供的产品价格是否合适。在评估竞争对手的定价策略时，企业应该先思考以下几个问题：

第一，在消费者价值方面，本企业的产品与竞争对手的产品相比如何？如果消费者认为本企业的产品或服务提供了更大的价值，那么可以向他们收取更高的价格；如果消费者认为与竞争产品相比本企业的产品价值较低，那么企业要么接受较低的价格，要么努力改变消费者的看法，以证明企业收取较高的价格是合理的。

第二，当前竞争对手的竞争实力如何？他们的定价策略是什么？如果竞争对手的规模较小，且制定了相对于产品价值更高的价格，那么企业可以适当下降自己的产品价格；如果竞争对手的实力更加雄厚且产品价格更低，那么企业应该考虑增加产品的附加价值，并挖掘需求还未被完全满足的市场。

价格决策的制定需要考虑一系列复杂的因素，如企业、环境和市场竞争力。企业往往不会为自己的产品设定单一的价格，而是制定涵盖不同项目的完整的价格体系。这个价格体系会随着产品生命周期的变化而变化。企业会依据成本与需求的变化来调整价格，利用价格的变化来应对激烈的市场竞争。

（二）新产品定价

在新产品上市时的定价对于企业来说最具有挑战性，企业可以采取市场撇脂定价（market-skimming pricing）或市场渗透定价（market-penetration pricing）。

1. 市场撇脂定价

许多企业在新产品刚刚上市时，设定了较高的初始价格，并一层一层地从市场上获取利润。例如，苹果经常使用这种价格策略。当苹果首次推出 iPhone 时，其初始价格为每部手机 599 美元，而后价格不断降低。这种定价方式被称为市场撇脂定价。

不是所有的产品都适用于这种定价方式。首先，产品的质量和外观必须与较高的价格匹配，要有足够多的愿意支付高价的消费者。其次，生产成本不能过高，否则不能获取到足够多的利润。最后，竞争对手不能轻易进入当前市场并以低价提供类似的产品。

2. 市场渗透定价

一些企业采用市场渗透定价，即不通过设定较高的初始价格来获取利润，而是设定较低的初始价格，以快速、深入地渗透市场，迅速吸引大量消费者，赢得较大的市场份额。较高的销售量有利于减少生产成本，使得企业可以进一步降低产品价格。

这种低价策略发挥优势需要几个条件：首先，市场上的消费者必须是价格高度敏感的，这样低价才有可能带来更多的市场增长。其次，生产和分销成本必须随着销售量的增加而降低。最后，低价必须有助于阻止竞争，渗透价格必须保持其低价地位；否则，低价也只是企业暂时的竞争优势。

（三）产品组合定价

当某个产品也是一个产品组合的一部分时，企业也应当调整产品的价格策略。企业需要寻找能够使得总产品组合利润最大化的一组产品价格。

1. 产品线定价（product line pricing）

企业通常是开发一条或者几条产品线，而不是单一的产品。在进行产品线定价时，应考虑到生产线中产品之间的成本差异，以及消费者对不同产品价值感知上的差异。

2. 可选品定价（optional product pricing）

许多企业采取可选品定价的方式来辅助产品的销售。例如，购车者可以选择订购导航系统和高级娱乐系统；冰箱配有可选制冰机；订购一台新电脑时，你可以从一系列处理器、硬盘、对接系统、软件选项和服务计划中进行选择。企业必须决定哪些项目包括在基础定价中，哪些项目作为可选项提供。

3. 附属产品定价（captive product pricing）

附属产品，即必须与主产品一起使用的产品，例如刀片墨盒、视频游戏、打印机墨盒和电子书，主产品分别为刀片、游戏机、打印机和电子书阅览器。主产品的生产商通常将主产品的价格定得较低，而设定较高的附属产品的价格。例如，亚马逊推出了 Kindle - Fire 平板电脑，价格低至 199 美元，每台电脑预计损失 10 美元；但是，其可以通过出售电子书来盈利。

4. 副产品定价（by-product pricing）

企业在生产产品和服务时通常会产生副产品。如果这些副产品也能够向消费者提供一定的价值，那么企业也可以向消费者收取一定的费用来交换这些副产品。例如，果汁企业生产果汁时产生的水果残渣可加工成动物饲料出售。企业通过副产品定价，为这些副产品寻找市场，以帮助抵消这些副产品的处置成本，并帮助提升企业主要产品的竞争优势。

5. 产品捆绑定价（product bundle pricing）

捆绑定价，即卖家将多个产品组合在一起进行销售。例如，快餐店以组合价格捆绑汉堡、薯条和软饮料。捆绑定价可以促进消费者去购买那些不太常购买的产品；但是，产品组合的价格必须足够低，才能吸引消费者购买捆绑的产品。

（四）公共政策与定价

在自由竞争市场中，价格竞争非常关键。企业在制定产品价格时，还需要考虑到公共政策的影响，并不能随心所欲地制定价格。许多地方都有着关于定价公平的规定。此外，企业还应当从社会当前存在的问题的角度来考虑定价。例如，在制定价格时，制药公司必须平衡其开发成本和利润目标与药物消费者的支付能力。

三、渠道策略

企业在生产和销售产品时，不仅仅要与消费者建立良好的关系，还要与其原材料供应商、关键的经销商建立良好的关系。一条完整的供应链由上游和下游合作伙伴组成。供应链的上游是一组提供生产产品或服务所需的原材料、组件、零件、信息、财务和专业知识的企业。传统的营销管理方式更加注重供应链的下游，即面向消费者的下游营销渠道的合作伙伴，如批发商和零售商。

（一）渠道的重要性

很少有企业直接向最终用户销售产品；相反，大多数企业通过中间商将其产品推向市场。他们试图打造一个营销渠道（或者说分销渠道），即一组相互依存的、帮助消费者或企业用户获得产品或服务的组织。

企业的渠道决策将直接影响到其他营销决策。产品定价取决于该企业是与全国折扣连锁店合作，还是使用高质量的专卖店，还是直接在线销售给消费者。企业所采取的营销沟通决策取决于渠道合作伙伴的需要。企业的新产品开发决策则可能取决于这些产品与其渠道成员的能力的匹配程度。

很少关注分销渠道的企业往往会损失巨大。也有许多企业通过良好的渠道管理来获得企业的竞争优势。例如，苹果通过 iTunes 销售 iPod 音乐，颠覆了零售音乐业务；联邦快递的创新且强大的配送系统使其成为快递行业的领导者；亚马逊通过不使用实体店销售任何东西，成为互联网上的沃尔玛。

分销渠道决策通常涉及对其他企业的长期承诺。例如，福特、麦当劳或惠普等公司可以轻松更改其广告、定价或促销计划，可以废弃旧产品，并根据市场需求推出新产品；但是，当他们通过与特许经营商、独立经销商或大型零售商签订合同来建立分销渠道时，即使情况发生变化，他们也不能轻易地用企业拥有的商店或互联网网站来取代这些渠道。因此，管理层必须谨慎设计其渠道，同时考虑当下可能的销售环境和未来的销售环境的变化。

（二）渠道的功能和流程

营销渠道执行的任务是把产品从生产者那里转移到消费者手中，它填补了产品、服务与实际需求在时间、空间和所有权方面的缺口。营销渠道上的成员执行一系列重要的功能：收集市场中潜在和现有的消费者、竞争者以及其他相关参与者的信息；设计和传播具有说服力的广告信息来刺激消费者购买；获得资金，为营销渠道不同层级的存货提供资金；评估开展渠道工作涉及的风险；提供连续的存货和实物产品的搬运；为购买者的付款提供银行或其他金融机构的服务；监督组织或个人之间的实际所有权转移；等等。

渠道中有些功能（如储存和运输、所有权转移）构成了企业流向消费者的正向流动活动，另一些功能（如订货和付款）构成了消费者到企业的反向流动活动，还有一些功能（如信息、谈判、筹资和承担风险）是双向流动。

一个销售实体产品和服务的制造商需要三个渠道为它服务：销售渠道、送货渠道和服务渠道。它们具有三个共同点：①使用稀缺资源；②常常可以通过专业化而更好地发挥作用；③在渠道成员之间可以转移。

（三）渠道成员之间的交互

分销渠道不仅仅是一个由动态联系的几个企业组成的简单集合，更是一个复杂的行为系统。不同的企业和个人通过渠道来实现彼此的目标。有些渠道系统由松散的组织构成，有些渠道系统则由正式的组织建立并引导。此外，渠道系统并不会一成不变，新的中间商不断涌现，渠道系统也在不断发展和变化。

在营销渠道中，所有成员都彼此依赖。例如，福特经销商依赖福特设计满足消费者需求的汽车；反过来，福特依靠经销商来吸引消费者，说服他们购买福特汽车，并提供售后服务。每个福特经销商还依赖其他经销商提供良好的销售和服务，以维护品牌的声誉。事实上，单个福特经销商的成功取决于整个福特营销渠道与其他汽车制造商渠道的竞争程度。

每个渠道成员在渠道中都扮演着特殊的角色。例如，生产商的作用是生产消费者喜欢的产品。渠道商的作用是在便利的地方展示产品，回答消费者的问题并完成销售。当每个渠道成员都明确自己的角色并且充分发挥其作用时，渠道将发挥最大的效用。

理想情况下，由于单个渠道成员的成功取决于整个渠道的成功，因此，所有渠道上的企业都应该建立良好的合作关系。他们应该理解并接受自己的角色，协调彼此之间的活动，并进行合作以实现整体渠道目标。有些渠道上的成员也会为了自己短期最佳利益而单独行动，他们经常在谁应该做什么以及获得什么回报的问题上存在分歧。这种在目标、角色和奖励上的分歧会产生渠道冲突。

（四）渠道的管理

传统的营销渠道由一个独立的生产商、单一或多个批发商和零售商组成。每一个成员都作为一个独立的实体在追求自己的利润最大化，即使这一目的会以损害系统整体利益为代价也在所不惜。这种管理方式下，没有一个渠道成员能够有效控制其他成员。

垂直营销系统（vertical marketing system）则相反，它是由生产商、批发商和零售商所组成的一个联合体。作为渠道领导者的成员或是拥有其他成员，或是可以对其他成员授予特许经营权，或是拥有足够的实力使得其他成员愿意合作。垂直营销系统基于较强的渠道成员控制渠道的行为，并且试图消除成员在追求各自利益时所造成的冲突。垂直营销系统因其规模、谈判实力和重复服务的减少而获得效益。

水平营销系统（horizontal marketing system）由两个或两个以上相互独立的企业集中资源共同开发一个新的营销机会而建立。单个企业可能缺少资本、技术或资源，缺少冒险和承担风险的能力，因此需要和其他企业联合起来，以形成竞争优势。企业之间的联合行动可以是暂时性的，也可以是永久性的。

多渠道营销系统（multichannel distribution system）是指一整套贯彻统一营销策略和战术的、包含所有营销渠道的渠道网络。通过增加更多的渠道，企业可以提高市场覆盖率、降低渠道成本并且提供更多的定制销售。

（五）渠道的设计与管理

1. 分析消费者的需求

营销渠道是整体消费者价值交付网络的一部分。渠道商的每一个成员、每一个层次都会为消费者增加价值。因此，企业在设计营销渠道之前，首先要考虑：目标消费者希望从渠道中得到什么？消费者是想从距离自己比较近的地方购买商品，还是愿意前往距离更远，但商品更集中的地方购买？消费者是更愿意亲自购买、电话购买还是在线购买？是更加重视产品组合的广度还是更喜欢专业化的服务？消费者是否想要更多的附加服务（交付、安装、维修）？交付商品速度越快，提供的产品种类越多，提供的附加服务越多，渠道的服务级别就越高。

2. 设定渠道目标和约束

企业应该应用服务产出水平、成本和支持水平来描述渠道目标。一般来说，营销人员可以依据不同的服务产出水平的需求来识别细分市场，然后为不同的细分市场选择最佳的渠道。在每个细分市场中，企业都希望将满足消费者服务要求的总渠道成本降到最低。

企业渠道相关的目标还受到企业性质、产品、营销中介、竞争对手和环境的影响。企业的规模和财务状况决定了它可以自行承担哪些营销职能，以及必须由中介机构提供哪些营销职能。例如，销售易腐产品的企业可能需要更多的直接营销，以避免延误。

3. 识别主要渠道方案

每一种渠道（如从销售人员到代理商、分销商、经销商、直邮、电话销售和互联网等）都有各自的优势和劣势。销售人员可以处理复杂的商品和交易，但是聘用销售人员的费用高昂。使用互联网的成本比较低，但是无法处理复杂的商品交易。分销商可以帮助企业创造销售额，但是企业也因此失去了直接联系顾客的机会；分销商可以分摊企业销售代表的成本，但是其销售力度要比企业的销售人员弱一些。

不同的渠道方案在三个方面有所区别：中间商的类型、所需要的中间商的数目以及每个渠道成员的条件与责任。

4. 评估主要渠道方案

当企业已经确定了几个备选的渠道方案后，应当根据经济、可控性和适应性标准评估每个备选方案，选择最能够满足其长期目标的方案。

企业需要依据经济标准来比较不同渠道备选方案的可能销售额、成本和盈利能力。企业需要考虑每个渠道备选方案所需的投资是什么，会产生什么回报。

企业还必须考虑可控性的问题。使用中间商通常意味着让他们对产品的营销有一定的控制权。在条件允许的情况下，企业应该保持尽可能多的控制权。

最后，企业必须应用适应性标准。渠道通常涉及长期承诺，但是企业也希望保持渠道的灵活性，以便能够适应环境变化。

5. 建立国际分销渠道

国际营销人员在设计渠道时面临着更加复杂的情况。每个国家都有自己独特的渠道系统，它们会随着时间的推移而演变，这种变化相对缓慢。这些渠道系统可能因国家而异。因此，国际营销人员通常必须使其渠道战略适应每个国家的现有渠道结构。

在一些市场中，分销系统复杂且难以渗透，由多个层次和大量中介机构组成。例如，许多西方企业发现日本的分销系统难以驾驭。日本的分销渠道比较传统，并且复杂，在产品最终到达消费者手中之前，需要经历许多渠道节点。

发展中国家的分销系统则有可能走向另一个极端：相对分散、效率低下，甚至完全没有分销系统。例如，拥有超过10亿人口的印度的市场潜力非常巨大，但是由于缺乏完善的分销系统，大多数企业只能从其中最富裕城市的一小部分人口中获利。

6. 渠道管理决策

一旦企业确定了渠道方案，并且进行了当前最佳的渠道设计，就要开始实施并且管理所选择的渠道方案。营销渠道管理需要选择、管理和激励单个渠道成员，并且定期评估成员的表现。

（1）挑选渠道成员。为了更好地选择渠道成员，生产商应该确定用以鉴别好的中间商的特征：中间商的经营年数、产品类型、盈利记录、资金优势、合作态度以及声誉等。如果中间商是销售代理商，需要评估其代理产品的数量和特点，以及其现有销售队伍的规模和素质；如果中间商是专营性质的百货商店，需要评估商店的选址、成长潜力以及潜在的客户类型。

（2）培训和激励渠道成员。一旦选中渠道成员，企业还需要对其进行持续的管理和激励。企业不仅要借助中间商进行销售，还要和他们一起销售产品。大多数企业将其中间商视为一线客户和合作伙伴。他们对中间商实行强有力的合作伙伴关系的管理，并与其建立长期合作伙伴关系，以创造一个完善的价值交付系统，满足企业及其合作伙伴的种种需求。

（3）评估渠道成员。企业还应该定期检查渠道成员的表现，如销售配额、平均库存水平、交付时间、对于受损和丢失货物的处理、对于企业推广和培训计划的实施情况以及对消费者的服务水平。企业应奖励表现良好并为消费者创造合适价值的中间商，替换那些表现欠佳的中间商。

四、促销策略

企业要做的不仅仅是创造客户价值，还需要利用促销工具传递价值。促销不是一个单一的工具，而是多种工具的组合。在整合营销传播的概念中，企业必须统筹协调这些推广工具，以提供关于其产品和品牌的清晰、一致和引人注目的信息。

（一）促销组合

企业的整体促销组合也称为营销传播组合，包括广告、公共关系、人员销售、销售促进、直销等。这些工具被用来增加产品的说服力，以及与消费者建立联系。五种常见的促销工具如下：

（1）广告（advertising）。由指定赞助者以付费的方式，通过传播媒介有计划地向受众传递信息。

（2）销售促进（sales promotion）。这是多种短期激励工具的组合，用以鼓励消费者试用或购买某一产品或服务。

（3）人员销售（personal selling）。企业销售人员通过个人陈述进行销售并建立客户关系。

（4）公共关系（public relations）。企业通过获得有效的宣传，树立良好的企业形象，处理或阻止不利的谣言、故事和事件，并且与外部公众建立良好的关系。

（5）直销（direct marketing）。企业与精心定位的个人消费者建立直接联系，以获得即时的响应并培养持久的客户关系。

上述每个销售工具都涉及用于与客户沟通的特定促销工具。例如，广告包括广播、印刷、互联网、移动、户外和其他形式，促销包括折扣、优惠券、展示和演示，人员销售包括销售演示、贸易展览和激励计划，公共关系（PR）包括新闻稿、赞助、活动和网页，直接营销包括目录、直接回应电视、信息亭、互联网、移动营销等。

同时，营销传播不仅仅局限于这些特定的推广工具，产品的设计、价格、包装的形状和颜色，以及销售产品的商店都会向消费者传达一些信息。因此，尽管促销组合是公司的主要沟通活动，但必须协调整个营销组合促销以及产品、价格和地点的最佳匹配，以最好地影响和说服消费者。

（二）整合营销传播

1. 新的营销传播模型

有几个主要因素正在改变当今营销传播的现状：首先，消费者正在改变。在这个数字化、互联网的时代，消费者的信息更加灵通，通信能力也更加强大。他们可以使用互联网和其他技术自行查找信息，而不是依赖营销人员提供的信息。他们可以更容易地与其他消费者联系，交换品牌相关信息，甚至创建自己的营销信息。其次，营销策略正在改变。由于大众市场已经支离破碎，营销人员正在从大众营销转向目标营销。越来越多的企业正在开发有针对性的营销计划，希望与更加小众的市场中的消费者建立更紧密的关系。最后，通信技术的飞速发展正在使企业和消费者之间的沟通方式发生显著变化。数字时代催生了大量新的信息和通信工具,从智能手机和 iPad 到卫星和有线电视系统,再到互联网的许多产物(如电子邮件、品牌网站、在线社交网络、博客、微信等)。这些爆炸性的技术发展对营销传播产生了巨大的影响。正如大众营销曾经催生了新一代的大众媒体传播一样,新的数字媒体也催生了新的营销传播模式。

2. 整合营销传播的必要性

当下媒体和传播方式组合的转变给营销人员带来了新的问题。如今,消费者受到来自各种来源的商业信息的轰炸。但消费者并不像营销人员那样会特意区分信息来源。在消费者心目中,来自不同媒体和促销方式的信息都是关于该企业的信息的一部分。来自这些不同来源的冲突信息可能会导致企业形象、品牌定位和客户关系的混乱。

企业往往无法整合其各种沟通渠道,其结果是与消费者的沟通杂乱无章。大众媒体广告说的是一件事,而店内促销发出的是不同的信号,企业的网站、电子邮件、社交媒体等上发布的视频则完全不同。此外,这些信息往往来自企业的不同部门。广告信息由广告部门或广告代理机构规划和实施。企业其他部门负责公关、促销活动以及互联网或社交网络工作。尽管企业内部人员可以区分这些不同的信息,但是消费者并没有这种能力,这会造成消费者混乱的品牌认知。

因此,越来越多的企业采取整合营销传播模型(integrated marketing communication,IMC)(图 7.12)。整合营销传播需要识别消费者可能遇到企业及其品牌的所有接触点。消费者与品牌的每次接触都会传递一个信息,无论是好的、坏的还是无关紧要的。企业的目标应该是在每次接触中传递一致和积极的信息。整合的市场传播将企业的所有信息和形象联系在一起。电视和平面广告与电子邮件和个人销售通信都应该传递相同的信息、外观和感觉。企业的公关材料与网站、在线社交网络或移动营销工作也应该表现出相同的形象。不同的媒体在吸引、告知和说服消费者方面发挥着各自独特的作用,营销人员在使用这些工具时,必须依据整体营销传播计划进行协调。

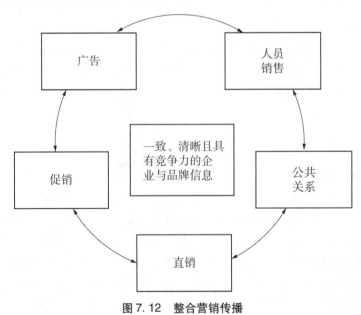

图 7.12　整合营销传播

以前，没有专人或者部门来负责思考各种推广工具的沟通作用，并协调推广组合。为了帮助实施整合营销传播，一些企业任命了营销传播总监，全面负责企业的传播工作。这有助于传递一致的营销信息和品牌形象。

（三）有效的营销沟通流程

营销人员在制定有效的综合沟通和推广计划的步骤时，通常设计以下方面：确定目标受众，确定传播目标，设计信息，选择发送信息的媒介，选择信息来源和收集反馈。

1. 确定目标受众

营销需要从明确的目标受众开始。受众可能是当前消费者或潜在消费者、做出购买决定的人或影响购买决定的人，受众可以是个人、团体、特殊公众或普通公众。目标受众将影响传播者关于要说什么、如何说、何时说、在哪里说以及谁说的决定。

2. 确定传播目标

一旦确定了目标受众，营销人员必须确定所期待的消费者的反应。当然，在许多情况下，营销人员会寻求购买回应。但是，消费者往往需要经过漫长的决策过程后才会发生购买行为（图7.13）。

图7.13 消费者的购买决策过程

3. 设计信息

在明确了想要获得的消费者的反应后，营销人员可以开始设计想要传递的信息。理想情况下，信息应该引起注意，保持兴趣，激发欲望，并获得行动。

4. 选择发送信息的媒介

接着，营销人员可以选择传递信息的媒介，包括个人沟通和非个人沟通。在个人沟通渠道中，两个或两个以上的人直接相互沟通。他们可以面对面交流，通过电话、邮件或电子邮件，甚至通过短信或网络聊天。非个人沟通渠道是指在没有个人接触或反馈的情况下传递信息的媒体，包括主要媒体、氛围和事件。主要媒体包括印刷媒体（报纸、杂志、直邮）、广播媒体（电视、广播）、展示媒体（广告牌、标志、海报）和在线媒体（电子邮件、企业网站以及在线社交和共享网络）。氛围是指创造设计的环境，好的氛围可以加强消费者购买产品的倾向。例如，律师事务所和银行的员工会向客户展示那些客户认为好的事务所或者银行应该有的品质。事件是将信息传达给目标受众的分阶段事件。例如，公共关系部门安排盛大的开幕式、表演和展览、公众参观和其他活动。

5. 选择信息来源

在沟通中，信息的影响力也取决于目标受众如何看待沟通者。由高度可信的来源传递的信息更有说服力。因此，许多食品企业向医生、牙医和其他医疗保健提供者提供优惠，以激励这些专业人员向患者推荐特定的食品；营销人员聘请名人代言人——知名运动员、演员、音乐家，甚至卡通人物——来传递他们的信息。

6. 收集反馈信息

在发送信息后，传播者必须关注其对目标受众的影响。传播者需要询问目标受众是否记得该信息、他们看到该信息的次数、他们回忆起哪些要点、他们对该信息的感受、他们过去和现在对产品和企业的态度，以及目标受众接收信息后导致的行为，如是否购买了产品、与他人谈论了产品或参观了商店。

（四）大众传播：广告、公共关系

1. 广告

自古以来就有广告。在地中海沿岸国家工作的考古学家们已经挖掘出各种活动和优惠的标志。罗马人粉刷墙壁来宣布角斗士的战斗，腓尼基人在大岩石上画画来宣传游行路线上的商品。在希腊的黄金时代，镇上的叫卖者宣布出售牛、手工制品，甚至化妆品。如今，更是随处可见不同的广告。

营销管理层在制定广告计划时必须考虑四个重要决策：目标设定，预算决策，制定广告策略（信息决策和媒体决策）和广告评估（图 7.14）。

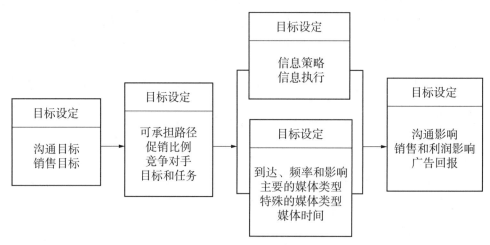

图 7.14　重要的广告决策

2. 公共关系

另一个主要的大众宣传工具是公共关系，包括各种旨在与企业的各种公众建立良好关系的活动。

公共关系可以用于宣传产品、人员、场所、思想、活动、组织，甚至国家。例如，企业利用公共关系与消费者、投资者、媒体及其社区建立良好关系，贸易协会利用公共关系来重建人们对鸡蛋、苹果、土豆、牛奶甚至洋葱等商品的兴趣。

公共关系可以以比广告低得多的成本对公众意识产生重大影响。在建立公共关系时，企业不是为媒体上的空间或时间付费；相反，它为员工开发、传播信息等建立公共关系的过程支付费用。

尽管公共关系有其潜在的优势，但是由于其使用实际比较分散，并不是营销人员最重视的促销工具。公关部门通常位于企业总部或由第三方机构处理。部门员工忙于与各种公众股东、员工、立法者和媒体打交道，以至于公共关系部门对于产品营销目标计划实施的有力支持可能会被忽略。此外，营销经理和公关从业人员的语言并不总是相同的。虽然许多公关从业人员认为他们的工作只是沟通，但营销经理往往对广告和公关如何影响品牌建设、销售和利润以及客户关系更感兴趣。

然而，这种情况正在改变。虽然公共关系仍然只占大多数企业整体营销预算的一小部分，但公关可以成为强大的品牌建设工具。在数字时代，广告和公关之间的界限变得越来越模糊。例如，品牌网站、博客、在线社交网络和病毒式品牌视频是广告的努力还是公关的努力？答案是两者都是。关键是在于公关应该与整合营销传播计划中的广告携手合作，帮助建立品牌和客户关系。

（五）人际传播：人员销售与销售促进

1. 人员销售

人员销售是世界上最古老的职业之一。销售人员有很多名字，包括销售人员、销售代表、代理商、地区经理、客户主管、销售顾问和销售工程师。

人员销售是促销组合中的人际关系部分。广告在很大程度上由与大量消费者的非人员沟通组成。相比之下，人员销售涉及销售人员和个人客户之间的人际互动，无论是面对面、电话、电子邮件、视频或互联网会议，还是其他方式。在更复杂的销售情况下，人员销售可能比广告更有效。销售人员可以调查客户，了解他们的问题，然后调整营销方案和演示文稿，以满足每个客户的特殊需求。

人员销售的作用因企业而异。一些企业根本没有销售人员，如只在网上或通过目录销售的企业，或通过制造商代表、销售代理或经纪人销售的企业。然而，在大多数企业中，销售人员起着主要作用。在 IBM、杜邦或波音等销售商业产品和服务的企业，销售人员直接与客户合作；在雀巢或耐克等消费品企业，销售人员在幕后扮演着重要角色。他们与批发商和零售商合作以获得支持，帮助企业更有效地向最终消费者销售产品。

管理销售人员应该遵循的步骤如图 7.15 所示。

图 7.15 销售队伍管理的主要步骤

2. 销售促进

人员销售和广告通常与另一种促销工具——销售促进（即各种促销活动）结合起来使用。销售促进包括一系列鼓励购买或销售产品或服务的短期激励措施。如果说广告提供了购买产品或服务的理由，那么销售促进则提供了立即购买的理由。

主要的促销工具有：

（1）消费者促销（consumer promotions）：消费者促销包括各种各样的工具，从样品、优惠券、退款、溢价和购买点展示到竞赛、抽奖和活动赞助。

（2）贸易促销（trade promotions）：贸易促销是一种用于说服经销商进行品牌宣传、提供货架空间、在广告中进行宣传并将其推向消费者的促销工具。如今货架空间如此稀缺，生产商往往不得不向零售商和批发商提供降价、折扣、回购担保或免费商品，以便获得有利的货架陈列位。

（3）商业促销（business promotions）：企业每年花费巨资用于针对工业客户的促销活动。商业促销主要用于产生商业线索、刺激购买、奖励客户和激励销售人员。商业促销除运用与消费者或贸易促销的相同工具外，常见的促销方式还有参与商品会议、贸易展览和销售竞赛等。

小　结

本章第一节通过对市场营销概念的厘清及重要性分析，初步搭建起市场营销的基本分析框架。第二节进一步探讨市场营销环境的参与主体及其行为，并介绍企业应该如何利用自身的优劣势识别市场机会。第三节随即讨论营销战略决策，这些决策包括：如何把市场划分为有意义的顾客群（市场细分），如何选择目标顾客群（确定目标市场），如何向目标顾客提供最能满足其需要的产品（差异化），并在顾客内心形成产品定位（市场定位）。第四节基于经典的营销4P分析框架，分析企业常见的营销策略决策。

思考题

1. 关于市场营销有哪几种观念？其侧重点分别是什么？
2. 市场细分有哪几种方法？请举例说明。
3. 微观市场营销环境和宏观市场营销环境都有哪些？
4. 有哪几种定价策略？

第八章　企业社会责任

第一节　企业社会责任的主要内容

一、企业社会责任的概念界定及其本质

（一）企业社会责任的概念

企业作为经济社会最基本也是最主要的经济单位，承担着重要的经济任务，提供着众多的价值物，如服务、信息、产品等。企业作为社会组织，本质上是一种社会配置。企业是企业家为了达成利润最大化的目标，在企业宗旨的指导下组成的共同活动的集体。企业进行运营需要借助各类社会条件，这是社会给企业的权利；相应地，因为脱离不开的社会根源，企业需要承担企业社会责任这一义务。

企业社会责任（corporate social responsibility，CSR）的概念经历了长期的发展过程，有经济学与法学的双重含义。企业社会责任这一概念最早是英国学者欧利文·谢尔顿（Oliver Sheldon）在1923年提出，他将企业社会责任与满足人们需要的责任关联起来，认为企业的责任也包含道德因素。[①] 之后，各国学者对企业社会责任的定义不断更新，迄今为止仍有争议。企业社会责任概念的演变历程可以分为三个阶段：萌芽期、发展期与成熟期。

（1）萌芽期（20世纪20—70年代）。这一阶段是企业社会责任基本框架形成的时期。20世纪初，现代企业经历了生产力的大进步，企业规模的扩大带来了诸多问题，包括环境污染严重、员工福利不足、工伤问题频发等。同时，公司治理理论进一步发展，使得现代化企业的所有权和经营权分离。在这一情况下，企业管理者不仅是股东的代理者，同样是企业员工、周围社区、客户的代理者，因此，管理者需要权衡各个利益相关者的利益要求。越来越多的企业开始尝试社会责任相关的活动，如给慈善团体捐赠资金、给公共社区提供服务、给公司员工增加福利等。

在萌芽期，学者们对于企业社会责任主要有过两次重要讨论。第一次讨论发生在20世纪30—50年代，主要代表学者是多德（E. M. Dodd），他认为"企业在创造利润的同时也需要服务社会"（Dodd，1932）[②]。第二次讨论发生在20世纪50—70年代，主要代表学者有霍华德·鲍恩（Howard Bowen）、戴维斯（K. Davis）、约瑟夫·麦奎尔（Joseph McGuire）和米尔顿·弗里德曼（Milton Friedmann）。鲍恩在1953年出版的《企业家的社

---

① O. Sheldon, *The Philosophy of Management*, London: Isaac Pitman Sons, 1923.

② M. Dodd Jr, "For whom are corporate managers trustees?," *Harvard Law Review*, vol. 45, no. 7 (1932), pp. 1145 – 1163.

会责任》中提出现代的企业社会责任概念，他认为"企业家有义务按照社会的目标和价值观制定政策，做出决定，以及采取行动"①。戴维斯在 1960 年提出"责任铁律"，认为"企业的社会责任必须与企业的社会权利相称"，即"权利越大，责任越大"，权利与责任对等。② 麦奎尔（1963）在《企业与社会》中首次将企业社会责任概念延伸至法律与经济概念之外，他认为"社会责任观点中，企业不仅拥有法律与经济责任，同时还有超越这些义务的其他责任"③。诺贝尔经济学奖得主弗里德曼（1970）对企业社会责任概念的表述在 20 世纪 70 年代以前一直处于主导地位，他在《纽约时报》发表的《商业的社会责任是增加利润》，认为"企业的一项、也是唯一的社会责任是在比赛规则范围内增加利润"④。

在企业社会责任概念的萌芽期，除了少数学者的研究外，社会普遍认为，企业社会责任作为企业自发的利他行为，是企业外部的问题，因此没有受到人们的重视。企业社会责任争论的重点是企业是否应该承担经济与法律目标之外的其他责任。社会普遍认为，企业目标就是利润最大化。

（2）发展期（20 世纪 70—90 年代）。这是企业社会责任逐渐完善的时期。在这一时期，一方面，工业产能进一步扩张，这使得企业社会责任影响范围扩大；另一方面，新旧社会矛盾增加了企业承担社会责任的必要性，种族主义、暴力、战争、传染病、学校教育等问题层出不穷。在这一背景下，如果能减轻这些症结，企业可以从中受益。"企业的目标就是利润最大化"的观点逐渐失去了统治地位，"企业应当承担更多的社会责任"成为主流思想，社会责任概念引起广泛关注。1971 年，美国经济发展委员会提出了"三个同心圆"的企业社会责任概念模型，指出了企业社会责任的三个层次：第一层内圆是企业履行经济职能的基本责任，如生产、就业等；第二层中心圆是履行经济职能相关的社会问题的责任，如环境保护、消费者权益等；第三层外圆是还未明确的其他责任。⑤ 此后，卡罗尔（Carroll，1979）提出了类似的企业社会责任概念，他认为"企业社会责任包含了四种责任，即经济责任、法律责任、伦理责任和自由决定的责任"⑥。

在企业社会责任概念的发展期，企业社会责任引起了社会各方的广泛关注。在这一阶段，企业社会责任概念的研究重点已经不是企业是否需要履行责任，而是企业应该履行哪些社会责任，即企业社会责任的范畴与内容。

（3）成熟期（20 世纪 90 年代至今）。这一时期，企业社会责任概念的研究逐渐成熟。在经济全球化的背景下，企业社会责任日渐成为所有企业的共同义务。在这一阶段，企业社会责任概念的研究不再局限于少部分学者和企业家，而是更多的国际组织与消费者。

---

① H. R. Bowen, *Social Responsibility of Businessman*, New York：Harper，1953.

② K. Davis, "Can business afford to ignore social responsibilities?," *California Management Review*, vol. 2, no. 3 (1960), pp. 70 – 76.

③ J. B. McGuire, A. Sundgren, T. Schneeweis, "Corporate social responsibility and firm financial performance," *Academy of Management Journal*, vol. 31, no. 4 (1988), pp. 854 – 872.

④ M. Friedman, "The social responsibility of business is to increase its profits," *The New York Times Magazine*, vol. 32 (1970), pp. 122 – 124.

⑤ Committee for Economic Development, *Social Responsibilities of Business Corporations*, 1971.

⑥ A. B. Carroll, "A three-dimensional conceptual model of corporate performance," *Academy of Management Review*, vol. 10, no. 4 (1979), pp. 497 – 506.

1997 年初，非政府组织经济优先权委员会（Council Economic Priorities，CEP），也就是后来的国际社会责任组织（Social Accountability International，SAI），开始制定"社会责任国际标准"，最终在 2001 年制定完成，定名为"SA8000 社会责任国际标准"。这一标准成为第一个可用于第三方认证的企业社会责任国际标准。

在这一阶段，企业社会责任已经成为所有企业的共识。2011 年毕马威发布的《全球企业社会责任报告调查》中显示，全球排名前 250 名的企业已经有 95％披露企业社会责任报告。

企业社会责任的概念一直没有一致定义。一般而言，企业社会责任是指企业除了考虑股东（stockholder）的利润最大化之外，还要考虑利益相关者（stakeholder）的利益，如承担员工福利、消费者权益、环境卫生等。在本书中，我们对企业社会责任定义如下：企业社会责任是企业为了满足自身存续发展的需要，遵循法律法规、社会规范和道德约束，有效治理企业对利益相关者和自然环境的影响，追求经济责任、法律责任、伦理责任、慈善责任的综合价值最大化的行为。

（二）企业社会责任的界定

国内外学者对企业社会责任进行定义时往往会局限于自己的研究，这造成了企业社会责任概念的分歧严重，甚至形成了"企业社会责任概念丛林"。企业社会责任是企业寻求企业利益与公众利益平衡点的责任，既包含最基本的经济责任、法律责任，也包含延伸性的伦理责任、自由决定（慈善）责任。

1. 企业社会责任的界定方式

综合文献研究，对企业社会责任主要有三种界定方式：

（1）超越盈利方式。这一界定方式是以弗里德曼的"企业的社会责任是增加利润"的思想为基础进行延伸的企业社会责任概念。在新古典经济学的体系中，企业是生产函数，是经济组织，最大的任务就是利润最大化。企业社会责任概念的提出是对传统经济理论的突破。戴维斯（1960）的"责任铁律"认为企业需要承担相应的责任。[1]

（2）社会互动方式。这种界定方式侧重于企业与社会的互动关系。Griffin（1999）认为企业社会责任是企业为了保护和强化与社会的联系所必须尽力做到的义务。[2] 陈宏辉、贾华生（2003）考虑综合社会契约、利益相关者的概念，探究企业社会责任的社会互动界定方式。[3]

（3）维度模型方式。最常见的是以卡罗尔模型为基础的企业社会责任维度模型，主流研究分为以下八个维度：①经济责任，指企业要为社会创造价值；②法律责任，指企业要在法定范围内经营；③环境保护，指企业要绿色生产；④股东利益，指企业要信息透明，

① K. Davis，"Can business afford to ignore social responsibilities？，"*California Management Review*，vol. 2，no. 3（1960），pp. 70 – 76.

② J. J. Griffin，J. F. Mahon，"The corporate social performance and corporate financial performance debate：Twenty-five years of incomparable research，"*Business & Society*，vol. 36，no. 1（1997），pp. 5 – 31.

③ 陈宏辉、贾生华：《企业社会责任观的演进与发展：基于综合性社会契约的理解》，《中国工业经济》2003 年第 12 期，第 85 ~ 92 页。

解决代理问题；⑤员工发展，指企业要有保证员工福利和身心健康；⑥顾客至上，指企业要保护消费者权益；⑦平等，指企业要种族平等、性别平等；⑧社会捐赠，指企业要积极参加慈善活动（徐尚昆、杨汝岱，2007）。[①]

2. 界定企业社会责任的维度

考虑企业行为，对企业社会责任进行界定，可以从三个维度出发进行分析：

（1）是什么。即企业社会责任的内容。目前，对企业社会责任内容的表达主要存在以下三个问题：

第一，对责任的理解。责任的内涵是"对责任主体行为的评价"，不同企业对责任的理解是不同的，对所承担的企业行为的理解也是不同的。企业责任的理解，对于企业社会责任来说，是分歧产生的重要原因。经济责任和法律责任是企业的最基本的责任。广义的企业社会责任包含经济责任和法律责任，也包含超出基本责任的其他责任；狭义的企业社会责任特指超出企业经济责任和法律责任的其他责任。

随着研究的深入，企业社会责任有了许多外延。从一开始的谢尔顿到多德到弗里德曼到卡罗尔，企业的社会责任涉及经济、法律、伦理、生态、性别等领域。

第二，对社会的理解。现有研究对社会的定义有不一致的地方。广义的理解认为，社会包含人类社会与自然环境；狭义的理解认为，社会只包含人类社会。

第三，对利益相关方的理解。广义的利益相关方指所有受企业经营影响的自然客体，包含所有生物、所有生态；狭义的利益相关方指受企业经营影响的人类社会主体，包含股东、消费者、员工、供应商、政府等。

（2）怎么做。即企业社会责任的履行。企业社会责任的履行方式是企业实现社会责任的重要渠道。企业要怎样行动才能代表企业是负责任的？怎样保证行为能够贯彻落实？企业社会责任是否是企业自愿履行的？这三个问题是做好企业社会责任履行工作的重点。首先，企业社会责任的行为是要符合社会价值观、满足利益相关者期望的；其次，可以通过增加利益相关者的权利、加强监管法规的效力等方式影响企业行为的落实；最后，要明确企业社会责任是企业在自愿的基础上进行的活动。

（3）为什么。即企业社会责任的动力。研究企业社会责任的动力主要有三种观点：①企业履行社会责任是为了提升企业竞争力；②企业履行社会责任是社会对企业的约束；③企业履行社会责任是企业取得成功的必要条件。

根据上述三维模型的界定，我们可以总结，对企业社会责任的界定有四个重要内容需要明确：①能够全面地表示企业社会责任的含义；②能够准确地概括企业社会责任的范围；③能够系统地指导企业社会责任履行的方式；④能够深入地思考企业社会责任承担的原因。

（三）企业社会责任的本质

企业社会责任的本质是具有经济、社会二重性。企业的经济性在于，企业是生产函数，是经济社会的最基本单位。企业经济性是社会对企业的要求。企业需要发挥自己的经

---

① 徐尚昆、杨汝岱：《企业社会责任概念范畴的归纳性分析》，《中国工业经济》2007年第5期，第71～79页。

济作用，遵纪守法，确保自身在盈利的基础上经营，以便持续地给股东带来收益。企业首先应该是一个经济组织，需要提供相应的商品与服务，带来更多就业。这也是企业最基本的经济责任与法律责任。企业的社会性则体现在：社会给企业提供经营环境，使其价值创造得以完成、变现。社会性是社会对企业的期望。在企业与社会交流的过程中，企业联系了不同的社会环境，并参与社会环境治理和重大议题的解决方案。因此，社会希望企业在承担基础的法律、经济责任之外，能够做出正确、公平、正义的事，或者成为好的企业公民，对外捐助、支援社区、支持人文、改善环境等。企业对利益相关者所承担的责任也就是社会性的体现，就是伦理责任、慈善责任。

如同企业社会责任概念的定义，企业的法律责任、经济责任、伦理责任、慈善责任综合价值最大化理应帮助企业更好地发展，也就是说，企业经济、社会的二重性是正向的。如下面默克公司案例所示，经济、社会二者的有机结合，揭示了企业社会责任的本质。

治疗河盲症

河盲症是一种能使人失明的寄生虫病，这种疾病在非洲、拉丁美洲沿河地带肆虐。1980 年，美国制药企业默克公司的研究人员 Bill Campbell 和 Mohammed Aziz 发现伊维菌素（Ivermectin）也许能够杀死河盲症寄生虫，而伊维菌素是公司最畅销的兽药之一。

Aziz 博士返回美国后，与 Campbell 博士会见了默克公司研发部门的负责人 P. Roy Vagelos，向其展示了研究结果并建议开发伊维菌素的人类用药。那个时候，开发一种新药所需的花费超过 1 亿美元。Vagelos 意识到，即使他们开发出新药，即使是以成本价销售，那些身患河盲症的病患也无法承担；由于病患多居住于偏远地区，无法接触到医生、护士、医院、诊所、药店，大多数人也不可能买到药。此外，如果该药出现副作用，就会影响到原有的兽药的销售，而这种兽药能够给公司带来每年 3 亿美元的销售额。如果从企业单纯的经济效益来计算，这不是一个可行的投资。

但是，默克公司选择了进行研发。如 Vagelos 自己所说，"出于对一个重要的社会因素的考虑"。于是公司花了 7 年时间开发出伊维菌素的人类用药，命名为异凡曼霉素（Mectizan）。但遗憾的是，如之前预料，很少有人能买得起这神奇的药物。默克公司在随后的几年里尝试与受河盲症影响的各国政府合作，希望以医疗保障的方式将药品发放至受该疾病威胁的 1 亿多人口，但均未成功。

在求助各国政府无果、消费者消费能力不足的情况下，为使河盲症得到根治，默克公司依然决定不计成本，将异凡曼霉素免费派送。到 2010 年，默克公司已经派送了超过 25 亿片、价值大约 35 亿美元的异凡曼霉素，免费为非洲、拉丁美洲和中东地区的 8000 万人提供药物。

在 20 世纪 90 年代，像默克公司这种品行优良的企业一时间成为社会学习的楷模。衡量一个企业经营的好坏也从单纯的经济指标发展为综合的企业社会责任指标，即判断一个企业是否成功，不仅要看它的经济绩效，还要看它解决社会需求这一角色的表现。企业社会责任的本质也由原来的经济性变成了经济与社会的二重性。

二、理论基础及相关理论梳理

企业社会责任概念的提出，解决了企业社会责任"是什么"的问题，接下来摆在学界面前的问题就是企业"为什么"要承担企业社会责任。因此，在之后的许多研究中，不同学者分为两派，形成了支持和反对企业承担社会责任的主要理论。

（一）支持企业社会责任的理论

1. 利益相关者理论

利益相关者理论（stakeholders theory）起源于 20 世纪 30 年代。多德（1932）认为，"企业目的不仅是为了赚取利润，还应该为员工提供稳定工作，为消费者提供高质量的产品，为社会福利做出贡献"[①]。1963 年，斯坦福研究所（Stanford Institute）首次提出利益相关者的概念。到 20 世纪 80 年代，利益相关者理论影响迅速扩大，开始影响西方诸多国家的公司治理模式。此后经过了 20 年，众多学者对利益相关者进行了定义。1984 年，弗里曼在《战略管理：一种利益相关者的方法》中提出了利益相关者的代表性定义[②]，利益相关者理论与"股东至上"理论相反，虽然公司归股东所有，但是企业也应该考虑债权人、员工、客户、供应商等利益相关者。利益相关者就是能够影响一个组织目标的实现，或者受到一个组织实现其目标过程影响的所有个体和群体。这些利益相关者与企业的生存和发展息息相关，或是分担企业的经营风险，或是付出自身的劳动，或是参与企业的决策，所以企业必须重视利益相关者群体（Blair，1995）[③]。利益相关者理论认为，企业的责任应该超出经济利益的边界，需要关注更多的利益相关者，这才是企业存在的目的。

利益相关者理论从企业的利益相关者出发，界定企业社会责任，是学者广泛使用的理论框架（Carroll，1979；Wood & Jones，1995；Stanwick & Stanwick，1998；陈宏辉、贾华生，2002）[④]。实际应用中，利益相关者理论也取得了丰硕的成果，无数中外管理的实践已经充分证明，企业的成功离不开利益相关者。结合最新发展，利益相关者理论要求企业做到以下内容：

（1）维护良好的企业形象。企业要在股东、供应商、债权人之间合理分配收入，维护

---

① M. Dodd Jr, "For whom are corporate managers trustees？，" *Harvard Law Review*，vol. 45，no. 7（1932），pp. 1145 – 1163.

② R. E. Freeman，*Strategic Management：A Stakeholder Approach*，Boston：Pitman，1984.

③ M. M. Blair，L. A. Stout，"A team production theory of Corporate Law，" *Virginia Law Review*，vol. 85，no. 2（1999），pp. 248 – 328.

④ A. B. Carroll，"A three-di mensional conceptual model of corporate performance，" *Academy of Management Review*，vol. 10，no. 4（1979），pp. 497 – 506；D. J. Wood，R. E. Jones，"Stakeholder mismatching：A theoretical problem in empirical research on corporate social performance"，*International Journal of Organizational Analysis*，vol. 7，no. 3（1995），pp. 229 – 267；P. A. Stanwick，S. D. Stanwick，"The determinants of corporate social performance：An empirical examination"，*American Business Review*，vol. 1，no. 16（1998），pp. 86 – 93；陈宏辉、贾生华：《企业社会责任观的演进与发展：基于综合性社会契约的理解》，《中国工业经济》2003 年第 12 期，第 85 ～ 92 页。

企业信誉。企业如同一个人，要讲求自己的风貌、个性、品德。同时，如果有条件，也可以积极参加公益慈善活动，维持良好的公众形象。

（2）构建人性化的工作环境。以德治企要求企业不仅仅是支付员工薪酬，还应当提供安全卫生的工作环境，不偏不倚，以员工发展为第一要义。

（3）以消费者满意为最高目标。"顾客就是上帝"是企业一直以来的目标，但是能否做到言行一致，是衡量企业社会责任的重要组成部分。在国内外，企业造假，用各种小伎俩坑骗消费者的案例不胜枚举，这样的企业是不符合企业社会责任的要求的。

（4）尊重企业周边社区居民的生活习惯。正如上文所说，企业如同人一样，维持邻里和谐自然是企业的道德标准之一。企业要保持正常生产与尊重当地社区生活秩序的有效平衡。

（5）保持与媒体的有效沟通。信息披露是企业重要的社会责任，如果企业对利益相关者造成任何伤害，都不应该隐瞒，而是应该及时通过媒体公布并提出补偿，对公众坦诚相待。例如，重污染企业应当将周边区域的污染治理情况及时公之于众。

（6）制定可持续发展的方针。保护环境是企业社会责任的重要组成部分。许多企业不计后果的发展已经造成了全球变暖、环境污染、水质变差等严重的环境问题，这对人类的可持续发展提出了要求。一个承担企业社会责任的企业是需要在环境问题上做出积极作用的。

2. 团队生产理论

团队生产理论（Team Production Theory）认为，企业生产并非不同生产要素的简单相加，而是各个要素的有机合成；之所以选择成立企业而不是每个个体自己生产，是因为团队生产的效果大于个体的简单加总。基于团队生产理论，一些研究者认为，企业所有人并不是只有股东，员工、债权人、供应商也是企业的所有人，企业应该承担更多的社会责任（Blair & Stout，1999）[1]。

3. 企业公民理论

企业公民理论（Corporate Citizenship Theory）认为，与自然人一样，企业也是公民，因此享受法律赋予的权利，承担法律赋予的义务（Matten, et al.，2003）[2]。基于企业公民理论，企业享受社会赋予的资源，企业就应该为了改善社会而更好地利用这些资源，更进一步地，企业应该为了更繁荣的社会而做出贡献。

4. 社会契约理论

社会契约理论（Social Contract Theory）认为，企业是人格化的组织，企业之间就跟个人之间一样，是一种复杂的显性契约与隐性契约交汇构成的法律实体（Jensen & Meckling，1976）[3]。这些契约包括管理者与所有者的契约、管理者与消费者的契约、债权人与债务

---

① M. M. Blair, L. A. Stout, "A team production theory of corporate law," *Virginia Law Review*, vol. 85, no. 2 (1999), pp. 248 – 328.

② D. Matten, A. Crane, W. Chappie, "Behind the mask: Revealing the true face of corporate citizenship," *Journal of Business Ethics*, vol. 45 (2003), pp. 109 – 129.

③ M. C. Jensen, W. H. Meckling, "Theory of the firm: Managerial behavior, agency costs and ownership structure," *Journal of Financial Economics*, vol. 3, no. 4 (1976), pp. 305 – 360.

人的契约、供应商与消费者的契约、法人与政府的契约等。在制度经济学的背景下，企业既受到法律法规的正式约束，也受到道德、习惯、规范等的非正式约束。在企业和利益相关者之间签订的所有契约，称为综合型社会契约（integrative social contracts）。综合性社会契约就成为联系企业社会责任和利益相关者的重要桥梁。

对于综合性社会契约的桥梁作用，主要有两种理论。第一种理论认为，综合型社会契约是工具性的。企业之所以要承担社会责任、关注利益相关者，是因为这是有利可图的，也即企业社会责任是企业实现经营目的的工具（Jones，1995）[1]。第二种理论认为，综合性社会契约是一种社会规范，是伦理性的社会责任。这一观点强调，企业承担社会责任，不是因为需要实现经营目的，而仅仅是因为这样做是对的。

（二）反对企业社会责任的理论

1. 股东至上理论

股东至上理论（Stockholder Supremacy Theory）认为，企业的所有权是股东的，因此，企业应该最大程度地为股东创造财富。"股东至上"的观点由伯利（Brele）在1932年首次提出[2]，时间就在本章开始提及的关于企业社会责任萌芽期的第一次讨论。许多研究者都认为，企业的首要目标就是赚取利润。诺贝尔经济学奖得主弗里德曼也明确支持这一观点，企业的社会责任就是利润最大化，自由市场的社会问题应该由政治家们解决。

2. 委托代理理论

委托代理理论（Principal-agent Theory）认为，股东是委托人，管理者是受托人。在股东难以对管理者进行监督的情况下，管理者会最大化自己的利益而不是股东的利益。这一观点反对了企业承担社会责任的需要，因为管理者不会考虑其他利益相关者和股东的利益，只会考虑最大化自己的利益。

当然，也有一些理论对企业是否承担社会责任持辩证的态度。在20世纪70年代，一些学者开始区分利益的时间尺度，由此形成了长期利益理论。Johnson（1971）[3] 将企业的利益区分为短期利益和长期利益，认为企业承担社会责任会使得企业长期利益增加。Lee（2008）[4] 认为，长期利益理论只探讨了企业社会责任是否重要，更重要的是在长期利益下，企业应该履行哪些社会责任以及如何履行。所以，不支持企业承担社会责任的原因是企业承担社会责任会损害企业为股东创造财富的能力，这与企业利润最大化的经济目标背道而驰，短期利益会受损；支持企业承担社会责任的原因是企业长期承担社会责任会形成独特的企业文化，带来良好的声誉等长期利益。

---

① T. M. Jones，"Instrumental stakeholder theory：A synthesis of ethics and economics，" *Academy of Management Review*，vol. 20，no. 2（1995），pp. 404 – 437.

② A. A. Berle，"For whom corpotare managers are trustees：A note，" *Harvard Law Review*，vol. 45，no. 8（1932），pp. 1365 – 1372.

③ H. L. Johnson，*Business in Contemporary Society*，*Framework and Issues*，Belmont，CA：Wadsworth，1971.

④ M. P. Lee，"A review of the theory of corporate social responsibility：Its evolutionary path and the road ahead"，*International Journal of Management Reviews*，vol. 10，no. 1（2008），pp. 53 – 73.

三、评价体系

企业社会责任评价是企业社会责任研究的重要内容。在企业社会责任的理论框架中，利益相关者理论被认为是用于企业社会责任评价最为密切的理论。因此，评价标准体系呈现出企业社会责任与利益相关者理论相结合的趋势（Wood & Jones，1995）[1]。将利益相关者理论引入企业社会责任的评价体系，在于我们能够通过实证的方式检验企业对利益相关者的责任。

（一）基于利益相关者理论的企业社会责任评价体系

在以往的研究中，不少研究者设计了一些比较适用的评价方法。Stanwick 等（1998）[2]在卡罗尔提出的企业社会责任维度模型的基础上，构建企业社会责任绩效（corporate social performance）模型，模型内包括企业慈善、高层管理者、员工性别、自然环境等因素；宋建波、盛春艳（2009）[3]使用指数法和层次分析法构建企业社会责任评价体系，体系内包含经济责任、法律责任、伦理责任、自愿责任等企业社会责任内容与投资者、员工、客户、商业合作伙伴、政府、社区、环境等利益相关者。综合以往文献研究，我们将简单介绍以利益相关者理论为基础的企业社会责任评价体系。

1. 界定利益相关者

在利益相关者理论的企业社会责任研究中，首先要界定利益相关者是什么。弗里德曼提出了广义的利益相关者定义，却在实证研究中难以推广。在利益相关者理论不断发展的背景下，现在主要使用的两种评价方法是多维细分法和米切尔（Mitchell）评分法。

（1）多维细分法。经济学家普遍意识到，不同的利益相关者扮演着企业经营的不同角色，因此对企业的影响也是不同的，所以需要对利益相关者从多角度进行细分。到 20 世纪 90 年代中期，多维细分法成为界定利益相关者最重要的工具。Charkham（1992）[4] 以此方法将利益相关者分为契约型（contractual）和公众型（community），契约型利益相关者包括股东、员工、顾客、供应商、债权人等，公众型利益相关者包括媒体、政府、消费者、社区等。Clarkson（1995）总结了两种代表性的分类方式：一是根据利益相关者承担的风险，分为自愿利益相关者（voluntary stakeholders）和非自愿利益相关者（involuntary stakeholders）；二是根据利益相关者和企业的紧密程度，分为首要利益相关者（primary stakeholders）和次要利益相关者（secondary stakeholders）。这两种分类方式在多维细分法

① D. J. Wood, R. E. Jones, "Stakeholder mismatching: A theoretical problem in empirical research on corporate social performance," *International Journal of Organizational Analysis*, vol. 7, no. 3 (1995), pp. 229 – 267.

② P. A. Stanwick, S. D. Stanwick, "The determinants of corporate social performance: An empirical examination," *American Business Review*, vol. 1, no. 16 (1998), pp. 86 – 93.

③ 宋建波、盛春艳：《基于利益相关者的企业社会责任评价研究：以制造业上市公司为例》，《中国软科学》2009 年第 10 期，第 153～163 页。

④ J. P. Charkham, "Corporate governance: Lessons from abroad," *European Business Journal*, vol. 4, no. 2 (1992), pp. 8 – 15.

中被广泛使用。

（2）米切尔评分法。米切尔研究了利益相关者理论的历史与发展，归纳出 27 个代表性的利益相关者定义，提出一种评分法来界定利益相关者。在米切尔评分法中，有两个核心问题：一个是谁是利益相关者（stakeholder identification），另一个是利益相关者的特征（stakeholder salience）。根据上述两个核心问题，研究者可以从三个方面对利益相关者进行评分，根据分值高低判断利益相关者的类型。米切尔等（1997）[①] 将利益相关者的特征分为三种，分别是合法性、权力性、紧急性：合法性代表利益相关者是否对企业有合法的索取权，权力性代表利益相关者是否能够影响企业决策，紧急性代表利益相关者是否会引起企业管理层的关注。根据上述三个特征，米切尔等将利益相关者分为三种类型：确定的利益相关者（definitive stakeholder），拥有合法性、权力性和紧急性；预期的利益相关者（expectant stakeholder），拥有三种特征中的两种；潜在的利益相关者（latent stakeholder），只拥有三种特征中的一种。

2. 构建评价指标体系

根据利益相关者理论，企业对利益相关者的责任范围包含经济责任、法律责任、伦理责任以及自愿责任。但是，对于不同的行业，各个责任的内容和重要性有着很大的区别。中外企业社会责任的评价维度也有很大的区别（徐尚昆，杨汝岱，2007）[②]。因此，构建企业社会责任评价指标体系是因研究而异的。

关于衡量企业履行社会责任的指标，学术界主要有三种研究方法：一是声誉指数法。这种方法通过调查问卷的方式进行，对企业的声誉进行评价。最早使用声誉指数法的是Moskowitz（1972）[③]。二是内容分析法。这种方法主要通过分析企业社会责任报告的内容对企业社会责任进行评价（Lanis & Richardson，2012）[④]。三是指数法。这种方法是结合内容分析法发展起来的，根据研究问题建立不同层次的定性与定量指标，可以对研究问题综合评价（汤亚莉 等，2006；Booth, et al.，1987）[⑤]。在后期，又出现了调查问卷法、专业评估机构数据库法等。实际研究中，许多学者采用多种方法结合或对现有方法改进的方式进行企业社会责任的评价。

黄群慧等（2009）[⑥] 构建了一个我国 100 强企业的社会责任评价模型。作者参考国际

---

① R. K. Mitchell, B. R. Agle, D. J. Wood, "Toward a theory of stakeholder identification and salience: Defining the principle of who and what really counts," *The Academy of Management Review*, vol. 22, no. 4 (1997), pp. 853 – 886.

② 徐尚昆、杨汝岱：《企业社会责任概念范畴的归纳性分析》，《中国工业经济》2007 年第 5 期，第 71～79 页。

③ M. R. Moskowitz, "Choosing socially responsible stocks," *Business and Society Review*, vol. 1, no. 1 (1972), pp. 71 – 75.

④ R. Lanis, G. Richardson, "Corporate social responsibility and tax aggressiveness: An empirical analysis," *Journal of Accounting and Public Policy*, vol. 31, no. 1 (2012), pp. 86 – 108.

⑤ 汤亚莉、陈自力、刘星等：《我国上市公司环境信息披露状况及影响因素的实证研究》，《管理世界》2006 年第 1 期，第 158～159 页；A. Booth, F. Schiantarelli, "The employment effects of a shorter working week," *Economica*, vol. 54, no. 214 (1987), pp. 237 – 248.

⑥ 黄群慧、彭华岗、钟宏武等：《中国 100 强企业社会责任发展状况评价》，《中国工业经济》2009 年第 10 期，第 23～35 页。

社会责任指数（《财富》100 强责任排名指数、道琼斯可持续指数、富时可持续投资指数等）、国内政府社会责任倡议、世界 500 强企业社会责任报告等指标，构建出中国 100 强企业社会责任指标体系（图 8.1）。该指标体系由三个层级构成：一级指标为责任管理、市场责任、社会责任与环境责任；二级指标为责任治理、责任推进、责任沟通、守法合规等 13 个；三级指标根据各个行业的社会责任内容构建，如制造业的三级指标远多于服务业，节能减排指标也有很多不同。

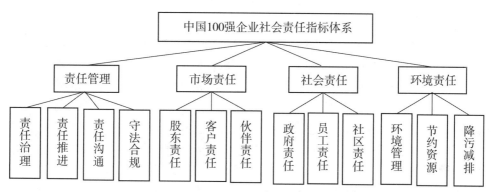

图 8.1 我国 100 强企业社会责任评价模型

宋建波等（2009）[①] 构建了一个我国制造业的社会责任评价模型。作者参考 Carroll 和 Clarkson 对利益相关者的定义，构建出如图 8.2 所示的企业社会责任框架。企业在追求利润最大化的同时，还应承担包括股东在内的利益相关者（如员工、债权人、商业合作伙伴、政府、社区、环境等）的经济责任、法律责任、伦理责任以及自愿责任。该体系包含的指标有资本投入回报率、员工报酬率、税费支出比率、罚款等支出比率、公益支出比率、高管女性比率、产品认证、职业健康安全认证、环境管理认证、信用得分、品牌、CSP 综合值。

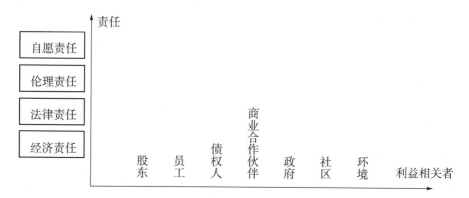

图 8.2 我国制造业企业社会责任框架

① 宋建波、盛春艳：《基于利益相关者的企业社会责任评价研究：以制造业上市公司为例》，《中国软科学》2009 年第 10 期，第 153～163 页。

朱松（2011）[①] 在研究企业社会责任问题时，使用指数法构建企业社会责任评价指数，具体使用的是润灵环球（RKS）对上市公司社会责任报告的评分；张兆国等（2013）[②] 在研究企业社会责任与绩效之间的关系时，使用内容分析法构建企业社会责任指数，一级指标有企业社会责任战略、员工战略、社会投资、环境、顾客和供应商。

综上所述，可以看到现有研究使用的方法主要是内容分析法与指数法。同时，不同的研究者会根据不同的内容构建相异的评价体系，其理论基础都基本相同，本质上来说都是根据不同的利益相关者类型界定不同的企业责任，构建对应的评价体系。

3. 计算指标权重

计算指标权重的方法主要有层次分析法、德尔菲法、主成分分析法、熵值法。其中，层次分析法（analytic hierarchy process method）是将相关决策元素分解成几个层次，在此基础上进行定性与定量分析的方法；德尔菲法（Delphi method）是对某一问题匿名进行专家访谈，整理归纳后再次征求意见，直到所有专家意见一致的方法；主成分分析法（principal component analysis method）是将所有与问题相关的变量进行组合，最后得出新的综合指标的方法；熵值法（entropy method）是用各个指标的离散程度来对标的物进行综合评价的方法。根据不同的研究问题，每个权重分析法有不同的使用范围。

考虑到企业社会责任评价是一个指标较多、较为复杂，且定量与定性指标相结合的问题，现有研究一般使用层次分析法进行权重计算，具体步骤如下：①根据层次分析法对企业社会责任的二级指标进行赋权，使用参考专家（一般为6～10人）的比较判断矩阵进行指标重要性排序，得出一致意见；②根据内容分析法，判断每一个三级指标的重要性，为具体指标赋权；③根据实际情况，对企业的每一指标赋值；④计算最终得分（黄群慧等，2009）[③]。

4. 分析评价结果

得到了评价指标的最终得分后，就可以根据研究结果得出企业社会责任的履行情况。已有的研究发现，我国企业社会责任水平整体不高，企业社会责任报告披露不够，央企、国有金融企业的企业社会责任指数远远高于民营企业，企业社会责任在不同的行业有不同的承担情况（黄群慧等，2009）[④]。

（二）其他企业社会责任评价体系

当然，也有一些学者使用其他方法对企业社会责任进行评价。彭泗清等（2007）[⑤] 研究了企业家对企业社会责任履行情况的评价。根据调查情况，作者将企业社会责任评价分

[①] 朱松：《企业社会责任、市场评价与盈余信息含量》，《会计研究》2011 年第 11 期，第 27～34、92 页。

[②] 张兆国、靳小翠、李庚秦：《企业社会责任与财务绩效之间交互跨期影响实证研究》，《会计研究》2013 年第 8 期，第 32～39、96 页。

[③] 黄群慧、彭华岗、钟宏武等：《中国 100 强企业社会责任发展状况评价》，《中国工业经济》2009 年第 10 期，第 23～35 页。

[④] 同上。

[⑤] 彭泗清、李兰、潘建成等：《企业家对企业社会责任的认识与评价——2007 年中国企业经营者成长与发展专题调查报告》，《管理世界》2007 年第 6 期，第 75～85、172 页。

为四个方面：①企业经营者对于企业和同行企业履行社会责任的评价；②对企业履行社会责任的主要动因的看法；③一些企业不履行社会责任的主要表现；④对一些企业缺乏社会责任原因的分析。

荣凤芝（2013）[①] 使用平衡计分法对企业社会责任进行评价，其一级指标包括财务责任、客户责任、内部流程责任、学习与成长责任。

综上所述，关于企业社会责任评价的研究以利益相关者理论为主，利益相关者的界定方法主要有多维细分法和米切尔评分法。也有一些学者从其他方面进行理论分析，如共生理论（李灿，2010）[②]、平衡计分法等。构建企业社会责任评价体系的方法主要为层次分析法、指数法和调查问卷法，根据研究问题的不同，构建评价体系的指标选择也不同。以利益相关者理论为基础的企业社会责任评价体系的构建步骤有以下四步：①界定利益相关者；②构建评价体系；③计算指标权重；④分析评价结果。

第二节　企业社会责任的影响因素

一、企业内部因素

企业履行社会责任是企业根据其内外环境特征及要求，整合企业内部资源，制定其社会责任目标，有效履行企业的经济责任、法律责任、道德责任等，对实施过程和实施结果进行控制与评价，最终达到经济、社会与环境多赢的动态管理过程。在这个过程中，企业内部存在的诸多因素从不同角度影响着企业社会责任，其中比较重要的因素包括股东与员工、企业战略和公司治理。

（一）股东与员工

1. 股东

股东作为公司的核心要素，是企业存在的基础。《公司法》规定，对于企业而言，股东拥有知情质询权、决策表决权、选举权和被选举权、收益权、解散公司请求权、股东代表诉讼权、直接索赔权、优先权、提议召集临时股东会和公司章程规定的其他权利。正是因为股东所享有的这些权利，企业在经营过程中不得不以股东利益最大化为经营目标。因此，在履行企业社会责任时，股东作为关键内部影响因素之一发挥着重要作用。

作为重要利益相关者之一，股东对企业社会责任的影响主要可以从产权理论和契约理论两个角度来分析。企业层面的产权理论认为，产权是围绕企业以各种形式存在的资产而

---

① 荣凤芝：《基于平衡计分卡的企业社会责任评价体系构建》，《会计之友》2013 年第 21 期，第 62～65 页。

② 李灿：《利益相关者，社会责任与企业财务目标函数——基于共生理论的解释》，《当代财经》2010 年第 6 期，第 117～122 页。

产生的一种权利的集合，体现了人们具有支配企业资产的各种权利。基于产权理论，每个股东即使持股比例很小，在企业中都享有相应份额的权利。对不同持股比例的股东而言，其权利差别主要体现在表决权、收益权、转让权等权利的数量差别上。基于契约理论，企业的本质是一张联结众多企业经营活动参与者并使其相互关联的契约网络，这些参与者包括股东、管理者、员工、客户、供应商等，且各方参与者都将获得相应的收益。投资活动、企业经营活动、就业活动等均是市场个体的自主意识行为，而这种自主意识行为均通过契约关系来体现。

基于以上理论基础可知，股东可以从多个角度影响企业经营决策。股东对企业经营决策的影响主要体现在股东权利的行使以及股东价值最大化经营目标上，这也构成了与企业履行社会责任的矛盾点。

具体而言，股东权利就是实现投资人利益的法律保证。为维护股东权益，我国颁布了一系列涉及公司成立、经营和解散的法律法规。在这些法律和法规中，都严格地规定了企业及其经营者对股东应尽的责任，以及股东享有的合法权益。作为理性投资者，股东在行使权利的过程中，其出发点主要是自身利益，则其行为决策将带有较强的主观性，从而忽视企业其他经营活动参与者的利益，最终表现为企业无法充分保证对于其他利益相关者的责任。

另外，企业经营目标需遵循股东价值最大化原则，而企业社会责任是企业在以实现利润最大化为主要目标的同时，需要对除了股东以外的其他社会成员承担的社会义务。其他社会成员包括企业员工、供应商、消费者、政府以及社会公众等，他们在企业所承担的社会责任中享有的权利存在天然与股东利益相悖或者非此即彼的情形。例如，要保证员工期望工资水平、供应商和消费者利益最大化，就不得不损失一部分当期利润，导致企业无法实现股东价值最大化。因此，股东作为企业的实际所有人，将在企业生命周期中始终影响着企业社会责任的实现。

2. 员工

在员工群体当中，对企业影响最大的就是企业的管理者。管理者作为企业员工的一分子，同时扮演着股东权行使的执行者和公司经营活动的实际控制者的双重角色。这往往会带来代理问题：一方面，管理者需要履行对于实现股东价值最大化的来自股东的重要决策；另一方面，公司经营状况也直接关系到管理者个人作为员工能够在企业取得的各类收益。很多情形下，管理者往往为了实现后者而忽略前者。这种情况对于企业履行社会责任并无明显的积极作用。原因在于，高管的薪酬取决于企业财务绩效和股权绩效，与推进企业社会责任激励之间没有直接关系，甚至在高管短期性薪酬上与企业社会责任行为之间存在负相关关系（Merriman, et al., 2006）[1]。因此，管理者也是影响企业社会责任的重要角色之一。

员工作为企业内部个体数量占比最大的群体，对于企业社会责任的体现能够起到"传声筒"和"放大镜"的功效。一方面，企业作为相对封闭的组织形式，使得外界与企业内部之间存在着信息不对称问题。员工群体则因为其流动性将内部消息带到外部，使外界

---

[1] K. K. Merriman, S. Gupta, J. R. Deckop, "The effects of CEO pay structure on corporate social performance," *Journal of Management*, vol. 32, no. 3 (2006), pp. 329–342.

能够借此渠道获取个人对企业内部情况的主观评价和客观描述。员工福利作为企业需要承担的社会责任之一，直接关系到企业在其所处的城市、行业、产业链的口碑和形象。另一方面，当员工在企业遭遇经济与劳务纠纷、职场矛盾等负面事件时，如果矛盾无法得到解决，员工将借助社交网络等渠道宣泄不满并寻求社会帮助，导致舆情出现，给企业形象带来负面影响，甚至可能影响企业股票等资产的预期价值。因此，企业有足够的动机且有能力通过满足员工需求来体现其所承担的社会责任，并借助于企业社会责任报告、媒体宣传等手段公之于众，从而达到树立积极履行社会责任形象的目的。

（二）企业战略

一些研究（Friedman，1962，1970）[1] 认为企业首要的任务就是为股东创造更多的财富，社会责任的履行会降低其收益；Gardner（1965）和 Steinmetz（1969）等[2]提出，企业生命周期理论让我们可以从企业战略层面来评价社会责任的履行对公司整体利润的影响，以及是否帮助企业获得了超额利润。基于该理论来考虑加多宝灾后捐款，短期看企业支出巨大（慈善捐赠 1 亿元），但其后其主要产品王老吉销量直线上升，获得了较好的社会效益和经济利益（宋林、王建玲，2010）[3]。从综合财务报表的角度，结合企业的战略、生命周期对企业的社会责任履行情况进行评估，可以不再计较企业一时得失，在一个战略目标的实现周期内考察企业的运行状况，更有利于打造"更好的社会"。"战略"一词最早起源于战争之中，通常指为实现某种目标而制定的高层次、全方位的长期行动计划。随着经济的发展，企业之间的竞争日趋激烈，原本用于战争的战略越来越多地被运用到企业经营管理与企业间竞争中。一般是从企业的愿景出发，通过充分分析组织所处的宏观外部环境和组织可以运用的内外部资源，动态地确定企业战略。企业战略管理的核心就是依据企业愿景、外部环境和内部能力进行战略规划和实施，目标是获取可持续竞争优势，而竞争优势的获取取决于自身价值链活动、行业结构和竞争环境。企业通过内部价值链活动和调整来实施战略，通过战略的实施影响产业结构与竞争环境，实现企业战略目标。

1. 相互作用

企业社会责任与企业战略有着密切的关系，并相互影响。英国 Accountability[4] 的创始人 Simon Zadek 将企业履行社会责任分为五个阶段：防御阶段，服从阶段，管理阶段，战

---

① M. Friedman, *Capitalism and Freedom*, New York: Columbia University Press, 1962, pp. 344 – 349; M. Friedman, "The social responsibility of business is to increase its profits," *New York Times Magazine*, vol. 32 (1970), pp. 122 – 124.

② I. C. Gardner, "Observations on the fine structure of the endophyte of the root nodules of Alnus glutinosa (L.) Gaertn," *Archiv für Mikrobiologie*, no. 51 (1965), pp. 365 – 383; L. L. Steinmetz, "Critical stages of small business growth: When they occur and how to survive them," *Business Horizons*, vol. 12, no. 1 (1969), pp. 29 – 36.

③ 宋林、王建玲：《我国企业慈善行为的市场反应——基于汶川地震捐赠数据的实证检验》，《当代经济科学》2010 年第 6 期，第 82 ～ 88、125 页。

④ 1995 年，英国社会和伦理责任研究院（Institute of Social and Ethical Accountability）成立了一家非营利性的机构——Accountability，其宗旨是提高社会责任意识，实现可持续发展。它通过制定 AA1000 系列标准，为各种组织提供有效的审计和社会责任管理工具及标准。

略阶段和公民化阶段（表8.1）。在不同阶段，企业对社会责任有不同理解，会采取不同的行为方式。利益相关方的压力、对话、互动合作对企业的影响是巨大的，企业回应利益相关方需求的过程，实际上也是逐步履行社会责任的过程。所以，从某种意义上说，利益相关方的压力程度决定了企业履行社会责任的态度。如果压力不大，企业就会采取防御策略，拒不认账；如果压力很大，企业只能服从，但心里还是不服气；只有利益相关方与企业展开对话互动的时候，企业才能感受到社会责任是关乎企业长远发展的大事，从而将其提升到管理和战略的高度。

表8.1　企业履行社会责任的五个阶段

阶段	企业行为	行为驱动
防御阶段	否认有关不良行为及其后果，及不履行社会责任	为其行为辩护，以免损害企业形象及影响短期内的销售、招聘、生产效率及品牌
服从阶段	服从命令的要求，将其视为企业运营之必需成本	出于对名誉风险、法律风险的顾虑，以免有损企业在未来一定时期内的竞争优势
管理阶段	将对社会问题的管理整合到企业核心管理中	避免有损企业在未来一定时期内的竞争优势，试图以社会责任改善企业的长期回报
战略阶段	将社会因素整合到企业的核心战略中	旨在提升长期的企业竞争优势，试图以社会责任战略和创新取得先发优势
公民化阶段	鼓励更多企业参与企业社会责任运动	提升长期的企业竞争优势，通过与同行联合协作实现多方共赢

资料来源：S. Zadek, "The path to corporate responsibility," In: C. Z. Walther, H. Markus, R. Klaus (eds.), *Corporate Ethics and Corporate Governance*, Berlin, Heidelberg: Springer, 2007, pp. 159–172.

2. 企业核心竞争力视角

战略是企业为了获得持续核心竞争力而进行的一系列约定和活动，是关乎企业生存和发展的关键因素，能直接影响企业的职能和决策。在相似的经济环境和监管环境影响下，同行业内的企业互相交流和模仿会在业内形成相似的资源配置结构，产生行业常规战略模式。采取行业常规战略模式会减少企业的经营风险，大部分企业都会选择常规战略；但一些企业为了在不断改变的经营环境和科技环境中获得竞争优势，会尝试利用自身优势突破常规战略，选择偏离行业常规的战略模式。我们通常用战略差异度来衡量企业偏离常规战略的程度。战略定位的差异决定了资源配置方式的不同，会对企业的组织形式和经营行为产生重大影响。

社会责任的履行作为企业资源配置决策的一部分，也会受到战略定位差异的影响。一方面，从战略差异的经济后果看，战略差异度大的企业经营业绩具有极大的不确定性，经营风险较高，继而会使企业冗余资源紧张，再加上投资者和其他利益相关者无法根据同行业经营状况了解企业，代理冲突加剧，最终负向影响社会责任的履行。另一方面，从社会责任的履行动机来看，驱动企业履行社会责任的不仅有利他性动机，还有工具性或策略性等非利他性动机。例如，企业可能会利用履行社会责任带来的声誉资本掩盖战略差异带来的不利影响，借此获得更多来自投资者、政府等群体的资源倾斜。

3. 财务资源配置视角

与遵循行业常规战略模式的企业相比，战略差异度越大的企业所面临的经营风险也越大。原因在于：首先，行业常规战略是在同行业企业的实践中形成的符合行业发展的战略，偏离行业常规战略的企业因为缺乏相关经验参考，在经营探索过程中需要耗费更大的人力、金钱、时间和资源，企业配置资源的成本和难度更高，经营成果存在极大的不确定性，财务业绩波动幅度较大，盈余持续性较差，经营风险较高。其次，选择行业常规战略的企业更易获得政府等监管部门的支持，从而获取发展资源。与此相反，监管机构无法对战略差异度大的企业采用行业标准进行监管，监管难度较大，企业从监管机构获得的支持远不足以为企业的持续经营创造良好的条件。因此，与采取行业常规战略的企业相比，战略差异度大的企业面临的经营风险更大。

然而，企业履行社会责任需要充足的资源，尤其是财务资源。资金供给假说认为，企业要履行社会责任，必须有充足的资金支持，因为企业只有在满足自身正常经营的基础上才有能力履行社会责任。根据组织理论，冗余资源作为企业的一个重要的行业特征会对企业社会责任的履行产生重要影响，较高的冗余如过剩的人力资源和未利用资本会使企业有更强的履行社会责任的意愿。战略差异度较大的企业因为经营风险的增加引起融资成本的提高，同时又要保留较多的财务和人力等资源应对经营风险带来的未来环境的不确定性，如可能出现的财务困境和投资机会，所以企业可用于履行社会责任的冗余资源紧张，可能不足以支撑企业承担社会责任。

4. 代理成本视角

企业战略差异越大，企业的代理成本一般也越高。一方面，战略差异度大的企业的经营活动偏离行业常规战略，投资者无法根据同行业经营状况了解企业，在搜集信息时会面临较高的难度和较大的成本，投资者与企业之间的信息不对称程度增高，对管理层的监督力度也随之降低。分析师也因缺乏经验无法对企业经营活动和业绩进行准确判断，和其他企业相比，分析师需投入更多的信息成本进行预测，因此对企业进行跟踪的分析师数量有所减少，进而降低了盈余预测的质量。外界需要利用分析师工作的利益相关者会因信息不透明而降低对企业管理层的监督力度。投资者和其他利益相关者监管力度的减少给了管理层暗箱操作的机会和谋取私人利益的空间，企业的代理成本增加。另一方面，战略差异度大的企业盈利波动性极大。为了激励管理层，管理层的绩效考核更多地是建立在企业经营业绩基础之上，企业业绩的不确定性会使得管理层的薪酬激励不足，进一步加大企业的代理成本。

战略差异会通过代理成本对企业社会责任的履行产生影响：承担社会责任需要耗费一定的成本，社会责任的履行不一定会带来企业业绩的提升，或者所带来的业绩提升在短期内不会显现出来，代理问题的存在意味着管理层与股东的利益并非趋于一致，管理层尤其是高管作为企业社会责任的决策者和执行者，可能不会积极承担有利于企业可持续发展和其他利益相关者的社会责任。

（三）公司治理

企业的所有者也就是股东享有企业的所有权，企业的管理者则掌握着企业的经营权，在现代企业组织架构下二者往往是分离的，因此就有了公司治理的概念。从广义角度理解，公司治理研究的是企业的权力在股东与管理者之间的分配；从狭义角度理解，是从企业所有权层次，研究如何授权给企业管理者并针对管理者履行职务行为行使监管职能的科学。也就是说，公司治理是在企业所有权层次上进行讨论的，主要目的在于科学地向职业经理人授权并对其进行监管。

从公司治理相关理论出发，公司治理的各个维度都会对企业履行社会责任各个层面的工作产生重要的影响。例如，为了寻求企业长期价值的提升，股东将通过公司治理渠道影响企业在环境保护方面的表现；同时，企业履行社会责任的抉择和收到的反馈也会影响公司治理机制。而公司治理和企业社会责任都与企业的发展和经营状况密切相关，如二者都与企业的市场价值正向相关，同时二者及其相互关系将会对企业同其利益相关者的关系产生重大的影响。并且许多企业将公司治理同企业的可持续发展结合起来，通过公司治理结构调整更好的改进企业社会责任表现，从而促进企业的可持续发展。

企业在社会责任方面的决策和表现与企业的内部和外部的公司治理制度具有正面的联系，如董事会的独立性、董事会领导和股权结构等。企业社会责任披露作为企业社会责任的一项重要工作，也会受到公司治理制度的影响。

制度理论（Institutional Theory）认为，制度是环境的一部分，包括法律、规定、习俗、社会和职业规范、文化、伦理等。组织为了获取合法性（legitimacy），其流程和结构倾向于实现自身稳定，而不是效率优先。因此，公司治理结构的确定在于获得公司存在的合法性，减少公众对于组织合法性的质疑已经成为企业社会责任披露的重要驱动力。通过对公司治理结构的有效改进，可以显著地将企业社会责任的理念贯彻到公司的日常经营和运行中，特别是在改善与利益相关者的关系方面有显著作用。

根据利益相关者理论，企业的公司治理制度和结构会受到利益相关者的影响，而企业社会责任披露的重要作用在于向利益相关者传递企业的相关信息，维护和改善企业与利益相关者的关系并提升企业的声誉。例如，通过披露企业慈善捐赠等信息，可以改善品牌在消费者心中的形象。因此不难看出，在理论层面上，企业社会责任与公司治理之间存在着很强的相关性。

二、外部社会因素

作为影响企业社会责任承担的重要外部因素的组成部分，无论是政府、非政府组织还是消费者、供应商等，都通过各种机制、渠道影响着企业社会责任。本节将围绕影响企业社会责任的外部因素开展讨论。

（一）政府对企业社会责任的影响

企业作为承担社会责任的主体，需要在法律、法规和自我约束的基础上才能推动社会责任的落实和发展，而政府作为企业承担社会责任的重要驱动力也发挥着至关重要的作用。要使企业社会责任高效、公平、正义的价值目标顺利实现，在企业自我治理的基础上，政府部门的干预是一个重要途径。在这方面，我国以社会主义市场经济体制为主导的政府角色与西方发达国家政府在促进企业社会责任发展上既有共性，也有独特之处。

美国政府主要通过推动立法来影响企业社会责任。20 世纪 80 年代末有 29 个州对公司法进行了修改，要求经营者对各利益相关者负责，而不仅仅是对股东负责。1983 年宾夕法尼亚州法律明确了董事在企业社会责任方面的授权，准许董事将不属于股东利益但能够对公司长期经营产生影响的因素考虑进治理决策中，包括国家和地方经济发展、就业与社会稳定等内容；1991 年《联邦判决指南》颁布，规定法官能够依据企业履行社会责任的实际情况对企业的管理人员进行合理处罚。最典型的案例当属 2001 年安然公司丑闻曝光，引起公众对企业缺乏社会责任的强烈不满。为此，美国政府颁布了《萨班斯－奥克斯利法案》以约束企业道德行为，进一步提升了对这类事件的惩罚力度。如今美国已拥有较为健全的用于规范企业履行社会责任的法律体系，这说明了美国政府倾向于通过以法律、法规的形式给企业履行社会责任设置一个底线，而非直接干预企业开展社会责任活动的方向和内容。

与美国政府不同，英国政府更加重视政策规制（表 8.2）。通常情况下，英国政府会为企业提供政策层面的指导建议，为英国有企业业履行社会责任指定一个相对明确的发展方向，并从政策制定架构上留有一定弹性，从而更好促进企业履行社会责任。

表 8.2　英国政府关于企业社会责任的政策规制

年份	内　　容
1997	英国国际发展部制定一套名为"主动道德交易"的新战略，该战略要求企业改变员工的工资水平和工作环境
2001	第一次发布《企业社会责任政府报告》，该报告发布了政府关于企业社会责任的工作计划，主要包括促进企业主动承担社会责任、增加商业中企业社会责任的范围等
2001	发布企业环境报告指导方针以指导企业更加规范地发布企业环境报告
2002	颁布《雇佣法案》，帮助劳动者协调好参与工作与抚育子女之间的关系。这一规定使劳动者的合法权益得到有效维护
2005	英国贸易与工业部提出国际战略框架和可持续性战略，旨在保障未来国家发展战略的可持续性
2005	颁布《公司法改革白皮书》，认为企业应当以成为"谋求大众繁荣和富裕的最佳载体"为最终目标
2006	通过立法形式将"开明的股东价值（enlightened shareholder value）"这一概念引入公司法，通俗来讲就是鼓励公司董事以全体成员的利益为主要目标推动公司发展

日本政府在企业社会责任治理上的做法与欧美政府通过立法、法规等形式规范企业社会责任的行为形成了鲜明对比。日本政府基于时代特征和本国特点，在传统企业社会责任理念的基础上赋予了时代精神，这种精神主要体现在以松下、丰田、日立、索尼、夏普等诸多世界 500 强中的日本企业为代表的，将社会、贡献、信任、可持续发展、企业价值等关键词融入企业社会责任理念中。尽管存在行业和企业文化差异，大部分日本企业都在这种理念的促进下建立了监督评价、实时操作和组织管理"三位一体"的企业社会责任制度。90% 以上的日本企业每年都会对外公布一份"企业社会责任年度报告"，主要向公众宣讲企业自身在社会责任方面的理念、方针、组织、规划以及实施过程中的具体情况。这

一方面是对自身履责情况进行自我监督，另一方面也构成了企业和利益相关者之间沟通的环节。

企业社会责任在我国政府的推动下取得发展的过程并非一帆风顺。计划经济时期，国有企业没有承担较多的经济责任，反而承担了诸多政府责任和社会责任。这一时期，政府与国有企业职能的高度重合使得企业社会责任的主体不明确。改革开放以来，随着社会主义市场经济体制改革和国有企业改革的推行，在以经济发展为主要目标的政策导向下，企业经济责任得以进一步强化，却相对忽视了社会责任。本世纪初，随着经济全球化不断发展，企业社会责任理念由西方现代企业传播到中国，中国政府在提倡经济从高速发展转为高质量发展的同时，进一步促进了企业社会责任在中国的发展。这一时期所取得的成果主要是在政府建设和谐社会、落实可持续发展的科学发展观、提出"双碳"战略的背景下，在法律环境、学术研究、企业实践和责任披露等方面都取得了长足的进步。

（二）非政府组织对企业社会责任的影响

非营利组织一方面可以很好地弥补市场失灵，另一方面可以适当弥补政府机制的缺失。在企业公民社会背景下，非营利组织既是社会责任标准的制定与推行机构，也是企业履行社会责任的环境创造机构、代理机构、监督机构和战略合作机构。非营利组织在倡导公共政策和立法等方面也发挥着积极的影响。非营利组织作为特定群体特别是弱势群体（如企业员工、职场女性、工作岗位上的残障人士等）的代言人，要表达出他们的政策倾向和利益诉求，帮助他们在立法和公共政策制定方面谋求更大程度的公正。

例如，国际标准化组织（International Standard）是一个全球性的非政府组织机构。1993 年，国际标准化组织开始制定有关环境管理方面的 ISO14000 系列标准，该标准的目的是通过对现存的所有企业、政府等组织的环境行为进行限制和规范，从而实现保护环境、节约资源、改善生态、促进社会可持续发展的目标。1997 年 4 月，中国国家技术监督局将 ISO14000 系列标准中已颁布的前 5 项标准等同转化为中国国家标准，标准文号为 GB/T 24000—ISO14000，作为中国的标准性文件正式实施。从 2001 年开始，国际标准化组织进行研究和论证社会责任国际标准的可行性。经过一段时间的研究之后，国际标准化组织于 2004 年 6 月决定开发社会责任国际标准化组织指南标准，并成立社会责任工作组负责标准的起草工作。该工作组有 54 个国家和 24 个国际组织参与，起草标准的适用对象包括政府在内的所有社会组织。国际标准化组织于 2010 年发布了《社会责任指南标准》（ISO26000），意味着社会责任指南标准正式出台。

（三）消费者对企业社会责任的影响

消费者作为企业重要的利益相关群体之一，往往因与企业之间存在的信息不对称而影响着企业社会责任的履行。日常消费场景下，消费者难以充分掌握关于企业产品和服务的真实信息，如某种食品是否安全、电子产品在隐私保护方面能否符合规范等。这些问题与消费者切身利益相关，同时也是企业社会责任得以履行的重要体现。

消费者更充分地了解企业运营情况，实际上有助于增加市场透明度，提高市场治理的有效性，这对于企业社会责任观念的提升有重要促进作用。消费者等利益相关方群体的期待是企业履行社会责任的首要动力来源。消费者对企业产品和服务的关注，不仅会增加信息上的了解和理念上的认知，还有助于进一步判断自身道德诉求和企业价值观的一致性，从而影响企业对于履行社会责任的态度。这能够间接促进企业在可持续发展上实现更大提升。因此，消费者通过对企业社会责任的影响扮演着审视企业能否创造更多社会价值的判断者。

消费者作为社会成员，也对更广泛的社会责任议题保持关注。例如，消费者不仅要考虑食品安全等与切身利益相关的因素，还会自发抵制诸如象牙、鱼翅等不合法或不合理的消费。甚至在企业能效水平与气候变化等因素上，消费者的参与也能促进企业行为改进，进而推动社会进步。

企业规模越大、平台越大，市场权力越大，消费者关注其社会责任时，会对企业形成不同于企业内部影响因素的推动力。根据"责任铁律"，企业的社会责任必须与企业的社会权利对等，企业的权利越大，对应的社会责任就越大。对于在市场上掌握重要话语权的企业组织而言，消费者关注社会责任会对企业形成压力，这对于整个市场的治理非常关键。对于大量分散的、小规模的企业，消费者在短期内很难全面掌握这些企业的生产过程，了解内部信息；但因为消费者对于自身效益最大化的坚持，同样会对企业与社会的良性发展产生积极作用。

（四）供应商对企业社会责任的影响

2005—2011 年间发生在国内的三聚氰胺、苏丹红等食品安全事件均涉及知名企业，尽管从调查结果看，问题主要都发生在上游供应商环节，但对全产业链都造成了巨大伤害。这些事件提醒企业，企业社会责任的履行不仅受自身因素影响，也受到供应链的影响。随着社会分工的深入，要让某一家企业去经营整个产业链以控制供应链的风险，对大多数企业来说是无法实现的。因此，企业不仅要尽好围墙内的社会责任，也要管好围墙外的社会责任风险，通过对供应链进行管理和风险控制来避免供应链的风险延伸到企业自身。

对此。西方企业也经历了一个认识过程。源自 19 世纪 90 年代的"反血汗工厂运动"激发了社会各界对供应链社会责任的重视。西方消费者声势浩大的抵制运动对相关企业的品牌声誉和财务绩效都造成严重损失，进而快速推动了企业履行社会责任过程中对供应链的重视。以耐克为例，起初媒体揭露耐克在亚洲工厂恶劣的劳工状况时，耐克表示自己只是采购商，无法对其他企业行为负责。但迫于消费者的持续抵制，耐克最终意识到仅仅企业本身确保社会责任、保证产品质量还远远不够。消费者购买的是耐克的产品，而不是供应商的零件，因此，所有问题最终都指向了耐克本身。作为行业龙头，耐克开始适当放弃过度追求低价采购，给供应商提供空间，帮助其改善劳工、环境等状况，让供应商有能力和意愿来改变现有生产方式，逐渐形成社会责任信念。类似案件的多次发生逼迫西方企业界建立起围绕供应链的企业社会责任意识。

再如，因"天天低价"而备受争议的沃尔玛也于近年来不断推进对供应商的社会责任要求。自引入 SA8000 认证体系后，沃尔玛更把对供应商的产品安全、环保、劳工等具体要求列入采购协议，并经常采取突击检查的方式来确保供应商的有效执行，一再违反规定的供应商将被剔除出沃尔玛的供应商名单。

宜家家居早年因使用来自濒危雨林的木材而受到公众指责。在深思熟虑之后，宜家提出森林行动计划并制定了四级阶梯式体系，用来规范木材原材料的管理标准。此外，宜家还不计成本地推出了可称为世界上最严格的供应商监督系统《宜家家居产品采购原则》。宜家不仅仅对供应商是否遵守原则进行严格检查，还与供应商密切沟通合作，甚至帮助其重新设计产品的制造方式以达到宜家的标准。宜家早已超越了只求自保的社会责任层面，而是采取前瞻性态度，探索价值链的重新设计。宜家的供应商风险责任管理从其理念的创立到制度的完善，以及最高管理层的时刻重视，环环相扣，使得供应链风险能够降到最低。

综合以上案例不难发现，社会和公众对企业的要求不断提高，消费者和投资者要求其承担起相应社会责任的压力也日渐增强，追求良好品牌形象的驱动力也迫使企业必须开始重视供应链对社会责任的影响。因此，企业不得不提升自身对供应链责任的意识，不仅仅是采取自保型的商业策略，更应采取积极进取、前瞻性的态度。

加强对供应商社会责任的管理，短期内看会给企业带来额外的成本，但品质及声誉的增值却能给企业带来更长远的利润。对于短期和中长期利润的取舍将影响企业的经营战略和行为决策，从而重新从供应链视角来权衡对企业社会责任的投入。例如，对于应对供应商的信用风险，及时发现供应商违约行为并解除合同固然是成本最低的用于避免承担信用风险带来经济损失的手段，但也可能导致供应商破产和工人的大量失业，可能造成不好的社会影响。因此，一个履行社会责任的公司应给供应商留下改进空间，并给予必要的资源支持。

三、时代发展因素

（一）全球化进程对企业社会责任的影响

经济全球化是当今世界的基本特征，它是指以市场经济为基础，以先进科技和生产力为手段，以发达国家为主导，以最大利润和经济效益为目标，通过分工、贸易、投资、跨国公司和要素流动等，实现各国市场分工与协作、相互融合的过程。20世纪80年代以后，特别是进入90年代以后，世界经济全球化的进程大大加快，它从总体上促进了商品、资金、技术、信息在全球范围的流动和配置，推动了经济技术交流和合作、产业转移和结构调整，提高了世界生产力的水平，是人类发展进步的表现，是世界经济发展的必然结果。

在经济全球化的背景下，企业社会责任也受到一定的影响。

首先，全球化背景下，企业的竞争环境和竞争规则发生了重要变化，企业的经营理念也发生了深刻的转变。从国际范围的企业竞争规则看，合作竞争正在逐步取代市场经济初期的弱肉强食，互利共赢正在取代你死我活，和谐发展正在取代唯利是图；从企业经营理念看，从追求发展股东利益最大化转变到追求股东利益和其他利益相关方的共同利益，从追求企业当前利益最大化转变到追求企业长远利益最大化和可持续发展，从追求企业自身利益的发展转变到追求企业与当地经济社会和环境协调发展，从追求硬竞争力转变到在强化硬竞争力的同时提升企业软竞争力，企业的社会责任越来越多地体现在企业的经营理念中。

其次，在经济全球化的趋势下，世界市场日益形成相互依存、彼此互补的完整的产业链、供应链、价值链和市场需求链。企业社会责任不再是一个企业的单独行为，而是全球供应链的共同责任；企业社会责任也不再是一个国家的单独行为，而是一种世界潮流和趋势。同时，当越来越多的企业从事全球运营时，要通过国家的立法来确定企业所应承担的责任是比较困难的。因此，作为一种替代方法，通过利益相关方向企业施加压力，促使企业自发地采取负责任的商业实践，进行自我管制，已成为一种更好的选择。过去几年，全球社会为推进企业履行社会责任进行了广泛的合作，联合国的《全球契约》、经济合作与发展组织的《跨国企业行动指南》、国际劳工组织的《关于跨国公司和社会政策的三方原则宣言》与《关于工作中的基本原则和权利宣言》，国际标准化组织发布的 ISO26000（《社会责任指南标准》）等，极大促进了跨国企业履行环保、劳工等社会责任的绩效，使缺乏社会责任的企业难以进入全球市场。

最后，随着经济全球化趋势所带来的上述挑战的日益严峻，全球环境压力的日益增加，全球社会、政府、消费者和非政府组织越来越认识到必须采取共同的行动以应对全球共同面临的挑战，全球企业公民的理念也逐步得到广泛认同。企业所应承担的社会责任不再仅限于对当地、本国的责任，而是进一步扩展到对全球范围的责任，它所关注的问题更具广泛性和全局性，除传统的劳工和消费者权益保护、生态环境和自然资源保护等议题外，应对气候变化、维护人权、消除贫穷、遏止腐败、创造社会公平、缩小工业化国家与发展中国家之间劳工标准和工资待遇上的差异等都被纳入企业的社会责任范围。

面对全球化所带来的变化和挑战，联合国提出负责任的经济全球化，号召发达国家和发展中国家联合起来。但是，不同机构、政府在倡导企业社会责任的过程中，有着不同的意图、代表不同的利益，具有一定的政治含义。因此，企业需要从诸多因素中对自身社会责任战略进行权衡，准确定位自身的社会责任。

（二）气候变化对企业社会责任的影响

2019 年 11 月发布的《中国应对气候变化的政策与行动 2019 年度报告》指出，全社会广泛参与的绿色低碳发展格局逐渐形成。这一判断概括了 2018 年以来中国积极应对气候变化的成效和最新进展，彰显了中国推动构建人类命运共同体的责任担当。企业作为践行绿色低碳发展的重要主体，是产业群零碳排放、绿色转型和绿色创新的重要推动者，在应对气候变化的过程中也做出了自己的贡献。这也是在新的时代背景下，赋予企业社会责任的全新内容和要求。

在我国，近些年来绿色低碳发展已成为企业社会责任的重要内容，它关乎经济高质量发展的成色、生态环境保护的本色以及最普惠的民生福祉。越来越多的企业将绿色发展理念纳入企业社会责任体系中：创新绿色低碳技术，打造智能化、清洁化的绿色工厂；培育绿色低碳产业，提供共享出行、循环利用等绿色产品服务；传播绿色低碳理念，助推简约适度、环境友好的生活方式形成风尚；等等。企业主动承担社会责任、积极行动，赢得公众赞誉，也为自身带来社会声誉。

随着我国"双碳"战略的提出，环境保护和绿色低碳发展已成为越来越多行业、产业和企业无法回避的社会责任之一。如果绿色制造、绿色发展只是少数优质企业的实践，就无法带来格局的改变。在这样的背景下，企业也在逐渐调整其社会责任理念和战略。例如，早在 2007 年，伊利集团就从企业层面提出绿色领导力管理思想，联动上下游合作伙伴和社会力量推进生态保护。伊利集团在东北地区引导当地农户绿色种植，实现了湿地增绿、玉米增产、农民增收，被写入《中国落实 2030 年可持续发展议程进展报告(2019)》。借助信息和大数据等新技术，一些企业也在创新履行环境保护责任的方式。例如 2019 年，联合国环境规划署将"地球卫士奖"颁给支付宝推出的"蚂蚁森林"项目。该项目的创新之处在于，展示了如何通过技术手段，携手公益伙伴，成功将 5 亿人的环保行动转化为 1.22 亿棵树的造林成果。

由此可见，随着技术和经济发展理念的不断进步，环境保护不仅对先有企业社会责任提出了新的要求，同时也为企业履行环境保护和低碳发展责任提供了新的路径和方法。企业社会责任理念不再局限于以往围绕劳动群体、社会福利等传统概念，还包含了时代发展背景下社会和环境提出的新路径、新技术、新要求。

第三节 企业社会责任与企业价值

一、企业商业价值评估

企业商业价值的评估是传统的企业价值评估的内容。从经济发展的历史来看，在企业社会责任还没有提出前，利润最大化是企业最重要的经济责任。企业在承担经济责任的过程中，逐渐出现了企业兼并、收购、重组、发行、联营等市场行为。在这些行为中，如何评估企业价值是一个重要问题。因为企业的经济责任是利润最大化，所以企业价值评估归根究底是企业绩效的评价。近年来，随着资本市场的迅速繁荣，企业价值评估得到了长足的发展。

企业价值评估的主要作用有：①企业发生合并、收购等重大交易时需要对被并购企业价值进行确定；②企业进行股份制改革时，发行股票需要根据企业价值确定股票价格；③企业分离或者重组时需要对重组企业进行价值评估；④企业制定战略时，需要对企业价值进行评估。

企业价值评估是资产评估的组成部分，但又不是单纯的资产评估。企业作为一个整体，可以理解为一件整体资产，而整体资产不是简单的单项资产价值的简单加总，而是以企业内部的经营单位、分支机构等为单位，依据收益或其他方法评估市场价值。因此，企业价值评估是一个比传统价值评估体系更宽泛、更复杂的评估过程。

20 世纪 20 年代，企业价值评估与不动产的发展紧密相接。1927 年，姆茨柯（Mertzke）的《不动产评估》中引用了马歇尔的观点，建立起以三种评估方法为主的企业价值评估体系。[①] K. L. Hyder 等人在 20 世纪 30 年代之后发展了这三种方法——成本法（cost approach）、市场比较法（market comparative approach）和收益法（income approach），并使其成为日后企业评估的基本方法。在之后的研究中，1973 年 Black 和 Scholes 发表了期权

---

① Mertzke, *Real Estate Appraising*, Chicago: National Association of Real, 1927.

定价模型①，使得期权定价理论有了长足的进步，由此演化出的期权定价法（option valuation approach）也成为企业评估的重要方法。

（一）成本法

成本法是从历史成本的角度评估企业价值，其理论基础是市场替代理论。市场替代理论认为，任何理性的投资者在收购企业时，愿意支付的价格是不高于新建一个与所收购企业相同功能的企业所需的成本，所以企业价值可以通过企业各个资产的评估值加总得到。成本法是最原始、最简单的企业价值评估方法，这种方法是基于会计理论的资产价值评估，而不是企业价值评估，只有在少数情况下才真正适用。

（二）市场比较法

市场比较法是以市场价格来评估企业价值，其理论基础是有效市场理论。市场比较法目前在国际上使用较多，一般采用的方法是相对比较法（relative valuation），其实质是将企业与市场上的可比企业进行对比，根据可比企业的市场价值进行差异调整，得到被评估企业的市场价值。这种方法在高新技术行业得到广泛应用，也是各个投资银行在初始发行股票时常用的定价方法。

1. 常用乘数

股票价格通常有三种常用的定价方法：①股票价格/收益（price to earning，P/E）乘数；②股票价格/资产账面价值（price to book value，P/B）乘数；③股票价格/销售额（price to sales，P/S）乘数。其中，P/E乘数使用的最多。以P/E乘数为例，被评估企业的价值 = 被评估企业的收益（earnings）× 可比企业的P/E乘数。

2. 调整差异

因为被评估企业与可比企业是存在不同的，所以需要进行差异调整。常用的差异调整方法主要有三种：①主观调整。在获得可比企业的乘数后，根据自身对可比企业和被评估企业的理解，从成长、风险、收益等方面对乘数进行调整，这种方式的调整不存在限制，因此存在较大误差，对评估人要求很高。②乘数调整。评估人可以在得到基本乘数后进行复合，得到复合乘数，如用P/E乘数除以EPS的增长率来得到调整后的P/E乘数。③行业回归。当找不到合适的可比企业或可比企业多个指标与被评估企业有差异时，可以将乘数与基本指标进行回归，如果结果稳健，说明乘数能够显著解释基本指标。

相对比较法由于简单的计算和与估值的准确性在实践中有着广泛的应用，但是它也有一定的缺陷：一是对企业价值评估时只看中一个乘数和可比企业，这很容易忽略其他变量对企业的影响；二是当整个行业高估（低估）时，会造成可比企业价值的高估（低估），从而造成被评估企业价值的高估（低估）。

（三）收益法

收益法是从未来收益的角度评估企业价值，其理论基础是企业内在价值理论。企业内

---

① F. Black，M. Scholes，"The pricing of options and corporate liabilities," *Journal of Political Economy*, vol. 81，no. 3（1973），pp. 637 – 654.

在价值理论认为，任何一项金融资产的投资都是以牺牲现期消费为代价，以获得未来收益的，所以，对金融资产的估值应该将未来收益贴现。在收益现值法中，因为对未来收入的定义不同，所以存在股利折现模型、现金流折现模型、剩余收益模型等的区别。

1. 股利折现模型

威廉姆斯（Williams）和戈登（Gordon）在 1938 年首先提出了股利折现模型（dividend discounted model，DDM）。这一模型将所有未来的股利折现，得到股权的现值（即当前股票价格）：

$$V = \sum_{t=1}^{\infty} \frac{DPS_t}{(1 + K)^t}。$$

式中：V 是企业股票价值；DPS_t 是第 t 年的每股股利；K 是权益资本成本（对投资者来说是他的期望收益率）。由此基本的股利折现模型发展出了不同的股利折现模型，如零增长模型、固定增长模型、三阶段增长模型和多元增长模型。

2. 现金流折现模型

莫迪格利安尼（Modigliani）和米勒（Miller）在 1958 年提出了现代资本结构理论（MM 理论）[①]，奠定了企业价值评估理论的基础。也正因如此，现金流折现模型成为企业价值评估的主流模型之一。

企业的现金流量是投资者可支配的所有净现金流量，企业管理者可以在不影响企业持续经营的前提下，将部分现金流量自由分配给企业的权益索取人，所以这一现金流也被称为企业的自由现金流（free cash flow，FCF）。在会计计算中，企业自由现金流 = 税后净利润 - 资本支出 - 营运资本支出。

简单的解释，现金流折现模型就是企业原始价值和未来增长价值的和：

$$V = \frac{NOPAT}{K} + \sum_{t=1}^{\infty} \frac{I_t(r_t - K)}{K(1 + K)^t}。$$

式中：V 是企业价值；$NOPAT$ 是企业税后净利润；I_t 是企业未来投资规模；r_t 是投资回报率；K 是投资资本成本率（WACC）。公式的第一项衡量了企业的原始价值，第二项衡量了企业未来增长的价值。只有企业的投资回报率 r 高于资本成本率 K 时，才能创造正的价值。

综上所述，收益法在企业价值评估的发展历史中起到了重要的作用，不管是传统的股利折现模型还是主流的现金流折现模型，都有了长足的发展。但是收益法也有一定的缺陷：需要对未来收入进行假设，所以长期来看，收益法是不精确的，从而造成评估结果可以被操纵。

（四）期权定价法

期权定价法是从期权定价的角度对企业进行估值，其理论基础是金融期权理论。金融期权理论认为，企业的管理者拥有管理的灵活性，他不会像净现值法中假设的那样，项目要么做要么不做，决策必须立刻决定，而应该是根据企业的情况有延期投资的权利，可以等到明年或者后年再投资。这就是实物期权的思想，由此引申出的期权定价法成为实物期

---

① F. Modigliani, M. H. Miller, "The cost of capital, corporation finance and the theory of investment," *The American Economic Review*, vol. 48, no. 3 (1958), pp. 261 - 297.

权定价法。在实物期权中，企业的决策具有了期权的性质。例如，研发投资使企业能够根据后续市场反应选择是否产品化，而不是一定要产品化；并购使得企业能够优先购买其他企业，但是不利的话也可以放弃投资。

常用于期权定价的模型有两种：一种是布莱克－舒尔斯模型（Black-Scholes 模型，BS模型），一种是二叉树模型，均通过模拟方法得出。

1. BS 模型

BS 模型的模型假设有：①股票价格服从对数正态分布；②股票投资回报在期权有效期内固定不变；③存在固定不变的无风险利率；④投资者能够无限借贷；⑤期权有效期内股票红利为 0 或已知。

BS 模型的微分方程为：

$$\frac{\partial c}{\partial t} = rc - r\frac{\partial c}{\partial s}s - \frac{1}{2}\frac{\partial^2 c}{\partial s^2}(s\sigma)^2。$$

式中：c 是期权价值；s 是股票当期价格；σ 是股票的波动率，是以复利计算的年回报率的标准差；r 是无风险利率。

如果期权距离到期日的时间为 T，风险中性的期望值是 E，那么：

买权到期日的价值是 $C_T = E\{\max(S_T - X, 0)\}$；

买权当前的价值是 $c = e^{-rT}E\{\max(S_T - X, 0)\}$。

在以上条件下对 BS 模型积分，得到

$$c = SN(d_1) - Xe^{-rt}N(d_2)。$$

根据无套利假设，$S = e^{-rt}S_T$，$N(d_1)$、$N(d_2)$ 表示在正态分布下变量小于 d_1、d_2 时的累计概率，$d_1 = \dfrac{\ln(\frac{S}{X}) + T(r + \sigma^2/2)}{\sigma\sqrt{T}}$，$d_2 = \dfrac{\ln(\frac{S}{X}) + T(r - \sigma^2/2)}{\sigma\sqrt{T}}$，那么卖出期权的价格就可以通过买权卖权的平权公式 $1 - N(d) = N(-d)$ 得到：

$$p = Xe^{-rt}N(-d_2) - SN(-d_1)。$$

2. 二叉树模型

二叉树模型是一种动态规划的定价模型。该模型认为标的资产在未来时间段内只有两种变化，上升（u）或者下降（d），这样期末资产的价值就可以表示为：

$$S_0 = e^{-rT}[pS_u + (1 - p)S_d]。$$

由此可以推算出二期二叉树、多期二叉树等。

二、企业社会价值评估

随着企业角色的不断完善与确立，目前，企业不仅需要承担经济责任，还需要承担社会责任。因此，对企业价值的评估也就不应该仅仅只以企业绩效为准，还应当融入企业社会责任的考虑。因此，许多学者在企业价值评估中嵌入了企业社会责任的部分。

因为企业责任具有经济与社会的双重性，且经济责任一直以来是企业最主要的责任。企业社会责任的引入，为公司金融的研究注入新的活力。企业社会责任创造了企业价值吗，企业社会责任怎样创造企业价值，相关学者在研究中给出答案。

（一） 企业社会责任创造了企业价值吗

在系统介绍企业社会价值的评估过程前，需要解释的是，企业承担社会责任是否创造了企业价值？如果企业承担社会责任不能够创造价值，那么从企业自身角度出发，就没有承担社会责任的必要。随着企业社会责任的日益重要，许多学者对企业社会责任与企业价值的关系进行了研究。朱雅琴、姚海鑫（2010）[①] 研究发现，企业社会责任与企业价值是正相关的，主要的表现是：企业帮助政府，会获得政策扶持；企业保护投资者，会获得投资者的信任；企业相信供应商，会获得供应商的配合。王晓巍、陈慧（2011）[②] 认为，企业社会责任与企业价值正相关，除了与政府、投资者、供应商的关系，企业对股东、债权人、消费者的责任都是正向的。沈红波等（2012）[③] 根据紫金矿业污染环境被罚的案例得出，企业不承担社会责任所引起的市场波动是显著为负的，这也从侧面说明了企业社会责任与企业价值的关系。

当然，也有研究认为，企业的社会责任一定程度上会有损于企业价值。李正（2006）[④] 实证研究表明，因为我国国有企业的特殊性，国有企业一直以来承担了较多的社会责任，盈利性较低，且盈利性较强的企业不愿意承担社会职能，这说明企业社会责任会降低企业价值；但是，作者也认为，在长久看来，企业承担社会责任是必行之事，如果企业发生了有损于消费者、员工的行为，必然会招致中小股东的排斥从而影响企业价值。

在没有引入企业社会责任之前，学者们往往使用成本法、市场法、收益法、期权定价法对企业进行估值；在引入企业社会责任后，就要求对企业的估值除了考虑财务指标，还要考虑其他非财务指标，这时，使用上述 4 种方法就存在一定的误差。1992 年，卡普兰（Kaplan）和诺顿（Norton）[⑤] 发明了平衡计分法，该方法首次使用了除财务指标外的创新能力和学习能力指标。平衡计分法的广泛应用给了学者们对企业社会价值评估的灵感，自此之后，一个以利益相关者理论为理论基础，以建立指标体系为工具的评估方法逐渐流行。

王晶等（2009）[⑥] 在构建企业价值评估指标体系时，将总的指标体系分为企业现有盈利能力、企业潜在盈利能力和企业持续盈利能力，其中潜在盈利能力的客户层面指标有客户满意度、客户保持率、新客户占有率，生产经营层面指标有产品返修率、售出产品保修

[①] 朱雅琴、姚海鑫：《企业社会责任与企业价值关系的实证研究》，《财经问题研究》2010 年第 2 期，第 102 ~ 106 页。

[②] 王晓巍、陈慧：《基于利益相关者的企业社会责任与企业价值关系研究》，《管理科学》2011 年第 6 期，第 29 ~ 37 页。

[③] 沈红波、谢越、陈峥嵘：《企业的环境保护、社会责任及其市场效应——基于紫金矿业环境污染事件的案例研究》，《中国工业经济》2012 年第 1 期，第 141 ~ 151 页。

[④] 李正：《企业社会责任与企业价值的相关性研究——来自沪市上市公司的经验证据》，《中国工业经济》2006 年第 2 期，第 77 ~ 83 页。

[⑤] R. S. Kaplan, D. P. Norton, "Using the balanced scorecard as a strategic management system," *Harvard Business Review*, vol. 85, no. 7 (1996), pp. 75 – 85.

[⑥] 王晶、高建设、宁宣熙：《企业价值评估指标体系的构建及评价方法实证研究》，《管理世界》2009 年第 2 期，第 180 ~ 181 页。

期限，考虑到了利益相关者中的消费者；内部管理层面指标有员工满意度，考虑到了利益相关者中的员工。

当然，也有一部分学者从案例分析的角度出发，研究市场上企业社会责任是如何影响企业价值的。沈红波等（2012）[①] 基于企业的环境保护、社会责任分析了对企业价值的影响，作者研究紫金矿业在 2010 年的两起污水泄漏案，并假设企业承担社会责任能够创造价值；反之，不履行社会责任会有损企业价值。在之后的研究中，作者发现，紫金矿业两起污水泄漏案给市场带来了负面的冲击，造成了紫金矿业市值的下降。这从反面证实了企业社会责任与企业价值是正向相关的。

综上所述，国内现有研究认为，企业社会责任能够显著创造企业价值。企业承担社会责任，能够帮助政府、保护员工、维护消费者、团结供应商、取信债权人、赢得股东，当然能够获得更优惠的政策、更高的忠诚度、更好的消费评价、更优秀的供应渠道、更低的债务成本、更良好的股东群体。

（二）企业社会责任怎样创造企业价值

根据前文的描述，企业社会责任的实证研究主要从利益相关者理论出发，那么企业社会责任的价值创造机理也可以用利益相关者理论进行解释。

1. 企业对投资者社会责任的价值创造

投资者是与企业最紧密联系的利益相关者之一，企业需要履行对投资者的经济责任。投资者关心自身投资的回报，企业需要资金运营。因此，企业需要增强盈利能力，召开股东大会，提升投资者回报。这种与投资者关系的维系越紧密，分红越多，越能提升投资者的信心，从而进一步扩大企业声誉，树立企业正面形象。

2. 企业对债权人社会责任的价值创造

与投资者类似，企业也需要履行对债权人的经济责任。债权人关心企业能否到期还本付息，所以企业需要稳步经营，保持健康的财务结构和流动性，提高偿债能力和支付能力。债权人会因此提供更多的再融资机会，能够向企业提供更多的本金；同时，更多的债务资本还能够通过杠杆效应和税盾提升企业价值。

3. 企业对员工社会责任的价值创造

人力资源管理是企业最重要的一环。员工是企业的重要利益相关者，企业对员工的社会责任主要有良好的薪酬、安全的工作环境、健康的企业文化和公平的晋升环境。企业对员工的社会责任能够使员工感受到组织的关怀，激发员工的工作热情，从而更加高效忠诚地工作（Bridges & Harrison，2003）[②]，更不容易离职，更快地学习技能，从而提升企业价值。员工对企业的评价提升还能吸引更多潜在的人才，从而使得企业能够更快地创造价值。

4. 企业对消费者社会责任的价值创造

消费者是企业产品的最终源头。企业需要对消费者诚信、不欺骗，需要提供高质量的

---

① 沈红波、谢越、陈峥嵘：《企业的环境保护、社会责任及其市场效应——基于紫金矿业环境污染事件的案例研究》，《中国工业经济》2012 年第 1 期，第 141～151 页。

② S. Bridges，K. Harrison，"Employee perceptions of stakeholder focus and commitment to the organization," *Journal of Managerial Issues*，（2003），pp. 498－509.

产品，需要提供周到的售后服务，等等。企业对消费者社会责任的正面形象，会增加消费者的品牌认可度和满意度，从而提升对所购买产品的印象，促使消费者进行再购买，这会增加企业的商誉和销售额，从而提升了企业价值。

5. 企业对供应商社会责任的价值创造

供应商是企业的上游。企业对供应商的社会责任主要有不过分打压价格、不违反合同、按时付款等。企业履行对供应商的社会责任可以使得双方互利共赢。如果企业选择拖欠货款、态度恶劣等，造成与供应商的关系恶化，这会使企业原材料来源被中断，从而被迫停止生产，降低营业收入，降低企业价值。

6. 企业对政府社会责任的价值创造

企业对政府的社会责任主要有依法营业、公平经营、依法纳税等。企业履行对政府的社会责任，能够获得更多的政策扶持，从而增加企业价值。朱雅琴等（2010）[①] 也认为，企业对政府的社会责任与企业价值正相关。

7. 企业对环境和公众社会责任的价值创造

企业生产不可避免地需要与周围环境交互，企业对环境和公众的社会责任主要有节约资源、保护环境、避免扰民、维护社区安定、积极参加公益活动等。如果企业处理好与环境和公众的关系，有利于获得巨大的商誉提升。因为公众是最大的群体。如果企业破坏环境、扰乱治安，就会形成舆论，让更多的消费者、债权人等利益相关者不再选择企业，从而使得企业经营受困，价值受到破坏。从另一角度而言，企业履行对环境、公众的责任也更能获得利益相关者的关注与支持。

三、平衡与双赢

（一）商业价值与社会价值的平衡

党的十八届三中全会将承担社会责任作为深化国有企业改革的六大重点之一，十八届四中全会提出要加强社会责任立法；2015 年 6 月 2 日，国家质量监督检验检疫总局、国家标准化管理委员会发布国家标准《社会责任指南》（GB/T 36000—2015）；党的十九大也提出要强化社会责任意识，为鼓励企业承担社会责任、全面提升核心竞争力指明了方向。因此，企业作为市场主体，要发挥其主观能动性，积极主动地参与到社会多元化治理中来，履行社会责任，与利益相关者、政府、社会、生态环境等有机结合形成价值共创。

1. 社会价值的重要性

近年来，我国企业已逐渐开始重视对社会责任的履行，不同性质的企业只是在履行方式与观念态度方面存在差异。从履行社会责任行为来看，企业明确自身定位，积极履行相关责任，例如，新冠疫情突发，格力积极生产空气净化器、口罩等并捐往全国各地；五菱宏光全力改造生产线，日产 170 万只口罩。河南暴雨，鸿星尔克顶住破产压力坚持捐款；美团、同程、携程等企业也相继出台紧急预案解决河南出行、住宿、交通等问题；国有企

---

① 朱雅琴、姚海鑫：《企业社会责任与企业价值关系的实证研究》，《财经问题研究》2010 年第 2 期，第 102～106 页。

业则发挥其强劲的基础支撑作用，提供电力、网络、物资支持，保障基本民生，缓解就业压力，为维持人民安定生活做出了巨大努力。这些企业让人民在危难中感受到其担当精神，从而提高了企业形象与声誉，赢得消费者的喜爱与支持。

但是，由于缺少相关制度的约束，加之管理层责任意识的淡薄，也有不少企业存在社会责任严重缺失的现象，如：长生生物疫苗造假，科勒卫浴、宝马未经同意通过摄像头收集人脸信息，智联招聘、前程无忧将大量简历流向黑市，天房集团债券违约，国有企业高管井喷式被曝出腐败，等等。经过媒体的公开报道与舆论发酵，这些企业的市值受到了严重波及，有损于企业的未来持续发展。

2. 关于社会价值的争论

对于企业而言，应如何在商业价值与社会价值之间权衡？这一问题一直是学术界和业界讨论的焦点。西方学术界针对"企业要不要承担社会责任"这一问题争论已久。企业社会责任理论提出伊始，多数学者认为，企业为了承担社会责任所花费的支出不利于企业收益最大化目标的实现。以弗里德曼为首的部分学者认为，要求企业履行社会责任会使得企业分不清自己的定位，从而导致企业发展战略的偏差，甚至由于企业对社会责任的理解有误差，而过度履行社会责任，或以社会责任为借口使得股东或员工遭受损失。因此，他们对于企业需要履行社会责任这一说法提出反对意见。到了20世纪90年代，随着社会的不断进步，学者们开始正视履行社会责任在企业发展中的作用。面对经济利益环境下滋生的各种利益倾轧，社会责任的承担正是将企业圈在道德底线上的笼子。企业履行好社会责任，不仅是对社会的回应，也是对自身的要求，是企业打造声誉、品牌等从而提升社会价值的普适路径。

3. 从价值创造看二者的均衡

价值创造的过程其实是企业与利益相关者的一场交易或者说是合作：企业想要从利益相关者处得到某种资源来促进自己的发展，而利益相关者也想以自己的资源换取等额甚至超额的利益。此时，企业需主动向利益相关者传递积极信号，通过不同于其他企业的行为暗示本企业值得信赖，这意味着企业将会付出一定的成本来完成这场交易。企业承担社会责任就是这样一种行为，通过履责行动的逐渐开展，引导利益相关者做出选择，并达成与企业的交易。企业通过利益相关者提供的资源，完成自身的一系列经营活动，创造收益，实现企业与利益相关者共享价值。

从微观角度分析，履行不同社会责任的价值创造路径是不同的，其结果通常指向降低成本、增加收益两个方面，最终殊途同归，实现企业价值的增加：

（1）承担股东与债权人责任，有利于向投资方传递积极信号，企业正在为保障投资方收益而不懈努力，一方面促进投资方信任企业，另一方面也吸引潜在的投资方前来投资，从而使企业获得更多的资本，也利于降低融资成本。

（2）承担供应商与消费者责任，一方面有利于建立稳定的上下游链条，促进产品与资金的快速流动；另一方面有利于降低成本，扩大交易，更快更多的获得收益。

（3）承担员工责任，如加大对员工的培训、提升员工相关技能与职业素养、增加员工工资收入、制定薪酬激励政策等，都有利于凝聚员工的向心力，提高其积极性与工作效率，从而更好更持久地为企业创造收益。

（4）承担政府与社区责任，则是向政府与社区传递负责任的企业形象，特别是身为国有企业，这也是其双重身份下的义务。积极履行政府与社区方面的社会责任，更多体现在隐形的声誉方面，有助于企业降低负面信息带来的声誉风险，助力企业收益更长久。

（二）企业经营与社会发展的双赢

迈克尔·波特等在 2011 年发表了企业社会责任领域也是战略领域重要的文章《创造共享价值》[①]，从更高的层面总结了商业和社会的关系。他提到过去的企业将价值创造看得过于狭隘，过于注重财务的收益，忽略了社会的最根本需求，最终会阻碍企业的长期发展。

创造共享价值的原则就在于企业的整体战略需基于解决社会问题的角度，为社会创造价值，在应对社会挑战和满足社会需求的过程中，同时创造成功的商业价值。商业必须重新连接商业成功和社会进步。共享价值不是社会责任，不是慈善，不是企业的次要活动，而是企业的基本战略和核心活动。从这个角度考虑，企业的愿景、战略和业务活动都需要嵌入社会价值的判断因素。共享价值的提出有机融合了商业和社会的关系，从而升级了企业战略管理理论。

波特等提出了企业创造共享价值的三种主要方式。

1. 重构产品和市场

波特等认为，社会需求是目前全球经济中体量最大的、尚未被满足的需求，这些对社会的需求来自方方面面，如健康看护、优良的居住环境、赡养老人、基本经济保障、减少环境污染等。企业在挖掘新需求的同时，却忽略了其中最基本的问题：企业的产品是否会损害客户乃至客户的其他供应商的切身利益。"明确公司产品里所包含或可能包含的一切社会需求、效益和危害"，是企业创造共享价值的起点。波特还指出，"这种机会并非静态不变，而是会随着技术进步、经济发展，以及社会发展目标的转变而不断改变"。企业需要持续地探索社会需求，并在此过程中发现并抓住重新进行产品定位的新机会，发现并开发曾被忽略的新市场潜力。

2. 重新定义价值链中的生产力

波特等指出，人们对于价值链生产力及社会进步的认识正在改变。随着对生产力的理解进一步加深，人们会逐渐察觉到在短期内削减成本的做法并非最优决策，以共享价值的模式解决社会问题，反而可以从很多方面提升企业生产力。一些新的运营方式正在企业价值链的各个节点——能源消耗、物流、资源使用、采购、分配、员工生产力、地点出现。从共享价值的多维度而非产品成本的单一视角重新审视价值链，会带来更多新的创新方式，从而把握企业可能错失的经济价值。

3. 促进地方集群发展

集群是波特等研究国家竞争优势时提出的一个重要概念，是指某领域的从业者、相关企业、供应商、服务提供者和物流等基础设施都集中在某一地区。集群的发展能够增强企业和所在地之间的联系，因此也会为当地带来其他方面的效用提升，如增加就业岗位、企业多元化以及产业相关配套服务等。波特等指出，成功且成长中的区域经济体都具备突出

---

① M. E. Porter, M. R. Kramer, "Creating shared value: Redefining capitalism and the role of the corpora-tion in society," *Harvard Business Review*, vol. 89, no. 1/2 (2011), pp. 62 – 77.

的集群，它们在促进产业的生产力、创新力及竞争力上扮演关键的角色。通过将企业和组织构建成为集群，进而改善生产力，同时优化集群的缺陷或不足，就能创造更多共享价值。而建立集群并促进集群发展的关键是形成自由、透明的市场，以及企业、政府、非营利组织等机构的共同合作。

小　结

第一节首先介绍企业社会责任的概念、企业社会责任的界定和企业社会责任的本质，其次梳理了企业社会责任的理论基础和相关理论，在此基础上总结企业社会责任的评价体系。第二节分析影响企业社会责任的企业内部因素和外部社会因素，其中比较重要的企业内部因素包括股东与员工、企业战略和公司治理，外部社会因素包括政府、非政府组织、消费者、供应商等。第三节首先介绍企业商业价值评估的常用方法，包括成本法、市场比较法和收益法等，其次分析企业社会责任创造企业商业价值的具体路径。

思考题

1. 如何定量评估企业社会责任？有哪些常用指标？

2. 在我国市场化改革进程中，国有企业及其内部人的逐利冲动不断滋长。由于缺乏充分信息，又缺乏配套的正式制度和非正式的行为规范的约束，在现实中国有企业拒绝履行社会责任的例子并不罕见。这里所说的"拒绝履行社会责任"，既包括从事经营性活动的国有企业不尽责地为国有股东创造价值的情况，也包括从事非经营性活动或以从事经营性活动为主的国有企业因为追逐经济目标而背弃其非经济目标的情况。甚至有观点认为："竞争性领域的（国有）企业不应该有社会责任，有社会责任的（国有）企业难以参与竞争。"如何驳斥这种观点？请举例说明。

3. 上市公司定期披露社会责任报告是否会降低企业权益资本成本？

第九章 公司治理

第一节 公司治理基本概念

一、公司治理的定义

公司治理是为了消除利益冲突而设置的一系列制度安排，包括一系列原则、政策、流程和明确的责任义务，是分析公司价值的重要考量因素。公司治理已经成为全球理论界和实务界极为关注的热门话题。

综合来说，公司治理的内容包括：①指导和控制商业公司的系统；②规定了公司不同参与者（如董事会、经理、股东和其他利益相关者）之间的权利和责任分配；③阐明就公司事务做出决定的规则和程序；④提供设定公司的目标，以及实现这些目标和监控绩效的方法。

公司治理的定义可分为狭义、广义、泛广义三类，这三类公司治理的区别在于治理过程中所考虑的利益相关方的范围。①狭义的公司治理定义是所有者对经营者的监督与制衡机制。具体而言，公司治理是合理配置公司所有者和经营者之间的权利和责任的机制设计。狭义公司治理的目标是实现资产资源与人力资源的最优配置，从而追求公司利润最大化的经营目标。②广义的公司治理在狭义公司治理定义的基础上，考虑到更广泛的利益相关者，包括股东、员工、债权人、供应商和政府等与公司有利益关联的集体或者个人。广义公司治理的目标不再局限于传统公司金融中认为的股东利益最大化，而是保证所有利益相关者的利益。③泛广义的公司治理不仅涉及广义公司治理的内容，也涵盖了公司的战略决策系统、公司文化、公司高管控制制度、收益分配激励制度、财务制度、人力资源管理等制度的设计。

二、公司治理的重要性

公司治理问题为何如此重要？表9.1总结了公司治理水平的高低对公司的影响。

表9.1 公司治理水平对公司的影响

薄弱公司治理的危害	有效公司治理的好处
较差的内控系统：公司内控包括财报质量和管理体系等均质量下降	提升公司内部控制，增强公司管理能力，降低内部信息不对称
低效的决策制定：公司过于保守稳健而错失发展机遇	提升公司运营效率，纠正投资决策短视、保守等偏见，财务业绩提高

续表

薄弱公司治理的危害	有效公司治理的好处
较高的法律法规和声誉风险：无法平衡各方利益权责，会损害部分群体的合法权益，给公司声誉带来负面影响	降低公司违法风险，增强公司声誉
更高的违约破产风险：较高的违法风险和声誉的负面影响将导致公司面临更高的违约、破产风险	降低公司违约破产风险，从而降低融资成本

从投资者投资的角度看，公司治理涉及有助于使管理者的利益与股东的利益保持一致的结构或机制，对管理层、市场和整个经济的效率均有重大影响。宏观上讲，良好的公司治理结构是资本市场有效性的保障，是资本市场运作良好的关键；微观上讲，良好的公司治理结构对公司的经营效率和业绩有直接的积极影响，从而影响公司的股票价格。有效的公司治理是支撑公司持续健康发展的重要保障，是保持产业发展、经济增长质量的重要基础。

从公司融资的角度看，市场资金也更倾向于流向具有国际公认公司治理标准的实体。与公司治理相关的异常信息是识别公司风险的重要雷达。帕马拉特、安然、世通、施乐等公司财务丑闻频频出现并震动全世界。同时，全球化导致跨境投资机会增加。在这种趋势下，投资者更希望投资公司治理优异的公司，而不愿投资于腐败、容易出现欺诈、管理不善和对投资者权利缺乏保护的公司。即使在立法相对完善的国家，证券法和公司法能够提供对投资者的保护，但仍然具有局限性。公司治理补充了法律框架，公司治理在维护公司诚信和管理公司欺诈风险、打击管理不当行为和腐败方面发挥着重要作用。良好的公司治理有助于促进稀缺资源的高效利用，加强投资者的信任。现代公司经营管理人才必须具备公司治理技能，才能更好地适应新时代、新经济和未来发展的要求。

康美药业公司治理案例分析

与公司治理相关的异常信息是识别公司风险的重要雷达。以康美药业为例，2018年底康美药业被证监会立案调查，最终调查发现其2016年、2017年、2018年年度报告虚增营业利润分别高达6.56亿元、12.51亿元及1.65亿元。实际上，从公司治理的层面来看，康美药业"爆雷"的隐患早已初现端倪。

自2010年6月康美药业首次控股股东股权质押公告起，康美药业控股股东陆续进行了54笔股权质押，且质押频率越发频繁，尤其是2014年起，公司开启了"解除质押—再次质押"的融资循环路径，仅2016年公司控股股东就进行了11笔股权质押，新质押涉及股票占公司总股份的比例接近30%；此外，康美药业控股股东康美实业持有的股票中处于质押状态的股票占比一直居高不下，其质押的股份占持有股份的比例长期高于85%。可以说，早在康美药业遭到证监会调查前，其控股股东异常的股权质押行为就有通过股权质押进行套现的嫌疑，为公司"爆雷"埋下重重隐患。

2021年11月12日，广东省广州市中级人民法院宣判，康美药业应向52037名投资者赔偿约24.59亿元。此判罚引发各界热议，尤其受关注的是康美药业5名前任及在职的独立董事，被判罚承担赔偿金额约 3.69 亿元的连带责任。

（资料来源：华泰证券 2022 年 6 月 6 日发布的研报《公司治理行为与公司违规风险》。）

三、公司的利益相关方

传统的公司金融理论认为公司价值最大化是公司的终极管理目标。股东作为公司的法定所有者，公司价值最大化使得股东利益最大化。然而，根据广义和泛广义公司治理的定义和利益相关者分析框架，公司的终极目标不仅仅是股东利益最大化，公司管理也应将员工、客户、社会大众等的利益纳入考量范围。

1999 年，经济合作与发展组织（OECD）制定了公司治理原则，扩大了公司治理的范围，以考虑其他利益相关者——特别是员工、债权人和供应商的利益。OECD 提出公司治理包括公司管理层、董事会、股东和其他利益相关者之间的一系列关系。英国 2006 年的《公司法》也引入了"开明的股东价值"，要求董事考虑所有利益相关者的利益，而不仅仅是股东。

公司的长期成功往往依赖于许多利益相关者的贡献。公司的战略由董事会制定，董事会也监督管理；反过来，公司的战略由其经理执行；为公司的活动和运营提供资金的金融资本由股东、债权人和供应商提供；人力资本由员工提供；对商品和服务的需求来自客户。其他利益相关者包括政府和监管机构，他们寻求保护其公民的利益和福祉。某些外部力量，如法律环境和竞争，也会影响公司的运营方式及其利益相关者之间的关系。图 9.1展示了大型公司常见的利益相关者。

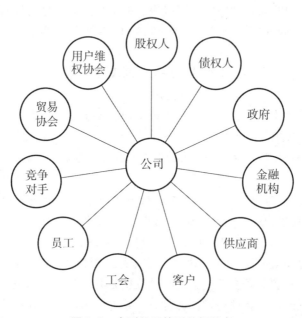

图 9.1　大型公司的利益相关者

资料来源：R. Edward Freeman, *Strategic Management: A Stakeholder Approach*, Boston: Pitman, 1984, p. 242.

四、经典公司治理理论

总结过往研究，有三个重要的公司治理理论：委托代理理论、利益相关者理论和资源依赖理论。公司治理方法通常更加强调委托代理论和利益相关者理论中的一种或者两者的结合。

（一）委托代理理论

委托代理理论考虑了一个人将决策权委托给另一个人时业务关系中可能出现的问题。公司治理中的委托代理问题是指职业经理人（作为代理人）在具有信息优势时，利用管理决策权力，做出可能造成公司和股东损失但却有利于代理人自身利益的决策。亚当·斯密早在 1776 年发表的《国富论》[①] 中就提到了委托代理问题，他认为公司的所有权和控制权分离对代理人有效经营公司的激励不足。

简单来说，公司制企业的主要利益主体为股东、职业经理人和员工。公司的决策活动一般分为四个阶段：决策制定，决策审批，决策执行，决策监督。股东保有决策控制权，即决策执行和决策监督；公司管理者保有决策管理权，即决策制定和决策审批。股东财产所有权与公司控制权往往分离。两权分离的优势是可以将掌握资产却缺乏管理能力的投资者与富有经营管理经验却缺乏资产的职业经理人组合起来，形成公司制企业主体。而两权分离直接导致了委托代理问题的产生。

由于市场信息不对称、合约不完备和代理成本的存在，当股东和代理人的利益不一致时，会出现逆向选择和道德风险等代理问题。因此，公司治理的实质是委托代理关系下利益相关方的权利、责任、利益的配置问题。

股东和债权人在公司中的利益和权利并不相同。第一，股东作为唯一的剩余索取者，意味着满足股东利益的时候债权人的利益已经得到满足；第二，类似于债券债务人有合约保护，违约可以打破产官司。而公司股东和公司之间没有合约保护，它们之间的受托责任就显得非常重要。受托责任是公司治理的一块基石。

委托代理关系涉及义务、信任和忠诚期望，代理人应按照委托人的最佳利益行事。公司管理人员及董事会对公司所有人的受托责任包含三层责任：忠诚责任、审慎决策责任和开诚布公责任。忠诚责任是指在受托人利益与个人利益相冲突的时候，不能牺牲受托人的利益去满足自己的个人利益；审慎决策责任是指在帮助受托人做决定的时候要比为自己做决定更加小心谨慎；开诚布公责任是指受托人有权了解到公司情况发生变化的相关信息。受托责任仅限于股东，对债权人、银行、员工仅仅是合约关系，而合约关系受相关法律制约。例如，雇佣关系（有劳动法的保护）和公司在当地社区的社会责任都不属于受托责任。

关于受托责任，一宗著名案例是 2008 年美国证监会诉高盛案。当时约翰·鲍尔森掌管的基金作为高盛的大客户，卖空劣质贷款合约给高盛，随后高盛又将这批贷款打包卖给

---

① S. Adam, *An Inquiry into the Nature and Causes of the Wealth of Nations* [1776], London: G. Bell and Sons, 1912.

自己不重要的客户。美国证监会认为高盛此举涉嫌违法，但最终高盛却得以解脱。高盛的法律团队提出：高盛和它的客户之间没有受托责任，即没有上述忠诚、审慎决策和开诚布公的责任，仅仅是做市商的关系，做市商和客户之间完全是合约关系，合约并没有明确要求高盛和客户之间上升到受托责任。

（二）利益相关者理论

利益相关者理论（Stakeholder Theory）起源于 20 世纪 60 年代，到 80 年代开始兴盛。利益相关者理论认为，公司治理系统会受到多个利益相关者群体的影响。这些群体不一定有相似的目标或需求；事实上，任何一个群体的利益都可能与另一群体的利益发生冲突。这些群体的不同影响是投资专业人士在分析公司治理体系时的重要考虑因素，与各利益相关者的有效沟通和积极参与是利益相关者管理的基础。

利益相关者理论挑战了传统的股东至上主义理论。股东至上主义理论认为，公司管理者最重要的责任是最大化股东回报；利益相关者理论将公司的关注点从股东的利益扩展到客户、供应商、员工和其他对公司感兴趣的人。利益相关者理论提出公司管理者应综合平衡更广泛的利益相关者整体利益，而非仅仅最大化股东的利益。

目前，法国、德国和日本等国家的公司治理体系相对于股东驱动的英美体系而言，侧重于更广泛的利益相关者。在全球范围内，监管者和从业者之间的沟通交流活动越来越多，可更有效地平衡所有利益相关者的利益。一些监管机构，如英国和日本的监管机构，已经采用了鼓励机构投资者更积极地与公司接触的管理守则。

利益相关者理论的优势在于它可以把庞杂的公司治理问题分解成若干个分支冲突问题。利益相关群体的利益不同，相对应的管理实践可能会有所不同；但公司通常会对不同群体的利益进行识别、了解和确定优先级，寻求平衡各个利益相关者的利益，从而限制冲突的影响。为了帮助平衡这些利益，公司治理和利益相关者管理框架反映了法律、合同、组织和治理基础架构，定义了每个群体的权利、责任和权力。法律架构定义了法律确立的权利框架，以及任何侵犯这些权利的法律追索权的可用性或难易程度；合同架构由公司及其利益相关者签订的合同安排形成，这些安排有助于确定和保障双方的权利；组织架构是指公司在管理其利益相关者关系时采用和控制的内部系统、治理程序和实践；治理基础架构是指对公司施加的法规。

利益相关者管理机制的主要形式是股东大会。股东大会包括年度股东大会和临时股东大会。年度股东大会定期举行且高度重要；临时股东大会作为年度股东大会的补充机制，能够灵活应对特殊事件，对于公司治理机制同样重要。除了股东大会，利益相关者管理机制还体现在董事会、审计机制、财务报告和透明度要求、关联交易政策、薪酬制度、债务契约、劳动法和劳动合同、公司与上游供应商以及下游客户的合同和其他相关法律法规上。

（三）资源依赖理论

公司无法完全实现资源自给，需要通过获取环境中的资源来维持生存。公司通过交换获取发展所需的大部分资源。公司对经营中所需资源的依赖会影响公司内权责分配，这就是资源依赖理论的主要论点。

资源依赖理论比委托代理理论更适合用于解释公司董事会在公司治理中的作用。董事会可以针对公司所处环境和资源需求管理公司，降低公司对资源的依赖性。董事会可以为公司发展提供专业建议，也具有获得公司内外部信息的渠道，能提高取得资源的优先性，提升公司的合法性。董事会的规模和构成影响董事会解决公司资源依赖的能力。

处于不同发展阶段的公司对董事会的资源依赖程度也不同。处于发展初期的小公司往往缺乏关键资源，对董事会的资源依赖程度更高，董事会的资源提供功能比其监督功能对公司绩效的影响更加显著；处于衰退和破产期的公司由于资源锐减，董事会的资源提供功能同样作用更明显。

第二节　公司决策中的公司治理问题

公司治理需要解决的问题主要包含如下三种：①代理人对于股东的内部人控制问题；②控股股东对于少数股东的"隧道挖掘"问题；③公司内其他利益相关者之间的关系问题。

本章根据不同类型利益相关者之间的利益冲突总结了上述三种公司治理问题。前两种公司治理问题基于委托代理理论总结划分，第三种委托代理问题基于利益相关者理论。本节重点将从前两类公司治理问题的定义、成因、问题的主要表现以及基本对策四个方面进行具体阐述，然后简要列举和分析第三种问题中的主要利益冲突。

一、内部人控制问题

内部人控制问题是指公司管理层作为代理人与股东之间存在的利益冲突。公司内部管理层成员（经理和董事）直接参与公司战略决策，相对于股东具有信息和战略决策优势，可以设法弱化股东的约束，有机会侵蚀作为外部人的股东的合法权益。股东追求公司利益最大化，而管理层代理人会追求个人利益、权利、地位等。

股东和公司管理层不仅在利益目标上存在分歧，在风险承受能力方面也可能并不一致。代理人对风险的态度可能出现过度风险厌恶和过度自信两种偏差。在某些情况下，拥有多元化投资组合的股东可能具有相对较高的风险承受能力；管理层通常在公司决策中更倾向于规避风险以更好地保护自己的就业状况，这种行为可能与公司的价值创造目标不同。此外，过度自信会导致管理者承担风险更大的项目。与股东相比，经理通常更容易获得有关业务的信息，并且对其运营情况了解更多。这种信息不对称使管理者更容易过度自信，做出不一定符合股东最佳利益的战略决策，削弱了股东行使控制的能力。

内部人控制问题的主要成因可以总结为：①股东的目标与管理层的目标不一致；②不完善的公司治理机制为管理层谋求私利提供了有利条件。内部人控制问题的主要经济表现如表 9.2 所示。

表 9.2　内部人控制问题的表现

管理层违背忠诚义务	管理层违背勤勉义务
过高的在职消费 盲目过度投资 经营战略短视 侵占资产，资产转移 高收入侵占公司利润 财务造假，会计信息作假	信息披露不及时、不完整 敷衍偷懒不作为 过度保守的资本结构 过度稳健缺乏创新的公司发展战略

经理人与股东利益不一致的问题不太可能通过合约得以完全的解决，因为存在合约不完备和信息不对称所产生的不确定性。有效的内部人控制问题的解决手段，一方面在于增强对代理人的利益激励；另一方面在于加强对代理人的监管，增加其违规成本。举例而言，第一，激励合同等内部机制是保持管理者利益一致的一种可能解决方案。第二，政府的法律法规为少数股东提供了更切实的保护。当经理违反合同条款时，少数股东可以通过诉讼维权。第三，控股股东或者股东积极主义在减轻内部人控制问题中的作用至关重要。股东最重要的合法权利是对重大公司交易（如并购）的投票权和董事会选举权，控股股东能够减少并购中经常出现的内部人控制问题。大股东对公司的积极监控和价值最大化行为，既是对公司的外部市场压力，也是提高管理效率的内生力量。

二、"隧道挖掘"问题

在特定股东持有控股权的公司中，控股股东（大股东）和少数股东（中小股东）之间可能会出现利益冲突。在集中的股权结构中，大股东对公司经营活动具有实际控制力，而中小股东的意见往往被大股东的影响力压倒或盖过。当资本市场缺乏对少数股东利益保护机制或公司治理薄弱时，少数股东更难约束大股东的行为。少数股东通常只有拥有名义上的控制权，对管理层的控制权有限或没有控制权，对董事任命或可能对其股票价值产生直接影响的重大交易也往往没有发言权。这种情况下，控股股东可能会牺牲少数股东的利益而谋求自身福利最大化，这就是公司治理中的"隧道挖掘"问题。控股股东占用公司资源的手段通常分为三大类：直接占用资源，关联交易，掠夺性财务活动。根据这三大类活动，表 9.3 总结了"隧道挖掘"问题的主要表现。

表 9.3　"隧道挖掘"问题的表现

类型	具体表现
直接占用资源	（1）直接借款、利用控制的公司借款、代垫费用、代偿债务、代发工资、利用公司为控股股东违规担保、虚假出资； （2）通过预付账款占用公司资金，比使用应收账款占用资金更为隐秘； （3）控股股东占用公司商标、品牌、专利等无形资产以及抢占公司商业机会

续表

类型	具体表现
关联交易	(1) 商品服务交易活动：控股股东以高于市场价格向公司销售商品或服务，以低于市场价格向公司购买商品和服务； (2) 资产租用和交易活动：控股股东； (3) 费用分摊活动：上市公司的控股母公司将广告费用、员工福利费用、高管薪酬奖金、高管在职消费等费用分摊到公司进行利益输送
掠夺性财务活动	(1) 融资过程：公司通过作假骗取融资资格、过度融资、向控股股东低价定向增发等； (2) 内幕交易：控股股东利用信息优势进行内幕交易，牟取不当利益； (3) 投资过程：公司高价收购控股股东持有的其他公司股权，对控股股东进行利益输送； (4) 超额股利：操纵股利发放政策，通过大笔超额的股利分配来给予控股股东大量利益

其中，"隧道挖掘"问题值得重点关注的有如下三个方面：

第一，董事会对少数股东利益的代表性。在采用直接投票制（即每股拥有一票）的公司中，控股股东显然在董事会选举中发挥着最大的影响力，而少数股东在董事会中的代表人数要少得多。控股股东或其董事会代表做出的决定也可能对公司业绩产生影响，从而对小股东的财富产生影响。

第二，兼并收购交易。兼并收购交易中控股股东在收到的对价和其他交易条款方面通常比少数股东更有优势。一个经典的例子是卡塔尔电信收购科威特电信公司。2007 年，卡塔尔最大的电信公司卡塔尔电信与科威特电信公司 Wataniya 的股东财团达成了一项交易，以收购目标企业 Wataniya 的控股股东财团持有的 51% 的 Wataniya 股份。Wataniya 的股东财团将其股份以 48% 的股价溢价出售给卡塔尔电信，但这份议价并没有惠及少数股东。随后卡塔尔电信对 Wataniya 剩余股份提出 19 亿美元要约。Wataniya 剩余股份当时的股价市值约 40 亿美元，然而要约交易仅花费卡塔尔电信约 19 亿美元。

第三，关联交易。关联交易是控股股东可能将其利益置于少数股东利益之上的另一个例子。例如，一个控股股东安排公司与其配偶拥有的第三方供应商之间的交易，供应商以高于市场价格的价格向公司提供库存。此类交易有利于控股股东的利益，但损害了公司的盈利能力和少数股东的利益。在金字塔结构持股的情况下，控股股东可能更倾向于进行关联交易。图 9.2 示例说明了金字塔结构中控股股东如何通过关联交易获取更多收益。

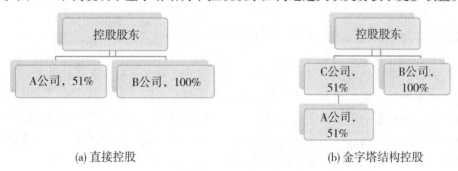

(a) 直接控股   (b) 金字塔结构控股

图 9.2　控股结构示例

没有金字塔结构持股情况下，假设控股股东将 A 公司 1 元的资产通过关联交易转移给 B 公司，A 公司少数股东的损失为 0.49（=1-0.51）元。当控股股东通过金字塔结构控制 A 公司时，假设控股股东将 A 公司 1 元的资产通过关联交易转移给 B 公司，他将获得 0.74（=1-0.26）元，A 公司少数股东损失 0.49 元，C 公司少数股东损失为 0.25（= 0.49×51%）元。

"隧道挖掘"问题的成因在于公司的控制股东进行"隧道挖掘"的收益大于相应的代价，即控股股东为损害少数股东权益谋取自身利益的行为承担的代价低于这种行为的收益。规避"隧道挖掘"问题的重点在于加强对中小投资者的保护。常用的手段有以下五种：

（1）股东大会采用累积投票制。每个股东能够在涉及一名以上董事的选举中累积并投票支持单个候选人的所有股份。这种投票方法能够使少数股东选出代表自身利益的董事会成员，增加了少数股东在董事会中有至少一名董事代表的可能性，制衡控股股东的话语权，保护少数股东权益；但它可能不符合股权广泛分散的董事选举的多数投票标准。世界各国对累积投票的态度并不相同：西班牙是强制性要求累积投票制，但在德国、日本、新加坡和土耳其等国家是禁止的。

（2）股东大会建立代理投票制度。可以允许股东本人主动委托他人代为行使表决权，允许他人征集少数股东表决权。代理投票是投资者参与股东大会的最常见形式。尽管大多数公司的大多数议案都毫无争议地通过，但有时少数股东会试图通过代理投票来增强他们对公司的影响力。

（3）股东大会建立表决权排除制度。排除有利害关系的控股股东参与股东大会事项表决，维护公司整体利益，从而保护少数股东权益。

（4）建立股东退出机制。利用资本市场对公司进行更严格的治理。股东可以"用脚投票"，将股份转让他人或者要求公司以公平合理的价格回购股份从而退出。股东退出机制设置异议股东股份回购请求权制度，使少数股东在特定条件下得以退出公司。例如，我国《证券法》赋予了少数股东在上市公司收购中的退出权；欧盟的退出权则赋予了并购前投票反对并购的少数股东强制要求拥有目标企业 90% 以上投票权的投标人以公平价格回购股票的权利。

（5）构建有效的股东民事赔偿制度。以法律政策防范控股股东对少数股东利益的倾轧。我国《公司法》规定公司股东滥用股东权利给公司或者其他股东造成损失的，应当承担相应的赔偿责任。

三、公司与其他利益相关者的冲突问题

在公司中，利益也可能在其他利益相关者之间发生冲突。根据利益相关者理论，公司治理不单纯考虑所有者的利益，当多方利益相关者利益得到合理的满足时，才更利于公司的长远发展，实现企业价值最大化和增加股东财富的目标。然而，值得注意的是，允许所有利益相关者共同参与公司治理往往会产生权责不清的问题，从而降低公司运作效率，使得企业陷入泛利益相关者低效治理的陷阱。

此处列举四类常见的公司与其他利益相关者冲突如下：

第一，股东与债权人利益冲突。公司经营过程中资金来源主要分为自有资金和借入资金，即股东权益和债权人权益。股东权益与债权人权益偿还期限不同，承担的风险不同，在公司经营中的决策权力也不同。由于股权回报的剩余性质，股东通常寻求公司盈利能力的增长。然而，债务义务的预定回报通常会阻止债权人收到超出本金和利息支付的任何现金流量，但在公司业绩极差的情况下确实会使债权人面临违约风险。从投资的角度来看，股东可能更喜欢具有较高回报潜力的风险较高的项目，而债权人可能更喜欢稳定的业绩和较低风险的活动。因此，股东和债权人之间在公司投资方面的风险承受能力存在差异。当公司试图将其借款增加到会增加违约风险的水平时，债权人也可能会发现他们的利益受到损害。如果公司的运营和投资未能产生足够的回报来偿还增加的利息和债务，债权人将面临越来越多的违约风险。向股东分配过多的股息，如果损害公司支付利息和本金的能力，也可能与债权人的利益发生冲突。

第二，客户与股东之间的冲突。举个例子，当公司决定对其产品收取高价或降低产品安全功能以降低成本时，客户与股东之间就存在利益冲突。客户期望公司的产品或服务能够满足他们的需求，并在支付的价格下提供适当的利益，并满足适用的安全标准。根据产品或服务的类型以及他们与公司的关系持续时间，客户可能需要持续的支持、产品保证和售后服务。鉴于客户满意度与销售收入和利润的潜在相关性，公司关心客户满意度。与其他利益相关者群体相比，客户往往不太关心公司的财务业绩，也不受其影响。但是，客户，尤其是与公司有长期关系的客户，通常对公司的稳定性感兴趣。

第三，公司与供应商之间的冲突。对于交付给公司的产品或服务，供应商的主要利益是公司按合同或约定及时付款。供应商通常会寻求与公司建立长期关系以造福双方，并力求使这些关系公平透明。与债权人一样，供应商关注公司产生足够现金流以履行其财务义务的能力。公司最大化股东收益的目标有可能与供应商的利益导向不一致。例如，公司向客户提供过于宽松的信贷条款或者公司增大自身财务杠杆，都可能会影响公司按时向供应商付款的能力。

第四，股东与政府或监管机构之间的冲突。政府和监管机构寻求保护公众利益并确保本国经济的福祉。在税收征收问题上，政府与公司股东也同样存在利益冲突。例如，公司股东更期望避税获取更高收益，而政府和监管机构期望公司减少避税行为；又如，国有企业为满足政府要求促进充分就业而雇用过多劳动力，从而使国有企业其他股东遭受损失。

第三节　公司治理机制

为了激励管理者为股东的最大利益而工作，公司治理的主要手段可以分为内部治理和外部治理。内部治理是指主要涵盖股东大会、董事会、监事会、高级管理团队及公司员工之间权责利相互监督、平衡协调利益冲突的体系，外部治理则主要指公司控制权市场。其中内部治理是公司治理结构的主要侧重点。根据内外部机制来分，公司治理的参与方如图9.3所示。

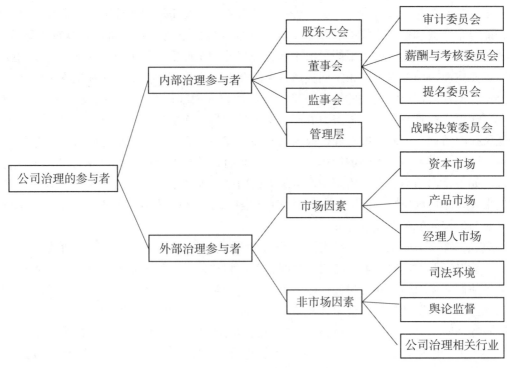

图 9.3 公司治理的参与者

一、内部治理

公司内部治理结构通常包含股东大会、董事会、监事会、管理层等。

(一)股东大会

公司法赋予股东某些权力和控制权。股东参加股东大会行使他们的投票权是可用的最有影响力的工具。股东大会使股东能够参与讨论并对未授权给董事会的重大公司事务和交易进行投票。公司通常需要在其财政年度结束后的一定时期内召开年度股东大会。年度股东大会的主要目的是向股东提交公司的年度经审计财务报表，概述公司的业绩和活动，并解决股东的问题。股东还在年度股东大会上选举董事，同时对需要批准的财务报表、履行董事职责、任命外部审计师、董事会和/或高层管理人员的薪酬等进行投票。当提出需要股东批准的重大议案时，公司或股东全年均可召开临时股东大会。这些议案可能与提议的重大公司变更有关，如修改公司章程或某类股份所附带的权利、并购或出售重大公司资产或业务。

所有股东通常都有权出席股东大会、在股东大会上发言和投票。公司法规定了邀请股东参加股东大会和向股东传递信息的条件。这些条件因法规而异，但通常旨在确保大量股东参与股东大会，而不会对公司举行会议的能力施加过多的限制。通过参加股东大会，股东可以就公司重大事项行使表决权，更好地监督董事会和高级管理层的表现。股东大会和基本投票程序是公司在减轻代理问题及其相关风险方面最广泛采用的做法。普通议案只需简单超过50%的多数票即可通过，如批准财务报表和选举董事和审计师等议案；对公司具有重大影响的特别议案则需要获得绝对多数票，如2/3或75%的选票才能通过，如修订公司章程、对合并或收购交易进行投票或放弃优先购买权等议案。根据所有权结构，绝对多数要求可能会使控股股东更难影响公司决策而牺牲小股东的利益。

特别值得注意的是股东大会中不同类型股东的影响。首先是双层股权结构引起的公司治理问题。双层股权结构下，公司股票分为普通股和优先股。优先股没有投票权或投票权有限，导致不同类别股东的所有权和控制权之间存在差异。表9.4罗列并区分了普通股和优先股股东的权利。

表9.4　普通股股东和优先股股东权利区别

普通股股东	优先股股东
监督决策权，即股东"用手投票"参与公司管理决策的途径 股票转让权，即股东"用脚投票"维护自身利益的途径 优先认股权，主要保护普通股东的控股比例，防止稀释控制权 剩余收益请求权和剩余财产清偿权	仅在与优先股相关问题上可以参加表决，一般不享有股东大会投票权 利润分配权，利润分配优先于普通股 过度保守的资本结构 剩余财产清偿权

双层股权结构能够在发行新股时减轻控股股东投票权的稀释。在多层次结构下，公司的创始人、高管和其他关键内部人员通过拥有具有较高投票权的股票类别的所有权来控制公司。例如，谷歌就采用了双层股权结构。联合创始人拉里佩奇和谢尔盖布林拥有的B类股票每股有10票投票权。其他股东持有A类股票，每股只有一票投票权。这使得这两位创始人只拥有谷歌5.7%的股份，却拥有57%的投票权。一个通过双层股权结构实际控制公司以谋取私利的典型案例是加拿大传媒行业企业家康拉德·布莱克（Conrad Black）。布莱克仅持有Hollinger International公司14%的股份，但却通过双层股权结构控制了该公司。Hollinger International公司旗下有Daily Telegraph、Chicago – Sun、The Jerusalem等媒体公司，布莱克将前两家公司分别以20万美元的价格出售给自己控股的另外一家公司Horizon Publications。随后Horizon Publications将这两家公司重新包装后又以500万美元的价格卖出。这一系列行为涉嫌关联交易，布莱克因此被起诉并被裁定有罪。由此可见，双层股权结构下，公司的控制人完全会利用公司财富追求个人利益。

其次是股东大会中机构投资者对公司的治理作用。机构投资者是指在金融市场中能够进行有价证券投资活动的法人机构，包括共同基金、社会保障基金、商业保险公司等。相对于个人投资者，机构投资者具有显著的专业优势，同时往往奉行更稳健的价值投资理念，有相对更低的换手率和更长的证券持有期。因此，机构投资者更加适合以股东身份参与上市公司治理。随着机构投资者规模的扩大，机构投资者的所有权不再被视作被动的，近年来对机构投资者的积极参与公司治理的作用进一步得到重视。机构投资者参与公司治理的方式：一是"用手投票"，通过董事会选举获得董事会席位，出席股东大会，对公司投融资决策和人事组织管理等重大问题议案进行投票表决，直接影响公司董事会和管理层；二是"用脚投票"，作为投资者买入或者卖出公司股票而对公司管理层形成监管压力。

（二）董事会

董事会是连接股东和管理者的纽带，是公司内部治理的核心组成部分。在所有权结构和运营模式复杂的公司中，股东直接参与战略制定和日常活动是不切实际的。因此，实践中股东并不是将公司的控制权直接交给管理层，而是以信托关系交给董事会，而董事会通过委托代理关系聘用经理人进行经营管理。股东通过行使投票权和参加股东大会来监督董事会的表现。董事会指导管理层制定公司的战略方向，监督和监督管理层在实施战略过程中的行动，并评估和奖励或约束管理绩效。董事会还监督公司的审计、控制和风险管理等职能，确保采用适当的治理系统并遵守所有适用的法律和法规。随着公司治理在投资领域的重要性不断提高，董事会的职责也变得越来越重要。

1. 董事会的组成

董事会由内部董事和外部董事组成。内部董事（又称执行董事）主要是受雇于公司的高级管理人员；外部董事（非执行董事）是指控股股东依法提名推荐，由任职公司或控股公司以外的人员担任的董事。外部董事可以细分为两类：关联董事和独立董事。关联董事不在公司担任其他职位，但与公司保持利益关系，如由关联机构的员工、咨询顾问等人担任。独立董事是特定类型的非执行董事，在雇佣、所有权或薪酬方面与公司没有重大关系，具有的真正独立性，往往由大学教授、退休政府官员等人担任。

董事会人数规模取决于公司规模、财务结构、运营复杂性和所有权结构等因素。大多数公司治理准则要求董事会成员包括各种专业知识、背景和能力。董事会成员往往需要具备公司所处行业的专业知识或者某些职能的经验，如战略、财务/审计、风险管理、人力资源或法律方面的知识或经验。此外，许多公司在董事会组成方面寻求年龄、性别和种族的多样性。

董事会的一般做法是选举同时进行，并且有特定的任期（如三年任期）。然而，有些公司的董事会是交错的，董事通常分为三组，连续三年分别选举产生，即每年会选举产生一组董事。由于股东需要数年时间来更换一个完整的董事会，这一选举过程限制了股东对公司控制权进行重大变更的能力。这种交错董事会模式在美国历史上很普遍，但已被定期董事会选举条款所取代。相比之下，交错董事会模式做法在澳大利亚仍然很常见。

2. 独立董事的作用

独立董事制度起源于美国。在理论上强调公司独立董事的作用，并以法律的形式要求公司董事会设立至少两名独立董事的规定，其实质就是将公司治理的理念引导至利益相关者理论而不仅仅是委托代理理论中的股东利益至上。

关于独立董事在公司治理过程中发挥的作用尚有争议。虽然不少学术研究结果支持独立董事的监督作用，但是这些研究往往具有统计显著性，而在经济显著性方面相对缺乏。独立董事的实际作用取决于一个国家的传统文化和政治制度的影响以及市场体系的完善程度。鉴于董事会通常依赖管理层来运营公司，如果管理层向董事会提供的信息有限，董事会的监督作用可能会受到影响。这种冲突对于通常不参与公司日常运营的非执行董事来说尤其明显。独立董事基本为兼职人员，其时间分配和对公司内部情况的了解都相当有限。各种重大丑闻证明，独立董事制度在美国并未发挥其应有的作用。例如，著名的安然（Enron）公司造假案中，由斯坦福大学商学院前院长担纲的审计委员会在事前并没有发现任何异常。最近的血检公司（Theranos）丑闻中，这家公司的独立董事有美国前国务卿基辛格和舒尔茨、美国国防部前部长佩里、美国疾控中心前主任及富国银行前 CEO 等，均未能及时发现该公司的严重造假行为。

3. 董事会职责

在履行职责时，董事有责任考虑所有利益相关者的利益。董事的职责在许多国家都是由法律规定的，但因司法管辖区而异。董事责任的两个广泛确立的要素是谨慎义务和忠诚义务。谨慎义务要求董事会成员在充分知情的基础上，本着诚信、尽职调查和谨慎行事；忠诚义务指董事会成员为公司和股东的利益行事的义务。忠诚义务应防止个别董事会成员为自己的利益或其他个人或团体的利益行事，而损害公司和所有股东的利益。

董事会通常不参与公司的日常活动，而是将这些活动委托给管理层。董事会指导和批准公司的战略方向，同时考虑公司的风险状况。董事会将公司战略的实施委托给高级管理层，监督战略的执行，并建立里程碑以监控实现目标的进度。董事会还审查公司业绩并相应地确定相关行动方案。在此过程中，董事会可以监控和评估管理层的表现，并确定高级管理人员的薪酬是否与公司的长期利益相一致。董事会还负责选择、任命和终止高级管理人员的聘用（或在两级结构的情况下为管理委员会）。董事会的主要职责之一是通过 CEO 和其他关键高级管理人员的继任计划来确保领导层的连续性。

董事会在确保公司审计和控制系统的有效性方面也发挥着核心作用。它设定了这些系统的整体结构并监督其实施，包括监督财务报告实践和审查财务报表的公平性和准确性。董事会还监督内部审计、审计委员会和外部审计师的报告，并提出和跟进补救措施。董事会负有最终责任，以确保公司采用和实施适当的公司治理原则并遵守所有适用的内部和外部法律法规，包括道德标准。此外，董事会通常会确保公司拥有适当的企业风险管理系统，从而适当地识别、减轻、评估和管理风险。董事会通过从管理层和公司风险部门收到的定期审查和报告来监控这些系统的有效性。董事会还有责任在提交股东批准（如适用）之前审查任何有关公司交易或变更的提议，如重大资本收购、剥离、合并和收购。

4. 董事会设立的专门委员会

公司的董事会通常会设立专注于特定职能的专门委员会。专门委员会需要定期向董事会提供报告和建议。尽管委派了委员会的职责，但整个董事会仍对股东负有最终责任，并且并未免除其对股东的责任。表 9.5 整理了最常见的四种专门委员会的主要职责。

表 9.5　专门委员会的主要职责

专门委员会	主要职责
审计委员会	（1）检查公司会计政策、财务状况和财务报告程序； （2）选择外部审计机构并对接； （3）考核内部审核人员工作； （4）考核公司内部控制； （5）检查、监督公司存在或潜在的各种风险； （6）检查公司遵守法律法规的情况
薪酬与考核委员会	（1）制定董事、监事与高级管理人员考核的标准并对其考核； （2）制定、审查董事、监事、高级管理人员的薪酬方案

续表

专门委员会	主要职责
提名委员会	(1) 分析董事会构成情况，明确对董事的要求； (2) 制定董事选取标准和程序； (3) 寻找董事候选人； (4) 对股东、监事会提名的董事候选人进行形式审核； (5) 确定董事候选人提交股东大会的表决
战略决策委员会	(1) 监督、核实公司重大投资决策； (2) 制定公司长期发展战略

（1）审计委员会。审计委员会可能是全球公司中最常见的董事会委员会。审计委员会在监督公司的审计和控制系统并确保其有效性方面发挥着关键作用。在这方面，审计委员会监督财务报告过程，包括：会计政策的应用；确保财务报表的完整性；监督内部审计职能并确保其独立性和能力；向董事会提交年度审计计划，并由内部审计部门监督其执行情况。审计委员会亦负责推荐委任独立外聘审计师及提议审计师薪酬。内部和外部审计师都向审计委员会报告他们的调查结果，审计委员会反过来就突出的问题或事项提出补救措施。

审计委员会的重要任务也包括确保公司采用良好的公司治理实践。在此过程中，审计委员会需要制定并监督公司治理守则、董事会及其委员会章程以及公司道德守则和利益冲突政策的实施。董事会需要定期审查这些政策，以及纳入该领域的任何监管要求或相关发展。审计委员会协助董事会确定公司的风险政策、概况和偏好。因此，审计委员会监督建立企业风险管理计划及其实施。它还监督公司的风险管理职能，接收定期报告，并向董事会报告其调查结果和建议。最重要的是，审计委员会监督公司治理政策和标准的实施情况以及对适用法律法规的遵守情况；如果发现任何缺陷或违反法律或法规的行为，建议采取补救措施。

（2）薪酬与考核委员会。薪酬与考核委员会专门处理薪酬事宜，为董事和主要管理人员制定和提出薪酬政策，并提交董事会或股东批准。薪酬与考核委员会还可能参与制定管理层和董事的绩效考核标准。当涉及薪酬事宜时，薪酬与考核委员会的职责可能延伸至为公司制定人力资源政策。在一些公司，薪酬与考核委员会还制定和监督员工福利计划的实施，包括保险、养老金、遣散费和退休计划（包括监控福利计划基金的投资业绩）。

（3）提名委员会。提名委员会负责物色有资格担任董事的候选人，并推荐其提名供股东选举。该委员会还制定了提名程序和政策，包括董事会董事的标准、搜索过程以及确定董事职位的合格候选人。提名委员会可以帮助确保董事会的组成平衡良好，并与公司的治理原则保持一致。

（4）战略决策委员会。战略决策委员会审查管理层提出的重大投资计划，并考虑其对公司的可行性。此类计划可能包括大型项目、收购和扩张计划，以及资产剥离或重大资产处置。该委员会需时时监控管理层投资业绩，并向董事会报告其调查结果。该委员会通常还负责制定和修改公司的投资战略和政策。

上述四种委员会是董事会委员会构成中是最常见的。事实上，董事会委员会的组成和数量可能会因司法管辖区或公司特定因素（如公司规模、行业、运营复杂性或监管要求等）而异。例如，审计委员会是许多司法管辖区的监管要求。我国公司通常选择将审计委员会和风险委员会合并，审计委员会的职责也涵盖了公司治理的内容。对于银行和其他金融机构，一些监管机构强烈建议单独设立风险委员会。又如，巴西中央银行要求金融机构在董事会层面设立薪酬与考核委员会。

也有公司或者监管机构认为建立其他的专业委员会很有价值，如合规委员会、道德委员会、人力资源委员会或健康/环境/安全委员会。董事会委员会的组成通常与其职责范围一致。例如，许多监管机构要求执行（内部）董事不对潜在的利益冲突事项或需要公正判断的事项（如审计、薪酬或关联方交易事项）做出裁决。因此，包括伦敦证券交易所和纽约证券交易所在内的各国证券交易所往往要求审计委员会和薪酬与考核委员会仅由独立董事组成。

（三）监事会

根据公司监事会设立情况的不同，可以将公司董事会模式分为单层结构、双层结构和复合结构三种模式。单层结构只设立董事会，双层结构和复合结构设立董事会和监事会。监事会往往有更强的监督作用，将公司的执行权和监督权进行划分，避免监督者监督自己的问题，有利于公司运行。

单层结构董事会指公司内部不设立监事会，以英国、美国、法国为典型代表。董事会既有监督职能又有决策职能。在美国，许多公司历来都有 CEO 兼任董事长。然而，近年来，首席执行官（CEO）和董事长的角色越来越趋向于分离，选择 CEO 兼任董事长的公司比例显著减少。任命首席独立董事是在单层结构董事会中增强公司治理强度的替代方案，由没有 CEO 兼任董事长的公司董事会实施。首席独立董事通常有权要求和监督所有独立董事的会议。

双层结构治理模式（又称双层董事会）下，公司设立监事会，且监事会的权利在董事会之上，以德国、法国、中国为典型代表。该模式禁止内部董事兼任监事会职务，从而使得监督权与执行权明确分离。因此，CEO 兼任董事长在双层董事会是禁止的。监事会主席通常由外部董事担任，而首席执行官通常担任管理委员会主席。监事会具有任命和监督董事会成员的权力。监事会员工代表通常由公司员工选举产生，在大公司的监事会中可以占到一半。

复合结构治理模式下，公司同样设立监事会，但监事会与董事会是平行结构，以日本为典型代表。我国大陆和台湾地区、韩国和东南亚一些国家也采取类似模式。董事会具有决策职能；由于董事会大部分由执行董事构成，董事会同时也具有执行职能。为了避免监督者监督自己的问题，法律规定由股东大会选举法定审计人或监事，对董事会和管理层进行监督。

总的来说，单层治理结构下公司的股东大会产生董事会，由董事会聘任管理层；双层和复合治理结构下公司的股东大会产生监事会，由监事会任命管理董事会，再由管理董事会聘任管理层。

（四）管理层

一般而言，管理层薪酬包括基本工资、以现金形式提供的短期业绩奖金、以一种或多种股权形式支付的奖励（如期权）和其他收入（如折现股权、养老金计划、全保）。管理层薪酬方案通常会明确披露其与奖励挂钩的短期和长期财务或运营目标。长期激励计划会延迟支付部分或全部薪酬，直到公司战略目标（通常是绩效目标）实现。例如一种常用的激励手段是向经理授予股票而不是期权，并对高管减持进行限制。

世界各地的监管机构也越来越关注薪酬政策。在某些情况下，监管机构要求公司根据长期绩效指标确定薪酬，并且许多监管机构要求公司采用回拨条款。如果发现如财务重述、不当行为、违法或风险管理违规等行为，则允许公司收回之前支付给管理层的薪酬。

监管机构和公司越来越多地征求股东对薪酬的看法。股东决定薪酬（say on pay）就是一种允许股东对管理层薪酬进行直接管理的投票制度。美国2011年实施股东决定薪酬政策，首先针对的就是那些在2008年实施的"不良资产救助计划"中接受过救市资金的美国金融机构。美国的《多德－弗兰克法案》规定从2012年1月开始，美国各上市公司都必须执行每三年至少一次的"股东决定薪酬"投票，每六年一次提请股东就投票频率进行表决。与此同时，进行投票的国内养老基金和其他大型机构投资者必须公示他们的投票结果并解释原因。

股东决定薪酬的影响因国家和公司而异。一些国家，如加拿大，对薪酬制度有非强制性和咨询性（不具约束力）的发言权，在该制度下，股东只能针对提议的薪酬表达意见，而不能将意见强加于管理层。在美国、法国和南非等其他国家/地区，关于工资的规定是强制性的，但不具有约束力。在这些国家，董事会必须允许股东对薪酬计划或方案进行投票，但董事会不必遵守投票结果。

相反，由股东直接投票决定管理层薪酬的代表国家有荷兰、英国和中国。由于股东通常对公司战略和运营的参与有限，在制定管理层薪酬方面的作用有限。通过允许股东就薪酬相关事宜发表意见，公司可以限制董事和经理在给予自己过高或过低薪酬方面的自由裁量权。

二、外部治理

公司外部治理体系可以分为市场因素和非市场因素两种。市场因素包括资本市场，产品市场和经理人市场。非市场因素包括司法环境、舆论监督、公司治理相关行业等。

（一）市场因素

资本市场是外部公司治理的最重要的环节。通过资本市场参与外部公司治理的重要的参与者可以分为股权投资者和债权投资者。本节我们重点讨论资本市场和资本市场中机构投资者的作用。机构投资者从四个方面提高公司治理质量：首先，作为股东，机构投资者具有投票权；其次，来自资本市场的兼并收购威胁对董事和管理层产生压力而预防了内部人控制问题；最后，机构投资者可以成为公司顾问，对董事会进行直接干预。

1. 资本市场股权投资者

股权投资者通过资本市场影响公司治理的因素可以分为正面因素和反面因素。正面因素主要是股东积极主义。股东积极主义是指股东积极参与包括人事任免在内的公司重大决策来试图迫使公司以股东期望的方式行事的策略。股东积极主义可以关注一系列问题，包括涉及社会或政治考虑的问题，但积极股东的最主要动机仍是增加股东价值。积极股东经常通过发起代理权之战（斗争）、提出股东决议等策略向管理层施加压力。积极股东适当参与公司的重大决策，无疑能够进一步防范内部人控制问题，降低委托成本，保护股东利益。

积极股东可能会采取其他策略，如股东派生诉讼。股东派生诉讼是指由一名或多名股东对公司的董事会、管理层和/或控股股东提起的法律诉讼。原告股东被视为代表公司行事，以代替未能充分为公司及其股东利益行事的董事和高级职员。然而，在许多国家/地区，法律限制股东通过法院提起法律诉讼——在某些情况下，通过设置阈值，仅允许利益超过最低金额的股东提起诉讼，或完全拒绝提起诉讼。

对冲基金是最主要的积极机构投资者。与大多数传统的机构投资者相比，对冲基金受到的投资限制相对宽松，如对冲基金的杠杆高于传统机构投资者。因此，对冲基金可以寻求更大范围地参与公司治理的机会。值得注意的是，研究表明，对冲基金的积极主义能够有效防范内部人控制问题；但也有研究发现，对冲基金的积极主义会导致更严重的"隧道挖掘"问题。

兼并、收购或重组的威胁被视为资本市场作用于提高公司治理的反面因素。资本市场上股权投资者能够对目标企业发起兼并、收购或重组。杠杆收购就是利用杠杆和大投资者来帮助降低内部人控制问题和激发管理效率的手段之一。资本市场的投资者作为"门口的野蛮人"，往往会选择以低廉的价格获取公司的控制权，入驻管理欠佳的公司后往往会重新调整董事会和管理层人选，加强内部治理。收购重组后，董事和高层管理人员的职业发展和薪酬收入都会受到严重的影响。所以，收购重组的威胁是敦促董事和高层管理人员勤勉尽责的重要因素。

2. 资本市场债权人

过往的研究对资本市场债权人的公司治理作用不够重视。在实际经济生活中，债权人也已参与到公司治理中并发挥着重要的作用。例如，商业银行或其他金融机构等大型债权人将大量现金流权（以大量利息和本金支付的形式）与干预公司重大决策的能力相结合，要求对公司的举债项目有一定的发言权。贷款合同常常包含一些限制性条款，如公司进行重大资产重组时必须征求债权人的意见等。

银行往往是公司的主要债权人。银行必须审慎对待公司的贷款申请，并为监督贷款按照规定的用途使用支付成本，按期收取利息和本金，及时跟踪公司的营运和现金流情况，对不能按期归还借款本息的公司及时申请其破产清算，以最大限度地保护其利益。公司也可以通过向投资者直接发行公司债券。发行债券的公司必须是信誉卓著的公司，必须符合公司法的资格要求，并且经证券监管机构的审批、核准。为获取资本市场上更低成本的债务融资，公司有足够的动机提高公司治理水平。

3. 产品市场

市场法则强调优胜劣汰。当产品市场竞争激烈时，董事和管理层面临的压力较大，出现公司治理问题的可能性也会减小。产品市场的激烈竞争也可以提供更多公司内部信息和公司所在行业的信息，更多的信息披露会降低信息不对称，公司的股东和其他相关利益者可以通过比较公司和同行业其他公司来评判管理层表现的好坏。

4. 经理人市场

经理人市场是指在公开、公正、公平的竞争条件下，企业自主通过招标、招聘等方式选择职业经理人的人才市场。经理人市场对公司董事和管理层有约束作用，因为在竞争激烈的人才市场上声誉决定个人价值。经理人如果由于违背勤勉原则而业绩表现不佳，或者有违背忠诚原则的记录，其声誉就会下降，直接影响其被聘用的可能性和未来的报酬。经理人必然会关心自己的声誉和在人才市场上的身价。通过经理人市场对经理人声誉的定价，将公司董事和管理层的利益与其在公司中的行为表现挂钩，促使其更主动维护公司和股东利益。

（二）非市场因素

公司外部治理中的非市场治理因素众多，其中主要包括公司所处的司法环境、舆论监督和公司治理相关行业。

1. 司法环境

公司运营所处的法律环境可以显著影响利益相关者的权利和补救措施。相比于采用大陆法系的国家（如法国、德国、意大利和日本），采用普通法系的国家（如英国、美国、印度和加拿大）通常被认为能更好地保护股东和债权人的利益。大陆法系和普通法系制度的主要区别在于法官制定法律的能力。在大陆法系中，法律主要是通过立法机关制定的。法官的作用通常仅限于将法规和守则严格适用于提交法院的具体案件；相比之下，在普通法体系中，法律既由立法机关制定，也由法官通过司法意见制定。在普通法系中，股东和债权人有权向法官上诉，以裁定法律或法典未明确禁止的管理行为和决定；在大陆法系中，这种选择通常是不可能的。无论一个国家的法律制度如何，债权人通常比股东更成功地在法庭上寻求补救措施以执行其权利，因为股东纠纷通常涉及复杂的法律理论，如经理或董事是否违反了对股东的义务；相比之下，涉及债权人的争议则更为直接，因此更容易被法院裁定。

2. 舆论监督

舆论监督的实施主体包括媒体和公众。舆论监督对公司治理的影响主要来自专业人士和学者。媒体和公众都可以是舆论监督公司的话题发现者和传播者，但媒体具有快速传播信息和塑造公众舆论的能力，是公众舆论监督实现的途径，肩负着更加重要的责任。舆论监督可以影响公司治理并影响利益相关者的关系。例如，负面的媒体关注会对公司或其经理和董事的声誉或公众认知产生不利影响。因此，高级管理层对声誉风险的关注可以降低利益相关者监控管理活动的成本。

媒体关注也可以激励政府和监管机构进行公司治理改革或执行保护利益相关者和整个社会的法律。这种影响在2008—2009年金融危机之后很明显，当时媒体的大量关注促使了那些旨在解决公司治理缺陷的新法律法规的推出。

社交媒体也已成为利益相关者越来越多地用于保护其利益或增强其对公司事务的影响力的强大工具。在社交媒体出现之前，公司通常在分发信息方面具有优势，因为它们拥有可观的资源以及与传统媒体组织的关系。通过社交媒体，利益相关者可以以很少的成本或努力及时传播信息，并且能够更好地在影响公众情绪方面与公司管理层竞争。

3. 公司治理相关行业

随着投资者对公司治理的重要性和相关性的提高，对外部公司治理服务的需求显著增长。2003年，美国证券交易委员会要求在美国注册的共同基金每年披露其代理投票记录。自此以后，机构投资者加大了对外部专家协助公司治理监督和代理投票的需求。自此公司治理相关行业在美国蓬勃发展。由于公司治理行业相对集中，这些公司在公司治理实践中具有相当大的影响力。上市企业也普遍被迫关注公司治理行业中知名公司给出的评级和建议。公司治理相关行业包括会计师事务所、律师事务所、评级机构等。

会计师事务所可以为公司起草财务报告，也可以为其提供外部审计；但为同一家公司提供会计或审计的职责必须分离。审计是公司治理不可或缺的组成部分，用于检查公司运营和财务记录的系统、控制和政策/程序。审计职能旨在减轻会计和财务信息的欺诈或错报事件。外部审计师独立于公司，对公司的财务记录进行年度审计，以合理和独立地保证财务报表的准确性及其对公司财务状况的公允陈述。

外部审计师通常由审计委员会推荐给股东或在某些司法管辖区由董事会任命。董事会一般须接收及审阅财务报表及核数师报告并确认其准确性，然后才呈交股东于股东周年大会上批准。上市公司的高级管理层也需要审查内部控制系统的有效性并向董事会或股东提供保证。总体而言，外部审计师限制了内部人员在使用公司资源和财务报告方面的自由裁量权。

律师事务所在公司治理领域提供更专业的法律建议，在防范公司法律法规风险治理中有举足轻重的作用。我国市场有关公司治理的法律框架，诸如公司法、金融商品交易法、上市规则、公司治理原则等在持续变化。律师事务所不仅需要辅助公司的行为合法合规，还根据最新的实务动向辅助公司进行内部治理机制设计，在信息披露、激励及报酬相关措施、股东及利益相关参与者、股东大会应对、内部治理等方面提供法律法规建议。

第四节　我国的公司治理

我国的公司治理是一个不断发展的动态过程。我国的公司治理起步于计划经济和公有制为绝对主体、市场和私人资本缺失的初始背景，经历了国有企业市场化转型的巨大变革，借鉴了发达国家资本主义市场经济体制下的公司治理模式，逐步发展至今。我国公司治理具有一定中国特色的差异化特征，但尚未完善，仍需要学界和业界重点关注讨论。

一、我国上市公司的治理问题

我国上市公司中，国有股和法人股占绝大多数。因此，上市公司大多存在以下问题：

股权结构过于集中；董事会权责不明，独立性不强；监事会形同虚设，监管力度低下；内部人控制问题严重。

股权分置改革前，我国上市公司最严重的公司治理问题是内部人控制问题。国有企业管理者的委托代理问题造成了国有资产流失，会计信息失真。股权分置改革虽然推动了上市公司治理制度的完善，但是股权分置改革并不等同于上市公司治理制度的完善。我国上市公司的治理制度仍然存在许多亟待解决的问题：第一，上市公司的委托代理问题依旧存在。虽然内部人控制问题得到改善，但由于股权结构日趋分散，监督成本的存在以及各类股东"搭便车"的心理可能会造成部分上市公司责任股东的缺失，内部人控制问题仍然存在。第二，大股东侵害中小股东利益的行为在全流通后仍然会继续存在。大股东以最大化融资收益为目的的操纵行为将会减少，而利用公司经营管理决策权和持股优势在二级市场上操纵股价以获取收益的现象将会增加。因此，大股东还可能会通过对上市公司的控制权谋取私利。

公司治理深陷困境的深层原因和症结往往在于公司治理的法律设计与现实运行严重脱节，以及公司治理的问责与追责机制畸形和失灵。我国目前公司治理的法律法规仍需要补充完善。例如，我国对控股股东或大股东的法律规制近乎空白。我国《公司法》的制定和推出始于1993年，当时立法者和监管者过于保守谨慎，高估了公司自治和市场自律程度，《公司法》并未确立控制股东的诚信义务。后来，中国证监会1997年12月16日发布的《上市公司治理准则》在控股股东诚信义务方面做出了一定程度的补充，其第四十条要求"公司的控股股东在行使表决权时，不得做出有损于公司和其他股东合法权益的决定"，但仍旧未确立控股股东的诚信义务。

作为公司治理的重要组成，健全的关联交易管理体系是银行业金融机构防范化解重大风险、实现长期稳健运行的基础和重要保障。近年来，中国银保监会出台了规范银行业金融机构关联交易管理的一系列监管规制，深入开展关联交易相关专项整治工作，严厉打击股权代持、虚假出资、通过非法关联交易进行利益输送等乱象。

案例分析：减持前"高送转"，减持后"就变脸"
——透视股市减持乱象

"高送转""炒概念"拉高股价——大股东找理由减持套现——业绩变脸、股价下跌……这一"套路"今年以来在A股市场屡见不鲜。尽管监管部门年初曾出台相关规定约束减持，但记者采访调查发现，借道大宗交易、利用高送转"掩护"等减持，仍不断上演，上市公司大股东套现欲望愈加迫切。

"高送转""业绩变脸"，减持套路深

按照中国证监会发布并于今年1月9日起实施的《上市公司大股东、董监高减持股份的若干规定》，上市公司大股东在3个月内通过证券交易所集中竞价交易减持股份的总数，不得超过公司股份总数的1%。

但过去几个月中，仍频现违反上述规定或违反股东相关承诺的减持行为。例如，因违规减持去年股市异常波动期间受让的希努尔股票，华夏人寿相继受到深圳证券交易所公开

谴责及山东证监局警示，成为减持新规发布以来首家遭公开警示的保险机构。此外，GQY 视讯股东姚国际、中通客车的自然人和法人股东也都曾因违规减持受到监管部门查处。

在整体减持压力不断增加的情况下，虽然监管部门大力约束减持、严管违规减持，但仍挡不住部分上市公司大股东、实际控制人借道大宗交易或利用高送转"掩护"等套路不断减持，有的公司甚至在减持后出现业绩立即变脸等现象。

不计成本的大宗交易成减持新股的重要渠道。今年前 9 个月沪市通过大宗交易方式减持的金额占总金额的 93%。其中，第一大持股股东通过大宗交易减持的占所有第一大持股股东减持总金额的 70% 左右；深市大股东减持金额中通过大宗交易减持的占比也达到 31%。

记者观察到，不少上市公司常用的手段是利用高送转推高股价，随后配合大股东进行减持。据不完全统计，截至今年 10 月中旬，已经有 130 多家推出高送转方案的上市公司被重要股东减持。

大股东、实际控制人利用高送转"掩护"进行减持日益增多。中国社会科学院金融所金融市场研究室副主任尹中立统计，在 2015 年年报中，一个突出的现象是实施"高送转"分配方案的上市公司大量增加，10 股送转 10 股及以上分配方案的上市公司数量达 335 家，创历史新高。

"一股独大"折射股市"内伤"

在股市大幅减持的背后，实际上反映的是我国股市的"内伤"所在。一方面，不少上市公司不再注重自身业绩，期望减持套现少奋斗；另一方面是散户为主的投资者结构，难使上市公司股权结构和治理水平有效改善。

上市公司大股东或实际控制人为了减持套现，很多都采取所谓"市值管理"等手段。北京师范大学公司治理与企业发展研究中心主任高明华认为，在二级市场股价可以操纵，进而股价严重偏离公司真实业绩的情况下，鼓吹"市值管理"，有可能涉嫌股价操纵，必然导致投资者投机心理更加严重。

目前我国上市公司股权结构偏重于"一股独大"的局面，使大股东减持肆无忌惮。高明华认为，由于信息不对称，我国中小投资者相对于大股东和公司内部人，总是处于弱势地位，难以约束相关减持。

"部分机构投资者与大股东合谋推高股价后，大股东减持套现，高价接盘的几乎都是散户。"中央财经大学教授刘姝威说，散户占我国股市投资者的大多数，这是大股东能够恶意减持套现的投资者结构基础。

正因如此，高明华认为，我国资本市场应通过系统性的法律法规，切实保护中小投资者合法权益，提升违规减持等行为的违规成本，加大对违规者的威慑力等。

（资料来源：http://www.gov.cn/xinwen/2016-11/10/content_5130995.htm.）

二、国有企业公司治理中党组织的作用

我国的上市公司大多脱胎于国有企业，经历了市场化改革后企业具有多种形态，我国

的国有企业具体分为国有全资公司（由多个国有投资主体设立）、国有独资公司（由一个国有投资主体设立）、国有控股公司、国有上市公司（包括国内和国外上市）以及国有参股公司等。

国有企业内部公司治理除了传统的"三会"——股东大会、董事会、监事会，还存在另外"三会"——党委会、工会、职代会。国有企业采用"四位一体"的治理机制，包括国有企业法人治理、国有资产监管、社会监督和党组织领导，强调决策的共同参与和监督的相互制约。因此，国有企业公司治理强调的不是"股东至上"原则，而是利益相关者合作前提下的"共同治理"原则。

国资委对国有企业实行资本管控，规范国有企业资本运作以保证国有企业履行和实现国有资产保值增值的责任，维护资本安全，提高资本回报，更好地服务于国家战略目标。国有企业的法人治理结构依旧是其公司治理的核心，主要目的是维护股东的权利，保障国有资产，实现企业经营效益最大化。以董事会为例，近年来国资委实施了派遣外部董事改革，国家电网、中国石油等央企董事会的外部董事人数均超过内部董事数量。而关于监事会的改革，我国1998年采用的是向国有大型企业外派稽查特派员制度，后于2000年转为重点国有企业监事会制。2018年后，相关职能被一并划入审计署。《公司法》要求国有企业设立监事会，监事会由股东代表和职工代表组成，职工监事数量不能少于1/3。

值得重点指出的是，中国共产党组织参与公司治理是我国的特色。《中国共产党章程》第五章的第三十三条规定了党组织参与公司治理的主体资格："国有企业党委（党组）发挥领导作用，把方向、管大局、保落实，依照规定讨论和决定企业重大事项。"国有企业在党组织领导下具有更强的社会价值导向，保证国家方针政策、重大部署在国有企业贯彻执行。党组织在公司治理中不仅仅依据《公司法》、我国各监管部门和国资管理部门的规定以及各个国有企业自己的公司章程，还要依据《中国共产党章程》。同时，为加强党组织对公司的监管力度，国有企业的董事会、监事会、管理层和党组织的成员可以双向进入、交叉任职。党组织融入国有企业公司治理的实现路径如表9.6所示。

表9.6 党组织融入国有企业公司治理的实现路径

实现路径	具体制度
直接路径	（1）建立党委会制度； （2）建立党委中心组学习制度； （3）加强党委成员与董事会、监事会、管理层各种形式的沟通交流
间接路径	（1）董事会制度：通过董事会的党委成员； （2）经理办公会制度：通过担任企业高管的党委成员； （3）专题性工作会议制度：通过工会

公司治理差的国有企业往往伴随着公司内部党组织领导的弱化。例如，中航油在跨国经营的过程中，党的领导监管弱化，导致内部治理和外部治理双双缺失，造成国有资产的严重损失。由于中航油的总裁权力至上，党组织没有形成对内部人控制的有效制约。中航油的母公司中国航油集团曾经派出党委书记和财务经理，但都被中航油总裁陈久霖以种种

理由隔离于公司业务或转派到下属公司。公司内部信息不对称，党委书记甚至一直不知道陈久霖从事场外期货投机交易。

案例分析：中航油事件中我国内外部公司治理的双双缺位

新闻回放

中国航油（新加坡）股份有限公司（以下简称中航油）是中国航空油料集团公司（以下简称中国航油集团）的海外控股子公司，其总裁陈久霖兼任集团副总经理。

2004年10月10日，国际原油价格达到历史最高位，中航油的石油期权合约已增至5200万桶，如果这时平仓，中航油将面临高达1.8亿美元的账面亏损。

10月20日，中国航油集团为帮助中航油筹集补仓资金，通过德意志银行新加坡分行配售15%的中航油股份，令集团持股比例由75%减至60%，将所得的1.08亿美元贷款给中航油。

10月29日，巴克莱资本开始追债行动，要求中航油偿还2646万美元。

11月8日，中航油再有合约被逼平仓，亏损增加1亿美元。

11月25日，最后一批合约被平仓，中航油总亏损合计达3.81亿美元。债权银行陆续追债，合计追讨2.48亿美元。同时，中航油已违反法国兴业银行牵头的1.6亿美元银团贷款条款，同样面临清盘危机。

11月29日，陈久霖被迫向新加坡法院申请破产保护，并指出中国航油集团已承诺继续为中航油偿还欠款，并正与新加坡政府拥有的淡马锡集团联合注资1亿美元协助公司重组事宜进行协商。

11月30日，中航油终止所有石油期权交易。至此，中航油累计亏损达5.54亿美元。

治理困局

近日，新加坡官方正在追究监管当局的责任，因为事发之前的中航油刚被评为"2004年新加坡最具透明度的上市公司"。而此次中航油事件问题恰恰出在了公司治理上。但在中航油炒作石油期权事件整个过程中，国有上市公司的外部治理和内部治理同时缺位，这也助长了"打工皇帝"陈久霖的一错再错。

"股东长期利益最大化"是现代公司治理的基本目标，而完善治理需要"内外兼修"。外部治理是有关政府部门、社会组织等对公司行为的外部约束，内部治理则是公司内部股东会、董事会、监事会、经理层通过权力划分达到相互制约、效率与规范并重的目的。

中航油从事的石油期权投机是我国政府明令禁止的。国务院1998年8月发布的《国务院关于进一步整顿和规范期货市场的通知》中明确规定："取得境外期货业务许可证的企业，在境外期货市场只允许进行套期保值，不得进行投机交易。"1999年6月，国务院令发布的《期货交易管理暂行条例》第四条规定："期货交易必须在期货交易所内进行。禁止不通过期货交易所的场外期货交易。"

权力制衡、相互制约的公司内部治理结构同样没有发挥作用。据公开的信息披露，在中航油，总裁权力至上，缺乏有效的制约机制。中国航油集团曾经派出党委书记和财务经理，但都被陈久霖以种种理由隔离于公司业务或转派到下属公司。党委书记在新加坡两年多，竟一直不知道陈久霖从事场外期货投机交易。

同样，亏损长达半年，但中航油并未及时向公众披露信息。相反，10月20日，中国航油集团提前实施了原本准备在年底进行的股份减持，将所持75%股份中的15%折价配售给部分机构投资者。中国航油集团和陈久霖本人都没有向消费者披露中航油已因卖空期权将面临上亿美元亏损。

上市公司作为公众公司，应及时、全面、准确地披露信息，保持经营的透明度，良好的公司治理与信息披露制度应密切联系在一起。但中航油刚刚被评为"2004年新加坡最具透明度的上市公司"即东窗事发，严重侵犯了投资人知情权。

管理学者梁能认为："企业治理机构所要解决的管理问题可以大致分为两类：一是经理层的激励机制，简单地说，就是由于'代理人行为'和'短期行为'所引起的经理人员不积极不努力和滥用职权的问题；二是经理层的管理能力，要解决的主要是由于领导班子的管理能力与环境要求不对称，因为思想方法错位所引起的决策失误问题。前者是利益和动机问题，后者主要是认识和能力问题。"

看来，在内外治理双双缺位的情形下，中航油经理人的短期行为造成重大经营失误，并非单单陈久霖个人的"认识和能力问题"，而是公司本身系统性的治理风险的集中爆发。

（资料来源：http://finance.sina.com.cn/leadership/jygl/20041226/14281251333.shtml.）

小　结

公司治理是为了消除利益冲突而设置的一系列制度安排。本章第一节详细介绍了公司治理的相关概念，主要包括公司治理的定义、作用、经典公司治理理论等。第二节重点阐述公司决策中常见的三类公司治理问题，包括代理人对于股东的"内部人控制"问题、控股股东对于少数股东的"隧道挖掘"问题、公司内其他利益相关者之间的关系问题，首先介绍了前两类公司治理问题的定义、成因、问题的主要表现、基本对策，然后简要列举并分析了第三类问题中的主要利益冲突。第三节介绍了公司治理的内部治理和外部治理手段。公司内部治理结构通常包含股东大会、董事会、监事会、管理层等；外部公司治理体系包括市场因素和非市场因素两种，市场因素包括资本市场、产品市场和经理人市场，非市场因素包括司法环境、媒体、公司治理相关产业等。第四节结合具体案例，分析了我国企业的公司治理现状与问题。

思考题

1. 公司拥有最大控制权的利益相关者管理部分是（　　）。

A. 法律架构　　　　　　　　B. 合同架构　　　　　　　C. 治理基础架构

2. 关于公司治理的哪项陈述最准确？（　　）

A. 大多数国家都有类似的公司治理法规。

B. 公司治理的单一定义在实践中被广泛接受。

C. 股东理论和利益相关者理论都考虑公司股东的需求。

3. XYZ 公司的控股股东拥有 XYZ 55% 的股份，其余股份分散在少数股东。在这种情况下，利益冲突最有可能发生在（　　）。

A. 股东和监管者　　　　　B. 控股股东和管理层　　　C. 控股股东和少数股东

4. 属于公司内部治理的直接参与者的是（　　）。

A. 审计委员会　　　　　　B. 债权人　　　　　　　　C. 内部审计师

5. 股东大会关于股东特别大会的哪些陈述是正确的？（　　）

A. 外部审计师的任命发生在临时股东大会期间。

B. 一家公司在临时股东大会上提供公司业绩概览。

C. 公司章程的修订通常发生在临时股东大会期间。

6. 利益相关者关系以下哪项通常不适用于保护债权人的权利？（　　）

A. 代理投票　　　　　　　B. 担保债务义务的抵押品

C. 订立契约以限制公司的债务水平

7. 白云公司是中国一家于 2012 年发行股票的上市公司，其主营业务是医疗产品的生产和销售。2019 年，某知名做空机构发布了针对该公司的深度研究报告，指出其中存在的多种经营违规行为。国内某财经媒体报道了该做空机构的观点，在社交媒体上迅速成为热门话题。本案例中发挥监管作用的公司治理主体是（　　）。

A. 媒体、专业人士的舆论监督　　　B. 信息披露制度　　　C. 股权人

8. 以下哪项最能描述双重股权结构？（　　）

A. 双重股权结构可以很容易地随着时间的推移而改变。

B. 公司内部人员可以对组织保持重要的权力。

C. 管理层和利益相关者群体之间的利益冲突比单一股权结构更不可能发生。

9. 最可能影响公司治理的高管薪酬计划是（　　）。

A. 每年都不一样。　　　　　　　　B. 与竞争对手一致。

C. 仅以现金为基础，没有权益成分。

10. 以下哪项最能描述维权股东？（　　）

A. 有助于稳定公司的战略方向。

B. 对公司的长期投资者影响不大。

C. 可以改变公司股东基础的构成。

第十章　企业与政府

第一节　市场经济中的企业与政府

在市场经济中，一方面，企业是最主要的参与者，在"看不见的手"（invisible hand）的驱动下开展经济活动；另一方面，作为"看得见的手"（visible hand）的政府也在其中扮演着极其重要的角色：它不仅是市场经济的管理者，而且在必要的时候进行干预，发挥引导与调控的功能。本章首先介绍市场经济中政府的行为逻辑、经济职责和行为边界；然后在微观层面和宏观层面展开，阐述政府规制与产业政策对企业的影响；最后进一步归纳和阐释中国特色社会主义市场经济的特点和逻辑。

一、政府介入市场的逻辑

（一）产权保护

政府之所以介入市场，首先是为要向市场经济提供产权制度。有恒产者有恒心，唯有个体的财产得到保护，个体才有动力去创造财富，市场经济也才有可能建立。因此，经济主体财产权的有效保障和实现是经济社会持续健康发展的基础。实际上，根据新制度主义的观点（如 Demsetz，1967[①]），所谓的政府（或国家）就是个体通过让渡部分权利并订立社会契约来组成的一个共同体，社会契约保障该共同体合法使用强制性手段的垄断权，从而最终实现保护个体私有财产的目的。由此看来，政府的根本使命就是要构建保护个体产权的制度安排。在社会主义市场经济之下，产权制度是基石，保护产权也是坚持社会主义基本经济制度的必然要求。

（二）市场失灵

政府之所以介入市场，其次是因为市场存在失灵的情况。所谓的失灵，并非指市场完全停摆，而是指在某些情况下，自由市场难以实现资源的最优配置。经济学中的最优是指达到帕累托效率（Pareto efficiency）的状态：任何重新改变资源配置的方式，都不可能使一部分人在其他人没有受损的情况下受益。换言之，就是经济运行达到最高效率时，一部分人的处境改善就必须以另一部分人的处境恶化为代价。但是，市场在某些状态下难以实现效率最优，这就要求政府的管理、规制、引导、调控。以下就介绍几种市场失灵的主要情况。

[①] H. Demsetz, "Toward a theory of property rights," *American Economic Review*, vol. 57, no. 2 (1967), pp. 347 – 359.

1. 外部性

外部性（externality）是指经济行为体（包括企业或个人）的经济活动对他人和社会福利带来影响，却没有为之承担成本或得到报酬。外部性又分为负外部性（negative externality）与正外部性（positive externality）：负外部性就是经济行为体的活动带来了负面影响但未因之支付成本，正外部性就是虽然形成了正面的效应但未因此得到报酬。例如，企业排放的废气就有负外部性，因为这使得他人的健康会遭受有毒气体侵害；个体接种传染病的疫苗就有正外部性，因为该行为也降低了其他人感染的风险。当存在外部性时，市场的均衡就不再是个体交易的均衡，而是需要将社会总收益纳入考量。在此情况下，市场均衡并不总是有效的，即均衡并没有实现整个社会总收益的最大化。具体而言，当行为体的经济活动存在负外部性时，社会成本大于私人成本，既然该行为体只需承担起全部成本的一部分，那么就有动机增加此类活动（如污染企业会加大"三废"排放），资源配置就会过度；反之，当存在正外部性时，私人收益小于社会收益，既然行为体不能享受正外部性活动的全部收益，此类活动就会减少，导致资源配置不足。因此，外部性问题往往需要政府部门介入干预。

2. 公共物品

市场并非对所有物品都能实现最优的配置，而是需要根据物品的属性而定。在考虑经济中的各种物品时，可以根据物品的排他性（excludability）和消费中的竞争性（rivalry in consumption）进行分类：物品的排他性属性是指生产者能够限制那些不为该物品支付的消费者使用，而消费者在消费某一物品时，也可以阻止其他人消费；物品在消费中的竞争性是指消费者在消费某种物品时会减少其他人对该物品的消费。根据这两个特点，可以将物品分为四种类型（图 10.1）：其一，既有排他性又有消费中的竞争性的私人物品（private goods），如衣服、食物等；其二，既无排他性又无消费中的竞争性的公共物品（public goods），如国防、基础研究等；其三，具有消费中的竞争性但没有排他性的公共资源（common resources），如环境、海洋资源等；其四，具有排他性但是没有消费中的竞争性的俱乐部产品（club goods），如消防和有线电视等。

图 10.1　四种类型的物品

正是由于公共物品的非排他性和非消费中的竞争性的特征，私人部门不愿意参与生产公共物品。具体而言，由于公共物品的非排他性，公共物品的提供者难以阻止无付费的个体享受公共产品；加之公共物品非消费中的竞争性的特征，进一步刺激了大量消费者的无付费行为，即"搭便车"。所以，私有部门有很强的激励成为"搭便车者（free-rider）"，而不是付费消费者，更不是公共物品的提供者。由此可见，公共物品有很强的外部性。也正因此，市场往往不提供公共物品，即便提供，也数量不足。这就要求公共部门担当起公共物品提供者的角色。

3. 不完全市场

纯公共物品或服务并非私人市场唯一不能有效提供的产品与服务。还有大量的产品或服务，即便成本低于个人意愿支付，市场也难以有效供给，这称为不完全市场（incomplete market）。导致不完全市场的原因有很多，但是一些情况下可以通过政府的有效干预来解决。

例如，高企的交易成本会阻碍市场的形成。交易成本（transaction cost）是指进行一次交易的全部时间和货币成本，包括交易前的搜寻信息、协商和签约、合约保障等行为的成本，以及交易后的评估和监督等活动的成本（Williamson，1985）①。一旦交易成本过高，经济活动的主体就不会寻求交易，市场就无法形成。例如，因为地形、方言、习俗等原因，各地企业之间的协调与沟通的成本很高，就难以实现统一的大市场。这就要求政府积极协调，搭建平台，革除不利因素，保障市场的建立与运行。

又如，不完全信息（incomplete information）也会导致市场失灵。由于存在信息成本，市场的参与者往往无法掌握经济活动中的所有知识，而重要的信息缺失（如无法了解潜在的消费群体）就可能导致最终交易搁浅。不完全信息中包含了信息不对称的情形。所谓信息不对称（information asymmetry），是指交易中的各人拥有的信息不同。在交易过程中，掌握信息优势的一方可能会借机对处于信息劣势的另一方形成侵害。具体而言，不对称信息可能导致道德风险（moral hazard），即具有信息优势的经济行为主体在签订合约之后，在最大化自身效用的同时，做出不利于合约另一方的行动。典型的案例就是参保人在投保之后增加了有风险的行为。不对称信息还可能导致逆向选择（adverse selection），即如果掌握信息优势的一方可以通过这一优势在交易中获益，就会倾向于与信息弱势方进行交易。典型的案例就是风险最大者往往倾向于购买保险。市场有可能因此最终崩溃。一方面，为了应对由道德风险和逆向选择带来的潜在不利侵害，信息弱势方会提高交易价格，当交易价格过高时，交易就无法形成；另一方面，当逆向选择的问题极其严重，市场充斥着劣质品，就会出现"劣币驱逐良币"现象，优质品的企业逐渐退出市场，并最终导致整个市场的崩溃。这就是著名的柠檬市场（the market for lemons）理论（Akerlof，1970）②。因此，政府需要对相关的活动做出规制，对相关市场进行干预。

4. 有害品与有益品

市场经济的有效运行有赖于个体的理性。所谓理性人的假设就是指理性个体会追逐个人效用的最大化。问题在于，个体的效用偏好在现实市场中并非总是合理的，即使拥有完全信息的消费者也可能做出不利的选择。例如，吸烟对健康有害，大多数人都深知这点，但是人们还是照吸不误；又如，疫情之下佩戴口罩可以极大降低感染的概率，大多数人都深知这点，但是总有人还是拒绝佩戴口罩。诸如香烟、毒品等消费者的评价高于社会合理评价的物品即为有害品（dismerit goods）；反之，诸如口罩、教育等消费者的评价低于社

---

① O. E. Williamson, *The Economic Institutions of Capitalism*, Riverside, NJ: Simon and Schuster, 1985.

② G. A. Akerlof, "The market for 'lemons': Quality uncertainty and the market mechanism," *Journal of Economics*, vol. 84, no. 3 (1970), pp. 488 – 500.

会合理评价的物品即为有益品（merit goods）。因此，政府需要在必要时候通过制定干预个人偏好的政策来增加有益品并减少有害品。

5. 不完全竞争

在本书第二章中，我们就已经探讨了不完全竞争（垄断竞争）带来的效率缺失，这便是由于不完全竞争所导致的市场失灵。如第二章所述，根据利润最大化的原则，垄断企业制定的价格会高于社会最优的均衡价格，其产量也会低于均衡产量。这至少会带来两方面不利的影响：一方面，垄断企业通过收取高价获得垄断利润，造成了消费者剩余下降，并引致无谓损失（即社会福利净损失）；另一方面，垄断企业降低了产量，由此会导致社会供给不足。除此之外，由于垄断行业缺乏竞争，更造成一系列负面的作用：其一，由于垄断企业仅需通过垄断定价即可获得利润，其往往缺乏动力去提高产品与服务质量，也没有动力进行产品创新；其二，对于垄断性的大企业，由于外部市场竞争压力小，也使得企业缺乏动力去改善内部管理，生产成本上涨，进而导致企业内部资源配置效率降低，即形成X非效率（X-inefficiency）；其三，为了巩固垄断地位，垄断企业可能会采取手段限制市场竞争，打压竞争对手，如低价倾销、恶意收购、寡头勾结达成垄断协议等；其四，垄断企业有可能滥用其市场支配地位侵害消费者，如操纵市场价格、强制搭售等。正因如此，政府有必要对垄断企业及其垄断行为进行规制，以保障市场经济的公平与公正，维护市场经济的活力与竞争力。

（三）宏观调控

再次，市场经济的主体往往是高度分散、各自行动的，其决策也未必都是理性的；同时，囿于自身禀赋与各种约束的限制，经济行为体的决策可能无法实现全局最优；叠加上信息不完全、技术变迁等因素，市场微观个体的非理性与"短视"就会逐渐放大成为一系列宏观经济的波动，如失业和通货膨胀，并由此引致增长停滞甚至是经济危机。市场经济对于宏观经济波动的自我调节往往具有时滞，社会就会付出高昂的代价。此外，市场经济也有可能陷入路径依赖，社会就会错失升级转型的机会。因此，政府需要担负起稳定宏观经济、维持经济增长的责任，从长远和全局的角度进行宏观调控。

（四）收入分配

最后，即便市场经济达到了帕累托最优，市场经济仍然面临着一个重要的问题，即如何解决收入不均、贫富差距。诚如萨缪尔森和诺德豪斯经典的《经济学》（Samuelson and Nordhaus，2009）[①] 中所述：市场并不必然能够带来公平的收入分配，市场经济可能会产生令人难以接受的收入水平和消费水平的巨大差异。其中，一个原因是收入取决于一系列主观因素（如个体的努力程度）与客观因素（如先天禀赋、教育、要素价格甚至运气），由此导致的收入分配可能会同公平的结果相悖；另一个原因是市场经济中的分配遵循的是货币选票而不是最大满足，即所谓价高者得，而不是按需分配，这就会导致从需求角度而言的巨大不平等。过大的贫富差距，一是会严重挫伤低收入群体的生产积极性，巩固底层群众对社会不公的观念，极易引发社会动荡；二是会使得资源向高收入人群集中，使其形

---

① P. A. Samuelson, W. D. Nordhaus, *Economics* (19th edition), New York：McGraw-Hill Inc, 2009.

成特殊利益集团，阻碍社会的发展与革新；三是会导致低收入群体的无力消费，而高收入群体边际消费倾向减少，最终造成社会有效需求不足，制约整体经济的增长。因此，需要政府进行收入分配的调节，将贫富差距控制在合理的范围之内。

二、政府的经济职能

我们在上一小节梳理了政府介入市场的逻辑，由此可以进一步归纳出至少以下四个方面政府的经济职能。

（一）为完善产权保护提供制度保障

市场经济有效运行的一个重要前提就是个体的合法财产得到法律保障。因此，政府要构建一套完善的法律制度，构建起归属清晰、权责明确、保护严格、流转顺畅的现代产权制度和产权保护法律框架。自改革开放以来，通过大力推进产权制度改革，我国基本形成了较为完善的产权保护制度，全社会产权保护意识不断增强，保护力度不断加大。当然，我国产权保护仍然存在一些薄弱环节和问题。例如，国有产权由于所有者和代理人关系不够清晰，存在内部人控制、关联交易等导致国有资产流失的问题；又如，利用公权力侵害私有产权、违法查封扣押冻结民营企业财产等现象时有发生；再如，知识产权保护不力，侵权易发多发。为解决这些问题，政府要加快完善产权保护制度，依法有效保护各种所有制经济组织和公民财产权，从而增强人民群众财产财富安全感，增强社会信心，形成良好预期，增强各类经济主体创业创新动力，维护社会公平正义，保持经济社会持续健康发展和国家长治久安。

2016 年，中共中央和国务院发布《关于完善产权保护制度依法保护产权的意见》，就产权保护对各级政府提出了更高的全面的要求：第一，全面推进依法治国，做到"坚持平等保护、坚持全面保护、坚持依法保护、坚持共同参与、坚持标本兼治"的"五坚持"原则；第二，加强各种所有制经济产权保护；第三，完善平等保护产权的法律制度；第四，妥善处理历史形成的产权案件；第五，严格规范涉案财产处置的法律程序；第六，审慎把握处理产权和经济纠纷的司法政策；第七，完善政府守信践诺机制；第八，完善财产征收征用制度；第九，加大知识产权保护力度；第十，健全增加城乡居民财产性收入的各项制度；第十一，营造全社会重视和支持产权保护的良好环境。

（二）为规避市场失灵采取微观管理

为弥补市场经济的不足，解决市场失灵问题，政府需要在微观层面进行管理与规制。首先，针对外部性与有害品的问题，政府会在卫生健康、公共安全、防灾环保等领域采取一系列社会性规制的措施；其次，针对公共物品的供给不足，政府要肩负起提供公共物品的职责，如建设国防、兴办教育、保护环境等；再次，针对不完全市场，政府或以直接参与的方式，或以投资参股的方式，或以补贴激励的政策，或以行政法规的形式，弥补市场经济在某些领域的缺位，增加市场信息供给，促进资源有效配置；最后，针对不完全竞争，政府会动用行政命令与法律法规，对企业的进入与退出、投资与并购，以及产品和服务的价格、数量、质量等，进行一系列的微观规制，从而预防或制止企业的垄断行为，打造公平竞争的市场环境。

（三） 为保障经济平稳实施宏观调控

宏观调控是市场经济条件下政府的一项重要经济职能，旨在利用经济、行政和法律手段对社会供求总量和结构进行调节和干预，弥补单纯市场调节固有的自发性、盲目性、滞后性等弊端，实现经济协调稳定运行。政府一般以经济增长、物价稳定、充分就业、国际收支平衡为宏观调控的目标，同时也考虑结构优化与收入公平。为此，政府要综合采取包括财政政策、货币政策、产业政策、区域政策、收入政策、投资政策、贸易政策在内的各项宏观政策，努力确保国民经济健康稳定运行。

（四） 为增进社会公平进行收入分配

进行收入分配、缩小贫富差距，也是政府极为重要的经济职能。政府一般会采取三种主要措施来实现收入分配。其一是税收。作为财政参与国民收入分配和再分配最常用的手段，税收通过降低高收入者的收入水平发挥促进收入分配公平的职能，尤其是一些具有所得税和财产税性质的税种，可以起到直接调节个人收入与财富水平的作用。其二是转移支付，即政府以专项拨款和各类补贴支出等形式无偿地支付费用给个人以增加其收入和购买力。作为一种直接的收入分配方式，转移支付通过提高低收入者的收入水平来改变收入分配不公的程度。其三是公共支出，即政府通过提供公共物品向公众分配社会福利。

在我国，初次分配和再分配都要兼顾效率和公平，再分配更加注重公平。共同富裕是社会主义的本质要求，是中国式现代化的重要特征。要实现发展成果由人民共享，这就对政府的收入分配职能提出了更高的要求：我国政府坚持以人民为中心的发展思想，在高质量发展中促进共同富裕；同时要调整国民收入分配格局，加大再分配调节力度，着力解决收入分配差距较大问题，使发展成果更多更公平惠及全体人民。

三、政府行为的边界

虽然作为"看不见的手"的市场不总是有效的，而且可能存在帕累托改进的政府政策，但这并不意味着"看得见的手"就要主导所有的资源配置。在市场经济中，也要格外注意政府行为的边界。

（一） 市场失灵未必都要寻求政府干预

首先，在一些市场失灵的领域，其实同样可以使用私人市场的方法解决。例如，针对外部性的情况，可以采用科斯定理（Coase Theorem）进行解决。该定理是以经济学家罗纳德·科斯（Ronald Coase）的名字命名。根据该定理，只要财产权是明确的，并且交易成本为零或者很小，那么无论在开始时将财产权赋予谁，市场均衡的最终结果都是有效率的，即帕累托最优（Coase，1960）[①]。一个经典的案例是：钢厂为了生产而排放污染，对

[①]　R. H. Coase, "The Problem of Social Cost," *Journal of Law and Economics*, vol. 56, no. 4 (1960), pp. 1 – 44.

附近居民的健康产生侵害，形成了负外部性。如果把环境的产权界定给附近居民，钢厂可以向居民支付赔偿费以换取排放污染的权利，当然，支付赔偿费使得生产成本变高，钢厂的产量就会减少。如果把环境的产权界定给钢厂，居民可以向钢厂支付"赎金"来换取其减少生产从而控制污染。在此情况下，无论把产权界定给谁，社会总收益——污染与钢产量的经济收益之和——都是不变的，并且是帕累托最优的。因此，在这一案例中，市场失灵并不需要通过政府征收环境税——经济学中的"庇古税"（Pigovian tax）来解决；政府只需要清晰界定产权，市场即会自动有效调节。又如，公共资源具有消费中的竞争性但没有排他性，这就使得一些公共资源被过度使用，最终造成"公地的悲剧"（tragedy of the commons）。如何规避这样的悲剧？政府可以通过管制或税收来减少公共资源的消耗，也可以进行私有化从而调整公共资源的属性。但是，经济学家埃莉诺·奥斯特罗姆（Elinor Ostrom）在分析了世界各国具有代表性的各种类似于公共牧场性质的"公共池塘资源"案例之后，提出了自主治理的方案，并总结和界定了构建自主治理制度的原则（Ostrom，1990）[①]。这一私人市场解决公共资源悲剧的方案帮助奥斯特罗姆成为第一位女性诺贝尔经济学奖得主。

（二）政府干预未必更有效率

其次，政府的行为可能比市场经济更不具备效率。与市场失灵相对应，政府干预市场的成本高于收益的情况，被公共经济学称为"政府失灵"（government failure）。至少有以下因素可能导致政府失灵：第一，缺乏竞争机制。政府提供公共物品往往是一种垄断性行为，而且还存在行政性垄断的情况，这就使得被政府所垄断的市场往往缺乏有效的竞争机制，政府的垄断性企业也面临严重的 X 非效率的问题。第二，产权不明晰造成委托代理问题。突出的案例就是由政府参与的国有企业。由于国有企业是所有权和控制权相分离，所以极易产生由所有者和经营者利益不一致而引致一系列委托代理问题，包括激励不相容、监督不完备、协调不充分等矛盾，这导致国有企业往往效率不佳。第三，信息不完全。由于政府内部是以行政指令作为分配方式，所以在一般情况下并没有以价格为信号的市场配置效率高。政府政策从信息收集到决策再到执行会产生诸多时滞，难以应对快速变化的经济形势。第四，政府的私利。政府也有自己的目标函数，受到政客私利、利益集团压力、选举政治等的影响，可能未必与社会的整体福利目标相契合，也可能未必有足够的长期性与全局性。在这种情况下，政府的政策就会形成一系列扭曲与非效率。

（三）政府可能面临"管制俘获"

最后，政府可能被"管制俘获"，出现寻租行为，进而破坏市场经济。这是因为：首先，政府的基本资源是权力，利益集团往往会说服政府运用其权力为本集团的利益服务，那么在管制者追求效用最大化的情况下，政府管制就成为适应利益集团实现收入最大化的

---

① E. Ostrom, *Governing the Commons*: *The Evolution of Institutions for Collective Action*, Cambridge: Cambridge University Press, 1990.

产物（Stigler, 1971）①。在受管制的情况下，政府管制者被授予法律上的"垄断权"，可以决定如何处理垄断企业的"垄断利润"，这就形成了"租金"（rent），即由政府行政干预市场而创造出来的超额收益，是一种超出机会成本的收益（Buchanan, 1980）②。这些租金大多会出现在政府定价、特许权、关税和进口配额、政府订单之中。因此，被管制的产业和企业就有很强的激励去影响政府管制者，采取包括游说和行贿在内的各种合法或非法的手段，其本质就是向政府提供租金，这形成了寻租行为（rent-seeking），即为了获得和维持垄断地位从而得到垄断利润所从事的寻利活动（Tullock, 1967；Krueger, 1974）③。于是，政府管制者通常会被受管制企业所"俘获"，形成一系列腐败（Peltzman, 1976）④。作为一种非生产性活动，寻租行为并不创造新的价值，反而会增加社会成本，造成资源配置的扭曲，破坏市场经济，并影响收入再分配的公平性。

所以，市场失灵并不是把问题交给政府处理的充分条件。市场解决不好的问题，政府也未必解决得好，而且政府的干预有可能形成更大的配置扭曲、更低的经济效率、更多的资源浪费、更高的社会成本。正因如此，政府要限定好行为的边界，同时在介入市场之时，也要保持足够的审慎。

第二节　企业与政府规制

在本节，我们从微观的视角探讨企业与政府的关系。我们重点关注政府的一系列微观的政府规制行为。首先，我们探讨政府规制的相关概念，梳理其理论发展的过程。其次，我们介绍政府规制两个主要类型：经济性规制与社会性规制。最后，我们以中国平台反垄断和环保规制为例，分别阐释我国政府在经济性规制与社会性规制中的实践。

一、政府规制的概念与理论发展

（一）政府规制的内涵

所谓规制，就是政府推行并按照规则进行限制和约束之意。在经济学中，政府规制也

① G. J. Stigler, "The theory of economic regulation," *The Bell Journal of Economics and Management Science*, vol. 2, no. 1 (1971), p. 3.

② J. M. Buchanan, "Rent seeking and profit seeking," In: J. M. Buchanan, et al. (ed.), *Toward a Theory of the Rent-Seeking Society*, College Station, Texas: Texas A & M University Press, 1980, p. 15.

③ G. Tullock, "The welfare costs of tariffs, monopolies, and theft," *Economic Inquiry*, vol. 5, no. 3 (1967), pp. 224 – 232; A. O. Krueger, "The political economy of the rent-seeking society," *American Economic Review*, vol. 64, no. 3 (1974), pp. 291 – 303.

④ S. Peltzman, "Toward a more general theory of regulation," *Journal of Law and Economics*, vol. 19, no. 2 (1976), pp. 211 – 240.

称为政府管制。根据《新帕尔格雷夫经济学大辞典》①，规制就是政府为控制企业的价格、销售、生产决策而采取的各种行动，而这些行动旨在制止不充分重视社会利益的私人决策。著名的规制经济领域学者卡恩的经典教科书《规制经济学：原理与制度》（Kahn，1988）②则指出，作为用政府命令取代竞争的基本制度安排，政府规制是对规制产业的结构与经济绩效的一系列政府规定，如进入的控制、价格限制、服务条件及质量的规定。可见，在经济学的定义中，政府规制的主体就是政府行政机关，通常被称为管制者；客体是以企业为主的经济行为体，被称为被管制者；其作用是限制和规范经济行为体的一些活动和行为；其实质是政府干预市场的一种形式。政府规制的目标主要是规避市场失灵，包括：协调、限制或内部化外生性的经济活动，管理与提供公共物品或公共资源，补偿不充分信息并降低信息成本，干预有益品和有害品的供给，对垄断企业的经济行为进行监管，等等。上一节已对相关内容做出全面的分析。

（二）规制经济学的发展

规制经济学的发展与政府规制的实践密不可分。19 世纪末，资本主义市场经济逐渐发展成为垄断资本主义，垄断组织在经济领域占据统治地位，同时也引发了最早的反垄断实践。1890 年，世界上第一部反垄断法《反托拉斯法》在美国诞生。在随后的 30 年里，反垄断法体系在美国逐渐完善，并掀起了数轮对于垄断企业挑战的司法实践。20 世纪 30 年代的大萧条使得以国家干预为信条的凯恩斯主义经济学应运而生，并逐渐成为经济学的主流，众多经济学家从宏观角度探讨政府干预的影响。在微观层面，经济学家也将关注目光聚焦于垄断企业：罗宾逊夫人（Robinson，1933）③和爱德华·张伯伦（Chamberlin，1938）④最早对不完全竞争市场进行了经济学分析；张伯伦的"垄断竞争理论"⑤更是笼络了众多哈佛大学的经济学家，史称"哈佛学派"，并影响了当时的反垄断实践。"大即原罪"：公司规模、市场份额与集中度成为判定垄断的最重要的标准。这一时段的规制经济学与微观经济学和产业组织理论密不可分，相关内容散见于其中。

进入 20 世纪 70 年代，西方发达国家陷入滞胀泥潭，西方政府开始削减财政补贴，缩减行政费用，推行"小政府"。经济学家们开始反思凯恩斯主义的国家干预政策，新自由主义逐渐占据经济学的主流。而后，受这一社会思潮影响，主要发达国家开始纷纷放松规制（deregulation）。例如，美国、英国、日本等发达国家的政府，在电信、运输、金融、能源等领域都放松了管制。在此背景之下，众多经济学家开始从不同角度反思政府规制，规制经济学蓬勃发展起来。一方面，是以乔治·施蒂格勒（George Stigler）、萨姆·佩尔兹曼（Sam Peltzman）、理查德·波斯纳（Richard Posner）为代表人物的芝加哥学派对政

---

① S. N. Durlauf, E. Blume, *The New Palgrave Dictionary of Economics* (8 volume set) (2nd ed.), New York: Basingstoke, Hampshire, 2008.

② A. E. Kahn, *The Economics of Regulation: Principles and Institutions* (vol. 1), Cambridge: MIT Press, 1988.

③ J. Robinson, "Imperfect competition," In: *An Essay on Marxian Economics*, London: Palgrave Macmillan, 1933, pp. 73 – 81.

④ E. Chamberlin, *Theory of Monopolistic Competition*, Cambridge: Harvard University Press, 1938.

⑤ Ibid.

府管制展开了全面的经济学分析，并以效率的视角来审视垄断，"效率至上"的思想替代了"大即原罪"，获得了更多的社会支持，并深刻影响了随后的政府反垄断实践。另一方面，芝加哥学派的思想也被引入公共经济学的分析，以詹姆斯·M. 布坎南（James M. Buchanan）和戈登·塔洛克（Gordon Tullock）为代表的公共选择学派从利益集团的角度审视政府失灵和政府规制的非效率。在这一时期，规制经济学兴旺发展，与产业组织相关领域的研究一起，成为应用微观经济学中最重要的研究领域之一。在其后的发展过程中，规制经济学融入了委托代理的理论、机制设计理论和信息经济学，理论方法得到了极大的拓展；随着实证经济学的兴起，规制经济学的实证研究也正在不断丰富。

二、政府规制的类型

一般而言，按照规制的目的和对应的规制活动来划分，政府规制可以分为经济性规制和社会性规制两类。图 10.2 归纳了政府规制的主要类型及其手段。

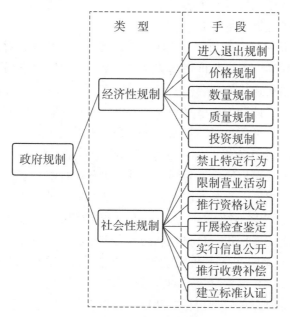

图 10.2 政府规制的类型及其手段

（一）经济性规制

经济性规制是指在不完全竞争和存在信息不对称的领域，为了防止发生低效的资源配置、确保市场公平，政府部门运用法律权限和一系列行政手段，对企业的进入与退出、定价、所提供产品与服务的数量与质量、企业投资等有关经济行为做出的一系列规制。

经济性规制主要针对存在垄断和信息不对称的行业，主要解决这些行业中由于不完全竞争和信息不对称所导致的低效和不公平的资源配置。具体而言，一方面，在不完全竞争的产业，垄断企业有可能具有强大的市场垄断力量，如果不对其进行规制，这些企业往往会有动力滥用其垄断力量，扭曲资源配置。另一方面，以银行、证券等金融行业为代表的高级服务行业就存在严重的信息不对称性。在这些行业中，企业是信息的垄断者，消费者难以有专业的知识和全面的信息做出消费判断。如果不对其进行监管，企业有动力为了实现利益最大化而通过信息误导消费者。

政府经济性规制主要包括以下五种手段：

（1）进入退出规制。进入规制是政府对企业进入某一产业设置准入门槛，或对该行业中的企业数量进行管制。特别是在自然垄断的行业，受惠于高度的规模经济，少数企业大规模生产经营比多个企业同时生产经营更有效率，为了巩固规模效应所带来的经济效益，需要限制自然垄断行业中的企业数量。政府的进入规制主要有批准、认可、注册、申报、命令、行政指导等方法。退出规制是政府为了保证该行业产品和服务供给的稳定性，还需要限制企业任意退出行业。这是因为在不完全竞争市场中，企业的数量可能很有限，那么企业的退出就有可能导致社会供给的不稳定。特别是在电信、电力、供水、供煤等自然垄断的基础设施行业，其所提供的产品和服务很大程度上为生产和生活的必需品，很难被其他产品所代替。其行业中的企业数量极少，如果企业可以任意退出该行业，就会造成社会供给不足，进而危及民生。所以，政府要赋予获准进入该行业的企业"供给责任"，以保证基础性的产品和服务能够满足社会需求。

（2）价格规制。价格规制是政府从资源有效配置的角度出发，对垄断企业的定价进行规制。其目的是在一定程度上恢复价格真实反映资源稀缺程度与市场供求关系的作用，规避垄断企业的垄断定价所造成的社会福利损失。价格规制是政府经济性规制中最重要的规制方式。价格规制可以具体分为价格水平规制与价格体系规制。价格水平规制是指政府对单位产品或服务的收费标准所进行的规制，一般是以根据企业的正常成本和合理报酬得出的企业合理总成本作为计算依据。价格体系规制则是对企业的定价策略的规制。具体而言，大多数垄断企业不仅可以简单地对同一产品或服务进行统一定价，还可以根据不同消费群体的不同需求弹性对同一产品或服务进行差异性定价（即价格歧视），从而更大程度地攫取消费者剩余。① 所以，政府要对垄断企业的价格结构加以考察，对严重影响社会福利的定价行为加以规制。政府进行价格规制的主要方法，是通过设计一系列定价模型，由监管机构（如物价局）确定产品或服务的价格，或者通过一系列的条件和标准，指导企业的价格决策。其中，有关价格水平规制的模型包括边际成本定价、平均成本定价、报酬率定价等，涉及价格体系规制的模型包括二部定价、高峰负荷定价、拉姆塞定价等。②

（3）数量规制。由于垄断企业基于垄断定价的产量供给并不等于社会最优的均衡产量，为了最大化社会福利，政府需要对有关企业的产量进行规制。政府数量规制的手段主要有三种（肖兴志，2016）③：第一，建立对有关垄断行业产量的政府指导计划，以有效控制相关产业的产出量；第二，当产业产量不足时，规定单个企业的产量最低限额，并以必要的政策扶持措施刺激产量的增长；第三，当产业产量过多时（如产业出现产能过剩的

---

① 对于垄断企业不同类型的价格歧视及其社会福利影响，感兴趣的读者可以参考产业经济学的相关教材，如白雪洁、杜传忠：《产业经济学》，经济科学出版社2011年版。

② 本书不对这些模型展开介绍，感兴趣的读者可以参考：张红凤：《政府规制经济学》，科学出版社2021年版；肖兴志：《产业经济学（第二版）》，中国人民大学出版社2016年版。

③ 肖兴志：《产业经济学（第二版）》，中国人民大学出版社2016年版。

情况），可规定某一特定时期内整个产业的产量最高限额，并对各企业实行产量的配额制度。特别是在自然垄断的基础设施行业，政府一般有严格的数量规制。

（4）质量规制。政府对于产品与服务质量的规制，既要针对垄断产业中企业由于缺乏外部竞争而导致的产品与服务的质量下降，也要针对竞争产业中企业提供劣质产品和服务的恶性竞争。政府质量规制的手段主要有三种：第一，制定有关产品和服务的质量标准与质量规范制度；第二，建立产品和服务的申报制度，向质量达标的企业发放生产许可；第三，建立产品和服务质量定期检查制度和消费者投诉制度。问题在于，许多产品或服务的质量具有多重维度的评判标准，并不容易简单认定。例如，食品的质量包括口感、安全、卫生、营养等维度，酒店服务的质量则包括酒店整体环境质量、配套设施的完整性、服务员的服务态度等维度。在管制实践中，很难将这些质量要素独立出来进行评判。因此，在很多被管制的产业，监管者不单独实行质量管制，而是利用价格管制来实现质量管制的目的。例如，如果被管制企业的产品与服务没有达到质量标准，政府就会通过价格管制降低有关企业的价格水平。

（5）投资规制。投资规制是政府对企业的投资规模进行直接的规制。政府的投资规制既要防止垄断行业中企业的垄断性规模扩张，也要防止竞争行业中的投资过度和重复建设，从而保证市场的效率与公平。政府投资规制的手段主要三种：第一，建立产业重大投资计划审批制度，规范产业的投资决策和审批程序；第二，规定有关产业投资的数量限额；第三，实行投资计划配额制度。

（二）社会性规制

与经济性规制所涉及的领域不同，社会性规制主要针对外部性和有害品问题。政府社会性规制的目标主要是矫正市场经济活动所引致的各种社会性成本和问题，诸如卫生健康、公共安全、防灾环保等。为此，政府需要对企业产品和服务的质量及相关经济活动设定标准并加以监管。值得一提的是，虽然社会性规制的对象极为广泛，但很少针对特定产业，主要针对具体行为。换言之，大多数社会性规制属于具有普遍性质的政府直接规制措施，可以适用于多个产业。例如政府对于企业污染排放的规制，不仅仅只针对钢铁、煤炭等重污染产业，也针对一般的制造业行业，甚至对于部分服务行业（如酒店、餐饮等）也适用。

政府社会性规制主要包括了以下七种手段（肖兴志，2016）[①]：

（1）禁止特定行为。即政府直接禁止造成严重负外部性的行为和使用有害品的行为，如禁止企业污染排放的行为，禁止消费者吸食毒药的行为。

（2）限制营业活动。规制机构依法具有营业活动方面的批准和认可权力，如颁发营业执照等。

（3）推行资格认定。从事确保健康、安全、环境方面业务的行为主体，需要由政府对其专业知识与技能进行认定，并由政府颁发资格认定证照，如医师资格证等。

（4）开展检查鉴定。为了保障生产安全和产品安全性，政府规定从事相关生产的企业实施各种安全检查和质量鉴定的义务。

（5）实行信息公开。监管部门要求企业或者从业者向消费者详尽公开与其所提供的产

---

① 肖兴志：《产业经济学（第二版）》，中国人民大学出版社 2016 年版。

品或服务的有关信息，如公开产品原料、产地、保质期等信息。

（6）推行收费补偿。针对造成负外部性（如引发火灾、污染环境）的企业征收定额费用，以弥补其负外部性的经济行为所造成的社会损失。

（7）建立标准认证。政府对企业所提供的产品与服务的质量、结构、性能等制定出相关标准和认证体系，对于不达标的产品或服务及其供应者予以禁止与处罚。

三、我国政府规制的实践

现代意义上的政府规制有别于计划经济中的行政指令，二者作用的市场环境有极大的不同，只有市场经济下的政府规制行为才算是真正意义上的政府规制。据此定义，我国的政府规制诞生于改革开放后，并在中国特色社会主义市场经济的建设过程中不断完善。在本小节，我们以我国的平台反垄断和环境规制来分别阐释我国政府经济性规制和社会性规制的实践。

（一）我国经济性规制的实践：平台反垄断

伴随着改革开放和社会主义市场经济的建设，我国的反垄断政策也随之孕育而生，并经历从无到有、不断完善和发展的过程。2008年《中华人民共和国反垄断法》（以下简称《反垄断法》）开始生效，这是一个里程碑的事件，标志着我国反垄断政策框架基本形成，我国的反垄断实践进入了新的历程。随着中国经济的快速发展，尤其是近年来信息技术革命浪潮涌动，互联网新模式、新行业和新业态层出不穷、不断涌现，给我国的反垄断实践带来了新的挑战。

建立在互联网技术之上的平台经济，是这波信息技术革命大潮之下的重要产物，我国凭借着移动互联网、大数据、人工智能积累的强大信息技术，以及互联互通、高效便捷的物流基础设施，一跃成为全世界平台经济体最活跃的地区。平台经济业已成为中国经济新旧动能转换与产业结构升级的关键引擎，是畅通国内大循环和促进经济社会发展的重要支撑。然而问题的另一面，则是一些平台企业凭借数字产品极强的规模经济效应，形成强大的市场势力，进而滥用市场地位，破坏市场竞争秩序，损害消费者合法权益。表10.1总结了平台企业侵害消费者合法权益的行为（林淼，2021）[①]。我国的平台市场亟待政府做出严格的监管和有效的规范。

表10.1　平台企业侵害消费者合法权益的行为、具体表现与影响

行　为	具体表现与影响
数据垄断	互联网平台以极低的成本获得用户的数据，并对用户数据进行跟踪、分析，刻画出用户的行为，有针对性地为用户提供服务，增加客户黏性，实现数据垄断
价格滥用	如平台企业实行掠夺式定价来驱逐竞争者，又如互联网平台利用大数据和算法来甄别用户，进行价格歧视（即"大数据杀熟"），这严重破坏了市场竞争的秩序

① 林淼：《互联网平台垄断的表现、影响及应对措施》，《中国发展观察》2021年第22期，第62～64页。

续表

行　为	具体表现与影响
排他性交易	平台企业要求交易相对人无条件地选择与其或者其选定的商品进行交易，如平台企业要求消费者必须在不同的互联网产品中做出选择（即"二选一"）等

面对新形势和新挑战，我国政府也积极应对，首先是打造制度屏障。特别是在 2020 年 11 月国家市场监督管理总局发布的《关于平台经济领域的反垄断指南（征求意见稿）》揭开了中国互联网平台经济反垄断的序幕，是中国反垄断政策发展轨迹中的关键节点，标志着平台经济进入规范健康发展阶段。紧接着，国务院反垄断委员会于 2021 年 2 月正式印发了《关于平台经济领域的反垄断指南》。2021 年 8 月 30 日召开的中央全面深化改革委员会第二十一次会议审议通过了《关于强化反垄断深入推进公平竞争政策实施的意见》，强调强化反垄断、深入推进公平竞争政策实施是完善社会主义市场经济体制的内在要求。2021 年 11 月 18 日，国家反垄断局正式挂牌，这标志着国家对反垄断体制机制的进一步完善。随后，我国开启了《反垄断法》的修正历程。2022 年 6 月 24 日，经全国人大常委会第三十五次会议审议通过，新《反垄断法》正式出台；同时，我国反垄断执法机构——国家市场监督管理总局出台了配套法规征求意见稿。这标志着我国反垄断进入一个全新的发展阶段。

与此同时，我国的有关监管部门也重拳出击，对平台垄断行为进行严格监管、严厉处罚。最具代表性的案件是 2021 年 4 月的"阿里巴巴案"和 2021 年 10 月的"美团案"。国家市场监督管理总局认定阿里巴巴和美团分别滥用在中国境内网络零售平台服务市场和网络餐饮外卖平台服务市场的支配地位，实施"二选一"垄断行为，以排他方式限制商家的多栖行为，侵害了消费者利益和平台内商家的合法权益，妨碍了商品服务和资源要素自由流通，严重影响了平台经济创新发展，对阿里巴巴和美团分别处以 182.28 亿元和 34.42 亿元的罚款。这两起反垄断案件被认为是中国互联网平台经济反垄断强力执法的典型代表，表明了我国的反垄断规制有坚实的力量切实规范市场竞争行为，坚决维护我国市场经济的公平与效率（倪红福、冀承，2021）①。

（二）我国社会性规制的实践：环保规制——绿水青山就是金山银山

良好的生态环境是最公平的公共产品，是最普惠的民生福祉。因此，我国政府非常重视环境保护。特别是改革开放以来，我国政府积极展开环保规制实践，加强环境治理，减轻环境污染。

为此，我国首先开展了一系列环境保护的法治建设，从而保证我国政府的环保规制有法可依。具体而言，一是颁布环境保护基础法律，从根本上确立环境保护的权威性。1978 年，"环境保护"被正式写入《中华人民共和国宪法》。1983 年，"环境保护"被确立为一项长期坚持的基本国策。二是扩大环境污染防治立法的覆盖面，不断完善环境保护法律体系。改革开放之后，我国积极推进各类污染物环境治理，先后颁布了《中华人民共和国

---

① 倪红福、冀承：《中国平台反垄断政策的过去、现在与未来》，《改革》2021 年第 11 期，第 82～94 页。

大气污染防治法》《中华人民共和国水污染防治法》《中华人民共和国节约能源法》等。进入 21 世纪后,我国的环境规制理念进一步提升。例如,颁布了我国第一部循环经济法——《中华人民共和国清洁生产促进法》,标志着我国污染治理模式开始由末端治理向全过程控制转变。我国基本形成由人大立法监督、政府负责实施、环境行政部门统一监督的环境规制体系。三是环境保护法律逐步覆盖企业生产领域。例如,2002 年颁布的《中华人民共和国环境影响评价法》是针对规划和建设项目实施后所产生的环境影响评价所确立的法律制度,该法为评估监测经济活动中所产生的环境影响提供了更具体的法律依据;2002 年颁布的《中华人民共和国清洁生产促进法》明确规定企业进行清洁生产的实施措施、鼓励措施和有关法律责任;2016 年颁布的《中华人民共和国环境保护税法》从法律意义上明确提出用税收手段达到保护环境的目的。

基于完善的环保法律体系,我国政府展开了以政府行政指令式和市场化方式相结合的多元化环境规制(余泳泽、尹立平,2022)[①]。一方面,我国政府以行政干预为主导,通过环境保护规章制度的方式明确环境保护要求、污染排放标准和惩罚措施等,对污染企业的经济活动进行强制约束,以此实现减排和降低环境污染的目标。比较典型的案例是 1998 年实施的"两控区"(酸雨控制区和二氧化硫污染控制区)政策。为实现 2010 年分阶段控制的远景目标,"两控区"内的政府采取了对有关企业限制高硫煤的开采和使用,重点治理火电厂污染,防治化工、冶金、有色、建材等行业企业生产过程排放的二氧化硫污染等环保规制措施。另一方面,我国政府也推出市场激励型环境规制。例如,实施排污权交易制度,即在污染物排放总量不超过允许排放量的前提下,内部各污染源之间通过货币交换的方式相互调剂排污量,从而达到减少排污量、保护环境的目的。其实质是市场对企业环保行为的补偿,可以将治污内化为企业自觉的市场行为。又如,建立全国碳交易市场。全国碳交易市场主要以碳配额交易和自愿减排交易两种机制构成,将碳排放权作为一种商品,当污染型企业的碳排放超过其排放配额时,主体企业可以在碳市场中从政府或者其他企业处购买其抛售的碳排放量,通过市场导向机制控制企业碳排放水平。碳市场作为推动经济发展方式绿色低碳转型的一项重要制度创新,是加强生态文明建设、早日实现"碳达峰""碳中和"的重要政策工具。自改革开放以来,我国的环保规制实践取得了举世瞩目的成绩,真正把"绿水青山就是金山银山"的理念落到了实处。

第三节 企业与产业政策

在本节,我们从宏观的视角探讨企业与政府的关系。在政府诸多的宏观调控政策之中,产业政策是政府直接干预产业发展的最重要手段,因此产业政策与企业的关系极其紧密。在本节,首先探讨产业政策的内涵与作用;其次,介绍产业政策的主要类型,包括产业结构政策、产业组织政策、产业技术政策和产业布局政策;最后,关注我国的产业政

---

① 余泳泽、尹立平:《中国式环境规制政策演进及其经济效应:综述与展望》,《改革》2022 年第 3 期,第 114～130 页。

策，阐述其发展过程、政策体系与特征。

一、产业政策的内涵与作用

（一）产业政策的内涵

产业政策是指政府为扶持和促进特定产业发展和结构转型而制定的一系列干预市场的经济政策。产业政策主要面向宏观层面的特定产业，亦属于宏观经济政策，主要解决资源配置的长期宏观效益（即结构效益）问题。但产业政策有别于经典意义上的宏观政策（如财政政策和货币政策）：后者主要以特定的宏观政策工具为定义；产业政策则是以对象为定义，涵括了多种宏观政策工具。

虽然同为政府干预市场的行为，产业政策亦有别于前文所介绍的政府规制：其一，产业政策作用对象是更为宏观层面的产业，一般为中长期的经济政策；政府规制则主要针对企业的具体行为，一般为即时性地矫正企业的不当行为。其二，产业政策重在对某些经济活动的扶持，政府规制则重在规范与制止。其三，产业政策有赖于多种宏观经济工具，如税收与补贴等，政府规制则主要依赖相关法规。

（二）产业政策的作用

一般而言，产业政策至少可以发挥以下作用：其一，弥补市场不足与矫正市场失灵。产业政策之所以存在，就在于弥补市场机制在某些情况下无法实现国家或社会福利与利益最大化的不足，并矫正由此所导致的市场缺陷，即所谓市场失灵。例如，公共品问题会导致某些产品的社会有效供给不足，政府就需要制定产业政策以激励相关产业的发展，从而增加社会的有效供给；又如，部分前沿科学研究具有非常巨大的正外部性和市场潜力，政府也需要出台相关产业政策做出前瞻性的布局，以支撑未来产业高质量发展。其二，实现经济的跨越式发展。产业政策之所以被发展中国家或政府主导市场的经济体所青睐，是因为产业政策可以满足政府在市场机制基础上更有效地实施"赶超战略"的需要。有为的发展中国家政府可以采取一揽子产业政策，通过扭曲产品和要素价格的办法，以及一系列计划制度替代市场机制的制度安排，突破资金稀缺的比较劣势对资金密集型产业发展的制约，进而使产业结构赶上先行发达国家的水平。20 世纪多国的发展实践业已证明，产业政策是后发国家实现超常规发展、缩短超赶时间的重要工具。其三，优化产业结构和资源配置。依靠市场机制虽然可以较好地实现资源的有效配置，但市场的力量往往是盲目的，其作用也主要是事后调节，因而不可避免地伴随着大量的资源浪费。产业政策作为政府行为，可以根据科学的预见实现事前调节，避免不必要的资源闲置和浪费。尤其是对于产业结构的调整和优化，政府通过制定和实施产业结构政策，可以有效地支持未来主导产业和支柱产业的成长壮大，并有秩序、低成本地实现夕阳产业的撤退和调整，从而加速产业结构的合理化和高度化，实现产业资源的优化配置（鲍宏礼，2018）[①]。其四，提高国家产业的竞争力。随着经济全球化进程不断深入，各国产业与经济联系日益紧密，这也意味着

---

① 鲍宏礼：《产业经济学》，经济科学出版社 2018 年版。

一国的产业体系需要面对来自国际市场的竞争压力。如果没有实行有效的扶持和保护，国内脆弱的产业（尤其是新兴的幼稚产业）就会遭受来自外部市场的冲击；一旦这些受冲击的产业又涉及民生或国民经济的命脉，将会对国家的经济安全造成重大挑战。因此，很多国家都会对本国的产业实行诸如补贴等保护政策，以提升本国产业的竞争力，从而在经济全球化的过程中趋利避害，并保障国家的经济安全。

当然，产业政策不是万能的，它只是市场机制的补充。产业政策也会存在失败的可能。当产业政策的目标违背经济规律、政策执行不力、政策环境发生剧烈变化等时，都会导致产业政策失灵。更深层次的原因则是"政府失灵"（详见本章第一节中的相关论述）。所以，关于产业政策是否有效，学界有很大的争议。例如，张维迎（2016）① 总结了产业政策失败的原因：一方面，产业政策作为一种集中化的决策模式，需要政策的制定者对产业的未来发展路径有准确的预测。但由于人类的认知能力限制，创新与新产业是不可预见的，政策的制定者缺乏能力对未来做好预判。实现产业的创新与发展只能依靠分散化的经济实验，最后由市场竞争决定成功者。另一方面，产业政策的制定者既不具有企业家的警觉性和判断力，也没有企业家那样的激励。同时，产业政策会创造出权力租金，这必然导致企业家和政府官员的寻租行为，扭曲激励机制。因此，产业政策应立足于市场机制充分发挥在资源配置中的作用之上，不是简单地替代市场去挑选赢家，更多的是要为产业发展提供服务性的引导，弥补市场机制的不足。政府在制定产业政策时要慎之又慎，因地因时制宜，为产业的发展创造活跃而公平的竞争环境。

二、产业政策的类型

产业政策类型有多种划分方法。根据目标和手段的不同，产业政策可以划分为选择性产业政策和功能性产业政策。前者是指政府主动选择并扶持特定产业的政策，旨在引导产业调整与升级，突出政府在资源配置中的主导作用，并以对市场进入、产品价格、生产要素配置等的干预措施为主要手段；后者则是指政府为全产业的普惠性发展而创造完善的市场机制和活跃的竞争环境的政策，旨在弥补市场失灵，突出市场在资源配置中的主导作用，并以完善市场制度、改善营商环境、维护公平竞争、健全监管体系、支持技术创新与扩散等为主要手段。

产业政策也可以根据内容进行划分。参照 1994 年国务院发布的《90 年代国家产业政策纲要》，产业政策包括产业结构政策、产业组织政策、产业技术政策和产业布局政策，以及其他对产业发展有重大影响的政策和法规。我们根据内容的不同，将产业政策划分为以下四类并分别展开论述（图 10.3）。

（一）产业结构政策

产业结构政策是指政府依据本国在一定时期内产业结构的现状，遵循产业结构演进规律，旨在推动产业结构转换、促进产业协调发展、推动产业技术创新、引导资源配置结构合理化的一系列政策措施的总和，是产业政策最重要的部分。

---

① 张维迎：《我为什么反对产业政策——与林毅夫辩》，《比较》2016 年第 6 期，第 174～202 页。

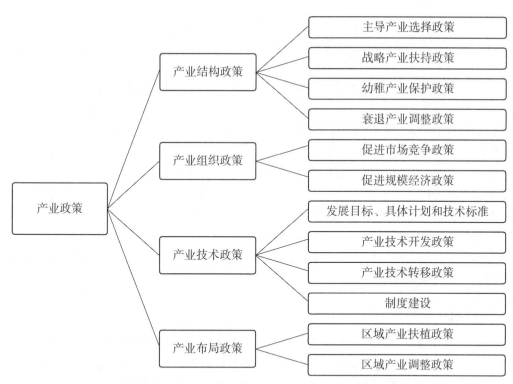

图10.3　按内容划分的产业政策类型及其主要内容

按照政策目标和措施的不同，产业结构政策可以划分为以下四个类型：

（1）主导产业选择政策。主导产业选择政策的实践，深受发展经济学先驱华尔特·罗斯托（Walt Rostow）的产业扩散效应理论的影响。罗斯托（Rostow，1963）[①]最先提出了主导产业的相关概念，他认为：经济增长之所以能维持，在于为数不多的主导产业迅速扩大，而且这些主导产业能将其优势辐射到产业链上的各产业，从而推动整个产业结构的升级，促进区域经济的全面发展。根据罗斯托的标准，主导产业需要选择那些拥有巨大市场潜力和发展前景、具有持续高速增长率、能迅速引入技术创新、并且对于其他产业乃至全行业的增长都具有很强关联带动和扩散效应的产业。这就是主导产业选择的"罗斯托基准"，它深刻影响了其后各国政府对于主导产业的选择政策。

（2）战略产业扶持政策。战略产业又称先导产业，是具有极大潜力能在未来成为主导产业或支柱产业的新兴产业，它对于国民经济发展具有长远和全局的影响，因此富有战略意义。为实现产业结构的高级化目标，国家往往会为这些产业提供一系列鼓励、刺激、扶持、调整、保护等产业政策，这就是战略产业扶持政策。战略产业扶持政策的制定和实施需要遵循以下原则（赵玉林，2020）[②]：第一，战略产业扶持政策的目标必须与产业结构优化升级的要求一致；第二，战略产业扶持政策必须与发挥比较优势相结合；第三，战略产业扶持政策必须与发挥市场的作用相结合；第四，资金扶持必须与政策优惠相结合；第

---

①　W. W. Rostow, "Leading sectors and the take-off," In：W. W. Rostow（ed.），*The Economics of Take-off into Sustained Growth*，London：Palgrave Macmillan，1963，pp. 1－21.

②　赵玉林：《产业经济学：原理及案例（第五版）》，中国人民大学出版社2020年版。

五，战略产业扶持政策必须与增强产业竞争力相结合。

（3）幼稚产业保护政策。幼稚产业一般是指由于处于发展初期，基础和竞争力薄弱，但具有未来发展成为主导部门潜质的产业。相关的理论思想可以溯源至 18 世纪后半叶美国汉密尔顿的保护制造业思想与 19 世纪中叶德国李斯特的贸易保护理论。这一发展渊源使得幼稚产业保护政策大多与贸易保护政策相联系，甚至成为贸易保护存在的唯一理论。因此，幼稚产业保护政策的主要内容是国际贸易保护政策，包括关税保护和非关税壁垒，以及财政、金融、技术等产业发展的扶持性政策（白雪洁、杜传忠，2021）[①]。

（4）衰退产业调整政策。衰退产业是指在产业结构中陷入停滞甚至萎缩，进入产业生命周期衰退期的产业。衰退产业有三个明显的特点：其一是市场对该产业产品的需求下降；其二是技术进步率下降，难以形成产业创新能力；其三是该产业的替代性产业已经在市场上出现并不断发展。所谓衰退产业调整政策，就是对衰退产业进行调整优化的政策，一般包括两个思路：一是对衰退产业进行整合、收缩、转移、淘汰；二是支持衰退产业的技术创新，帮助衰退产业实现改造与升级。

（二）产业组织政策

产业组织政策是为了促进企业合理竞争、实现规模经济和专业化协作，由政府制定的干预市场结构或企业行为、调节企业间关系的各类政策。产业组织政策的实质是协调市场竞争与企业规模经济之间的矛盾，从而推动有效竞争态势的形成。因此，产业组织政策的类型可以主要分为促进市场竞争政策和促进规模经济政策。促进市场竞争政策是以禁止和限制垄断和不正当竞争行为、维护竞争性的市场结构为内容，它既包含了对于垄断企业的反垄断政策，也包含了对于特定中小企业的扶持和援助政策；促进规模经济政策则是旨在改善不合理的产业组织结构，建立大规模生产体制，其主要做法包括鼓励企业间兼并与促进企业联合等，如建立企业间的专业化分工协作关系、组建企业集团、设置规模经济准入壁垒等。

（三）产业技术政策

产业技术政策是指政府引导和促进产业技术发展的一系列产业政策，旨在促进应用技术开发、鼓励科研与生产相结合、加速科技成果推广、推动引进和消化国外先进技术等。一般而言，产业技术政策的对象是产业技术，但是因为产业技术必须附着于具体的产业，而且不同产业的技术特征和发展水平都有很大差异，所以产业技术政策往往还有明确的产业指向，如汽车产业技术政策、钢铁产业技术政策等（白雪洁、杜传忠，2021）[②]。产业技术政策一般包括了以下内容：一是产业技术的发展目标、具体计划和技术标准；二是产业技术开发政策，包括一系列促进技术研发的鼓励与保护政策、知识产权保护政策等；三是产业技术转移政策，包括技术引进和推广政策；四是完善产业技术发展外部环境的相关制度建设。

[①]　白雪洁、杜传忠：《产业经济学》，经济科学出版社 2021 年版。

[②]　同上。

（四）产业布局政策

产业布局政策是指为了实现产业的空间合理分布、逐步缩小经济发达地区与欠发达地区的差距、形成地区间专业化分工协作等目标，由政府制定的对产业的科学引导和合理规划的各类政策。产业布局政策一般可以分为两类：一是区域产业扶持政策，即政府或通过给予各种优惠政策，完善投资和产业发展环境，或利用直接投资手段，以倾斜发展的思路，促进特定区域内的产业发展。其目的是加快扶持区域内的重点产业，促进该区域的经济增长。二是区域产业调整政策，即政府促进某类产业从劣势生产区域向优势生产区域转移，或是加快特定区域内的衰退产业生产要素退出的一些政策（白雪洁、杜传忠，2021）①。

三、我国产业政策的演变与逻辑

自改革开放以来，作为有为政府的我国政府，广泛开展产业政策实践，对市场经济做出了积极引导。因此，产业政策在塑造我国经济的过程中也扮演了非常重要的角色。在本小节，我们主要参考江飞涛（2021）② 对于我国产业政策的梳理，在此基础之上，介绍改革开放以来我国产业政策的演进历程，并进一步总结我国产业政策背后的内在逻辑。

（一）改革开放以来我国产业政策的演变

改革开放伊始，我国的经济体制面临着从计划经济向市场经济转变的改革。恰在此时，以东亚"四小龙"（即中国香港、中国台湾、韩国、新加坡）为代表的政府主导经济发展模式凭借高速经济增长吸引了全球目光，当然也引起我国决策者的关注。1984 年和1987 年，我国先后提出了"建立有计划的商品经济"和"国家调节市场，市场引导企业"的改革方针，而以政府干预并主导产业发展的模式也比较符合过渡时期的我国国情和改革思路。于是在 1988 年，国家计划委员会成立了产业政策司。1989 年 3 月，国务院发布了《国务院关于当前产业政策要点的决定》，这是我国第一部以产业政策命名的政策文件，它确定了生产、基本建设、技术改造、对外贸易四个领域主要产业的发展序列。这是我国产业政策的初步尝试，在改革初期初步引入市场经济体制这一特殊历史背景下，有其特殊的历史含义：通过实施产业政策来促进计划管理部门职能的转换，逐渐缩小指令性计划的作用范围。这在当时开辟了通过直接干预和影响资源配置进行国民经济管理的新模式，较大程度上缩小了计划管理的范围，并对当时新出现的在大量计划经济之外的市场经济活动进行管理和调节。这种国民经济管理模式作为当时各方都能接受的方案，成为推动计划经济体制向市场经济机制转型的重要工具（江飞涛、李晓萍，2021）③。

进入 20 世纪 90 年代，伴随着社会主义市场经济体制建设的正式开启，我国经济体制

---

① 白雪洁、杜传忠：《产业经济学》，经济科学出版社 2021 年版。
② 江飞涛：《理解中国产业政策》，中信出版社 2021 年版。
③ 江飞涛、李晓萍：《改革开放四十年中国产业政策演进与发展——兼论中国产业政策体系的转型》，《管理世界》2018 年第 10 期，第 73 ～ 85 页。

改革进程加快。在这样的背景下，1994 年 4 月，国务院发布《90 年代国家产业政策纲要》，这是我国颁布的第一部基于市场机制的产业政策，明确了 90 年代国家产业政策需要解决的重要课题，更加重视发挥市场机制的作用。它成为此后我国政府制定各项产业政策的指导和依据。随后，我国政府又相继发布了《汽车工业产业政策》《水利产业政策》《当前国家重点鼓励发展的产业、产品和技术目录》《当前优先发展的高技术产业化重点领域指南》《鼓励软件产业和集成电路产业发展的若干政策》等一系列产业政策。总结而言，《90 年代国家产业政策纲要》及随后一系列产业政策的发布与实施，实现以选择性产业政策为主，涵盖产业结构政策、产业组织政策、产业技术政策、产业布局政策以及行业专项政策的产业政策体系，并逐渐形成了一套成熟的政策理念、思路与模式，对于此后产业政策的制定产生了深刻的影响。

自中国加入世界贸易组织以来，越来越多的中国企业"走出去"，加入国际市场的竞争。中国经济也获得了新的增长动力，发展势头强劲甚至走向过热。出于对经济过热的担心，2003—2007 年，我国政府加强了宏观调控。而后，2008 年国际金融危机爆发，中国经济也遭遇强烈冲击。为推动经济复苏，我国政府也出台了一系列政策措施。在这一时段内，中国经济发展的内外部环境发生了许多重要变化。面对新形势和新挑战，我国的产业政策体系也不断完善，实践内容也愈发丰富。具体表现为：首先，总体政策思路有所转变。2004 年国务院颁布了《国务院关于投资体制改革的决定》，其重点在于转变政府管理职能，确立企业的投资主体地位，产业政策的思路开始转向市场与企业。其次，行业政策不断强化。在此期间，我国政府进一步细化和强化了对行业发展的指导，相继制定了钢铁、电石、水泥、煤炭、电力、纺织等行业的结构调整政策。尤其针对部分行业的产能过剩问题，政府又出台了一系列产业政策以抑制这些行业的盲目投资和产能过剩。随后，政府又陆续颁布了汽车、钢铁、水泥、船舶等行业发展政策，意味着我国对单个产业发展进行系统干预的政策模式日趋成熟。再次，面对国际金融危机的冲击，推出产业调整振兴规划与战略性新兴产业计划。2008 年国际金融危机爆发之后，我国政府先后出台了汽车、钢铁、纺织、装备制造、船舶、电子信息、石油化工、轻工业、有色金属和物流业十大产业的调整振兴规划，"保增长，扩内需，调结构"。最后，为了打造危机后的国际竞争新优势，加快推进产业结构升级与经济发展方式转变，国务院于 2010 年颁布《国务院关于加快培育和发展战略性新兴产业的决定》，将战略性新兴产业的概念进行界定，并选择节能环保、新一代信息技术、生物产业、高端装备制造产业、新能源产业、新材料产业、新能源汽车产业等七个产业作为战略性新兴产业。2012 年，国务院发布《"十二五"国家战略性新兴产业发展规划》，对重点发展领域及重点发展方向、主要任务、重大工程进行了部署。总体来看，在这一时期，我国逐渐形成了完备的产业政策体系，投资的核准与备案、准入管理、各类目录指导政策居于该体系比较中心的位置，政策部门对于财税、信贷、土地政策的运用也日趋娴熟，在行业政策制定方面也越来越细化和专业化，对前沿技术与新兴产业的发展也越来越重视。与此同时，我国政府强调在更大程度上发挥市场在资源配置中的基础性作用，制定产业政策时强调发挥市场的基础性作用，产业政策与市场机制更加协调。

党的十八大以来，中国经济发展进入了"新常态"，我国政府深化供给侧结构性改革，以重新释放实体经济活力。对应地，这一时期我国产业政策体系也将重点放在供给侧改革上。其一，产业政策更为注重创新驱动发展、新兴技术在经济发展中的应用。例如，围绕创新驱动、新兴技术及先进制造业发展方面，政府先后出台了《中国制造 2025》《国务院关于积极推进"互联网＋"行动的指导意见》《国务院关于大力推进大众创业万众创新若干政策措施的意见》《国家创新驱动发展战略纲要》《国务院关于印发新一代人工智能发展规划的通知》《国务院关于强化实施创新驱动发展战略进一步推进大众创业万众创新深入发展的意见》等。特别是 2015 年出台的《中国制造 2025》，它是在新一轮科技革命和产业变革以及我国加快转变经济发展方式的大背景下制定的，以"创新驱动，质量为先，绿色发展，结构优化，人才为本"为基本方针，创新被放在了最重要的位置上。其二，继续化解产能过剩，淘汰落后产能，实现资源优化配置。例如，我国政府相继颁布了《国务院关于化解产能严重过剩矛盾的指导意见》《国务院关于钢铁行业化解过剩产能实现脱困发展的意见》《国务院关于煤炭行业化解过剩产能实现脱困发展的意见》《关于做好 2017年钢铁煤炭行业化解过剩产能实现脱困发展工作的意见》等，进一步对以钢铁煤炭行业为代表的产能过剩产业进行调整，优化产业资源配置。其三，产业政策更加注重发挥市场机制作用，推出更多功能性产业政策。在经济新常态下，我国经济迫切需要通过深化市场经济体制改革来获取新的经济增长动力。因此，我国的产业政策也更加注重发挥市场机制的作用，更加强调政策对于制度环境与外部环境方面的构建，并开始注重功能性产业政策的应用。例如，在《中国制造 2025》中就明确提出"全面深化改革，充分发挥市场在资源配置中的决定性作用，强化企业主体地位，激发企业活力和创造力"。同时，在该政策的战略支撑与保障措施方面，深化体制机制改革、营造公平竞争市场环境、健全多层次人才培养体系等功能性产业政策成为政策的重要内容。总体来看，十八大以来我国的产业政策以结构性改革为重点，产业创新政策在整个政策体系中扮演着愈发重要的角色，同时越来越多地引入了功能性产业政策，充分发挥市场在资源配置中的决定性作用。

（二）我国产业政策演进的逻辑

我国的产业政策体系是在改革开放的经济变革背景下不断完善的。我国产业政策的研究沿着两条逻辑线索展开：一是遵循市场化改革的进程，二是针对产业发展过程中的主要问题进行调整。

（1）我国产业政策演进遵循市场化改革进程。自改革开放以来，我国的市场化改革从放权让利、有计划的商品经济，到社会主义市场经济体制，再到更大程度上发挥市场在资源配置中的基础性作用，最后到使市场在资源配置中起决定性作用。与之对应，我国的产业政策体系也经历了从计划管理，到以选择性产业政策体系为主体，再到越来越注重功能性产业政策的转变过程。在这一过程中，我国的产业政策越来越注重发挥市场机制的作用。特别是在当前，我国经济进入了新常态，这就迫切需要市场机制发挥作用来激励产业创新，从而形成产业技术新方向和经济新增长点，并推动经济效率不断提高。

（2）我国产业政策演进始终针对产业发展过程中的主要问题。首先，改革开放之初，我国经济亟待从计划经济和重工业优先发展战略中实现调整，经济缺乏活力，基础设施落后，基础产业薄弱，外汇严重不足。因此，这一时期产业政策的重点是减少计划管理、加强基础设施建设、发展基础产业与培育发展出口创汇产业。其次，随着我国经济发展和工业化进程深化，我国需要促进产业结构升级，并更多地加入国际贸易和分工之中。此时我国的产业政策重点就是加快基础设施和基础工业的发展，以产业政策管理全面替代计划经济管理，支持资本密集型产业的发展并将其培育成支柱产业，同时加大对外开放力度，积极发展对外贸易。再次，当我国的工业化进程进入中期后半阶段，我国产业发展需要进一步融入国际分工和参与国际市场竞争，需要进一步提高技术能力与竞争能力。这时我国产业政策重点就放在了全面支持资本密集型行业的技术提升、产品升级和竞争力提升，同时培育和发展技术密集型产业以及全面扩大对外开放。最后，随着我国步入中等偏高收入国家水平，我国与发达国家在产业与技术领域上的竞争会越来越激烈，这就迫切需要提升产业创新能力，我国产业政策的重点转为提升技术密集型行业的技术能力、促进其产品升级及研发能力，培育和发展新兴产业，推动整个产业体系研发能力、创新能力的提升以及新技术的扩散（江飞涛、李晓萍，2021）[①]。由此可见，我国的产业政策始终针对产业发展过程中亟待解决的主要问题，因时而异、因地制宜、实事求是。

自改革开放以来，我国产业政策实践不断深化，现在已经形成了以产业结构政策、产业组织政策、产业技术政策、产业布局政策为主要内容，以产业目录指导、投资核准与市场准入、土地政策、财政补贴、税收优惠、政策性贷款、政府采购等为主要政策工具的成熟的产业政策体系，它与市场机制相配合，共同促进我国经济发展。

第四节　我国经济增长奇迹的逻辑：
有效市场与有为政府

自改革开放以来，我国经济建设取得了辉煌的成就。1978 年，我国的 GDP 只有 3645 亿元；到了 2021 年，我国的 GDP 达到 114.37 万亿元，我国一跃成为世界第二大经济体。1978 年，我国的人均 GDP 只有 381 元；到了 2021 年，我国的人均 GDP 为 8.1 万元，人民的收入水平显著提高，生活水平发生了巨大的变化。我国经济之所以能取得如此丰硕的成果，离不开有效市场与有为政府的有机结合，两者相互补充、协调促进，共同谱写了我国经济增长的奇迹。

在本节中，我们从有效市场与有为政府互动关系的角度，探讨我国经济增长奇迹背后的逻辑。首先，从宏观的角度切入，梳理改革开放以来我国市场与政府关系的动态演变。其次，从微观视角展开，探讨地方政府是如何基于政治激励而引导市场发展，并进一步促进区域经济增长。最后，总结当前我国经济增长面临的挑战及其改革途径。

一、改革开放以来我国政府与市场经济的关系

为了使我国快速实现工业化，新中国成立后，我国政府坚定推行重工业优先发展战略，并为此构建起一套宏观上扭曲价格信号、行政上计划配置资源、微观上剥夺企业自主

---

① 江飞涛、李晓萍：《改革开放四十年中国产业政策演进与发展——兼论中国产业政策体系的转型》，《管理世界》2018 年第 10 期，第 73～85 页。

权的"三位一体"的计划经济体系。围绕这一体系,我国又在农村推行统购统销、合作化运动、城乡隔绝的户籍制度等一系列制度安排(林毅夫,2012)[①]。计划经济体制使我国在短短 20 年内打下了坚实的工业基础,实现了农业国工业化,但也造成了产业结构不平衡与经济效率低下等问题,传统的经济体制已经不适合我国经济的发展。1978 年,党的十一届三中全会召开,开启了改革开放的伟大征程,也开启了政府和市场关系探索的新阶段。

(一) 1978—1991 年:计划经济为主,市场调节为辅,实行社会主义有计划商品经济的体制

在改革开放初期,我国经济体系仍然延续计划经济的特点,政府调节是资源配置的主要方式,市场经济为补充方式。具体而言,1981 年党的十一届六中全会通过的《关于建国以来党的若干历史问题的决议》就提出,"必须在公有制基础上实行计划经济,同时发挥市场调节的辅助作用"。1982 年,党的十二大提出"计划经济为主,市场调节为辅"的重要思想,并指出"要正确划分指令性计划、指导性计划和市场调节各自的范围和界限",政府与市场的界限开始得到关注,市场在资源配置中的作用得到重视。1984 年,党的十二届三中全会通过的《中共中央关于经济体制改革的决定》指出:"改革计划体制,首先要突破把计划经济同商品经济对立起来的传统观念,明确认识社会主义计划经济必须自觉依据和运用价值规律,是在公有制基础上的有计划的商品经济。商品经济的充分发展,是社会经济发展的不可逾越的阶段,是实现我国经济现代化的必要条件。只有充分发展商品经济,才能把经济真正搞活,促使各个企业提高效率,灵活经营,灵敏地适应复杂多变的社会需求,而这是单纯依靠行政手段和指令性计划所不能做到的。"这实现了社会主义经济理论的重大突破,为确立社会主义市场经济体制奠定了思想基础。1987 年,党的十三大进一步提出,"社会主义有计划商品经济的体制,应该是计划与市场内在统一的体制",指出新的经济运行机制的总体特征应当是"国家调节市场、市场引导企业",并强调计划和市场的作用范围都是覆盖全社会的。总体来看,1978—1991 年是计划经济体制开始向市场经济体制过渡的时期。这一时期,我国经济体制仍然坚持以政府计划经济为主的资源配置方式,但是,逐步扩大了市场调节的范围,逐步建立起了社会主义有计划商品经济的体制,这成为我国建立市场经济体制的前奏。

在实践层面,改革首先从农村起步。1978 年末,安徽省凤阳县小岗村实行"大包干",而后农村家庭联产承包责任制扩展至全国,这极大地促进了农业生产的恢复和发展。从 1979 年起,改革进一步推开。城市的经济改革是从重建微观激励机制起步并逐渐深入的。首先是国有企业的放权让利,而后历经利润留成、承包和明晰产权三个阶段,微观激励机制逐步重建。微观激励一旦放开,市场交易的行为就不可避免地活跃起来,计划外的市场轨因而快速发展,于是改革逐步以双轨制的路径向资源配置制度挺进。当市场成为资源配置的主要方式时,为减少计划轨和市场轨之间权力租金所引发的大量寻租腐败行为,两轨合并就成为大势所趋,并最终推动了以统一价格信号为标志的宏观政策环境的改革(林毅夫,2012)[②]。

① 林毅夫:《中国经济专题(第二版)》,北京大学出版社 2012 年版。
② 同上。

（二）1992—2001 年，社会主义市场经济体制的初步建立

进入 20 世纪 90 年代，苏联解体使国际环境发生巨变，而国内也冒出了对改革路线的争论。为此，在 1992 年初，邓小平同志发表南方视察讲话，对于长期困扰人们思想的计划与市场关系问题有精辟阐述。该讲话进一步理顺了政府与市场的关系，也为我国的市场化改革指明了方向。同年 10 月，党的十四大召开，会议明确我国经济体制改革的目标是建立社会主义市场经济体制。特别地，党的十四大报告指出，我国经济体制改革确定什么样的目标模式，是关系整个社会主义现代化建设全局的一个重大问题。这个问题的核心是正确认识和处理计划与市场的关系。实践的发展和认识的深化，要求党明确提出我国经济体制改革的目标是建立社会主义市场经济体制，以利于进一步解放和发展生产力。我国要建立的社会主义市场经济体制是同社会主义基本制度结合在一起的，目的就是要使市场在社会主义国家宏观调控下对资源配置起基础性作用，使经济活动遵循价值规律的要求，适应供求关系的变化。建立社会主义市场经济体制是党的十四大做出的重大决策，是我国市场化改革进程具有里程碑意义的事件。由此，政府与市场的关系明确起来，市场开始承担起资源配置的基础性作用。

1993 年，党的十四届三中全会审议通过《中共中央关于建立社会主义市场经济体制若干问题的决定》，把十四大提出的经济体制改革目标和基本原则进一步具体化，制定了建立社会主义市场经济体制的总体规划，其基本框架为：在坚持以公有制为主体、多种经济成分共同发展的基础上，建立现代企业制度、全国统一开放的市场体系、完善的宏观调控体系、合理的收入分配制度和多层次的社会保障制度。我国经济体制改革开始向着建立社会主义市场经济体制的目标整体性推进。1997 年，党的十五大提出"使市场在国家宏观调控下对资源配置起基础性作用"，并提出了改革流通体制，健全市场规则，加强市场管理，清除市场障碍，打破地区封锁、部门垄断，尽快建成统一开放、竞争有序的市场体系等具体目标和措施。市场经济体制改革在财政、税收、金融、外贸、外汇、投资、价格、流通等领域展开，以渐进式改革逐步建立起我国社会主义市场经济体制。

（三）2001—2010 年，社会主义市场经济体制日趋完善

自 2001 年加入世界贸易组织之后，我国开始深度融入全球化进程，并凭借比较优势迅速崛起成为世界工厂。对外开放进一步倒逼国内的市场化改革，这对我国社会主义市场经济体制的完善提出了更高要求。2002 年，党的十六大提出"在更大程度上发挥市场在资源配置中的基础性作用"。次年，党的十六届三中全会召开，会议通过《关于完善社会主义市场经济体制若干问题的决定》，明确完善社会主义市场经济体制的主要任务，提出大力发展国有资本、集体资本和非公有资本等参股的混合所有制经济；放宽市场准入，允许非公有资本进入法律法规未禁入的基础设施、公用事业及其他行业和领域；建立归属清晰、权责明确、保护严格、流转顺畅的现代产权制度；建立有利于逐步改变城乡二元经济结构的体制；等等。该决定标志着我们党对在社会主义条件下发展市场经济的认识进一步深化，把握和运用市场经济规律的能力进一步提高，成为新世纪完善社会主义市场经济体制的纲领性文件。2007 年，党的十七大进一步提出"从制度上更好发挥市场在资源配置中的基础性作用"。

在这一阶段，我国经济体制改革向重点领域和关键环节稳步推进。在市场化改革的过程中，我国涌现出一批能够把握市场机遇、应对国际市场挑战的新型国有企业；与此同时，非公有制企业迅速发展，其产值超过了国内生产总值的一半，在促进经济增长、扩大就业和活跃市场等方面发挥着越来越重要的作用；当面对国际金融危机时，党和政府及时采取措施加大宏观调控力度，保持了经济平稳较快发展。伴随着广泛而深入的改革实践，社会主义市场经济体制日趋完善。

（四）2011 年至今，市场在资源配置中起决定性作用，同时更好发挥政府作用

随着中国特色社会主义进入新时代，我国经济已由高速增长阶段转向高质量发展阶段，全面深化改革也进入了深水区。正是在这样的背景下，2012 年，党的十八大除明确提出"更大程度更广范围发挥市场在资源配置中的基础性作用"，同时也指出"经济体制改革的核心问题是处理好政府和市场的关系，必须更加尊重市场规律，更好发挥政府作用"。2013 年，党的十八届三中全会指出，"经济体制改革是全面深化改革的重点，核心问题是处理好政府和市场的关系，使市场在资源配置中起决定性作用和更好发挥政府作用"；同时，全会强调"政府的职责和作用主要是保持宏观经济稳定，加强和优化公共服务，保障公平竞争，加强市场监管，维护市场秩序，推动可持续发展，促进共同富裕，弥补市场失灵"。这为完善政府与市场有机合作、协同互补关系指明了发展方向和实践路径，从而开启了我国政府和市场关系的新征程。2017 年，党的十九大继续强调"使市场在资源配置中起决定性作用，更好发挥政府作用"，同时进一步明确提出，"着力构建市场机制有效、微观主体有活力、宏观调控有度的经济体制"。2018 年，党的十九届三中全会指出"要坚决破除制约使市场在资源配置中起决定性作用、更好发挥政府作用的体制机制弊端"。2020 年，党的十九届五中全会提出"推动有效市场和有为政府更好结合"。2022 年，党的二十大提出"充分发挥市场在资源配置中的决定性作用，更好发挥政府作用"。

在这一阶段，我国不仅更加突出市场在资源配置中的作用，赋予市场更多权利，同时也强调政府对于经济发展的引导、服务、监督、管理的作用，以简政放权的形式推进机构改革，开创有为政府和有效市场优势互补的新格局。政府从宏观层面调节资源流向，市场从微观层面决定资源配置，政府与市场之间的职能分工更加清晰，共同促进中国经济的高质量增长。

二、我国经济增长的微观逻辑：基于地方竞争的理论解释

中国改革开放，在过去 40 多年的时间里取得了巨大成就；中国经济保持飞速增长，一跃而为世界第二大经济体，被世人誉为"增长奇迹"。之所以称之为"奇迹"，不仅仅在于中国经济增长的强劲和持续，更在于：如果以西方经济学的理论与实证为参照的话，经济增长所强调的若干重要条件，如自然资源禀赋、人力资本积累，以及技术创新能力，中国与其他国家相比并无独特之处；甚至中国的公司治理、金融系统、法治水平、产权保护以及政府体制等制度体系都尚未完善，根本难以支撑经济的快速增长。现实和理论之间巨大的反差，形成了让西方学者困惑的"中国之谜"（The China Puzzle）。

那么，究竟什么是中国经济增长的底层逻辑？背后拥有怎样的作用机制？学界将目光聚焦于中国经济增长的微观层面，考察背后政治经济的激励机制，尤其关注地方政府在经济增长中所扮演的重要角色，并得到了一些有价值的结论。在本小节，参考郭栋、胡业飞（2019）①，我们将梳理基于地方竞争的中国经济增长解释的相关学说。

（一）财政联邦主义的理论

钱颖一等学者从行政与财政分权的角度解释中国经济增长奇迹，提出了著名的"中国特色的联邦主义"（Federalism，Chinese Style）的解释（Montinola，et al.，1995；Qian and Weingast，1996，1997；Qian and Roland，1998；Jin，et al.，2005）②。该理论认为，市场机制是经济增长的根本动力，中国地方政府有很强的激励去保护市场机制。其原因有二：第一，中央政府将经济管理的权限下放，使地方政府拥有相对自主的经济决策权。中国中央政府从20世纪80年代初开始就把一系列经济管理的权力下放到地方，这使得地方政府拥有相对自主的经济决策权。第二，在以财政包干为内容的财政分权改革中，中央向地方下放预算决策权并签订财政包干合同，这意味着地方政府创造的财政收入越高，其留存就越多；预算外收入因为不与中央分享，对边际财政激励最强，这使得地方政府有充分的激励保护市场，更多地伸出"保护之手"去扶持民营企业，从而推动地方经济增长。由于注重政府在保护市场经济中的作用，因此该理论又被称为"市场保护型联邦主义"（Market-Preserving Federalism）。

财政联邦主义的解释遭遇了许多批判。尤其是该理论所强调的行政与财政分权，虽然确实是地方政府激励的重要来源，但未必是构成中国地方政府内部激励最为基本和长期的源泉。例如，"中国特色的联邦主义"强调央地分权必须具有高度稳定性才能发挥激励效应。然而，中国并非真正意义上的联邦制国家，实际的央地分权只是行政管理性质的向下授权，下放的权力随时可以收回，央地管理权限的划分一直处于调整和变动之中（周黎安，2007）③。又如，"市场保护型联邦主义"赖以成立的基础之一，是中央政府具有推动商品和服务自由流动以及确保地方政府不陷入地方保护主义的能力，但由于预算软约束的存在和中国式财政联邦主义制度化的不足，中国中央政府缺乏相应能力，地方保护主义大量存在，地方政府间的良性竞争难以实现。因此，中国的改革实践并不完全遵从于"市场

---

① 郭栋、胡业飞：《地方政府竞争：一个文献综述》，《公共行政评论》2019年第3期，第20页。

② G. Montinola，Y. Qian，B. R. Weingast，"Federalism，Chinese style：The political basis for economic success in China，" *World Politics*，vol. 48，no. 1（1995），pp. 50 – 81；Y. Qian，B. R. Weingast，"China's transition to markets：Market-preserving federalism，Chinese style，" *Journal of Policy Reform*，vol. 1，no. 2（1996），pp. 149 – 185；Y. Qian，B. R. Weingast，"Federalism as a commitment to preserving market incentives，" *Journal of Economic Perspectives*，vol. 11，no. 4（1997），pp. 83 – 92；Y. Qian，G. Roland，"Federalism and the soft budget constraint，" *American Economic Review*，vol. 88，no. 5（1998），pp. 1143 – 1162；H. Jin，Y. Qian，B. R. Weingast，"Regional decentralization and fiscal incentives：Federalism，Chinese style，" *Journal of Public Economics*，vol. 89，no. 9 – 10（2005），pp. 1719 – 1742.

③ 周黎安：《中国地方官员的晋升锦标赛模式研究》，《经济研究》2007年第7期，第15页。

保护型联邦主义"模型（Tsai，2004）[1]。

（二）官员竞争的理论

基于对"市场保护型联邦主义"的继承与批判，周黎安等学者则从地方政府间竞争的政治激励角度来解释中国经济增长机制（Maskin，et al.，2000；Li and Zhou，2005；周黎安，2004，2007；张军，2008）[2]。该理论认为，相较于所谓的联邦主义模式，中国的中央政府选择集中权力，即将部分财税权力的上收，大大削弱了地方政府的"联邦"性质；同时继续下放经济权力，设置明确的、与晋升挂钩的考核指标，使地方政府竞争演变为一种中央驱动下的竞争活动。即中央通过政治上的权力集中与经济上的继续分权，驱使地方官员为政治晋升开展"标尺竞赛"与"锦标赛"。尤其是，长期以来与官员晋升挂钩最为重要的指标就是地方经济增速，地方政府官员为了在经济增速的锦标赛中胜出，争取名额有限的晋升机会，必须全力以赴地开展经济建设。各个地方的经济发展你追我赶，反过来又加剧了地方官员进行经济建设的竞争，使得地方官员更加致力于加快本地的经济增长速度，最终带来全国范围的经济高速增长。

当然，官员竞争的理论也同样遭遇一些挑战，而这些挑战主要来自实证研究。实证研究发现，官员晋升的机制更像是资格赛而非锦标赛（姚洋、张牧洋，2013；杨其静、郑楠，2013）[3]；经济对于官员晋升的影响仅在一定时期内有效（梅赐琪，2018）[4]，并需要基于一定的空间基础，如政治竞争对手之间的战略互动通常发生在同一省的城市之中（Yu，et al.，2016）[5]。即便如此，官员竞争的理论对中国经济增长微观激励机制仍有很强的解释力。

（三）"政府 + 市场"的理论

周黎安在官员锦标赛的理论之上，又发展出了"政府 + 市场"的分析框架，尝试重新

---

① K. S. Tsai，"Off balance：The unintended consequences of fiscal federalism in China，" *Journal of Chinese Political Science*，vol. 9，no. 2（2004），pp. 1 – 26.

② E. Maskin，Y. Qian，C. Xu，"Incentives，information，and organizational form，" *Review of Economic Studies*，vol. 67，no. 2（2000），pp. 359 – 378；H. Li，L. A. Zhou，"Political turnover and economic performance：The incentive role of personnel control in China，" *Journal of Public Economics*，vol. 89，no. 9 – 10（2005），pp. 1743 – 1762；周黎安：《晋升博弈中政府官员的激励与合作——兼论我国地方保护主义和重复建设问题长期存在的原因》，《经济研究》2004 年第 6 期，第 8 页；周黎安：《中国地方官员的晋升锦标赛模式研究》，《经济研究》2007 年第 7 期，第 15 页；张军：《分权与增长：中国的故事》，《经济学（季刊）》2007 年第 1 期第 32 页。

③ 姚洋、张牧扬：《官员绩效与晋升锦标赛——来自城市数据的证据》，《经济研究》2013 年第 1 期第 14 页；杨其静、郑楠：《地方领导晋升竞争是标尺赛，锦标赛还是资格赛》，《当代社科视野》2014 年第 1 期。

④ 梅赐琪：《地方领导干部的激励机制：作为管理工具的晋升》，《公共行政评论》2018 年第 3 期，第 6 页。

⑤ J. Yu，L. A. Zhou，G. Zhu，"Strategic interaction in political competition：Evidence from spatial effects across Chinese cities，" *Regional Science and Urban Economics*，vol. 57，no. C（2016），pp. 23 – 37.

解析中国独具特色的经济增长机制以及政府与市场的互动模式（周黎安，2018）[1]。在这套理论中，地方官员之间围绕着辖区经济发展的官场竞争嵌入在不同辖区企业之间的市场竞争之中，而辖区企业参与的市场竞争又嵌入官场竞争之中。这种竞争形成了以下的结果：首先，两个辖区的竞争促成辖区内地方官员和地方企业间的密切合作，使得二者发展成一个"政经共同体"：一个为政绩，一个为业绩，而企业业绩恰好也是官员政绩；反过来，官员拿到政绩后也会反哺企业业绩。这是地方官员和地方企业携手形成"政经共同体"和利益链接的关键。所以，中国的这种"政治锦标赛"以及所衍生的"官场＋市场"模式实际上促成了地区增长性联盟的形成。其次，辖区之间两个"政经共同体"相互竞争。如果只有政企合作，就极有可能演变成政企合谋、权钱交易、利益勾兑等。但在中国，不仅辖区内部存在政企合作，辖区间还存在激烈竞争，最终塑造了地方官员和地方企业间合作的性质和效果，使其不会走向纯粹的合谋、腐败或被狭隘利益捕获。因此，"官场＋市场"是一个很有意思的双重竞争机制——政治家之间、企业家之间存在各自竞争，既有政治竞争，又有经济竞争；同时，辖区内又有高度密切的合作。在这一机制下，竞争中有合作，合作中有竞争。这不仅解释了中国经济增长，也解释了中国政经体制下独具特色的现象。当然，在中国经济由高速增长迈向高质量发展的阶段，这套理论是否仍有解释力，亟待中国实践的检验。

三、当前我国经济增长的潜在问题与改革途径

在过去40多年时间里，政府与市场分工协作、优势互补，共同助力我国经济快速增长。但在高速增长之下，一些潜在的问题也逐渐暴露出来，尤其是地方政府间的无序竞争，更形成一系列顽瘴痼疾。这迫切要求更好地理顺政府与市场的关系，深化政治经济改革，推动我国经济向高质量发展。沈坤荣、施宇（2021）[2] 总结了当前我国经济发展的潜在问题，并探讨了未来的改革途径。

（一）高增长下的我国经济潜在问题

第一，地方政府债务风险加剧。分税制改革使得地方政府的事权负担加重而对应的财权范围却被缩小。在政治激励之下，为了获得足够的建设资金，地方政府开始走上了违规举借债务的道路。进一步地，国家为度过2008年金融危机而推出"4万亿"刺激计划，则开启了地方政府通过融资平台进行大规模举债的道路，地方政府隐性债务规模开始大幅度增加。近年来地方政府的隐性债务风险再度凸显：2021年我国的城投债务持续扩容，发行规模达到5.41亿元。地方政府隐性债务规模高企，债务风险加剧，业已成为我国经济的"灰犀牛"，严重威胁到防范化解重大风险攻坚战的顺利实施和我国经济的发展进程。

第二，土地财政导致土地功能异化。在财政分权与政治激励下，地方政府依靠土地财政促进地区发展：以低廉的工业用地招商引资，工业化不仅带动了城市化，也提高了地方

---

① 周黎安：《"官场＋市场"与中国增长故事》，《社会》2018年第2期，第45页。
② 沈坤荣、施宇：《中国的"有效市场＋有为政府"与经济增长质量》，《宏观质量研究》2021年第9期，第5页。

财政收入；城市化下城市地价高企，则进一步增加了土地财政收入。因此，土地财政虽然助推了我国的城市化进程，但是也使得地方政府过度依赖土地收入，形成了一系列的经济问题。例如，"以地生债，以债养地"的地方政府融资模式不仅积累了金融风险，更推升了畸形的城市房价，这成为严重影响我国经济稳定性的极不稳定因素。

第三，环境规制的逐底竞争。在以经济指标为主的官员"晋升锦标赛"中，地方政府为了争夺流动性资源以发展经济，有足够的动机选择放松环境规制强度，通过降低本地企业的合规成本来招商引资，以达到促进本地经济增长的目的。虽然中央政府一再重申环保，但是环保责任难以落实到地方，使得我国的环境污染问题愈发严重，严重影响我国经济增长的高质量与可持续性。

（二）高质量下的我国经济改革途径

第一，进一步理顺政府与市场的关系。党的二十大提出"充分发挥市场在资源配置中的决定性作用，更好发挥政府作用"。因此，一方面，要更加用好"看不见的手"，充分激发市场活力，进一步推进市场化改革，确立以市场为中心的市场经济制度，深化要素市场化配置改革，保障市场的公平竞争，实现资源配置的最优化，进一步提高市场的对外开放程度，加快建设高标准的市场体系，构建具有国际影响力的市场体系；另一方面，加快转变政府职能，做到该管的事情要管到位，该放的权要放到位，克服错位、越位、缺位现象，尊重市场规律，减少政府对市场经济的直接干预和不当干预，提升政府效率和管理能力，在有效市场的基础上发挥政府的因势利导作用，推动有效市场和有为政府更好地结合。

第二，化解地方政府隐性债务。化解存量风险是长期目标，需逐步缓释地方政府隐性债务风险，稳中推进。一是加快融资平台的转型升级，对违规融资的平台进行清理和整理，进行市场化改革，实现规范融资。二是强化问责，完善地方官员的考核机制，加大对地方政府违规举债的问责力度，建立举债的无期限责任追踪制度。三是明确隐性债务的范围，进行分类管理。根据地方政府举债的工具、来源和主体，分类逐项追踪地方政府的隐性债务来源，建立宽口径的地方债务风险信息披露机制和问责机制。

第三，矫正土地功能异化的现象。一是进行土地财政改革。一方面坚持市场化改革方向，规范土地出让金的收支管理，整治土地出让金乱象，压缩土地寻租空间，严厉打击不正当的土地买卖行为，加强对土地财政的监管，降低地方经济发展对土地的依赖度；另一方面，成立国有土地经营公司，发行土地专项债，告别"以地谋发展"的经济发展模式。二是深化土地要素市场化改革，推动城乡土地市场一体化，加快集体经营性建设用地入市流通，打破土地一级市场卖方垄断，完善征地制度，完善耕地总量动态平衡制度，优化土地利用结构，抑制房地产泡沫，加快建立租购并举的住房制度。

第四，加快环境污染治理。一是更好地发挥政府在治理环境方面的有为作用，协调地方政府在环境污染治理方面的步伐，达成联防联控的共识。二是完善环境污染治理体系的建设，进一步加强环境保护法方面的建设，加大执法力度。三是发展绿色低碳经济，进行清洁生产，呼吁能源的合理利用，进行回收循环利用，对各类废弃物进行分类回收处理，尽快实现碳中和、碳达峰，实现"既要绿水青山，又要金山银山"的绿色经济发展模式。

小　结

本章首先介绍市场经济中政府的行为逻辑、经济职责、和行为边界；而后在微观层面和宏观层面展开，阐述政府规制与产业政策对于企业影响；最后进一步归纳阐释中国特色的社会主义市场经济的特点和逻辑。

思考题

"三档两优"是中国人民银行首次明确提出的存款准备金制度框架，其兼顾了防范金融风险和服务实体经济，特别是服务小微企业，有利于优化结构。"三档"具体指：将金融机构存款准备金率分为大、中、小三类，根据金融机构的大小对其要求不同的存款准备金率。

三档：第一档对大型银行，实行高一些的存款准备金率（13.5%），体现防范系统性风险和维护金融稳定的要求；第二档对中型银行，实行较低一档的存款准备金率（11.5%）；第三档对服务县域的银行，实行较低的存款准备金率（8%）。

两优：是指普惠金融定向降准和"比例考核"政策，前者针对大中型的第一、二档银行，后者则针对小型的第三档银行。在三个基准档次的基础上还有两项优惠：一是大型银行和中型银行达到普惠金融定向降准政策考核标准的，可享受0.5个或1.5个百分点的存款准备金率优惠；二是服务县域的银行达到新增存款一定比例用于当地贷款考核标准的，可享受1个百分点存款准备金率优惠。

你认为该政策能如何助力中小企业和民营企业的发展？（可结合中小企业融资难等热点话题展开论述）

阅 读 文 献

庇古. 福利经济学 [M]. 朱泱，等译. 北京：商务印书馆，2006.

博迪. 投资学 [M]. 10 版. 汪昌云，译. 机械工业出版社，2017.

德鲁克. 管理的实践 [M]. 齐若兰，译. 北京：机械工业出版社，2018.

弗兰克，伯南克. 微观经济学原理 [M]. 5 版. 潘艳丽，等译. 北京：清华大学出版社，2013.

科特勒. 市场营销：原理与实践 [M]. 17 版. 楼尊，译. 北京：中国人民大学出版社，2020.

克鲁格曼，韦尔斯. 微观经济学 [M]. 赵英军，译. 北京：中国人民大学出版社，2020.

林毅夫. 中国经济专题 [M]. 2 版. 北京：北京大学出版社，2012.

罗宾逊. 不完全竞争经济学 [M]. 陈璧，译. 北京：商务印书馆1961.

罗斯. 公司理财 [M]. 11 版. 吴世农，等译. 北京：机械工业出版社，2017.

宋承先，许强. 现代西方经济学（微观经济学）[M]. 3 版. 上海：复旦大学出版社，2005.

谭昆智. 营销管理 [M]. 2 版. 广州：中山大学出版社，2018.

王伟，张一林. 国家金融国际参与 [M]. 广州：中山大学出版社，2021.

吴德庆，王保林，马月才. 管理经济学 [M]. 6 版. 北京：中国人民大学出版社，2014.

吴晓求. 中国资本市场三十年：探索与变革 [M]. 北京：中国人民大学出版社，2021.

肖兴志. 产业经济学 [M]. 3 版. 北京：中国人民大学出版社，2016.

张伯伦. 垄断竞争理论 [M]. 张培刚，译. 北京：读书·生活·新知三联书店，1980.

周春生. 融资、并购与公司控制 [M]. 3 版. 北京：北京大学出版社，2013.